里程碑
文库
THE
LANDMARK
LIBRARY

人类文明的高光时刻
跨越时空的探索之旅

格尔尼卡
GUERNICA

[英] 詹姆斯·艾德礼 ▸ 著
吴亚敏 ▸ 译

毕加索的愤怒与人类战争反思

PAINTING THE END OF THE WORLD
BY JAMES ATTLEE

YSP 北京燕山出版社
BEIJING YANSHAN PRESS

格尔尼卡：
毕加索的愤怒与人类战争反思

[英] 詹姆斯·艾德礼 著
吴亚敏 译

图书在版编目(CIP)数据

格尔尼卡：毕加索的愤怒与人类战争反思 / (英) 詹姆斯·艾德礼著；吴亚敏译. -- 北京：北京燕山出版社，2020.5 (2020.10重印)
(里程碑文库)
ISBN 978-7-5402-5624-1

Ⅰ.①格… Ⅱ.①詹… ②吴… Ⅲ.①艺术史—欧洲—现代 Ⅳ.①J150.095

中国版本图书馆 CIP 数据核字 (2020) 第 028076 号

Guernica

by James Attlee

First published in the UK in 2017 by Head of Zeus Ltd

北京市版权局著作权合同登记号 图字：01-2019-7436 号

选题策划	联合天际	特约编辑	李天宇 安 梁
版权统筹	李晓苏	版权运营	郝 佳
编辑统筹	李鹏程 边建强	营销统筹	绳 珺 邹德怀 钟建雄
视觉统筹	艾 藤	美术编辑	程 阁 刘彭新

责任编辑	郭 悦 李瑞芳
出 版	北京燕山出版社有限公司
社 址	北京市丰台区东铁匠营苇子坑 138 号嘉城商务中心 C 座
邮 编	100079
电话传真	86-10-65240430(总编室)
发 行	未读(天津)文化传媒有限公司
印 刷	小森印刷(北京)有限公司
开 本	889 毫米 ×1194 毫米 1/32
字 数	160 千字
印 张	8.5 印张
版 次	2020 年 5 月第 1 版
印 次	2020 年 10 月第 2 次印刷
书 号	ISBN 978-7-5402-5624-1
定 价	68.00 元

关注未读好书

未读 CLUB
会员服务平台

本书若有质量问题，请与本公司图书销售中心联系调换
电话：(010) 5243 5752

油画不是用来装饰公寓的。它是一种战争工具。

——巴勃罗·毕加索[1]

多拉·马尔：《毕加索在奥古斯丁街的画室里创作油画〈格尔尼卡〉》（*Picasso working on Guernica in his studio in the rue des Grands Augustins*），1937年，索菲亚王后国家艺术中心博物馆

目录

* * * * * *

引言：一目了然的神秘

我厌恶《格尔尼卡》，
因为，为它写下了很多拙劣的书，
而且，还会有更多的书被写出来，
但是，所有这些书，
都不足以令我满意地，
表达我的蔑视。

——安东尼奥 · 索拉:《反〈格尔尼卡〉》
（*Contra el Guernica*），1982年[1]

1

巴勃罗·毕加索的油画《格尔尼卡》自问世以来便备受瞩目，是各种关注和探讨的焦点，对它的毁誉臧否，不一而足，各种观点互不相让。为了在巴黎的一个国际展会上展出，这幅画于1937年诞生在一个世界性的舞台之上，从此以后，它也从未丢失国际性的地位。在《格尔尼卡》生命的前44年里，它离开了巴黎，并一直置身于西班牙之外，它所处的场所也和其主题一样传递着强有力的信息。因此，无论它在什么地方展出，总会引起争议。有些评论家认为，它是画家职业生涯中的代表作，有些人则把它看成是让画家跌下神坛的大败笔；有人认为这是他重新与他的社会良知联系起来的途径，有人则认为那是他迷失方向的一刻。生活在不同国家的政客们在各自国家的报刊中或讨论场合，对它或褒或贬。艺术家们则不得不面对它的挑战，从中学习，或是打算在一场俄狄浦斯式的斗争（oedipal struggle）* 中推翻它，打通他们自己前进的道路。这幅画最后于1981年抵达西班牙，成为历史上唯一一幅被广泛地认为与一个国家从专制向民主过渡相关的画作。

这幅油画的创作灵感源于西班牙内战期间的一个具体事件：1937年4月德国空军对一个不设防的巴斯克小镇的轰炸。然而，画作并没有直接表现那个地点，或是镇上蒙受苦难的人。而是运用了那些已经在毕加索的绘画生涯中持续引发共鸣，并且还会一直被他运用下去的形象元素和主题：一头公牛、一匹备受折磨的马、一个举着灯

---

* 希腊神话传说中俄狄浦斯弑父娶母，此处有想将《格尔尼卡》取而代之的意思。——编者注

1937年的法国明信片

的女人、为死去的孩子哭泣的另一个女人。这些附身于《格尔尼卡》的元素、其他象征性主题，以及它们在画中的位置，在过去的八十多年来，被世界上一部分著名的艺术史学家和无数的评论员给出了各种解读。很多分析通过聚焦毕加索的生平来解读《格尔尼卡》所体现的意义，尽管这些尝试有时并不能让我们更好地理解它。

如果想要理解这样一幅极具争议性而又晦涩难懂的作品，知晓它的创作背景是必不可少的。那个时代的氛围——即将席卷世界的暴风雨释放出的能量——仍然附着在画作那显然已经老化了的表面上。《格尔尼卡》诞生于一场手足残杀的内战之中。毕加索从来没有目睹过这场内战，却通过友人、家庭和身份的纽带与之联系在一起。这场内战令他义愤填膺。就在几百公里之外，西班牙实实在在地陷入了他在写给《纽约时报》的那封著名公开信中所描述的“痛苦与死亡的海洋”之中。1937年的信息传播方式不同于现在，毕加索只能通过私人信件、报刊文章、各种小册子、海报，以及与流离失所的西班牙官员、艺术家、诗人和朋友们的对话来了解内战的情况。尽管背井离乡，他依然是个战士。他没有接受过使用步枪或进行空战的训练，他所运用的武器，是他从普拉多博物馆里的艺术先辈们那里借用来的，或者是在他的祖国的斗牛场中观看西班牙斗牛时学会的。追根溯源，了解这些因素的起始缘由，将有助于我们更好地理解这幅油画。

2

自《格尔尼卡》离开其在巴黎的停泊地之后，它就开始在世界各地漂泊，所到之处，无不引起新的解释和争议。它从最初作为宣传武器和筹款工具的功能中脱身，摇身一变开始了其作为后宗教偶像的第二次生命。它出于某些原因跨越了地理与时间的间隔，成了苏联入侵匈牙利、越南战争和叙利亚冲突的受害者的代言之作。当它的物理脆弱性使它不能再漂泊旅行时，它的复制品通过每一种可以想象到的复制方式，从与原作尺寸一致的挂毯，到小小的邮票，从一面面摆满艺术书籍的墙壁，到我们周围的数字云中数以百万计的版本，继续在全球中传播。《格尔尼卡》的故事中另一些重要部分，是其他艺术家受到它的启发而创作出来的作品，以它为焦点的政治辩论，以及它在新的历史背景或被仿制的过程中获得的给后世观众的全新意义。有些时候，它被埋葬于某个画廊中，无处不在的复制品也随时威胁着作品自身的力量。然而，它总是很快便重回头版头条，无论是因为它被激进主义者污损，还是被政客遮盖，抑或是作为游行者在电视摄制组和警察之前挥舞着的一面旗帜出现。它以一种不同寻常的方式把博物馆的展壁变成了公共财产，以至于我们有理由问：真正的《格尔尼卡》在哪儿？或者，**哪一幅**才是真正的《格尔尼卡》？

毕加索对“完成”某一件作品一直都怀有恐惧感。他曾经对他的摄影师朋友布拉塞说，“只有死亡才能终结某件事”。“结束，实现——这些词不都有双重意义吗？终止、终结，同时也是处死，是出于仁慈的最后一击（Coup De Grâce）？”对他来说，他从一幅油画前退回来时，这幅油画依然继续在变异，依然是一个活跃的媒介，只有在观众心目中才最终定型。如果我们把他的话当真，那么，世界上就会有无数的《格尔尼卡》锁在我们每个人的眼睛后面的博物馆里——但原作终究只有一幅。今天，历史再次密谋复活毕加索的绘画。随着旧联盟的分崩离析，民粹主义和军国主义势力正在欧洲崛起：政客们在舞台上张腿迈步，他们那煽动性的语言与这幅油画创作时人们所听到的语言惊人地相似；无论是决心继续其统治的国家，或是被世界末日的宗教意识形态所控制的个人，都在时不时地制造各种暴行。1937年，《格尔尼卡》警示了人们这一切的最终走向。当我们即将跨入21世纪的第三个十年时，这个警告仍然和当时一样振聋发聩。

《格尔尼卡》

毕加索，1937年

索菲亚王后国家艺术中心博物馆（Museo Nacional Centro de Arte Reina Sofía）

3

一眼看上去就知道,《格尔尼卡》是个谜。它是现代最著名的绘画之一，人们对它的解释相互矛盾，而它的置身之地依然充满政治色彩，一直是中央政府和西班牙的巴斯克地区之间的争论议题。它永远与某一特定事件密切相关，扎根于并超越其创造者的一生，扎根于艺术史、西班牙的历史，并最终联系到史前时代、人类本身的起源。人们要怎样才能追溯一个符号的血缘?为了达到这个目的，我们必须首先考察当时的局势，以及这个艺术家开始创作这幅画时对政治事件的感受和所受到的个人事务的影响。让我们以某一天为起点：在经历了一段时间的犹豫不决之后，毕加索发现了他的主题；他内在的动力与国际上的事件相结合，创作的引火纸由此点燃。五个星期之后，这幅油画首次公开亮相于西班牙共和国在巴黎世界博览会上临时搭建起来的展厅中。

* * * * * *

分崩离析的世界

《格尔尼卡》

伟大的西班牙画家，立体主义之父巴勃罗·毕加索对当代造型艺术影响巨大，他想在这幅作品中表现一个在战争恐怖中分崩离析的世界。

——1937年西班牙共和国政府印发的《格尔尼卡》纪念明信片背面所印的文字说明

1

1937年5月1日，这是在法国被称为“劳动节”（la fête du travail）的公共假日。法国首都的大街小巷被这座城市历史上规模最大的工人游行队伍挤得水泄不通。女人们叫卖着从巴黎郊外的树林里采摘来的铃兰花细条，一对对夫妇买来插在扣眼儿里。一个蓄着浓密胡子的男人直盯着罗伯特·卡帕手里的相机，后者受《晚报》（*Ce Soir*）委托去拍摄当天的活动。那个男人掩藏在墨镜后面的一双眼睛看上去就像两个黑洞，一个小男孩骑在男人的双肩上。小男孩穿着漂亮外套，戴一顶与衣服相配的贝雷帽，学着周围的人做出表示团结的手势，试着把五指握成一个拳头。卡帕把这个瞬间的姿势捕捉到照片中，使它成为永恒。这张照片把那孩子变成了一个象征——也许是借鉴了罗曼·罗兰的剧本《7月14日》（*Le quatorze juillet*）中朱莉的形象。在剧中，一个小女孩成为群众的吉祥物，在摧毁巴士底狱时，把她举得高高的。这出戏写于1902年，1936年在巴黎重新上演，它的舞台幕布是由一个世界上最著名的艺术家所画。

那个艺术家走离街道，在一栋只要步行一分钟就可以到达河边、位于奥古斯丁街狭窄的17世纪连栋房屋的阁楼画室里，继续在公共假日期间工作。那是他的一贯作风。此时，一百多万人的游行队伍正沿着传统路线从巴黎广场走到巴士底狱。尽管他看上去可能完全不为外面那种热火朝天的气氛所动，但从他在那天画出来的第一幅草图就可以清楚地看出来，毕加索正在描绘一个冲突时刻。这

罗伯特·卡帕：《1937年5月1日的巴黎》

LES MARBRES FRA
SOCIETE

些草图与他四个月前所接受的一项创作工作有关，到目前为止，他一直在努力寻找一个主题。1月的第一个星期，有一个代表团来到毕加索在第23街的公寓。代表团中的人员包括加泰罗尼亚建筑师约瑟普·路易斯·塞特，他是毕加索的老朋友，来自巴塞罗那。和塞特一起来的是他的建筑合作伙伴路易斯·拉卡萨，他们要共同负责设计将于5月在巴黎开幕的现代生活艺术与科技世界博览会中的西班牙共和国展馆。代表团中还有作家、共和国政府驻巴黎文化随员马克斯·奥布，摄影师及摄影蒙太奇艺术家、共和党政府美术总监乔塞普·雷纳，以及两个诗人：何塞·贝尔加明和胡安·拉雷亚。（除了他们自己的文学活动外，贝尔加明还负责保护普拉多国家博物馆的收藏品，拉雷亚则是西班牙驻巴黎办事处主任，那是由共产国际提供资金的共和国宣传办公室。）毕加索的祖国正在浴血奋战，政府委托这个成员迥然不同的艺术团体前来说服他为西班牙展馆贡献一幅重要作品，以此表明他对威胁西班牙民主生存的国民军叛乱的憎恶。

从法国政府的角度来说，其意图是通过这次博览会展示科学和技术的最新发展成果，特别要强调东道国及其邦国的成就。然而，尽管这个世界博览会意义重大，却举办于一个充满挑战的时刻。政治不稳定是那个十年截至当时最大的特征：1930年至1936年期间，法国有12位总理和6个不同的执政党走马灯一般上台下台。1936年5月在“面包、和平与自由”的口号下当选的人民阵线是一个由法国首位犹太人总理、社会主义者莱昂·布卢姆领导，由左翼不同派别组成的不稳定联盟。尽管工人们获得了包括保障带薪假期和工会代表权等重要权利，但经济改革却无法减轻萧条的影响，而工资上涨给人们带来的好处在很大程度上也被通货膨胀抵消掉了。法国社会中的两极分化从来没有这样极端过，一边是据说拥有国家大部分资源和巨额财富的二百多个家庭，而另一边则是社会其他阶层。除了提供一个展示他们成就的机会外，人民阵线肯定希望这次博览会可以提供一个焦点，使全国团结一致。

毕加索讨厌委托创作，更何况这次委托创作也充满了特殊的挑战和责任。他从没有创作过像展馆所要求的这么大尺寸的作品；更重要的是，他从来没有在个人艺术领域之外探索过，更别提去表现诸如西班牙内战这类当代局势了。所以，并不令人意外的是，他一开始就对共和国的代表团说，他一点都不确定自己能创作出他们所需要的那种画。

对于毕加索来说，艺术源于一种内心的冲动，用以消解自己从周围世界中所吸收的东西。虽然艺术不可避免地反映了外部事件，但它具有独立于外部事件的现实。1932年，他对罗兰·彭罗斯说："（艺术）最终取决于自己，就像是有一千道光芒的太阳在其内部。其他的只是虚无。"出于本能和倾向，他也不关心政治。四年前他曾经说过，他"永远不会怀着为某个国家的政治、宗教或军事艺术利益服务的心态来进行艺术创作"。艺术画室是他的王国，他要保护它不受来自各方面的干扰，因为这会妨碍他的工作。

然而，前一年发生的一系列事件冲垮了他设下的屏障。除了从西班牙传出来的令他极度痛心的消息外，他的个人生活也进入了一个未来传记作家将津津乐道的时期，一部分"可怕的八卦阴影和英雄崇拜"将伴随他接下来的人生。[1]他和结婚十九年的妻子——俄罗斯芭蕾舞演员奥尔加·霍克洛娃分居，两人正在为最终的解决办法苦战恶斗。与此同时，他和情妇玛丽－特蕾斯·沃尔特有了一个孩子，他把沃尔特安置到他的朋友——画商安布鲁瓦兹·沃拉尔在巴黎郊外的家里，只能在周末才去看她。与此同时，他还与才华横溢、性情反复无常的摄影师亨丽耶特·西奥多拉·马科维奇有染，后者以艺名多拉·马尔被熟知。马尔沉溺于左翼政治和巴黎的先锋派之中，也了解西班牙。1934年她在毕加索曾经的家乡巴塞罗那完成了一个街头摄影项目。马尔在《格尔尼卡》的孕育和绘画过程中无疑具有举足轻重的意义，正如她被人所津津乐道地引用的话那样，毕加索的艺术在任何时候都是五种元素组合变化的结果：他的情妇、他的房子、他的诗歌、他的崇拜者圈子和他的狗。也许还有一项可以加入这个名单：他的画室。在抛弃奥尔加之后，他正在寻找一个足够大的地方，来容纳一块大小能与展馆给画作分配的空间相称的画布——当时，位于特罗卡德罗宫花园的展馆仍在施工中，他曾去现场考察过。*

他所找到的画室——或者毋宁说是画室找到他——位于奥古斯丁街7号，那是过去的萨瓦酒店（Hôtel de Savoie）。从实际的角度来看，这是一个理想的地方，有点类似堡垒。要从一个螺旋形楼梯走上画室，楼梯的灯泡经常会坏。一个黄铜铭牌上写着，访客已经到了塞纳河地区的法警协会，毕加索希望这个标志能够让访客望而止步，除了那些意志最坚定的人。他只在自己的门口钉上一张纸，上

* 在1937年世界博览会上，为1878年世界博览会建造的特罗卡德罗宫被拆除，被夏乐宫所取代。

面写着“就在这里”（C’est ici ）。沿着一个内部楼梯走到顶楼，是一个名为“谷仓”（Le Grenier）的阁楼，透过大窗可以看到邻居的屋顶。洞穴般宽敞的内部可以容纳那块为委托作品而准备的3.51米×7.82米（11.5英尺 ×25.6英尺）的画布，但画布得稍微倾斜一点，才不会顶到天花板上暴露出来的横梁。画室里，没有装修的墙壁具有一种手工作坊的气氛，让毕加索觉得很喜欢。他安装了一个巨大的铸铁炉子，用以减轻石材地板所带来的寒意。他就在这么一个空间里进行实验，囤积他所感兴趣的东西，接待访客，堆积他即兴而画的作品。从这个地方走路，几分钟就可以到他最喜欢的圣日耳曼大道周围一带的咖啡馆和酒吧，要去多拉·马尔的公寓也就只走几分钟而已。

但是，毕加索的画室还具有一些比这些好处更重要的特点——想象力，甚至是精神上的特质，这些特点让毕加索的这个画室似乎是注定要在他的生活中出现的。近年来，它一直是左岸先锋注目的焦点。戏剧导演让－路易斯·巴罗曾在排练时使用过这个地方，把它作为一个波希米亚式的公共生活兼工作场所。他后来回忆说：“我晚上回来的时候经常会发现有人躺在我的床上。我创立了一个‘剧团’。”巴罗搬出去后，勒·加米尔在这里主持过由超现实主义作家乔治·巴塔耶创立的左翼团体“反击”的会议，毕加索深受他的著作的影响。多拉曾经是巴塔耶的情人，参加过这些会议，经常被认为是找到这个画室的人。事实上，她只是把这个艺术家和奥古斯丁街7号连接起来的一系列链条中的一环而已。在1937年的最初几个月里，西班牙展馆的承包商曾把这栋建筑用作储藏室，胡安·拉雷亚挪出这个地方给毕加索当画室。

更不寻常的巧合是，毕加索获得此处的一个世纪之前，这栋建筑曾是巴尔扎克的小说《不为人知的杰作》（*Le Chef-d'oeuvre inconnu*）的背景，小说于1837年发表在《哲学研究》（*Études philosophiques*）杂志上。这篇小说对毕加索及与他同时代的其他艺术家影响重大，他甚至还为1934年由安布鲁瓦兹·沃拉尔出版的该小说新版画过插画。小说描写了三个画家：尼古拉·普桑是一位来自外省的年轻波希米亚人，他刚到这座城市时那一身褴褛的衣裳和勃勃雄心，总会让毕加索回想起自己的年轻时代；波布斯是个成功的宫廷画家；弗朗霍费则是神秘的天才，相信自己发现了一种新的视觉语言，能够超越"艺术"，唤起现实本身。当普桑和波布斯最终亲眼看到那幅弗朗霍费毕生的巅峰之作、一直被他密封在画室里的油画时，他们怀疑画家是否一直在捉弄他们。他们看到的只是一只画得栩栩如生的赤脚，而不是什么杰作。赤脚从下面伸出来，"颜料一层一层地涂抹上去，用一堆奇怪的线条构成一堵颜料墙"。毕加索面对过比这更糟糕的攻击；当油画《格尔尼卡》进入公共领域时，他将会再次面临这种攻击。

画室外面是震撼着整个欧洲的紧张局势。意大利重新点燃了征服非洲的梦想，派遣50万大军入侵阿比西尼亚*。德国的纳粹政权显得越来越好战，1936年3月占领了莱茵兰，以此显示它对《凡尔赛条约》有关规定的蔑视。但西班牙内战才真正是1937年的五一庆典

---

* 埃塞俄比亚在英语世界的旧称。——编者注

盛宴上的幽灵。雷诺公司的工人在过去12个月里经历过几次工业行动，经验丰富，聚集在一起倾听西班牙劳动者总联盟（UGT）的代表帕斯库亚尔·托马斯的演讲。托马斯在演讲中绘声绘色地描述妇女和儿童怎样在国民军轰炸马德里期间死于非命，深深打动了人心，并公布了一条惊人的消息：仅在四天前，即4月26日，未设防的巴斯克小镇格尔尼卡遭受空袭。

这个展馆的委托作品并不是西班牙共和国对毕加索的第一次认可。西班牙内战爆发两个月之后，他就被任命为马德里普拉多国家博物馆馆长；虽然这基本上是个挂名职务，而且他还多次受到邀请，但他从来没有去过那里。他这一不履行职务的行为非常奇怪，因为对他来说，普拉多国家博物馆是个圣地：它是一座圣殿，里面供奉着他最崇拜的艺术家，他在学生时代就研究并临摹过这些艺术家的作品。戈雅、委拉斯凯兹、苏巴朗、埃尔·格列柯这些艺术家是他真正的家人，他们的作品是他绘画生涯里一直借鉴的精神博物馆里的高光。在马德里遭到数周轰炸期间，11月16日普拉多遭到空袭。共和国的士兵匆匆忙忙地把那些价值连城的艺术收藏品包装起来，装上卡车，然后把它们疏散到巴伦西亚，使毕加索成了——就像他对一位朋友所说的——一家“幽灵博物馆”的馆长。随着战线的推进，这些艺术收藏品跟着被围困的政府不断转移。毕加索最喜欢的艺术家之一是弗朗西斯科·戈雅，他的两幅画——《1808年5月2日的马德里》（*El 2 de mayo de 1808 en Madrid*）和《1808年5月3日的马德里》（*El 3 de mayo de 1808 en Madrid*）在被运往赫罗纳的途中，因卡车在某村庄发生车祸而被毁，画布被扯碎，《1808年5月2日的马德里》的残片则被丢在了路上。这些画的命运是一个征兆：在这个被战争颠覆的世界里，艺术杰作的地位被降级到如同日常用品一样，可以随机遭受轰炸。这对毕加索的精神打击，可能与战争对任何其他人的打击一样大。

在马德里，艺术正被人们从战火的毁灭中拯救出来；而在巴黎，艺术正被用于其他用途。人民阵线热衷于通过世界博览会来表明，法国是一个现代化的技术创新国家，尽管在过去的12个月里，国家发生动乱，但仍然向国际贸易和投资开放。西班牙共和国则考虑着截然不同的优先事项：他们的当务之急是获取枪支弹药。西班牙驻巴黎大使路易斯·阿拉奎斯唐把自己的大使角色与为共和国军队获取武器的角色相结合，认为这次博览会是一个绝好的机会，可以借此为结束英国、法国和德国所签署、禁止向西班牙共和国供应武器的“不干涉条约”而讨价还价。如果无法大规模地追加军事力量，共和派军队就不可能打败佛朗哥军队与纳粹德国和法西斯意大利在违反条约的情况下所提供的军队和空军的联合力量。因此，这是与现在国际上公认为和平象征的一幅画有关的第一个、或许也是最大的讽刺；政府委托毕加索创作它，是希望这幅作品有助于结束武器禁运，并允许装备一支军队。

除了西班牙共和国外，还有其他42个国家也将参加博览会：这次博览会将会是一个城中之城，是一个世界的缩影。西班牙展馆将集中展示西班牙共和国在教育、工业、农业和艺术等各领域的成就，同时突出西班牙人民对佛朗哥国民军的进攻所进行的英勇抵抗。阿拉奎斯唐认为，说服在世的最伟大的西班牙艺术家参与，既能增加参观者的人数，又能实现一次重大的宣传活动，其意义不亚于取得一次重大军事胜利。

反对共和国政府的是那些强烈要求中央集权和等级森严的“旧西班牙”的支持者，他们决心保护自己的财富、房产和古老的特权；他们中有大地产所有者、实业家、银行家、法西斯长枪党党员、军人之家、君主主义者和天主教会的高级神职人员。他们要求发动第二次“收复失地运动”，把国家从共产主义、无神论和专门惹是生非的巴斯克人和加泰罗尼亚国民军那里解救出来。三个将军：何塞·圣胡尔霍、埃米利奥·莫拉和弗朗西斯科·佛朗哥响应了他们的号召。因为佛朗哥将军公开呼吁取消2月16日的选举，政府已经把他调到加那利群岛，希望以这种实际隔离的方式防止他密谋反对第二共和国。他对这次放逐的顺从，以及他对支持一场武装叛乱显而易见的不情愿，使他受到一些右翼人士的嘲弄，甚至被冠以“1936年加那利群岛小姐”的绰号。但是，右翼政客何塞·卡尔沃·索特洛7月13日在马德里被共和国警察部队暗杀，使他深受刺激。一架由一名英国飞行员驾驶的民用飞机从一个英国机场起飞，把他从拉斯帕尔马斯接到西班牙领地摩洛哥的首府得土安，这标志着西班牙国内外统治阶级享有共同利益。

叛乱始于1936年7月17日，那一天，驻西班牙属地摩洛哥的军队兵变。一天之后，军队试图在西班牙本土发动政变。西班牙本土的叛乱并不很成功。民族主义势力占领了塞维利亚，但由工人阶级组成的民兵、警察和军队中的忠诚分子在公众的支持下，击败了马德里、巴伦西亚和巴塞罗那的叛乱，效忠共和国的军队则坚守着包括马拉加和毕尔巴鄂在内的其他重要城市。这个国家分裂了。圣胡尔霍将军决定从埃什托里尔的流放地返回西班牙，担任西班牙国民军的考迪罗*。然而，7月20日，他所乘坐的小型双翼飞机坠毁，圣胡尔霍因此丧生，据说这架飞机坠毁的原因是他携带上飞机的大量制服太重。他认为军服对其所要担任的新角色至关重要。但是，他的死只是让共和国暂时缓一口气而已，共和国此时的生存面临着来自直布罗陀海峡两岸的威胁。

当佛朗哥再一次发现自己被大海隔断时，外国飞机前来帮助他了。贝尼托·墨索里尼并不怎么把西班牙人放在眼里，部分原因是他相信，他们的种族构成中有其他种族的成分，但他渴望结束英国在地中海的海军霸主地位，还迫切需要挽回在阿比西尼亚战争中所蒙受的部分损失。阿比西尼亚战争使意大利欠下巨额债务，可以向西班牙国民军出售武器的前景压倒了他可能产生的任何疑虑。阿道夫·希特勒去拜罗伊特参加一年一度的瓦格纳音乐节时，听到了政变未遂的消息。在典型的希特勒风格之下，事件被简化成了歌剧的素材。9月9日，他在纽伦堡的一次集会上对群众说，“苏联操纵手”是西班牙危机的幕后黑手，他们是来自“莫斯科国际犹太革命总部”的特工，必须不惜一切代价抵制。在瓦格纳的《西格弗里德》（*Siegfried*）的第三场中，保护性的火焰环绕在布伦希尔德周围，希特勒受此启发，发动了“魔法火行动”（Unternehmen Feuerzauber），这是军事史上第一次大规模空运部队和装备的行动代号。

---

* 考迪罗（caudillo）是一个西班牙语世界的专有名词，指凌驾于民权之上的政治军事领袖。——编者注

一万四千名士兵，包括数千名身穿奇巴拉长袍、头缠红头巾的摩尔人士兵在摩洛哥登上德国和意大利的飞机，飞到塞维利亚，从那里一路向北挺进。在国民军指挥官的鼓励下，这次进军过程中一路充满了最残暴的暴行：枪杀孕妇，在妇女的乳房上涂上佛朗哥主义者的标志以示侮辱、滥杀无辜、大肆抢掠，任何行为似乎都有正当理由。佛朗哥在7月29日在接受《芝加哥论坛报》采访时宣布，他准备杀死西班牙百分之五十的人口来完成他的使命。8月14日，巴达霍兹市落入亚居尔将军领导的国民军手中。在接下来的几个星期里，他的部队进行了名为“清洗”（limpieza）的大屠杀：这座城市的斗牛场成了刑场，数千名被指控同情共和国的人被关押在牛棚里，无法接触律师或经过审判，在欢呼的旁观者面前排队等待着被机关枪处决，然后尸体会被浇上汽油并被点燃。

法国政府对这些事件的反应引起了公众舆论的两极分化，有些人将这件事与20世纪初分裂法国的德雷福斯事件进行了比较。尽管西班牙共和国政府似乎是法国人民阵线的天然盟友，因为人民阵线在巴黎的选举观察员不仅对马德里战役期间大规模杀害政变支持者的报道感到震惊，还对焚烧教堂、暴力罢工和征用土地的那些事件感到害怕，因为这些正是他们希望在法国国内避免的事件。不过，莱昂·布卢姆的第一反应还是要向共和国提供军事资源。他把自己的意图泄露给媒体，引起了法国反对纳粹扩张主义的主要盟友英国政府的注意。一直强烈主张不干涉西班牙内战的斯坦利·鲍德温明确表达了他的不满。在来自国外和国内的双重压力下，1936年8月布卢姆决定，法国和其他26个欧洲国家一起签署不干涉协议。这个协议有效地阻止了西班牙共和国获得武器，尽管作为一个民主选举产生的国家政府，它完全有权这样做。与此同时，纳粹德国和法西斯意大利不断通过葡萄牙向佛朗哥的叛军提供武器和军事支持，则从未被质疑过。在整个战争期间，佛朗哥从美国大型生产商那里，其中包括标准石油公司和德士古公司，获得无限量的汽油，所有这些都是赊账购买的。美国石油业为民族主义叛乱提供了数百万美元的资金，与此同时，美国政府也积极阻止墨西哥向西班牙政府提供物质支持。*英国、美国和法国非但没有保持中立，反而实际上共同签署了共和国的死刑令。

2

1937年“劳动节”期间发生了一场媒体“大停电”：法国历史上报摊上第一次没有任何报纸。与此相反，小册子和评论铺天盖地，其中包括《杜兰戈烈士城》(*Durango Ville Martyre*)，报道了4月初叛军空军空袭巴斯克的一个城镇，轰炸一座里面挤满礼拜者的教堂。这本小册子中一张震撼人心的照片显示了一位牧师穿着圣衣，摊开四肢躺在被炸毁的教堂地板上。在莫拉将军的指挥下，叛军在靠近法国边境的西班牙北部发动了一次新的攻势，目的是攻占戒备森严的毕尔巴鄂市。在过去的几天里，在相互矛盾的报纸报道中，关于在巴斯克地区的另一次屠杀的新闻已经四下传开；没有设防的格尔

---

* 1936年，德士古公司向国民军提供了34.4万吨汽油，1937年是42万吨，1938年是47.8万吨，1939年是62.4万吨。(转引自美国驻马德里大使馆经济顾问赫伯特·费斯在《在西班牙战斗的大曼彻斯特男人》一书中引用的话，《曼彻斯特国际纵队纪念委员会》，1983年，第19页。)

尼卡镇已经成为一堆冒烟的废墟。虽然一些法国报纸正确地将损失归因于德国空军的秃鹰军团在少量意大利飞机支持下的轰炸袭击，但是，另一些报纸则不假思索地发表民族主义言论，声称这是共和主义者的谎言，是撤退的“红色”自己摧毁了格尔尼卡，把它焚为废墟，目的是获得宣传上的胜利。

这些针锋相对的舆论是这个事件所引发的一场以小册子、新闻稿、调查报告和报刊文章为战争武器的第一次交火，而《格尔尼卡》将成为这场战争的一部分。与几个世纪以来的西班牙教堂和教堂里的宗教意象一样，视觉艺术在赢得受教育程度不高的西班牙民众的心灵方面发挥着至关重要的作用。西班牙内战可能是第一次全面爆发的媒体冲突，双方的新闻官员和正规军一样激烈地战斗，影片、海报、摄影和平面设计扮演着与子弹和炮弹一样重要的角色。

共和国政府正在采用俄罗斯的建构主义艺术家和德国的包豪斯建筑学派所开拓的新视觉语言来达到自己的目的，西班牙的国民军指挥官也热衷于检验新的战争理论。其中对他们最具有影响力的是意大利军事理论家朱利奥·杜赫特上校，其著作《空中制衡》（*Il domino dell'aria*）于1921年首次出版。他在书中提出，空军将在未来的战争中发挥关键作用，其任务是“对敌人发动具有恐怖性质的攻击，因为他们根本无法对此做出反应”。德国秃鹰军团司令沃尔弗拉姆·冯·里希特霍芬上校是渴望在欧洲战场上试验杜赫特理论的新一代军事领导人之一。“恐惧，”他在日记中写道，“在部队和平时代的训练中根本不能被激发出来。但恐惧非常关键，因为它对士气影响很大。在赢得战场上的胜利方面，士气比武器重要得多。重复、集中的空袭对敌方的士气影响最大。”对他来说，秃鹰军团既是一种心理武器，也是一种物质武器，就像佛朗哥的摩尔人突击部队一样，他们在西班牙的存在所引发的深层的原始恐惧，可以追溯到几个世纪前伊斯兰征服伊比利亚半岛的时期。在西班牙北部的意大利军队指挥官埃托尔·巴斯蒂科，虽然在早期对杜赫特关于20世纪20年代空中力量至高无上的理论提出异议，却在后来策划了在阿比西尼亚使用芥子气对平民进行轰炸的行动，为自己赢得了“轰炸机”（Bombastico）的绰号。

毕加索与同时代的许多人一样，对空战既着迷又恐惧。大约四十年之后，在垂暮之时，他这样对一个采访者说：“死亡随时会从天堂降临到这么多匆匆忙忙生活着的人身上，而这种生活，对我来说总是具有很大的意义。”[2]自20世纪初以来，飞机所提供的视角和速度的转变，一直是意大利未来主义艺术家注目的核心，它以一种与毕加索创造的立体主义一样激进的方式分裂了人们的视野。飞行深深地植根于现代主义意象之中，但同时也与更黑暗的事物联系在一起。他的朋友、作家安德烈·马尔罗在1936年为共和国军效力。他在以自身经历为基础写成的小说《人类的希望》（*L'Espoir*）中描述了西班牙一种新宗教的诞生：恐惧的宗教，居住在“天空的威胁下”的人们都能感受到它。1915年3月，毕加索在巴黎的一次齐柏林飞艇空袭中尝到了这种恐惧的滋味，当时他和格特鲁德·斯坦在一张桌子下度过了一整个晚上，而且他还观察到爱丽丝·B.托克拉斯的两个膝盖一直不停地颤抖。

当前战争的空袭更加残酷和激烈，虽然他已经被逐了出来，但是他的家人仍然在那里生活，任由马尔罗所描述的那种恐吓摆布。那些塑造了他、仍然使他深深怀念的西班牙城市正在一个接一个地被炸成尘埃。法国记者路易斯·德拉普雷报道的马德里轰炸事件对他影响至深。德拉普雷是发行量很大的报纸《巴黎晚报》（*Paris-Soir*）驻西班牙的记者，由于这些报道越来越多地揭露了国民军的恶劣行径，他的报道要么被审查，要么该报根本就不登。《巴黎晚报》把更多的版面用于登载英国君主爱德华八世的爱情生活，而不是用来刊登关于对马德里平民屠杀的报道。正如这位记者在给他的编辑发出的最后一篇新闻报道中所说的那样，“100个西班牙孩子被杀，还不如辛普森夫人（王室妓女）的一声叹息有意思”。为了避开雇主的阻挠，德拉普雷于1936年11月25日在《玛丽安》杂志*上化名发表了他写的《轰炸下的马德里》（*Madrid sous les bombes*）的想象版。他再也没能回到巴黎：运送他的法国大使馆的飞机要穿越边境线进入法国时，被神秘地击落，他于1936年12月11日死于马德里。

毕加索可能不是《巴黎晚报》的忠实读者，但《轰炸下的马德里》于1937年1月8日在《人道报》（*L'Humanité*）上重印出来时，他肯定会看到。他很有可能还看到了前一天以小册子形式出版的该记者在西班牙写的文章合集。德拉普雷的报道被删改、他被不明人员暗害和他最后发给报纸的那条悲愤报道，都成为令《人道报》和巴黎左派注目的对象。1936年12月底，毕加索的朋友、共产党员诗人路易斯·阿拉贡组织了一场海报宣传活动：德拉普雷的脸布满在他

---

* 玛丽安（Marianne）是法兰西共和国或其政府的绰号，因以女性为其化身，故名。——译注

永远也不会再见到的城市的街道上，伴随着这样的大标题：“一个死者的声音在指责撒谎的媒体”。

1937年1月，国民军袭击了毕加索的出生地马拉加。出生于匈牙利的作家阿瑟·克斯特勒目睹了这场空袭。他在《西班牙遗嘱》（*Spanish Testament*，1937）一书中记录了这次事件，他在书中写道：“整个街道都被炸毁了，空荡荡的人行道上到处都是弹片”，空气中弥漫着“烧焦人肉的刺鼻气味”。巴黎的《观点》（*Regards*）杂志在封面上刊登了格尔达·塔罗和她的情人罗伯特·卡帕所拍摄的难民逃离该城的照片。童年时代的街道被毁的情景萦绕在毕加索的脑海里。再也不能把历史阻拦在画室的门口了。相反，他在该城市于2月陷入国民军之手的两天之后对一位朋友说，“它扼住了我们的喉咙”。在马拉加第一次遭受袭击之后的几天内，就在《人道报》杂志上重新出版《轰炸下的马德里》那天，以及在与刚刚从西班牙返回的何塞·贝尔加明谈话之后，他创作了第一件作品，明确表达了他对内战和引起内战的人的感受。

毕加索所使用的反对那名国民军领袖的武器是讽刺，而不是猛烈抨击。蚀刻版画《佛朗哥的梦幻和谎言》（*Songe et mensonge de Franco*）由两张卡通画组成，描绘了一次流浪汉小说式的冒险，主角是变异息肉一般的——或者像毕加索后来的评论中承认的，一坨屎一样的佛朗哥将军：淫秽、可笑、一只独眼、两个大鼻孔，被虚荣和凶残的本能所陶醉。其形式借鉴了《哈利路亚》（*Alelulya*），一幅由三排三列图像组成的西班牙宗教版画。毕加索在1月8日一天之内完成第一张版画，第二张则是在《格尔尼卡》绘画期间和之后完成的，其中包含了在创作《格尔尼卡》过程中探索的许多主题和图像。这些蚀刻作品制作了1000册限量发行，连同另一张印着毕加索一首诗的单页一起出售，用来为西班牙筹集救济资金，所有18种图案也分别印成明信片出售。

在第一张蚀刻版画中，佛朗哥的飞黄腾达由他服饰的变换来体现，尤其是头饰的改变：他的服饰似乎和让圣胡尔霍坠毁到地面上的飞机所装运的服装一样多。第一张图片中，在版画的右上角，他头戴皇冠，手持利剑，挥舞着一面宗教旗帜，骑着一匹似乎开膛破肚却还轻快奔跑的马，它的内脏拖在尘土中，头上的太阳正在嘲笑这种表演的荒诞。在第二张图片中，他在走钢索，旗帜挂在勃起的阴茎上，头上戴着摩尔人军队佩戴的红圆帽。在第三张图片里，他戴着一顶教士帽，似乎要用钢镐猛砸一座古典雕像。这一场景可能是指去年秋天在西班牙发生的一幕，再加上诗人费德里科·加西亚·洛尔卡在格拉纳达被一个长枪党党员杀害一事，终于让毕加索看清了法西斯主义的面目。10月12日，西班牙军团的创建者、国民军指挥官何塞·米兰·阿斯特雷在萨拉曼卡大学发表演讲，承诺法西斯主义将成为从西班牙的躯体上切除“红色”、加泰罗尼亚和巴斯克癌症的外科医生。阿斯特雷外貌狰狞。他在北非的殖民战争中失去了一只眼睛和一只手臂，因此而得到了“光荣的残缺者”的绰号，但他对此却扬扬自得。听众中有许多支持他的人，包括许多全副武装的西班牙军团士兵。他的雄辩辞藻使他们越来越激动，不禁喊出了军团的口号：“死亡万岁！”那天晚上参加演讲的还有巴斯克的著名哲学家和知识分子米盖尔·德·乌纳穆诺，他在演讲中进行了无畏的应答，首先抨击那种“愚蠢而变态地叫喊‘死亡万岁！’”的行径。他说，阿斯特雷将军“想要以自己的形象创造一个新的西班牙，这是一种负面的创造，一个残缺不全的西班牙”。在随后的喧闹中，据说米兰·阿斯特雷尖叫着：“让智识死亡！”最后多亏佛朗哥的妻子多尼娅·卡门·佛朗哥挽着他的胳膊，陪他一起离开，乌纳穆诺才能未受伤害地走出大厅。

毕加索在听到这件事后写道：“西班牙的战争是一种反动——反人民、反自由。”

> 作为一个艺术家，我一生都在不断地与这种反动、与艺术之死作斗争。在我正在创作、并将称之为《格尔尼卡》的画中，以及在

毕加索：《佛朗哥的梦幻和谎言》，1937年1月8日

我最近的所有艺术作品中，我都清楚地表达了我对使西班牙陷入痛苦和死亡海洋的军事种姓（military caste）的憎恶。每个人都知道叛军飞机对普拉多博物馆的野蛮轰炸，每个人都知道民兵是如何冒生命危险成功地拯救了艺术珍品。毫无疑问……在萨拉曼卡，米兰·阿斯特雷喊出“让智识死亡！”在格拉纳达，加西亚·洛尔卡被暗杀……

毕加索不愿站队的态度消失了：民族主义者已经不仅是自由的敌人，而且是诗人的杀手、艺术的破坏者，以及智识本身的摧残者，这些都以在蚀刻画中受到佛朗哥残害的古典半身像为代表。她与洛尔卡在其伟大的随笔《恶魔的理论和戏剧》（*Theory and Play of the Duende*）中描述的那个有“她的好友毕加索为她画上的四面体鼻子”的立体主义女神有关系吗？

这种场景，这些经典剖面幽灵般地闪现在毕加索的许多作品中，与斗牛场或战场的大屠杀成了对立面。这是一种女性气质的景象，与男扮女装的佛朗哥形象形成了鲜明的对比。《佛朗哥的梦幻和谎言》所描绘佛朗哥身穿西班牙女式小披风，手拿扇子，但仍然玩弄着最高统帅标志的小胡子。我猜这或许象征着1936年的加那利群岛小姐？

3

星期一是格尔尼卡的赶集日。当局试图阻止4月26日的集市，但是他们的公告无法阻止农村社区的古老生活节奏。农民们拉着实心木轮牛车走进这个小镇，在中心广场上出售他们的产品，吸引来自格尔尼卡和周边地区的民众。这些地区的食物来源严重依赖于市场。涌入的难民、预定的佩洛塔锦标赛以及驻扎在这里的两个巴斯克营的共和国士兵，使该镇的人数飙升到一万两千人左右。虽然这里离国民军向毕尔巴鄂推进的前线只有几英里远，也是阿斯特拉小型武器工厂的所在地，但到目前为止，格尔尼卡还没有卷入战争，也没有采取防空和防御措施。下午四点三十分，就在市场上最繁忙的时刻，钟声响起，预示着空袭即将来临。第一架出现的飞机是双翼飞机，几乎胡乱在该镇上空盘旋，在火车站附近投下炸弹，用机关枪随机扫射民众后就飞走了。三架来自秃鹰军团VB/88实验轰炸机群的海因克尔HE111型飞机在圣胡安教堂和一个人群熙熙攘攘的广场投下炸弹，并摧毁了为该镇供应用水的水泵。德军飞机完成第一次轰炸后，三架意大利轰炸机在战斗机的伴随下飞过来，继续进行轰炸。那些在第一次空袭中没有被炸死炸伤的人都跑到掩蔽所躲起来。

大约四十分钟后天空才安静下来。人们跑出来照顾伤者，扑灭大火。到此时，格尔尼卡所遭受的损害程度与在杜兰戈、奥特克桑迪奥、埃洛里奥和埃尔赫塔等巴斯克城镇对平民进行类似袭击的损害程度差不多。地面上没人能预计到轰炸还会继续。但是，空中轰炸还是再次来临了，而且是更大规模的轰炸。第二波轰炸机伴随着战斗机，包括直接从生产线上飞到西班牙进行测试的前六架梅塞施密特Bf-109-B1s 型飞机。这些飞机和意大利飞机一起低空俯冲，用机枪扫射市场上的平民和动物。那些拼命想从小镇逃到邻近的树林和田地的人也被扫射和驱赶回去，被赶到一圈熊熊大火之中，他们会在街上被烧死，或者在地下掩蔽所被窒息而死。

对一个不设防且相对微不足道的目标的大规模攻击表明，除了直接的军事攻击之外，还有其他目的在发挥作用：最近的研究表明，当天至少有27架轰炸机和32架战斗机在格尔尼卡上空出动。伊玛诺·阿吉雷年轻时在轰炸中幸存下来，他记得："（自己）在一家制造弹壳零件的小工厂里避难时，炸弹不停地投下来，我们几乎要被烟尘呛死了。但是没有炸弹投到工厂。工厂是最安全的地方，比医院安全得多。"当然，武器工厂（或任何工厂）总会成为常规攻击的主要目标，就像奥卡河上的伊伦特利亚大桥一样，但这座桥并没有受到破坏。事实上，这次袭击并没有袭击具体的目标，而是奉行了全面和无差别摧毁平民地区这一新的"恐怖轰炸"模式。赫尔曼·戈林在西班牙的代理人沃尔弗拉姆·冯·里希特霍芬非常清楚，德国最高统帅部内部的批评声音正在质疑德国空军掌握军事战略的能力。用闪电战让元首眼花缭乱的时机来了。他们的计划是在4月20日希特勒生日那天，向他献上一场壮观空袭的照片。

但事实证明，就像经常出现的情况那样，后勤部门没法在这么精确的时间内送到照片，这份生日礼物是生日过后才收到的。20日，戈林和希特勒一起庆祝生日，然后去意大利度假。因此，他自己并没有选择把格尔尼卡作为轰炸的目标，但是，这个巴斯克城镇不幸地达到了那些为民族主义而战的所有各方人员的标准。在莫拉看来，它离毕尔巴鄂很近，足以让该城市的守护者感到恐怖，并警告他们，如果不投降会有什么后果。而对德国人来说，格尔尼卡镇够小，离前线够近，地面部队可以在空袭后迅速攻下它，这就是闪电战理论中的核心：空中和地面力量的结合。冯·里希特霍芬亲自选择空袭所要使用的爆炸物，其中包括三种不同类型的易燃弹和爆炸弹，它们的威力足以破坏建筑物的基础，让燃烧铝热剂粉穿透地下的隐蔽所。秃鹰军团的飞机负责拍摄“轰炸前和轰炸后”的照片，送回德国呈交元首。冯·里希特霍芬在他的日记中描述了这次空袭的结果：“真是绝妙！城市……整整被隔离了24小时；如果部队立即发起进攻，保证会马上将其攻克。但至少它（已经）是一次完全的技术成功……”

但格尔尼卡不是一个寻常的集镇，它在西班牙具有其他重要的象征意义，这也让它拥有了传奇的地位。而这一地位最终转移并依附在了毕加索这幅描绘被破坏的格尔尼卡的作品之上。自中世纪以来，巴斯克人就开创了自己的民主形式，在18世纪吸引了一位名叫约翰·亚当斯的美国游客，他是那个新联邦共和国的第一任副总统。他在1786年赞不绝口地写道，巴斯克人“从来没有听说过一个没有土地的阶级，无论是奴隶还是佃农”。“他们最坚持的特权之一就是不要有国王。”卡斯蒂利亚各君主访问过格尔尼卡，并在其神圣橡树张开的枝杈之下，发誓要尊重巴斯克人的特权、习俗和自由，以换取他们的忠诚。这些古老的权利经常受到中央政府的攻击，但是，1936年10月1日，巴斯克再次从共和国争取到区域自治权，巴斯克政府的新总统何塞·安东尼奥·阿吉雷宣布：“长在格尔尼卡的圣树再也不是古老的遗物，而是……再一次成为我国历史的鲜活象征。”这些言论对许多民族主义者来说有如亵渎神明。落在格尔尼卡城里的炸弹不仅是为了夷平建筑物并展示战争中的最新技术，而且也是为了把民主碾为尘土。

就在等待一位艺术家将它的痛苦转化为一幅杰作时，格尔尼卡至少在某一方面是幸运的：它发现其他人愿意将其命运写成文字，而且这些文字既传递了信息，也与毕加索对这一事件的视觉描绘产生了某种怪异的呼应。其中最伟大的目击者之一是出生在南非的记者乔治·斯泰尔。斯泰尔为伦敦的《泰晤士报》报道内战，在空袭结束后的四五个小时之内和其他三名记者一起，于午夜时分抵达格尔尼卡。斯泰尔的报道于4月27日刊登在《泰晤士报》上，4月29日在《人道报》上重印，毕加索看到了这些报道。对于这篇报道，民族主义的记者团同时发出声明，否认这种指责，斯泰尔在雇主的强迫下于第二天返回格尔尼卡再次核验事实。但是，他对这件事的参与并没有随着他的报道而结束；他冒着巨大的个人风险待在毕尔巴鄂，直到莫拉的军队攻陷这座城市的最后一刻才离开。他在离开这座城市之前，居民逃离城市之时，走进被总统何塞·安东尼奥·阿吉雷遗弃的办公室里，拿走了总统的笔和办公桌上的最后一本记事本，用它们开始写他的书《格尔尼卡之树》(*The Tree of Gernika*)，在书里用更多的篇幅详尽地描述轰炸的结果："破碎的房顶，房屋里的地毯和窗帘、劈开的横梁、地板和家具都被炸得四分五裂，随时都会燃烧起来。"他写道：

飞机抛出银白色的雪片。2磅重的管子长如人的前臂，铝制和电子管的外壳闪闪发光，好像普罗米修斯的芦苇里面装着沉睡的火。银粉里的火药重65克，随时可以从闪闪发光的管子底部的六个洞里滑出。所以当房屋被炸裂成碎片，掩埋住人们时，从天而降的火从弹药管里苏醒，把他们烧成灰烬。

如果说斯泰尔引用普罗米修斯的典故把我们带回人类的起源时刻，和他一起去格尔尼卡的路透社记者克里斯托弗·霍尔姆则把我们引向相反的方向。他的诗作《格尔尼卡，1937年4月26日》（*Gernika, April 26 1937*）直到他去世六年后，即1997年，才得以出版。这首诗开头是："世界在今夜终结"。

分崩离析、末日、熊熊大火。与格尔尼卡有关的启示录语言呼应了报纸和杂志上刊登的关于对西班牙城市进行无情轰炸的图片，以及关于双方彼此杀戮和暗杀的报道。战争是个剧场：舞台上，一个个绰号为"轰炸机"和"光荣的残缺者"的各式人物在台上高视阔步。战争是绘画：西班牙第二共和国总统曼努埃尔·阿萨尼亚·迪亚斯将它描述为"政治是一种艺术，人民是它的调色板"。[3]也许他后来描述得更接近真相，称内战是"一场集体幻觉"，在这场战争中，无私的英雄主义与最恶劣的野蛮行径同台表演。恐惧从格尔尼卡向外蔓延，带着各种难辨真假的消息的重重迷雾从门缝渗进毕加索在巴黎的画室：4月29日国民军部队进入格尔尼卡，所有空袭屠杀的证据，包括死者的尸体和训令的碎片，全部被销毁。毕加索为自己下达的任务，是承认那些在轰炸中被抹除的人，并意识到那些幸存下来的人所蒙受的痛苦。为达此目的，他得使用一种像战争本身那样，既极具现代，又能与人类最古老和最深层的本能密切相关的视觉语言。

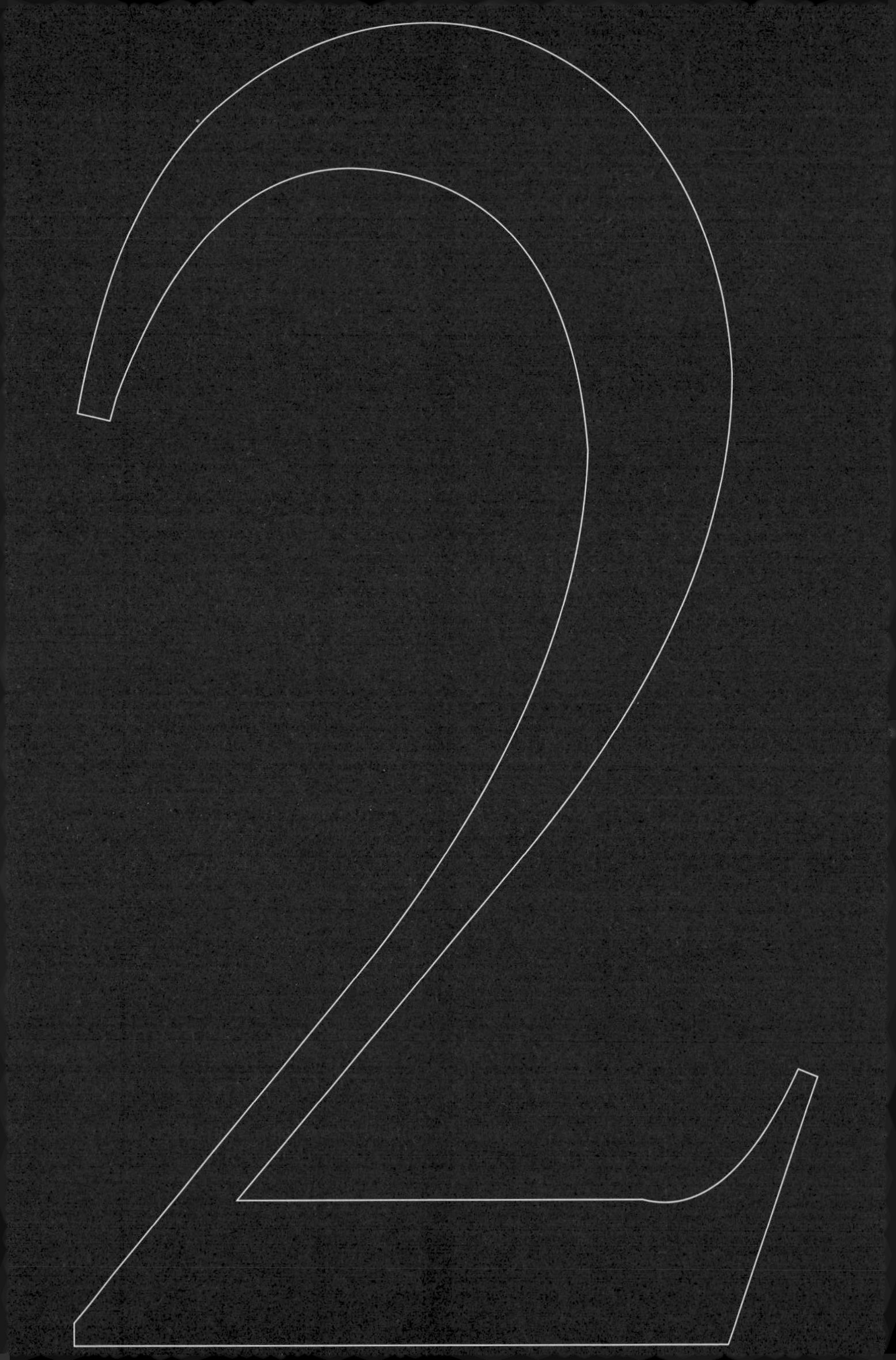

* * * * * *

实现一个梦想

你于是会问：为什么他的诗歌，没有提到梦想和树叶，以及他的祖国的巨大火山？

你来看看这街上的血迹。
你来看看，
这街上的血迹。
你来看看这血迹，
就在街上！

——巴勃罗·聂鲁达《我在解释几件事》
（*I'm Explaining a Few Things*）。
选自《诗歌选》（*Selected Poems*），
纳撒尼尔·塔恩译

就像他的生活中充满各种传奇故事一样，毕加索决定选择以格尔尼卡被轰炸作为西班牙展馆绘画主题的过程也充满各种传说。据一种说法，是胡安·拉雷亚的介入点燃了这张引火纸。根据诗人本人的说法，4月27日他走出香榭丽舍大道地铁站时遇到了巴斯克艺术家何塞·马利亚·乌塞莱，何塞停下来告诉他有关前一天晚上格尔尼卡遭到空袭的事。（报道要到第二天才会出现在巴黎的报纸上。）拉雷亚大吃一惊，确信这就是毕加索一直在寻找的主题，并决定马上去找他。*他急忙跳上一辆出租车赶到花神咖啡馆。那家咖啡馆就在毕加索画室所在的那幢建筑的配楼里，每天都可以依靠画家的名气来装点门面。点起香烟，端上咖啡，握手致意，穿着白夹克的侍者来回走动之时，毕加索倾听着。但他对诗人说，他不知道被炸的小镇是什么样子。拉雷亚说，就像一头公牛在瓷器店里狂奔一样。这句话说得有点太完美了，却在不断复述中失去韵味，正如在溪流中被打磨光滑的鹅卵石。

但实际上，就算只是读过有关马德里轰炸的生动报道、听过朋友和家人的讲述、看过巴黎报纸上时不时刊印的照片，毕加索知道的也要比上述传闻中的评论所暗示的丰富很多。如果说他还没有找到在视觉上处理这类信息的方式，那他也在写作中探索过——以往他觉得自己走进了绘画的死胡同时，都会把文字当成一种逃避。随着战争的演进，他在文学方面的这类涉猎也越来越阴暗；和拉雷亚对谈前一个月，他曾写过一篇东西，题目很简单，就叫《20.3.37》。

---

* 也许他收到了来自未来的文学信息：他将是第一个创作出关于《格尔尼卡》的书的人，其著作于1947年出版，是一部集富有诗意的洞察力、精神分析和对绘画象征意义令人费解的诠释于一体的书。

这篇文字似乎是想再现某个家庭遭到轰炸后的情形——这大概是每个仍然生活在巴塞罗那的有家有室之人最可怕的噩梦。

> 让他们自己从天花板坠落到地板上，胸膛弹撞上窗格，弄伤自己，割裂自己，以斑驳血迹染红墙面、地板与天花板，以炊具将其切碎成片，细致削斫，用其自身重量加以按压……一圈圈的肠子吊在钉子挂起来的花环里，困在这篇旗帜被子弹打得千疮百孔的报道的中心，叉子和汤匙发出沉闷的哭喊……

这些话，并不是那些从来没有想象过炸弹会造成什么样的破坏的人所说出来的话，也不是那些未曾感受到乔治·斯泰尔所言1937年西班牙人所经历的“对飞机的显著而神秘的恐慌”之人所说的话，即便他们与之相去不远。也许拉雷亚最重要的贡献是这幅画的**标题**，而不是这幅画的主题——毕加索非常清楚，这样一种联系会使他的作品有着怎样的影响——同时将他的愤怒激发到了新高度，使他不可避免地直面战争的残暴。*

在研究战争方面，毕加索有一位视觉导师——弗朗西斯科·戈雅。他一次又一次地向戈雅寻求灵感。19世纪初的法西战争和130年后的西班牙内战有着明显的相似之处。拿破仑对西班牙的入侵导致了深刻而持久的分裂；许多知识阶层的人站在法国一边，希望他们能给自己那个落后的国家带来启蒙价值，而传统主义者和普通民众对法国人深恶痛绝。有些人甚至认为法国人的感情和动物的感情无

* 被轰炸市民的痛苦是组办展会的人提出的主题之一，被一些艺术家所接受。毕加索至少在这方面履行了他的职责。

异——当时有一个四处流传的传说，说甚至连马德里城外的乡下饿狼都不会去啃法国士兵的尸体。这两次战争的另一个惊人的相似之处，就是拿破仑和佛朗哥都使用北非雇佣兵来镇压和恐吓西班牙人民，唤起了人们对摩尔人占领西班牙的古老记忆。这种历史重演之感在毕加索开始创作《格尔尼卡》时就已经存在了，并在1938年由反法西斯报刊联合社论有限公司在伦敦出版的诸如《西班牙抗击侵略者》（*Spain Against the Invaders*）等当代小册子中得到了体现。封面上有拿破仑、希特勒、墨索里尼的头像和一个包头巾的摩尔人士兵，四个幽灵时时刻刻纠缠着民主的西班牙。

巴黎的报纸宣称戈雅是战争时事的最佳指南，西班牙展馆出售了戈雅因受拿破仑入侵暴行的启发而创作的一系列蚀刻版画的特刊——《战争灾难》（*Los desastres de la guerra*）。*

在《战争灾难》的系列蚀刻版画中，有一幅似乎与《格尔尼卡》的主题和结构密切相关。查尔斯·理查德·沃恩在他的《萨拉戈萨之围叙事》（*Narrative of the Siege of Zaragoza*）一书中描述了1808年6月底发生的一次事件：一个火药库爆炸，把一条街道夷为平地。他写道，居民们“难以从这次致命的、无法弥补的损失的惊惶失措中恢复过来，也没有从法国人……向这座城市猛烈开火之际费尽力气把自己的同胞们从房屋废墟中挖掘出来的劳累中恢复过来”。蚀刻版画中的《战争的蹂躏》（*Estragos de la guerra*）捕捉到的这种瞬间，也许正是西方艺术展示的第一幅空中轰炸效果的图像。敌人是看不

* 作为西班牙情感复杂性的一个标志，左翼和右翼在战争期间都宣称戈雅属于他们：对右翼来说，他象征着维护西班牙身份和驱逐侵略者拿破仑所代表的外国思想的愿望。

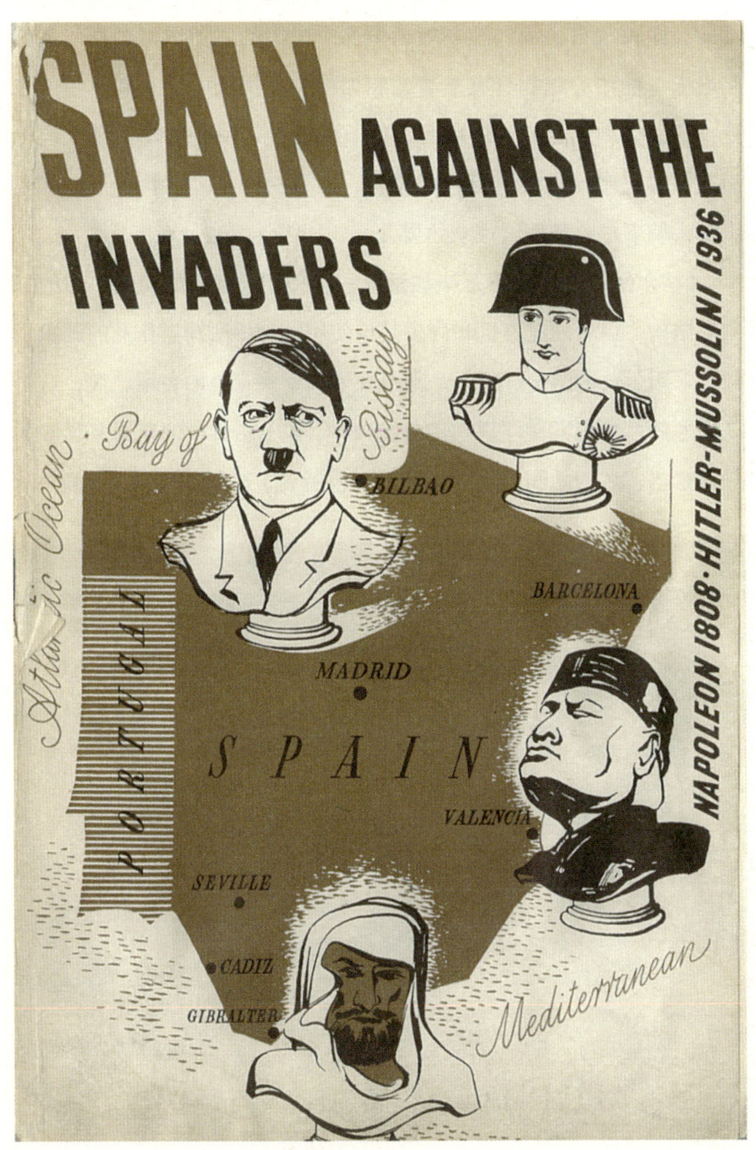

《西班牙抗击侵略者》，1938年

见的；毁灭来自上面。蚀刻版画中那个坚固的三角形组合物与《格尔尼卡》的中心结构具有显著的相似性，在描绘中还有其他相似之处：断裂的斜梁，室中的家具，倒下的女性，一个背朝下倒在地上而死、嘴巴张得大大的男人的轮廓，以及一个头垂在脖子上、闭上眼睛头朝下把脸呈现给观众的婴儿。

《格尔尼卡》绝对不是毕加索第一次使用《战争的蹂躏》中的三角形结构，当然，戈雅也和许多其他使用这种手法构建作品的画家一样，采用了这种结构。然而，甚至在毕加索决定他的主题之前，这个三角形的基本图案就浮现在他的脑海中。4月18日，他在画室里画了一幅素描，名为《画室：画家和他的模特儿》(*The Studio: The Painter*

弗朗西斯科·戈雅：《战争灾难》中的《战争的蹂躏》，1810—1814年

and his Model)(这是他接受展馆委员会的委托之后所画的第一个主题),要么象征着灯光从一盏灯中挥洒出来,要么就像凯瑟琳·布伦纳在她那本《毕加索重写毕加索》的书里所说的,是画家的画架。在第二天所画的另一幅素描《画家和他的模特儿:手持锤子和镰刀的手臂》(*The Studio: The Painter and his Model: Arm Holding a Hammer and Sickle*)中,里面的画面包括一个明显的共产党反法西斯敬礼:一只举起的手臂紧握拳头,其占据了画家——手拿着调色板坐着,高举着画笔——和他的画架之间的空间。画架上已经摆好了画布,画架下面焦虑不安的女性脸庞首次出现,它将在《格尔尼卡》里面重新出现,将在那里仰望和寻找光明。举起的手臂在素描的背景中以幽灵的形式重复,而单独的一只耳朵飘浮在书页的顶端。毕加索似乎是在告诉我们,如果不面对斗争,他无法前进。他在画室里与世隔绝,但依然与这个世界声息相通。他的艺术必须以反抗的形式出现,而不能沦为仅仅是煽动工具。"油画不是用来装饰公寓的",日后,在很明确地提到《格尔尼卡》和其他受到西班牙内战而启发的作品时,他对纽约现代艺术博物馆馆长阿尔弗雷德·H. 巴尔说:"这是一种战争工具……"是要抵抗"残忍和黑暗"。

5月1日,他创作了与《格尔尼卡》直接相关的第一幅画。现代艺术史上,从毕加索那些注明标号与日期的素描到多拉·马尔于创作过程不同阶段为画布拍摄的照片,在对作画进展的详尽记载里,此画位列第一幅。在某种程度上,这是一场刻意表演——《格尔尼卡》是以一种非常公开方式创作的,那些具有影响力的艺术家、作家和其他文化界人物应邀到画室观看它的创造过程,但是,这也源于毕加索对作品的诞生方式的真正迷恋。早在几年前的1935年，他就说过："以摄影方式保存图画，会十分有趣，不为记录创作步骤，而为图像的变化。"他说，"然后人们可能会发现大脑实现梦想所遵循的方法。但是，有一件非常奇怪的事情——注意到一幅画基本上并没有什么改变，尽管外表改变了，但最初的'视觉'几乎保持不变。"[1]《格尔尼卡》的创造过程证明了他的话是对的。第一幅注明"5月1日（I）和（II）"的素描中所包含的许多元素，将在五个星期之后出现在画室里。在这两幅素描中，我们都可以看到有一个人倚在一座高楼里的窗前，手拿一盏灯。公牛和马都有了：公牛冷漠无情，而马则像在以前的作品中出现的那样，是酷刑的受害者，马头痛苦地往后仰。两张素描中都有另一位访客：在第一张素描中，一只鸟飞落在公牛的背上；在第二张素描中，鸟已经变成了微型的带翅的帕伽索斯，这是一个清晰的标志，表明我们既是身处于当前，同时也处于过去的神话之中。

毕加索：《画家和他的模特儿：手持锤子和镰刀的手臂》，1937年

第一天，毕加索继续实验与绘画的整体结构以及各个细部相关的素描。一个构图研究（第VI号）包含许多将出现在最后完成的画中的特征。在里面，公牛似乎被戴上王冠，帕伽索斯离开了马侧身的伤口，这是即将离去的死者的灵魂，毕加索在以前关于斗牛场里受伤的马的素描中画过这种主题。躺在地上的那个死去的士兵是一个古典时代人物，他戴着头盔，并且手持长矛。当天所作的其他素描探索了马的形象，从孩子气的象形画到《格尔尼卡》第五号素描里表现主义的瘫倒，风格各异。

我们尚不清楚，毕加索在什么时候开始意识到，在这一激动人心的创作期间所画下的几乎60幅素描和油画本身就都是艺术作品。我们在研究这幅油画时会回到其中的某些素描和油画上：对于其他的素描和油画，我们可以根据此后几天和几星期内出现的主题进行总结。画纸上和画布上的马被毕加索翻来覆去地摆弄：它的脖子被压到地上，或者在痛苦中向上扭动，它的头、张开的嘴和像匕首一样的舌头被反复调整，还出现在5月2日的另一幅油画中。抱着死去婴儿的母亲第一次以最终版本中画面右侧的屈膝爬行的形象出现，一条腿伸向身后，但毕加索也试着画了她爬梯子的姿态。直到5月27日，他还在尝试把画的右边摔下来的人画成一个留胡子的男人，而不是女人。士兵则从一个古典的戴头盔的战士变成为一个断头人，近似于破碎的雕塑。公牛，特别是其头部，被反复画了多次，有时具有人类的特征，把它与毕加索多年来频繁地在蚀刻、素描和油画中所描绘出来的弥诺陶洛斯*联系在一起，在余生中，他还会多次再画到它。甚至在开始

---

* 弥诺陶洛斯，即希腊神话中的人身牛头怪物。——编者注

在画布上创作之后，他仍然在继续研究，把它们画上画布，作为这幅油画的背景。他对安德烈·马尔罗说，“要是他们能像蟑螂一样自己爬到画布上来就好了”。这些没完没了的重复劳动孕育了它们自己的后代，自身也成为作品的主题。在《格尔尼卡》的素描中，有很多幅呈现女性的神情错乱的脸，张口悲泣，具有自己的轨迹，呈现出坚实的形态，在这幅油画完成后继续发展和变化，结果出现了许多形式各异以“哭泣的女人”为主题的作品。

到了5月9日，毕加索的想法已经有了很大的推进，他画了一幅包含了最终完成的油画中的许多元素的构图素描：两天后他将这幅素描转移到伸展在阁楼画室的横梁下面的画布上，成为被多拉·马尔拍摄的《〈格尔尼卡〉演变的报告》（*Reportage sur l'évolution de 'Guernica'*）一系列照片中的第一张。

马尔的另外七张照片组成了通常被再复制或展示的系列：在其中的两张照片中，人们可以看到她为照亮这幅画而使用的灯具，微弱的自然光线使她不得不重新修饰照片来提高图像的质量。在照相机抓拍下来的最初的几张素描中，画中的主要人物的相对位置已经确定了：手拿灯的人、跌倒在地的人、右边那个爬行的女人、倒在地上的士兵、公牛与左边的母亲和婴儿，以及中间那匹受伤的马，但它们之间的关系还没有建立起来，中心的构成部分还是一团混乱。毕加索试图通过让受伤的士兵举起一只肌肉发达的手臂来创造一种向上的中央运动，非常像那张素描《画家和他的模特儿：手持锤子和镰刀的手臂》中的紧握拳头的敬礼。公牛对这个动作熟视无睹，但它的身体并

毕加索：《格尔尼卡》素描，1937年5月1日，I

毕加索：《格尔尼卡》素描，1937年5月1日，II

索菲亚王后国家艺术中心博物馆

(I) 1er mai 37

(II) 1er mai 37

多拉·马尔：《〈格尔尼卡〉演变的照片报告，第一阶段》，1937年，索菲亚王后国家艺术中心博物馆

没有在女人和孩子周围弯曲下来，只在构图的中心留下后臀及后腿。悲伤的母亲和拿灯的人一样，都已经有了在这幅油画最终完成时所要保持的形式，但是那匹马，脖子笨拙地向下扭动，仍在寻找它自己的姿势。除了死去的士兵外，还有一个女人，胸膛赤裸地躺在地上，在最后完成的油画中，除了从她伸出的手臂末端迅速勾勒出来的那只手之外，她的一切痕迹都将消失，而这只手将变成一朵花。然而，她的临时存在确立了一个联系，那是我们即将回顾的另一件作品，完成于1935年的蚀刻版画《米诺陶之战》（*La Minotauromachie*）。

在第二阶段的照片中，紧握的拳头抓着一捆谷物，那是共和国胜利的象征。这是在阳光下显现的轮廓，艺术历史学家通常把它描述为密特拉*式的神秘语言，尽管他们可能过分强调了在这个画家头脑中有可能存在的任何联系。无论如何，在第三阶段的照片中，它和举起的沉重手臂等一些象征都消失了，被一个介于眼睛和聚光灯之间的某种东西所取代，最后它将逐渐演变为人们在最后完成的油画中所熟悉的电灯泡。马也获得了调整，它的脖子低垂到地板上，头朝后扭，但已经有了明显不匹配的鼻孔和伸出来的舌头，这些元素会在最后完成的油画中保留下来。

毕加索在创作这幅画之余，抽出时间去看了西班牙展馆，评估他的油画要在这个展馆中占据的空间。他在那里所看到的一切将对《格尔尼卡》的内容产生多种十分重要的影响。这个展馆直到2月27日才奠基（有点晚了），但其后的建筑速度很快。它是一座构造极其合理，完全是现代化的建筑，采用了预制构件，主要是由在

---

* 密特拉（Mitra）原意是“契约”，一个古代的秘密宗教。——编者注

巴黎勒·柯布西耶工作室工作过三年的巴塞罗那先锋派建筑师约瑟普·路易斯·塞特设计的。这与毕加索的作品通常展出的画廊完全不同:《格尔尼卡》将在部分开放的底层展示，在屋顶下，但两边都有空气流通，旁边有一个天井，天台上有一个可伸缩的天棚（一种刻意的西班牙风情），还有一个要在上面举行表演的舞台。这将对毕加索的思维，甚至对这幅画受欢迎的程度产生影响，但这一点却常常被忽视：在现场拍摄的这幅画的照片总是经过精心裁剪，让人感受不到这幅画的实际背景。因此，参观巴塞罗那为1992年奥运会而重修的西班牙馆原址馆对理解这幅油画很有帮助，目前该处被巴塞罗那大学作为图书馆使用。

墙上有一幅《格尔尼卡》油画的复制品，以显示它原来所在的位置，油画受到两边自然光线的影响：它前面应该是亚历山大·考尔德的非同寻常的《阿尔马登的西班牙水银喷泉》(*Spanish Mercury from Almadén*)；对面的墙上则是诗人费德里科·加西亚·洛尔卡的一幅大型肖像，毕加索曾经和这个诗人在巴塞罗那的埃尔·加那利·德·拉·加里加餐厅（El Canario de la Garrig）一起喝过酒。正如肖像的大标题所写的那样，他在格拉纳达被枪杀。从观众的角度来看，左边是一个开放的庭院，有时会被那个可伸缩的天棚遮住，有时不会被遮。在阳光明媚的日子里，一片交叉的格子阴影从右边落在地板上。(由于巴黎不如巴塞罗那的阳光充足，所以在整个展览期间，这幅画都需要用泛光灯照着。) 游客——不是通常的博物馆观众，而

下页图

多拉·马尔:《〈格尔尼卡〉演变的照片报告，第二阶段》，1937年，索菲亚王后国家艺术中心博物馆

是一群来自各地兴趣混杂的国际公众——到达之后，在通过坡道进入三楼展厅，然后从二楼出去之前，会先被引导到这里。他们会先被展馆里的各种艺术作品所打动：里面有独特的白色、灰色和红色的墙，这些墙用纤维面板和石棉水泥建造，上面印着政治口号和乔塞普·雷纳拍摄的具有标志性的蒙太奇摄影作品，有阿尔贝托·桑切斯的3米（9.8英尺）高的雕塑作品《西班牙人有一条通向星星的道路》（*El pueblo español tiene un camino que conduce a una estrella*），有毕加索用混凝土铸造出来的雕塑作品《女人和花瓶》（*Woman with a Vase*）；他后来要求把这座雕塑做成青铜雕塑，竖立在他的坟墓上。但是，尽管这些作品十分宏伟，但这座建筑跟与它相邻的苏联和德国的宏伟展馆相比，会给游客留下其规模较小的印象。

1992年在巴塞罗那重建1937年的西班牙展馆

在毕加索为《格尔尼卡》设计的几个连续阶段中，马尔用照相机镜头捕捉到其正从复杂走向简单图形。这很可能是因为毕加索日益认识到，他所创作的油画要放在一个观众一直在移动和充满竞争性的空间里，放在一个和敌人的宏伟建筑相比起来黯然失色的展馆里，加上附近还有展出的都是支持国民军的艺术家的作品的梵蒂冈馆。他也可能受到将会与他的油画毗邻的艺术的影响，特别是乔塞普·雷纳的摄影作品的影响。最后，记录这幅油画本身的演变过程，观看马尔的高对比度照片的过程，注意出现在她的照片中的阁楼画室里的木梁似乎与展馆天花板上暴露出来的H形金属横梁相呼应的过程，所有这些都会结合到最后的构图中，这是一个有机的过程，是他的创作方法的一部分，回避了明确的分析。大家都知道，毕加索讨厌完成一件作品：几年后，约瑟普·路易斯·塞特会在现代艺术博物馆的一次研讨会上讲述这位艺术家如何告诉他，“我不知道我什么时候会完成它，也许永远也不会完成。你最好在需要的时候就来把它拿走”。[2]但他还是不停地画着。为了确保他按时交出这幅油画，博览会的管理部门任命了一名“助理”。这个助理是一位年轻的画家，智利人罗伯特·塞巴斯蒂安·安东尼奥·马塔·埃肖伦，以罗伯特·玛塔的名字为人熟知。马塔已经混迹于布里顿在巴黎的超现实主义圈子，并在勒·柯布西耶的建筑办公室里工作。马利特·马塔，画家的前妻，她记得他告诉过她，这是一份富有挑战性的工作。“马塔的工作是把《格尔尼卡》从毕加索的画室里弄出来，这样他们就可以把它放进展馆里了，”她回忆说，“所以他每天都要去尝试阻止毕加索一直画下去，这样他就可以把《格尔尼卡》弄出去了。”[3]

3

* * * * * *

死亡和几何学

如果我们不能赋予斗牛以重要的和必要的意义，那么，斗牛一点儿也不像严肃的事了。

——路易斯·米格尔·多明金:《斗牛与斗牛士》

（*Toros y Toreros*）的引言

1

最终这幅画还是完成了。在一个月稍多点的时间里（33—35天之间）——从毕加索第一次把各种形式的线条勾勒到画布上开始，他所说的梦想已经实现并有了坚实的形式。这幅完工的油画与真实的战争报道几乎没有什么关系，它反而用平展的画面空间给人一种舞台场景的感觉：画中的角色，无论是人还是动物，在舞台上摆出姿势、发出哀号，比20世纪30年代随便哪一份报纸的新闻图片都更接近于一场希腊悲剧。

《格尔尼卡》由三个部分组成，几乎像一个用黑、白、灰三种颜色画出来的三联版，使用的是一种由制造商按照毕加索的要求而开发出来的超柔和、不会反光的里普颜料。*中央面板的三角状结构将我们的目光，从地上被肢解的士兵引向一个电灯泡和一匹受伤而在嘶啸的马的头颅，并引向画中的主要光源：一个女人从窗户伸出手，手里握着一盏灯。

画的左边，一位母亲抱着一个显然已经死去的婴儿，抬起头来悲伤地哭泣着。她身后站着一头在毕加索的许多作品中经常出现的公牛。牛头旁边是一张桌子，上面站着一只鸟，鸟喙张开，双翅伸展。母亲无声的呜咽在画面的右边回荡，一个女人从一栋燃烧着的建筑中跳下，因恐惧张大了嘴、伸着双臂。另一个女人弯着身子跑进来，面对着窗边女人所持之灯洒下来的光亮。这些就是在我们面前上演的悲剧一幕的鲜明主角：四个女人——其中两个直接蒙受了

---

* 第一个商用混合搪瓷颜料品牌，以荷兰化学家卡尔·朱利乌斯·费迪南德·里普的名字命名。

方才发生的灾难，另外两个似乎是事件的旁观者，还有两只动物和一只鸟。画中的其他人类，是被砍掉胳膊却仍然握着剑的士兵和被母亲抱在怀里的婴儿，他们都死了。

关于这幕悲剧里角色所处的背景，我们能知道什么呢？对此众说纷纭。过去，评论这幅画的人分成两派，对它究竟是代表内部空间还是外部空间争执不一。虽然多拉·马尔拍摄的这幅画的早期创作阶段似乎代表着一种外部景观，但《格尔尼卡》的结构却与此相矛盾：灯泡似乎固定在住家中的天花板上，从右边悄悄进来的女人似乎是从一扇敞开的门进来的，手握着灯的人看上去好像是从开放的广场中一个敞开的窗户里探出身子，下坠的女人似乎从一座独立的建筑里掉下来，建筑的窗户被火焰照亮。那么，我们既在里面，也在外面，就像《格尔尼卡》最初在西班牙展馆的现代主义建筑的内部空间中所展示的那样。或者更确切地说，两种状态之间的屏障，就像舞台幕布一样，被推开了，正如建筑物的正面在轰炸中崩塌、暴露出通常隐藏在外墙后面的私人家庭世界。

那是夜间。我们从背景的阴郁、发光的灯泡和锯齿状的光束，以及窗户里那个女人握着的灯在画的中央部分投下的淡淡光亮，就知道那是夜间。选择在黑暗时刻描述这些事件时，毕加索背离了历史事实：我们知道，格尔尼卡大致从下午四点三十分到傍晚七点四十五分遭遇轰炸，在西班牙，4月底的太阳至少要再过一个小时以后才会下山。也许他受到乔治·斯泰尔文章的影响，这篇文章的译本发表在《人道报》上。那天晚上，斯泰尔在小镇已经大火熊熊之时到达格尔尼卡。他心里可能时常萦绕着他所读到的路易斯·德拉普雷所写的轰炸马德里的那些报道。那些报道富有夜间聚光效果，比如，在描述一名消防员在突袭后工作的情景时说：

他看到了那个孩子的尸体，还躺在路上，可能会再次被压碎。他赶快清理碎玻璃，抱起了那具小小的尸体，把它放在女人的胸脯上，放在没有被毁损的右乳房上面。手电筒的光束最后一闪而过，让我们看到了婴儿的头贴在母亲的胸口，然后一切都重归黑夜。

由闪烁的、手持的灯光所创造的一幕被画入了《格尔尼卡》，消防队员的手电筒被一盏灯所取代。（电灯泡，很神秘地只照亮它自己）这盏灯的亮度是有选择性的，它落在画中主要人物的脸上和身上，而周围的环境则沉入阴影之中。公牛的头和颈都在明处；它的身体除了那条翘起来的尾巴外，都融入黑暗之中。毕加索可能是通过研究戈雅那一幅关于西班牙昔日战争的杰作《1808年5月3日的马德里》而学会选择性聚光的。他在创作《格尔尼卡》时和朋友安德烈·马尔罗讨论过戈雅的画，特别探讨了画中的光源，其中之一是黑色的天空。"我们不理解……它就像月光沐浴一切：山脊、钟楼、行刑队……"《1808年5月3日的马德里》的另一光源来自置于地面的方形灯笼。他对马尔罗说，"那盏灯笼照亮了什么？高举双臂的人，殉难者。你仔细看，光只落在他身上。**那盏灯笼是死亡**。为什么？我们不知道，戈雅也是。但是戈雅知道非那样不可。"[1]

戈雅的画中有两个光源，一个看上去是自然的（虽然不符合自然规律），一个是人造的。《格尔尼卡》也有两种光源：一种是电灯，其实，我们从多拉·马尔的照片上看到的，最初是太阳，但是这个自然物体已经被改变了，也许是为了美化博览会中其他展馆所具有的技术特色。*在毕加索的画中，发展似乎退化了：现代灯泡完全无效，只发出从戈雅的黑色天空落下的暗光。相比之下，那盏灯起到了聚光灯的作用，但它有选择性地发出光束，在黑暗的背景下把画中的主要人物突出到最显著的位置，好像它们是从其他地方切割下来粘贴上去的。被挑选出来的主题的这一特质，以令人惊讶的组合和它们的背景互相并列在一起，这与乔塞普·雷纳在展馆里的摄影壁画互相衬托。蒙太奇照片第一次出现，是在另一场大灾难之中。[2] 1906年的旧金山大地震需要摄影师切割在这座城市所拍摄的照片、把它们重新排列，以呈现这座城市毁灭时刻的景象。在20世纪的头二十年里，在一个被战争、社会崩溃和革命冲击得分崩离析的世界里，它迅速成为最适合交流的媒介。毕加索熟悉像约翰·哈特菲尔德这样的达达主义者的作品，他的朋友路易斯·阿拉贡把哈特菲尔德的摄影作品形容为“刺穿每颗心的刀”，他也熟悉亚历山大·罗琴科和埃尔·利西茨基等俄罗斯建构主义者的作品。可以说，毕加索自己开创性使用的拼贴手法，已经影响了摄影技术的发展。

根据艺术史学家鲁兹·贝克尔的说法，20世纪上半叶的战争和动荡所带来的一个关键认识是：我们现在只能抓住碎片，而不是体验整个世界。人们背井离乡出门打仗，返回家乡时看到的是被一场发生在其他地方的冲突炸得支离破碎、难以认出来的家园。[3]蒙太奇摄影技

---

* 值得记住的是，1900年，毕加索被另一个世界博览会第一次吸引到巴黎，那次博览会中最引人注目的展览是“电力宫”，里面有一座为整个博览会提供能量的发电站。

下页图

弗朗西斯科·戈雅：《1808年5月3日的马德里》，1814年

术提供了完美的媒介，来捕捉对这个分裂的世界的感受。到了20世纪30年代，蒙太奇摄影技术无处不在，已经开始走下坡路，失去了刚出现时的震撼力，在日常生活中经常被用于从政治海报到杂志封面的所有东西：它是展览中具有各种政治色彩的国家展馆装饰的一个特色。然而，西班牙有乔塞普·雷纳这么一位摄影大师。他为展馆拍摄作品的目标是要展示，西班牙共和国作为一个现代欧洲国家，其现代性与进步的政治和人文主义价值观密切相关。他和他的团队以新的方式与展馆的建筑合作，融合了包括罗伯特·卡帕和格尔达·塔罗在内的摄影师的照片，将它们与文字相结合，放大成令人吃惊的尺寸布置在展馆的外墙上。在展馆内墙上则将反映西班牙农村古老的传统生活方式与民主、教育、妇女平等和工人权利新力量的图片并列一起，用动态故事讲述西班牙社会正在发生的变化。

从1939年布拉塞在他的工作室里拍摄的一张照片中，我们可以推断，毕加索被这些作品迷住了。一幅雷纳的蒙太奇摄影作品正靠墙放着，画面上是一个加泰罗尼亚农民。毕加索可能是在展馆被拆除后，要求留下了它。当然，毕加索在加泰罗尼亚拥有选举权，所以这张照片对他具有特殊的意义，但是，蒙太奇摄影技术、艺术家和《格尔尼卡》之间的关系比单纯的情感波动会更深一些。在此之前，大众从来没有像20世纪二三十年代那样受到宣传的冲击；无论是在苏联、纳粹德国、萧条时期的美国，还是在人民阵线政府领导下的法国和西班牙，艺术家们都在努力设计海报、杂志封面、壁画、书籍封面、绘画和拼贴画，用令人震撼的并列和醒目的图形来聚集追随者。这是一个《格尔尼卡》必须与之对话的世界，它需要盖过杂音，让自己得到倾听。雷纳的作品与这幅画至少有三个共有的元素：大胆的构图、黑白色彩和比例；虽然在布拉塞的照片中，与加泰罗尼亚人相比，毕加索的身材相形见绌，但在一张多拉·马尔拍摄的照片中，他手拿画笔站在《格尔尼卡》前，显得更矮了。

拼贴艺术和摄影艺术在艺术摄影领域已经结合一段时间了，尤其是马尔本人。在1936年创作的一系列引人注目的作品中，她创作了超现实主义的照片拼贴画，将人类形象与不和谐的自然和建筑背景隔离开来，产生了令人震撼的效果。毕加索很了解这些实验，尊重马尔的技巧，并在1936年和1937年与她合作，使用把绘画、蚀刻版画或油画颜料从玻璃转移到光敏纸上的玻璃图片技术，创作了许多作品。1990年，泰特现代博物馆馆长、时任收藏部主任的弗朗西丝·莫里斯在巴黎对马尔进行了一次录音采访，她问马尔，她的摄影作品是否对《格尔尼卡》的创作产生了影响。马尔回答说："我想是的，大概如此……《格尔尼卡》就像一张照片，因为它绝对是现代的。重要的是要认识到毕加索受到了摄影的影响，这幅画是黑白的，他在考虑着你在摄影中所找到的那个**瞬间**。"[4]她提出了一个重要的观点。照片都是关于时间的，但它们只反映当下。它们所包含的时间是现代快速变动的时间，而不是如法国古典绘画中所体现出来的慵懒时间。《格尔尼卡》渴望具有一张照片所能提供的闪烁瞬间，而这一点，马尔坚持认为，正是毕加索决定不使用颜色背后的原因。"整幅画，"马尔接着坚持说，"就是一张巨大的照片。"

黑色和白色除了表示夜间活动的时间外，也是报告文学的媒介，增加了《格尔尼卡》的即时性气氛：正如许多评论家所指出的，它具

乔塞普·雷纳的摄影壁画,《这位西班牙新女性已经摆脱了过去的迷信和苦难的奴役，获得重生，得以参加庆祝未来的活动》，1917年

有报纸照片的调色板作用。就在那次采访中，莫里斯问马尔，她是否认为这也是这幅画的配色方案的一个原因。但马尔并不以之为然。“好吧，报纸是黑白的——但你要记得，毕加索在他的拼贴画里使用过报纸，因而我不确定他如此创作的原由……如果不是黑白，也会有许多配色‘适用’。”黑、白、灰也是实验性电影的色调范围，20世纪30年代的各种艺术家都通过电影来学习描绘世界的全新方式。（在西班牙展馆里，《格尔尼卡》展出之地旁边的一个院子里一直在持续不断地播放电影节目，那是一种媒介与另一种媒介的对话。）最后，它的颜色也是新闻片的颜色，这些以新闻为基础的短片在专门的剧院里播放，让广大观众了解世界上所发生的各种事件。英国诗人斯蒂芬·斯彭德把看这幅画比作报纸和新闻片的“二手体验”，他称之为“我们这个时代最具感召力的现实之一”。[5]《格尔尼卡》从其他地方带来新闻，但它是以最新技术为标志的媒介新闻，毫不畏惧地承认其传播渠道。

2

在探讨毕加索在《格尔尼卡》中所描绘的人物是否可能具有象征意义之前，值得记住的是，毕加索本人抵制了对他的作品内容做出具体解释的一切企图。“创造符号不是画家的职责，”1947年，他在给他的画商丹尼尔－亨利·卡恩韦勒的信中写道，“如果是的话，他最好把所有东西都写下来，而不是画出来。观画者把公牛和马解释成符号，那只是因为他就是这样认识它们的。”换句话说，观众是创造符号和属性意义的人，而不是艺术家。这种保留意象模糊性的决心是毕加索那一代先锋派的创作标准。它使人们想起了马克

斯·贝克曼对一位画商的反应：画商要求马克斯向他解释反纳粹三联片《离开》（*Departure*，1932—1935年）的含义，这样他就可以向参观他的画廊的人解释。贝克曼告诉他，如果他认为真的有必要解释，他“要么把那幅画拿走，要么把它送回来”。*

在试图破译毕加索的作品时，人们往往把他作品中的细节与他生活中所发生的事件联系起来，这是一种写传记的方式，以他自己为重点参考，将他的艺术创作视同一种日记。然而，这些努力，都是植根于将艺术家作为个人天才的浪漫观念，却被毕加索的其他言论一再削弱了。毕加索在这些话中明确拒绝了知性分析，而是赞赏更发自内心的欣赏。“每个人都想理解艺术，”1935年，他对朋友和合作者克里斯蒂安·泽尔沃斯说，“为什么不试着去理解一只鸟的歌声呢？为什么一个人爱夜晚、爱花、爱他周围的一切，而不尝试去理解它们？但是，就一幅画而言，人们必须去理解。”

毕加索所称的“理解”的语境，我们猜想，是一种纯粹的知性理解，具有启发意义的是，要提一下这位艺术家在1937年与安德烈·马尔罗所谈到的，20年前在巴黎一座破旧的民族志博物馆首次看到非洲面具时的情形。“当我第一次来到特罗卡德罗时，我觉得这一切真是恶心透了。跳蚤市场。气味。我孤身一人。我想逃走。但我没有离开。我留下来了。我留下来了。我明白了一些非常重要的事情：*有些事情发生在我身上，不是吗？*这些面具和其他雕塑不同，完全不同。它们是有魔力的东西。”[6]这些艺术品并不接受创造它们的文化的审美

---

* 《离开》在纽约现代艺术博物馆那个存放《格尔尼卡》的房间的楼梯顶上挂了许多年。

布拉塞：《毕加索和〈加泰罗尼亚人〉在他奥古斯丁街的画室里》，1939年

判断，而是被赋予一种权力，使它们能够在物质现实中产生变化。由于复杂的文化和历史原因，《格尔尼卡》也将在无数不同的历史背景被一代又一代的观众赋予权力，它的存在即是对全球性的实用政治（realpolitik）或变革预兆的一种评论。

我们已经讨论过光线在《格尔尼卡》中的作用了，但是那个自己是光源的女人呢？那个身体被分解成一个头、一个脖子和一只手臂，歪歪扭扭地从窗外溜进来，手上举着一盏灯的女人呢？不妨就让我们从她开始剖析这幅画吧。在毕加索的早期作品中，从蚀刻版画到雕塑，拿灯的女人屡屡出现。与《格尔尼卡》最有共性的作品出现在蚀刻版画《米诺陶之战》（1935年）中，这是一幅令人难以忘怀的作品，把我们带到毕加索个人形象库的核心，它的元素来自斗牛、艺术史、自传和古典神话。年轻女孩和希腊神话中的人身牛头怪物——青春、纯洁和天真——和古老的动物性肉体之间的对比非常鲜明；然而，女孩的力量更为强大。她举着一盏灯，灯所投射的光线迫使人身牛头怪物高高抬起一只手掌来保护自己，仿佛无法忍受灯光所揭示出来的真相。《米诺陶之战》里面的马被公牛的角顶破肚皮，内脏在地面上四下散开，那是直接从毕加索作为斗牛爱好者，终生喜好西班牙斗牛的经历中汲取而来的。一个裸胸的女斗牛士横躺在马背上，双眼紧闭，要么是死了，要么是睡着了；正如我们已经注意到的，她的鬼魂出现在多拉·马尔所拍摄的《格尔尼卡》的第一张照片里，躺在地上。正如赫歇尔·B. 奇普所指出的那样，如果将《米诺陶之战》倒转到底片上，它对《格尔尼卡》组成元素的

毕加索：《格尔尼卡》，细部，1937年
索菲亚王后国家艺术中心博物馆

毕加索:《米诺陶之战》, 1935年

预示就更加明显：人身牛头怪物与公牛所处的位置、梯子上的男人和下坠的女人所处的位置、窗边的观察者和拿灯的女人所处的位置都大致相同。

毕加索的传记作者约翰·理查德森把那个在《米诺陶之战》里拿着灯的女孩身影，以及在《格尔尼卡》中从窗外伸出手的那个女人与毕加索的妹妹康奇塔联系起来。毕加索的妹妹在他14岁时死于白喉。[7]毕加索发誓，如果妹妹能活下来，他就放弃画画；但他违背了誓言，她死了，这可能会让这位艺术家的内心充满愧疚感。对理查森来说，这给《格尔尼卡》带来了一种“祈愿”的元素；毕加索仍然在为过去赎罪，以自己复杂的家族史为基础，为描绘一个截然不同的悲剧增加心理深度。对于画中的这个女人，她作为光明使者的**功能**比过去作为艺术家的身份更为重要，现实生活只不过是毕加索创造某些新东西的原材料而已；灯亮了，带来了真理，但它不像在《米诺陶之战》里那样，把强大力量拒之门外，而是只能揭示战争的恐怖。

拿灯女人的手臂把我们带到画中央金字塔形状顶部的构图中心。一个女性从右边走来，加入我们的行列，她可能是从一扇开着的门进来的，灯光照在她仰起的脸上。她显得目瞪口呆，双臂自由晃动，巨大的左腿往身后伸展，黑色的颜料被泼在赤裸的臀部上，从乳房到乳头呈现某种介于机械装置和婴儿奶瓶上橡皮奶嘴之间的形态。《生活》杂志的记者注意到，她的轮廓具有某种类似于漫画的简洁性，他写道：“右下角奔跑的生物暗示了《纽约客》登载的詹姆斯·瑟伯的作品。”[8]美国评论家罗伯特·罗森布鲁姆认为，她的肢体语言“让人联想到与天主教传统有关的乡村女性虔诚的、令人敬畏的跪下祈祷的姿势，这是戈雅经常记录的一种眼睛睁大、头脑简单的信仰表达方式”。[9]

英国艺术家亨利·摩尔在1936年5月下旬，毕加索正在画《格尔尼卡》时，和罗兰·彭罗斯、保尔·艾吕雅、马克斯·恩斯特、安德烈·布雷顿、阿尔贝托·贾科梅蒂一起，去奥古斯丁街拜访毕加索。摩尔在自传中提供了更朴实的解释，他回忆说：“《格尔尼卡》离完成还有很长的路要走。”

这只是一幅黑灰相间的卡通画，他可以在画素描的时候给它上色。不管怎么说，你知道那个一只手伸往前面、从右边小屋跑出来的女人吗？毕加索告诉我们，那里有某个东西不见了，他去拿了一卷卫生纸，把它塞进那女人的手里，好像在说，炸弹投下来时，她正在卫生间里。

“在那里，留下的无疑是最常见和最原始的恐惧的影响。”摩尔记得毕加索的话——就像齐柏林飞艇在巴黎上空飘荡时毕加索看着躲在桌子底下的爱丽丝·B.托克拉斯的膝盖瑟瑟发抖——他补充说：“他就是这样，被西班牙的事情触动，却用讲笑话的方式把这份情感抛在脑后。”

3

观众的视线于两个女人轨迹融合的地方聚焦，映入眼帘的是一匹受伤的马的头部。它在构图的漩涡中无声嘶叫；两个光源在那里为争夺观众的眼球而搏斗。在西班牙语中，电灯泡的常用词是“bombilla”（近似于炸弹的bomba），电灯的锯齿状光线可能会让人联想到空中轰炸或者多拉·马尔的爆炸闪光灯。马头朝着肩膀甩动长长的脖颈，清晰地展现出恐惧与痛苦融合之感，它那不相称的阴阳鼻孔张开，嘴巴张得大大的，露出了突出的舌头、牙齿和上颚的条纹。同样，在一个对照实验中，毕加索让颜料从马的牙齿和下巴滴下来，暗示着那是唾液。对马的身躯的处理方式，让人回想起过去几十年的立体主义，它的平面更多的是通过不同的标记，而不是用立体造型来描绘的。很明显，这匹马被一支从上面刺下来的长矛刺穿了，它的侧面有一道被刺穿的垂直、裂开的伤口，另一个小一点的伤口，像许多西班牙宗教绘画里那样血液四溅。马的身体和三条腿用的是短的、规则垂直的笔触；它在前进，却又在后退，仿佛是在来自空中的危机到来的那一瞬间被攫住了；它的左前腿末端的马蹄，是这幅油画中少数足够立体的物体之一，就像是在展卖会上的马蹄一样；而它的右前腿弯曲，要么是在致敬，要么是要倒下。尾巴在恐惧中半翘着，露出了肛门；在士兵的头部旁边的右后腿抬离地面，展示了一个半圆形的马蹄。

我们眼前所能看到的明显证据到此为止：但是，在毕加索的一件作品中，一匹马——尤其是一匹受伤的马——可以与他画家生涯初期创作的作品进行对比。最常见的情况是，它与《格尔尼卡》中的另一主要动物角色公牛处于紧张状态。自他在马拉加的孩童时代起，毕加索就一直在关注这两种生物的命运，并一直在用绘画、油画和雕刻追踪它们。要读懂《格尔尼卡》、理解毕加索，或许可以说，要理解西班牙（至少是20世纪的西班牙），人们就不能忽视斗牛场：这是一座巨大的建筑，仍然可以和许多西班牙城市里的大型露天足球场相媲美。*毕加索在八九岁时第一次看斗牛比赛。“在那个时候，”许多年之后，他对一位采访者说，“公牛是不同的、巨大的。它们一次又一次地攻击马，多达20次。马像苍蝇一样倒地，它们的内脏到处飞舞。一番可怕的景象！”然而，这是一个被他在此成长的文化所完全认可的景象，西班牙的孩子们被教导说，伊比利亚半岛的形状就像一头公牛的后臀，意味着这个国家沉浸在鲜血的祭献之中。斗牛士和斗牛互相变换着成为攻击者和受害者，体现着自身的强人或脆弱。在很大程度上，马扮演着殉难者的角色，而观众对这场表演的评判和评论就像舞台上的古典合唱一样，让人回忆起了罗马竞技场，在某些情况下，甚至就是罗马竞技场。

斗牛为毕加索提供了一个充满暴力、自吹自擂和隐喻的主题，足以支撑他余生的想象力；一组角色将像塔罗牌一样，以不同的组合发牌，适用于任何特定的情况。他作为斗牛狂热者的身份甚至超越了政治。†为什么要把一匹受伤的马放在描绘空中轰炸的作品中心位置呢？也许出于同样的原因，摄影师罗伯特·卡帕在战区就经常选择展示母亲或受难儿童的脸，而不是展示正在行进中的士兵或坦克纵队。正如他对朋友约翰·斯坦贝克所说的那样，“你不能拍摄战争，因为它在很大程度上是一种情感”。西班牙内战尤其如此，在这

* 我认为，我的大多数读者都会和我一样，对斗牛所涉及的对动物的残忍行为感到厌恶，同时也会承认它在毕加索的艺术和西班牙文化中的重要性。

† 20世纪50年代，毕加索住在法国南部的瓦拉乌里斯，和才华横溢的斗牛士路易斯·米格尔·多明金成为朋友，多明金也是佛朗哥将军的狩猎伙伴，很可能充当他的间谍。毕加索想买下一个当地的运动场，把它改造成斗牛场以展示自己的才华。多明金为毕加索的《斗牛与斗牛士》撰写了序言。

毕加索：《格尔尼卡》（细部），1937年，索菲亚王后国家艺术中心博物馆

场战争中，恐惧——对来自空中攻击的恐惧、对摩尔人士兵的恐惧、对落到以前的邻居和同事手中而遭受的极端暴力的恐惧——是一个典型特征。不仅仅是人类感受到这种恐惧，与人类一起处于人类世界中的动物也感受到了这种恐惧。

有关西班牙内战的许多报道都提到了动物，甚至在首都的中心地带也出现了各种动物。天主教神父阿尔贝托·奥南迪亚目睹了对格尔尼卡“手无寸铁的居民”的轰炸，他回忆道，“驴、猪、鸡等被带到市场的动物在街上游荡。在那场大火中，我们看到有人尖叫着、祈祷着，或者做着各种反对攻击者的手势逃离”。人类和动物一样，都是“手无寸铁的居民”，同在城市中硝烟四起的空间，一起遭到飞机扫射。他们也一起分享毕加索的《格尔尼卡》中的空间，同样能够传达情感，包括卡帕所说的难以捉摸的战争“情感”。

在斗牛比赛中，马和公牛之间的关系相对比较简单：背上的骑手迫使马靠近公牛，公牛则试图将马开膛破肚，看似无辜的马通过驮载长矛手将痛苦传递给公牛，而长矛手的目标是在斗牛开场阶段将长矛刺进公牛肩膀。*在现在的斗牛比赛中，大部分马都戴着防护垫，但它们仍然会受伤；毕加索还是个孩子的时候，马没有这种保护，它们的声带被切断，以防止它们的尖叫声扰乱观众的享受。正如海明威在小说《死在午后》(*Death in the Afternoon*)中所说的那样，“斗牛不是一项盎格鲁－撒克逊意义上的运动”，在那种意义上，运动的内涵是公平竞争，“但斗牛却是一场悲剧……在斗牛中，人有危险，但对动

* 长矛刺进去时的那一刻被称为“毕加左”(Picazo)。

物来说，却是必然的死亡”。公牛必须死亡，斗牛士必须躲避死亡；但除非精确而优雅地执行精心编排的死亡仪式，否则斗牛士只能指望遭到看台上的斗牛狂热者的嘲笑。作家费德里科·加西亚·洛尔卡的散文《鬼魂的理论与功能》（*Theory and Function of the Duende*）诠释了激发西班牙文化活力的黑暗精神，最精妙地解释了从戈雅到弗朗西斯·培根*等艺术家执迷于斗牛的原因。加西亚·洛尔卡认为，西班牙的所有艺术——其中包括苏巴朗、埃尔·格列柯、戈雅、雕塑、教堂建筑、朝圣和“无数的耶稣受难节仪式，以及最文明的斗牛场面——共同构成了西班牙死亡的普遍胜利”，都受到鬼魂的激发。然而，他坚持说，“正是在斗牛中，鬼魂获得了它最令人印象深刻的特点，因为一方面，它必须与死亡战斗，这可能带来毁灭；另一方面，要与几何学战斗”。死亡和几何学，正是毕加索高举艺术旗帜对抗西班牙的黑暗势力时所必须与之搏斗的两个对手。

那么，这匹马似乎代表着痛苦，但代表谁的痛苦呢？代表格尔尼卡人民的痛苦吗？代表西班牙的痛苦吗？或是像毕加索的密友兼秘书杰米·萨巴特所认为的那样，代表陷入了战争的无辜人民大众的痛苦？这些都是最常见的对动物象征意义的解读。然而，胡安·拉雷亚在他那本论述西班牙内战和第二次世界大战的直接后果的著作《格尔尼卡：巴勃罗·毕加索》（*Guernica: Pablo Picasso*）中坚持认为，这匹马或多或少地代表了“民族主义的西班牙”，而公牛则体现了共和主义者的坚定力量（毕竟，正如拉雷亚所指出的，公

* 本书提及的弗朗西斯·培根是英国画家，以画作粗犷、犀利著称，是与其同名的哲学家培根之后代。——编者注

牛是“伊比利亚半岛的图腾，西班牙人充满激情地参加它的献祭”)。毕加索实际上是在报仇，他的画笔在魔法似的嘲讽中……爆发出来，把佛朗哥的法西斯主义称为痛苦的痉挛和最后的厄运。拉雷亚的书，至少可以说是一本奇异的读物，把动机归因于艺术家，认为这或许更能反映艺术家自己的想法。尽管如此，值得注意的是，即使仅仅是为了强调对这幅画的解读是如何根据其观众的喜好而改变以适应时代的要求，也正完全是由于这种特质，使它可以在将近一个世纪中，在不同的地理和政治环境中保持勃勃活力。

1945年，毕加索在巴黎被一位名叫杰罗姆·塞克勒的美国大兵死死追问。他承认，《格尔尼卡》比他通常的做法更明确地使用象征主义和寓言，因为它是“为了要明确表达并解决一个问题”而创作出来的。他同意，这匹马“代表人民”，而公牛“并不是代表法西斯主义，而是代表残暴和黑暗”。然而在某种程度上，这些线索也在这个采访中被削弱了。毕加索在听了塞克勒给出的解读之后说：“如果你给我画中的某些东西赋予了意义，这可能是非常准确的，但我并没有想要赋予这个意义……我为这幅画而画了这幅画。我把物体画成它们本来的样子。它就在我的潜意识里。”[10]在另一个场合，他走得更远，放弃了对这幅画内容的所有权，说：“该由公众来看他们所想要看到的东西。”[11]毕加索用这句话驳斥了那些围绕着《格尔尼卡》而写的书籍和文章，那些书籍和文章说，《格尔尼卡》的意义取决于他所称的创作目的。西奥多·W.阿多诺认为，虽然艺术家的动机存

下页图

多拉·马尔：《〈格尔尼卡〉演变的照片报告，第六阶段》，1937年，索菲亚王后国家艺术中心博物馆

在于一件艺术品中，但它绝不像通常所设想的那样具有决定性作用，“把艺术家的意图——他想说的内容——与作品的内容混淆”是艺术解读的错误中“最为可怕的一种”。[12]而且，他坚信，没有任何艺术完全孤立于人类社会。艺术的材料本身就是“沉淀的精神，它是由人类意识在社会上预先形成的……因此，（艺术家）与材料的斗争，就是与社会的斗争，准确来说，就是社会在何种程度上融入了其作品之中”。[13]艺术作品的自主生活甚至在其创作过程中也是如此，并且在创作者离开创作舞台后的很长一段时间内还会继续这样。这些观念在研究《格尔尼卡》时得到不可否认的共鸣，《格尔尼卡》是对人类事件的反映而形成的映像，一旦它从画室中脱身而出，对它就会有各种不同的解释，用于各种不同的目的，这已经是毕加索所无法控制的了。

据多拉·马尔说，毕加索向她保证，这匹马代表了“痛苦与死亡”，也代表了“天启”中的四骑士，后来，罗伯特·罗森布鲁姆认为这是对《启示录》的借鉴，他将马理解为“在现代战争中完成升华的《圣经》中的世界末日形象”。[14]马尔对《格尔尼卡》创作过程的参与不仅仅局限于把它记录在胶卷里；曾有一段时间，人们都知道，在《格尔尼卡》离开奥古斯丁街之前的最后一刻，她完成了这匹马的油画工作，尽管很难确定她究竟在多大程度上介入画马的事。“我们当时在泽尔沃斯家，”她在和莫里斯的录音谈话中告诉弗朗西丝·莫里斯，“有必要拍张照片。”（这是记录这幅画的发展的最后一张照片。）毕加索说：“‘我现在没有时间去做这件事了……去吧，拍一张照片，先把马腿上缺失的最后几个线条（特征）画上，然后再拍。’我们得马上把这张照片交给印刷商，准备登在下一期的《艺术手册》（*Cahiers d'Art*）杂志上。”马尔的贡献，似乎仅限于在一条马腿上画了几笔，那么——毕加索所说的几个线条是什么呢？对“特征”最有可能的解释似乎是马身上反复出现的垂直标记，这使马与马的背景形成了区别。这意味着马尔只是受委托在拍摄已经完成了的油画之前，画上一条毕加索已经在其他地方给出范本的马腿，他知道这是她完全胜任的事。

马身上的印记经常被与新闻作比较，这种解释可能是因为毕加索和胡安·格里斯等人的立体主义静物中经常出现报纸这一元素而产生的。这可以被看作是强化了《格尔尼卡》在某种程度上受到报纸报道的启发的论点。然而，那些笔触并没有以任何方式体现出句子或段落的样子，而是一直保持一致，所以它们更像是马毛而不是报纸。这使马的身体从前景中士兵被砍断的头和手臂，以及背景里杂乱不清的废墟中得以区别开来，产生了至关重要的作用，给这幅画带来其所缺失的区分表面和深度的感觉。就在前几天里，毕加索一直把图案纸贴在画上，以恢复多拉·马尔在关于《格尔尼卡》演变的倒数第二张照片中所捕捉到的立体拼贴技术（见第90—91页）；这些实验有可能让他看到，用不同的方法处理马的皮会达到他的目标，最后把它们组合起来。

因此，马尔在《格尔尼卡》创作中的干预似乎很有限。但是，因为在马的身上画了几笔，马尔在毕加索的全部作品中延续了女人和马之间的长期联系。马背上的女人这个话题在他的一生中反复出现，也许是因为他十几岁时在巴塞罗那与马戏团表演者和马术家罗西塔·德尔奥罗的恋情激发了他的这种痴迷。他不止对一个人说过，他所画的很多马——甚至连自己拖着伤痕累累的身躯从斗牛场出来的马——都代表着他所认识的女人。1943年他对情人弗朗索瓦·吉洛解释说，“就像任何艺术家一样”，他“主要是画女人的画家”；而女人“本质上是一台痛苦的机器……我想强调肉体的痛苦，即使在它的辉煌时刻，它的‘美丽’也会被时间变化的最初迹象所惊吓”。[15]这些言论引发了多年来关于毕加索厌恶女性的无止境的评论，这位艺术家所谓的缺点削弱了使我们清楚地理解他的作品的能力。*确实，在他的作品中，女性的身体往往是上演戏剧的地方，往往是色情暴力或威胁暴力的场所。在《格尔尼卡》中，她们所扮演的角色不同；正是妇女和动物通过他们的肉体表达了所发生的事情的恐怖。约翰·伯杰认为，画中所包含的“抗议”体现在“肉体经历了什么——手、脚底、马的舌头、母亲的乳房、头上的眼睛。她们在被画的过程中所发生的一切，是对于发生在她们身上——肉体上——之事的想象……我们被迫用眼睛感受她们所承受的痛苦；疼痛是身体所提出来的抗议”。[16]

我们的目光从马身上转移到它在死亡之舞中的永恒伙伴，那头支配这幅画左侧的公牛。它们之间是构图中最不明显和以最快速度画出来的区域之一：一只鸟，用黑色在黑灰色背景上画出来，用单一、显眼的光照亮。借鉴欧洲艺术史，我们不可能不把这只鸟与鸽子联系在一起。鸽子在许多宗教绘画中都是圣灵的象征，就像它与毕加索年轻时期在西班牙的房子里跑进跑出的家禽有关，以及在普拉多博物馆里

---

* 毕加索后来告诉吉纳维耶夫·拉波特，“我是个女人”，暗示着他与他的主题之间的认同，使对他的创作态度的任何解读都变得复杂了。

的许多静物画中的鸟一样。如果说它是一只鸽子，那就是一只坠毁在地上的鸽子，它用天空换来一个家用桌面，用神圣的光芒换来粗糙的黑色轮廓，用宁静换取一声不体面的恐惧的尖叫。

自从公众第一次看到这幅画那一刻起，评论家就对《格尔尼卡》里的公牛的象征意义看法不一。在弗朗西丝·莫里斯录制的录音带中，多拉·马尔在追溯她的记忆时声音坚定，为了强调，她用英语和法语两种语言讲述："毕加索说，'公牛就是西班牙人民'——C' est le peuple Espagnol。"阿尔弗雷德·H. 巴尔把这头公牛关进纽约的现代艺术博物馆里很多年，他认为，公牛"站在那里，以明显的胜利的神情观察现场……那是不可动摇的力量的象征"。[17]对于克里斯蒂安·泽尔沃斯来说，它是一个"不可一世的梦想家，其强大的力量不受死亡支配，却被时间与命运掌控"。[18]这幅画抵达北美时受到苛刻的评论家弗农·克拉克的猛烈抨击，但是，即使这样，克拉克仍然坚称，"这头公牛，画中的反派，是这幅壁画中唯一有尊严的角色"。[19]安东尼·布兰特认为，公牛站在那里，"似乎被那盏灯催眠了，挑衅却又害怕地瞪着灯"。

我们要怎样才能将这些观察，特别是马尔的评论与毕加索所说的公牛，尽管它"不是法西斯主义……而是残忍和黑暗"协调起来？这种解释也与胡安·拉雷亚的解释不一致，拉雷亚非常清楚这幅画的委托、创作和首次展出的情况，认为公牛的作用是要保护母亲和孩子。确实，它的身体曲线将《圣母怜子图》(*Pietà*)的场景与绘画的中心创伤隔离开来，它的睾丸重重地挂在女人的右肩边，尾巴的位置，据一些人说，是为了遮掩画室的屋顶漏水对画布所造成的损害。

在《格尔尼卡》的素描和研习作品中，公牛的特征是一个平静的角色，后面是戴着古典花环，有一张人脸的帕伽索斯。到5月10日，对其头部的详细研究表明，它完全变成了具有人类特征的人身牛头怪，这是他在5月11日和20日的素描中进一步探索的方向。有可能是自画像吗？约翰·理查德森确定它是自画像。他认为“毕加索所画的宏伟的长胡须的人身牛头怪的作用”暗示着《格尔尼卡》具有“更多的个人意义……在这幅画中，他把自己画成一个冷静地避开了大屠杀的人身牛头怪，似乎对抱着一个死去的婴儿的母亲毫不在意”。[20]

鉴于这些解释互相冲突，我希望读者能原谅我再提供一种解释。站在马德里索菲亚王后国家艺术中心博物馆里的油画《格尔尼卡》面前，让我印象深刻的是，在这幅画中，公牛是唯一直接对视观众的角色（即使它那眼睛的位置很怪）。

我记在笔记本上的话是：

“牛是见证者。”

这只动物看起来既没有惊慌，不具有进攻性，也并不“冷静”或“毫不在意”——它那半张开的嘴暗示着它不是在冲锋前的咆哮，而是在发表评论，或许是以戈雅关于战争的蚀刻版画背后的修辞性题词的方式在说“我看过了”（Yo lo Vi），抑或“为什么”（Por Qué）。也许我对公牛的理解源自于《格尔尼卡》目前所处的位置，因为只要步行几分钟，就可以走到普拉多博物馆，从而处于戈雅的另一幅伟大作品——《1808年5月2日的马德里》[也被称作《与马穆

毕加索：《格尔尼卡》（细部），1937年

弗朗西斯科·戈雅：《1808年5月2日的马德里》，1814年，
索菲亚王后国家艺术中心博物馆

鲁克人作战》(*La lucha con los mamelucos*)]的油画的力场之内。

戈雅的《1808年5月3日的马德里》更经常被认为可能对《格尔尼卡》的创作具有影响，但是,《1808年5月2日》的画是为了与它的姐妹作品一起展出，毕加索在参观普拉多博物馆时肯定会对此十分清楚。这两幅孪生作品描绘了在48小时中西班牙首都发生的事件:马德里工人阶级公民起义，企图阻止法国将军穆拉特废黜西班牙王室的最后成员，以及第二天法国军队所进行的残酷报复。死者伸出双臂、张大嘴巴、从马鞍上滑落下来，或躺倒在地。《1808年5月2日》里没有公牛，相反，马扮演着目击者的角色：不同立场的人互相厮杀，其中包括戴着红色头巾的埃及雇佣兵，穿着马裤、戴着头盔的法国士兵，以及后来官方记录显示的由大批爱国的锁匠、木匠、皮匠和车夫组成的市井民众，在疯狂和屠杀的中心有两匹高贵的马。它们似乎是在马德里太阳门广场上唯一理性的动物，它们目光直视，怀疑我们也同样具有如此迅速退化回野蛮状态的能力。

正如“5月2日”提醒我们的那样，拿破仑军队使用伊斯兰士兵镇压西班牙人民，和一个多世纪后罗马天主教会的伟大捍卫者佛朗哥使用正规部队（摩尔军队）无异。20世纪30年代，他们的存在唤醒了西班牙人内心深处的文化焦虑，尤其是唤醒了像毕加索这样出生在摩尔人气味中的马拉加人的焦虑，直到今天，这种焦虑依然根植在西班牙的语言中。“no hay moros en la costa”这句话的字面意思是“海岸上没有摩尔人”，形象地表达了“一切都好，眼下没有麻烦”的意思。虽然毕加索在这幅画中没有以直接的视觉手法提到这些正规军人（他们和所有其他侵略者一样，一直处于看不见的状态），但可能有迹象说明，这些对外国人的恐惧被植入到画中的布局里面。不止一位评论员声称，那匹马的右脚后部的马蹄铁贴近倒下的战士的脸，象征着其他种族的入侵。乍一看，这种解释经不起推敲，却得到了多拉·马尔的支持。她说自己记得毕加索在画这幅画时不断地责骂摩尔人的第二次入侵。

4

战争所释放的杀人冲动最直接的影响是被践踏在马蹄下。倒下的战士的躯体支离破碎，就像一个古典雕塑从它的基座上倾覆下来。战士向其最后姿势变化的过程，始于5月1日画在一块木制面板上的一幅素描：他的身体向相反的方向躺着、头戴希腊或罗马的头盔、手持长矛，就像1933年毕加索为阿里斯托芬的《吕西斯特拉忒》（*Lysistrata*）所画的插图。直到6月10日，毕加索才画出在《格尔尼卡》中那个独特的秃头和那双凝视的眼睛。他有可能在11世纪的浪漫主义手稿《圣者贝塔斯》（*The Saint-Sever Beatus*）中找到画出它们的灵感，其中的第八卷包含着大洪水的非凡意象。那个嘴巴张开、没有耳朵、头上毛发皆无、有独特的杏仁眼的溺水巨人，与《格尔尼卡》里面那个死去的士兵有着无可争辩的相似之处。毕加索的朋友、有时也是他的合作者、超现实主义者乔治·巴塔耶曾在1929年的某一期《文件》（*Documents*）中发表过一篇关于这幅插图的文章，特别关注这个巨人的头部特征。毕加索要么可能在这篇文章中看到了自己的影子，要么可能是巴塔耶的前情人马尔使他注意到了这篇文章。

在《格尔尼卡》中，倒下士兵的左臂被扔在他那被砍断的脑袋后面伸出肥大的手指。从拇指的位置来看，它显然是右手，而不是左手。1970年，毕加索与英国广播公司（BBC）国际部的保加利亚记者乔治·达斯卡尔进行了交谈。他们谈到安德烈·布雷顿关于被外部事件扭曲的“受折磨的物体”的想法，毕加索说，遭到空袭后的格尔尼卡镇是“世界上最受折磨的物体……那个镇上所有的生物，无论是人类还是动物，都被变成了受折磨的对象，被分解、扭曲，对着天空尖叫，诉说着他们的痛苦。这幅画只是我脑海中所见的恐怖的象征性表现——仅此而已”。在第二次会面中，他从口袋里掏出一只大大的右手的皮手套递给达斯卡尔，告诉他：“这手套来自格尔尼卡。戴这只手套的男人在毁灭中死了，他的手在死亡中扭曲。这是在为自由而战的战场上所找到的一个受折磨的物体。”[21]我们不知道是谁给了他这只手套，但它对毕加索来说显然很重要；同时，它为那个倒在地上的战士的左手提供了模型，因而是一个充满力量的物体——有点像他很久以前在巴黎的特罗卡德罗看过的祭祀物——使他与格尔尼卡和在那里所发生的事件产生了一种发自内心的联系。

就像鸟（或是鸽子）一样，母亲和孩子的意象不仅出现在以《圣母怜子图》（*Pietà*）为首的西方艺术史中，还与生活经历紧密呼应。在《格尔尼卡》中，悲伤的母亲双手巨大，而婴儿的小脚让人心痛。一个怀抱着自己的孩子的辛劳母亲，布满皱纹的五指以无助的姿势张开；这双手是为了保护她的孩子不受伤害，紧紧地抱着他，然而她却未能完成她最原始的任务，从而释放出一种存在主义的悲伤哀号。她那后仰的头，伸长的脖子，张开的大嘴，不对称的鼻孔和被皱眉的线条隔开的泪珠状的眼睛，反射在那个从燃烧着的建筑

贝塔斯的李埃巴纳：《圣瑟韦启示录述评》（细部），11世纪

columba
mulus
capra
ovis

掉下来的女人的脸上。这两个人物为T. J. 克拉克提供了他所说的，这幅画中“押韵的剧痛”。[22]

在这幅画的初期草稿中，那个女人从右边进入，抬头望着灯，抱着死去的孩子。但到了5月11日，当多拉·马尔记录这幅画最初呈现在画布上的样子时，这个女性角色分裂成了两个截然不同的人。他们将继续分裂，并再分裂，衍生出围绕着“哭泣的女人”这一主题而展开的一系列不同的作品，这些作品将延伸到《格尔尼卡》完成之后。她们中的一部分，眼泪和留在皮肤上的泪痕变成了坚实的物体，泪珠有如悬在线上的珍珠那样晃荡，而在另一些人中，眼泪像枪筒一样，从眼睛中喷射而出，这也许意味着眼泪既可能是摩擦的武器，也可能是被动的痛苦标志。人们认为多拉·马尔是这些女性的模特儿，一些评论界人士将此与马特·多洛罗萨的宗教形象、西班牙艺术中许多关于哭泣的女圣徒和圣母玛利亚的描绘，以及巴塞罗纳毕加索公寓里的一座毕加索父亲曾在上面贴上玻璃泪花的宗教雕塑进行了比较。马尔在与弗朗西丝·莫里斯的谈话中唯有一次显得焦躁不安，在某种意义上作为原型的她被问道：那些与“哭泣的女人”的主题有关的绘画和研习作品，其主题是否植根于宗教象征主义。她说：“当然不是，这是荒谬的。《格尔尼卡》所表现的灾难根本不是宗教性的。它是关于那些在格尔尼卡失去一切的人……西班牙悲剧的情感，仅此而已。”毕竟，悲伤的母亲是战争恐怖最普遍的象征，也是“受难对象”最杰出的象征。马尔在录音采访中承认：是的，也许她曾经是一个情绪化的女人。但她坚持认为，毕加索描绘一个哭泣女性的想法，是受到有关西班牙的悲剧性消息的刺激，而不是对她本人性格的体现。“他说这是他第一次画一个哭泣的女人，”马尔告诉莫里斯，“在此之前，他从来没有画过哭泣的女人。”

如果《格尔尼卡》里面那个悲痛欲绝的母亲和死去的孩子让我们想起从越南到阿勒颇的战争画面，那么，画面右边那个坠落的女人，悬浮在空中，处于生死之间，让我们回想起更近、更具体的噩梦：从纽约燃烧的双子塔跳下的“跳楼者”。那些画面最初受到新闻机构的压制，其真实性受到质疑。毕加索所画的下坠女人并不是幻想出来的景象；尽管她的轮廓画得漫画般简单，但她的人类肉体建立起来了，尤其是她暴露在腋窝里的卷毛。她跌落在一堆被火焰吞噬的木料中——她的头发已经着火了吗？马尔在录音带上说得很清楚，她就是那个坠落女人的模板——“是的，”她告诉莫里斯说，“毕加索说，‘这就是你’。”

毕加索不是巴斯克人，但是由于他在少年时代住在巴塞罗那的经历，以及他与加泰罗尼亚人和加泰罗尼亚文化的持续友谊和联系中所得到的第一手经验，他了解西班牙各地区为了获得自决权所具有的献身激情。和所有其他西班牙后裔一样，他知道巴斯克的基本传统和从大火中幸存的格尔尼卡神圣橡树的事。这意味着他在创作《格尔尼卡》时不得不在描绘“痛苦”与“抗争”的平衡上做出关键的选择。殉道的概念是西班牙文化的核心，这也在战争记录中被反映出来，它本身就是武器，毕加索笔下哭泣的女人脸上枪口一样的泪痕便是如此。在格尔尼卡遭受空袭的四天前，巴黎的新泰特·安托万剧场上演了米格尔·德·塞万提斯在16世纪写的戏剧《努曼

毕加索：《一个哭泣的头的研习作品（I），格尔尼卡的初步素描》，1937年，索菲亚王后国家艺术中心博物馆

提亚之围》（*The Siege of Numantia*），这部戏剧由毕加索画室的前租客——让－路易斯·巴罗导演，舞台设计是安德烈·马森。这出戏讲述罗马将军西庇阿·艾米利亚努斯率军围攻神圣的凯尔特人城市努曼提亚的故事。由于无法突围，城里的居民决定，宁愿自己动手自杀，或者有尊严地杀死彼此，也绝对不能投降。他们要烧毁自己的城市，让西庇阿即使胜利，也将一无所获。在塞万提斯的戏剧中，名誉的象征化身宣称，被毁的努曼提亚将“永垂不朽，宣告西班牙

人民的伟大”。这种策略在西班牙一直持续到现代。1936年9月4日，无政府主义者迪纳米托斯炸毁并焚烧了伊伦市，而不是把它交给民族主义者。在格尔尼卡遭受空袭的第二天，否认对轰炸事件负责的民族主义者广播说，他们没有焚烧格尔尼卡。纵火的火把是伊伦市那些纵火者的专利，是那些放火烧毁埃瓦尔的人的专利，是那些企图活活烧死托莱多城堡守护者之人的专利。

如果说毕加索受到了努曼提亚象征意义上的胜利（实际上是一场失败）的启发，那么，那些负责西班牙展馆所要展出的内容的人正在进行一场真正的战争，而这场战争，如果出现这样的结果，那是不可想象的。毫无疑问，他们更倾向于把倒下的士兵画在构图的中心，他仍然紧握着拳头昂首阔步，多拉·马尔的相机捕捉到的《格尔尼卡》的第一阶段就是这样。而那只同样出现在《画家和他的模特儿：手持锤子和镰刀的手臂》中的拳头扭曲的手臂，被砍下来丢在了地上。（当然，塞万提斯在那场抵抗奥斯曼帝国海军以保卫基督世界的勒班陀战役中失去了左臂。）然而，在悲剧、恐怖和沮丧中，毕加索注入了希望的象征。即使在死亡中，士兵手里抓着的那把剑已经断裂成片，剑柄仍然完好无损；剑柄上绽开了一朵构造简单却又不屈不挠的鲜花。

5

除了到目前为止所提到的可能是《格尔尼卡》的创作先例和来源之外，还有更多的例子：鲁本斯的《战争的后果》（*The Consequences of War*），毕加索在他的画室里保存着一张这幅画的明信片复制品，这幅画的创作者形容画中的悲哀的女性形象为："多年来饱受强奸、愤怒和不幸之痛苦的悲惨欧洲"；爱德华·马奈的《处决皇帝马克西米利安》(*The Execution of Emperor Maximilian*)中残忍的、近距离射击的行刑队；西班牙宗教和民间艺术；艺术家在罗马时可能看到或可能没有看到的各种古典艺术品，或在杂志上印出来的复制品——对这些艺术史痕迹的追溯在将近一个世纪之后，仍然催生着各种演讲、散文、论文、文章和书籍。当然，毕加索本人没能活到现在来证实或否认这种最新的理论。而且，人们也怀疑，哪怕他真的活到现在，也不会这么做。一个更有趣的研究课题，也许是《格尔尼卡》所代表的毕加索艺术实践发展的关键性：不仅在规模和技巧上，同样也在题材、心理和情感上。一个全部作品都是围绕着他自己的个人主义幻觉而构建的艺术家，究竟是如何改变自己的注意力，按照委员会的要求来处理具有史诗规模的集体悲剧呢？

毕加索在1925—1934年期间所创作的作品中便有这些线索。在这个时期，毕加索冲破充满艺术家模型、酒瓶、曼陀林、报纸和其他立体设备的幽闭恐怖空间，进入了更开阔的领域。[23]在这段时间里，他对人类(通常是女性)进行了一些最有力和最令人不安的探索：身体像怪物般，呈现出巨大而恐怖的一面；肉体、幽灵、物体和艺术品之间的关系也被分解了。在20世纪20年代初期，毕加索和许多其他欧洲艺术家一样，对所谓的"秩序的呼唤"做出了回应，似乎拒绝了第一次世界大战之前的先锋派实验，回归到古典形式以寻求灵感。但是，在1925年，《三个舞者》(*Les Trois Danseuses*)释放了一种不同的精神，他自己认为，这幅画比《格尔尼卡》意义更

毕加索：《三个舞者》，1925年

为重大。它唤起了另一种不同的古典主义，一种与希腊神话接轨的疯狂而心驰神迷般兴奋的古典主义。它既不是三个女神的优雅召唤，也不是20世纪20年代查尔斯顿的某家夜总会。尤其是左边的舞者，据说她的头部受到毕加索所收藏的新几内亚面具的启发，她的放纵令人恐惧；她舞姿迅猛，一个乳房甩向空中，令人不安地面对我们咧齿而笑，目光呆滞，双唇通红，大嘴张开。X光的透视显示，在画中的人物覆盖下的人物更接近毕加索在其新古典时期所画的人物的圆润柔和的轮廓：这是一种正在发生的变化，一种对身体的重新排列，使其能够表达新的恐惧。

在这几年中所画的人物并不是战争的产物——除非像T. J. 克拉克所认为的那样，毕加索对1914—1918年那场大灾难的反应有所延迟，是一种创伤后的反应。恰恰相反，这些人物所表达的是家庭纠纷、男性偏执、身体接近的奇异性，妇女的身体那种既易受到伤害而又具有威胁、被动和掠夺特点的奇异性。比如，像大都会博物馆里所收藏的《一个女人的头》（*Head of a Woman*，1927年）里一样的，被针一样的牙齿武装的嘴；或者巴黎的毕加索博物馆所收藏的《白色背景中的裸体》（*Nude on a White Background*，1927年）里一样，躯体侧转、露出一整排类似阴道齿的东西——那是男性的最大恐惧。这个艺术家的模特儿冲破了画室的束缚，逃离了男性凝视的牢狱，变成了一个雕塑物体，要么是像《纪念碑：一个女人的头》（*Monument: Head of a Woman*，1929年）安放在建筑物的一侧，让看到她的人相形见绌，要么就像《站在海边的裸女》（*Nude Standing by the Sea*，1929年），孤零零地待在大海边，四肢化为石头。

《站在海边的裸女》，1929年

有关于《格尔尼卡》及其随之而来的绘画和素描的意象线索：在这些画面中，妇女的脸和身体一方面表达痛苦，另一方面其弱点则化为武器——胸部成为炸弹、眼泪变成子弹。在《格尔尼卡》中马嘴里匕首般的舌头和哭泣的母亲，也出现在许多对哭泣的妇女的习作，以及1931年毕加索的《海边的人》（*Figures by the Sea*）中，暗示着性，而不是痛苦。它在《靠在窗前的裸女》（*Nude Reclining by the Window*，1934年）中再次出现，这是《格尔尼卡》里面那个死去的士兵被肢解的前奏。一些评论家认为，毕加索选择将男性人物完全排除在《格尔尼卡》的画面之外，而仅仅通过妇女、儿童和动物来表现战争的痛苦；安妮·M. 瓦格纳认为，这幅画是“生物政治”的一部分，这有助于使它成为一个持久的崇拜对象，但人们在探讨它的内容时往往忽视这一点。[24]在瓦格纳看来，这个脖子空洞的断臂士兵并不是一个男性的主人公，而只是一尊破碎的雕像而已。

毋庸置疑，画面中不存在男性的暴力行凶者令人震惊，而毕加索决定通过妇女、儿童和动物所蒙受的苦难来描述事件是我们解读的关键点。然而，在毕加索画《格尔尼卡》之前的十二年的作品中，我们反复看到人像和雕像、纪念碑和怪物，它们逃过了一般的自然规律，模糊了生命与无生命之间的界限，尽管经历了奇怪的变化，却仍在呼吸。几乎没有人会否认《靠在窗前的裸女》的主题，她那香肠般的手指和阴茎般的舌头活灵活现，尽管她的身体似乎已经分开，变成了不同的碎片；或者在某种程度上，《站在海边的裸女》孤零零的身影，尽管她具有丰碑的性质，却在某种程度上具有含混不清的意识。同样，我认为，献给《格尔尼卡》的人物既是雕像，也是阵亡士兵；尸体是最合适的战争纪念碑。毕加索曾经公开表示，无论是在超自然的意义上，还是就潜藏在我们体内的恶魔而言，他都是恶魔的信徒。这些照片很好地记录了这些内在力量。《格尔尼卡》把这个故事带到了一个更深的阶段，展示了恶魔以物质的形式被释放到这个世界时所发生的事情。

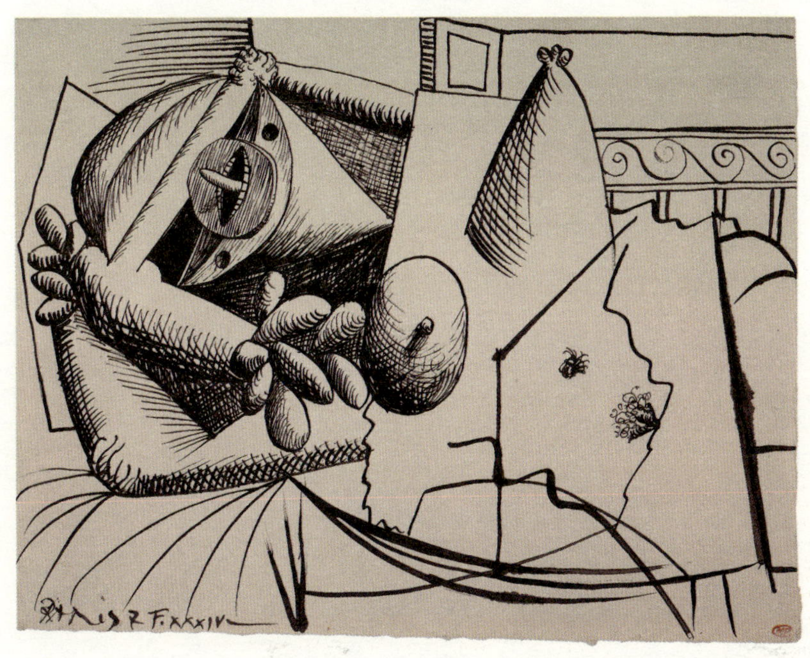

毕加索：《靠在窗前的裸女》，1934年

* * * * * * *

人们会长久地谈起它

祝愿这次各国人民的伟大相聚，

在使生活更加幸福和充实的共同愿望推动下，

赋予所有人民心中的希望以新的力量，

并使向善良之人所承诺的和平，世代永存。

——《1937年巴黎现代世界的艺术和技术博览会

官方游览指南》

西班牙展馆终于在1937年7月12日向公众开放了，晚了七个星期，因此错过了博览会正式开幕仪式时的大部分新闻报道和评论。这是《格尔尼卡》的第一次公开露面。从一开始，有一件事是非常明显的：这幅油画不仅描绘了冲突，而且还引发了冲突。几乎是在画布上的油画颜料凝固之前，无论在伦敦、纽约或者巴黎，它都能引起一场关于美学和政治主张的激烈争论。

胡安·拉雷亚被迫承认，许多在展览中选择看西班牙展馆的人都感到失望，因为毕加索通过立体主义的视角，创造了一种战争苦难的普遍形象，而不是创作了一幅可以更直接地与走过西班牙展馆的人群交流的油画。毕竟，西班牙共和国政府并不仅仅是在举办一场艺术展览，而且是正进行一场生死搏斗：在巴黎以图像和符号为武器，如同在西班牙则用枪弹与鲜血一样坚决。对艺术和宣传的竞争主张，很少能在一幅后来被赋予杰作地位的作品的构思中得到更强烈的体现。因此，应当考察在《格尔尼卡》的第一次展览中围绕在它周围的作品的环境。但是，奇怪的是，这些作品在文字中很少被提到，也许是因为其中许多作品在博览会结束后就消失得无影无踪了。

1986年，在巴塞罗那艺术博物馆（Barcelona Museum of Art）的一个储藏室里发现了大量背面标着标签的物品，上面写着："1937年巴黎博览会西班牙展馆"，它们放在那里半个世纪，没有受到干扰。随后的展览是反战争艺术展（Art contra la guerra）*，里面所附的目

---

* 反战争艺术展：巴黎博览会西班牙展馆环境展（Art contra la guerra: Entorn del pavell ó espanyol a l'exposic í o internacional de Paris de 1937）于1986年11—12月在巴塞罗那总督夫人宫（Palau de la Virreina）举办。

录使我们可以感受到展出《格尔尼卡》的那个展馆的某种气氛。一些图像近年来被广泛展出，而且相对有些名气，比如2011年被索菲亚王后国家艺术中心博物馆收购的、赫苏斯·莫利纳的水彩画《他们拒绝承认的西班牙》(*La España que no quieren conocer*，1937年)。画中有一条没有铺上金属路轨的乡村路，上面插满步枪和旗杆，就像豪猪一样，一辆被共和国民兵所征用的平民卡车在上面颠簸。还有其他一些画，比如拉蒙·普约尔的油画《在前线》(*At the Front*)和《在前线休息》(*Rest at the Front*)，就没有那么出名了。在这些画中，共和国士兵胡子拉碴，裹着绷带，疲惫不堪，以自己的平凡获得了英雄的地位。

在巴塞罗那发现的作品中，许多可以分为两种不同的主题：一种是共和国的战斗人员，由包括特奥多罗·尼可拉斯·米西亚诺·贝格拉和爱德华·维森特在内的艺术家创作；另一种主题是空袭的受害者。亚历杭德罗·费尔南德斯·库尔沃在他的木刻《轰炸》(*Bombardeo*，1937年)里，以表现主义的手法描绘了第二个主题，里面描绘了倒下的尸体，奔跑着、呻吟着的人，爆炸的火焰与硝烟直冲云霄，勾勒出两架飞机的轮廓。像毕加索创作《格尔尼卡》时所获得的灵感那样，霍拉西奥·费雷尔·德·莫加多也从他的油画《马德里1937(黑色的飞机)》[*Madrid 1937 (Aviones Negros)*]中获得灵感。虽然这两幅作品的主题相似——两者都展示了那些遭到看不见的攻击者袭击的无辜受害者——但在风格上，它们的画风迥异。

在莫加多的画中，三位美丽的年轻女性，一个戴着红头巾、手牵一名正在向共和国士兵致敬的蹒跚学步的孩子，一个胸部袒露、

霍拉西奥·费雷尔·德·莫加多:《马德里1937(黑色的飞机)》

索菲亚王后国家艺术中心博物馆

紧握的拳头挥向空中，还有一个则抚慰着被她双手抱着的婴儿。一位年长的女子，痛苦而高贵，紧握着双手看着她。这幅画笨拙地将古典、宗教和政治意象混在一起，满足了赫伯特·里德对共产主义艺术的所有要求。果不其然，它被誉为展馆的关键成功之处，并一度被建议取代《格尔尼卡》，挂到展馆的入口处。

《格尔尼卡》在第一次公开露面时，它所展出的位置和背景，就和它在接下来的几十年里一样，一直受到关注。紧靠在西班牙展馆后面的是大得多的梵蒂冈展馆，它同意展出支持西班牙民族主义事业的艺术家们的作品，其中包括何塞·马里亚·塞特的油画《圣女特蕾莎在西班牙内战中的调解》(*Intercesión de Santa Teresa de Jesús en la Guerra Civil española*)。就在北边，在穿过花园的中央小径上，是现代主义的挪威馆，里面有汉娜·里根的一幅富有戏剧性的大幅挂毯，名叫《埃塞俄比亚》(*Etiopia*)，这幅挂毯是对墨索里尼发动的阿比西尼亚战争的回应，其右上角有一幅独裁者头部被刺在长矛上的图像。*在西班牙展馆、波兰展馆和塞纳河之间，靠近耶纳桥，矗立着巨大的德国展馆。德国展馆有一座35米（117英尺）的高塔，塔尖上是雄鹰和纳粹党所用的卐字标志，整个结构的设计，正如官方指南所解释的那样，“由著名的阿尔伯特·斯佩尔教授所设计……他因在纽伦堡为国家社会主义党的年度代表大会所做的出色创作而名扬遐迩”。[1]

如同西班牙这个国家发现自己在欧洲越来越孤立无援一样，博

---

* 这种类似导致了一种错误的、然而普遍存在的看法在互联网上广泛流传，经常把它与《格尔尼卡》的尺寸和意图相提并论，说《埃塞俄比亚》挂在毕加索的绘画“旁边”，可以想见是在西班牙展馆里。

览会里的西班牙展馆更邻近敌人的展馆，而不是靠近朋友的展馆。除了墨西哥之外，苏联是唯一直接援助这个陷入困境的共和国的国家，但苏联的展馆却位于穿过花园的中央通道的另一边，灯光闪烁、在夜空中翩翩起舞的喷泉把苏联展馆与西班牙展馆隔开。在官方指南中，苏联展馆被描述为“由雕塑和建筑构成的整体雕塑品”，顶部是维拉·穆希纳创作的一个六层楼高的英雄青年工人和农民姑娘的雕像。德国和苏联的展馆在巴黎相向而视，进行艺术形式的对抗，而在西班牙，德国和意大利飞机正攻击着由苏联训练和装备起来的西班牙军队。在特罗卡德罗花园里，正在进行一场以建筑和雕塑为武器的战争，以纪念碑的形式凝固起来。在塞纳河旁，意大利展馆用乔治·戈里创作的一尊巨大的骑手雕像宣告自己“象征着法西斯的天才”，仿佛切断了所有逃跑的希望。[2]

面对如此强大的阵容，共和国方面的许多人坚持认为，艺术有责任与尽可能广泛的观众交流，而不是使用精英圈里的封闭语言。西班牙电影导演路易斯·布努埃尔安排在附近的院子里放映纪录片的事宜，其中包括他自己拍的《马德里36》(*Madrid 36*)，后来他承认，“我无法忍受《格尔尼卡》，尽管我帮着把它悬挂起来。画中的所有一切都让我感到不舒服——华丽的技巧，以及它将艺术政治化的方式。阿尔维蒂和贝尔加明都与我一样，对它感到厌恶。事实上，我们三个人都很愿意炸毁这幅画”。[3]比起艺术界同行的不理解来说，对毕加索伤害更大的，是巴斯克政府的总统何塞·安东尼奥·阿吉雷回绝了他把《格尔尼卡》送给巴斯克人的提议。巴斯克壁画家何塞·马利亚·乌塞莱在这幅画的创作谜团中扮演了传递空袭消息的角色，对此画也颇有微词。在他看来，《格尔尼卡》“作为一件艺术作品……是世界上最拙劣的画之一。它仅仅是一幅七米乘三米的色情制品而已，污辱了格尔尼卡，污辱了巴斯克地区，污辱了所有的一切”。[4]建筑师和现代主义大师勒·柯布西耶声称：“公众的感受与此大同小异，这幅画只能面对游客的背部，因为他们太厌恶它了。”

第一批攻击《格尔尼卡》的是那些可能被认为是其天然盟友的人：艺术家、电影制作人、建筑师和左翼政客。更可预测的，是德国代表团在展览中对“红色的”西班牙展馆的反应。德文的参观指南向读者解释说，这个展馆里没有什么可看的东西，只提到一幅没有署名的油画，那幅画显然是一个疯子的梦，那是一个四岁大的孩子都可以信手涂鸦而来的一堆身体器官的大杂烩。如果说毕加索对自己在第三帝国的地位有任何怀疑的话，那么，7月19日，在比西班牙展馆晚一星期开幕的慕尼黑堕落艺术展览就清楚地表明了他的地位。同一些其他艺术家一样，他的作品被从德国的博物馆馆藏中征用，根据墙上的说明，在他的作品中“疯狂变成了方法”，暴露了污染一切的“犹太种族灵魂”。因此，对法西斯主义者来说，他的艺术是危险的；对西班牙共和党人来说，它还不够危险。

毕加索的朋友、作家马克斯·奥布最早出面为毕加索辩护，他是西班牙共和国政府驻巴黎的文化专员，曾经协助过处理《格尔尼卡》的委托程序。展馆向公众开放的前一天晚上，他向建造展馆的法国建筑工人发表了演讲，带领他们参观了展馆的展品。“在入口右侧”，他告诉他们：

毕加索的伟大画作跃入眼帘。人们在很长一段时间内都会提到这幅画。毕加索代表了格尔尼卡的悲剧。这种艺术可能会被指责为过于抽象或难以理解，因为像我们这样的展馆所追求的、最为重要的、优先于所有一切的，是大众的表现形式……对于那些抗议说事情不是这样的人，人们必须回答他们有没有长着两只眼睛来看西班牙的可怕现实的问题。如果说毕加索的这幅画有什么缺点，那就是它太真实了，真实得太可怕了。

一些知名作家、诗人和评论家，其中包括保尔·艾吕雅、克里斯蒂安·泽尔沃斯、米歇尔·雷里斯、吕克·德库内斯、何塞·贝尔加明、阿梅德·奥兹芬特和胡安·拉雷亚等人举行集会，支持这幅画，同时也支持在《艺术手册》杂志上于1937年夏天出版的两期特刊中刊登这幅画，他们所表达的都是对欧洲日益黑暗的环境的恐惧。这本杂志刊登了这幅油画、所有素描和初步研习作品，以及多拉·马尔所拍摄的照片。奥兹芬特认为，这幅画是“关于一个伟大民族被抛弃、任由黑暗时代暴君宰割的骇人戏剧”。这幅画并不很难欣赏，因为它的存在使“全世界都可以看到、理解这场巨大的悲剧”。吕克·德库内斯认为，整个西班牙展馆是“一个民族对他们的刺客面对面的可怕控诉”。米歇尔·雷里斯所说的话更阴郁，也更具有普遍性。“毕加索给我们寄来了宣告我们注定毁灭的通知，”他写道，“我们所爱的一切都将消亡，这就是为什么我们有必要把我们所爱的一切，像伟大的离别情感一样，集中在某种极大的美丽之中。”

尽管西班牙展馆的开馆时间较晚，但艺术天才在这个展馆群星璀璨；展览结束时，它以预示未来的方式解体。胡安·米罗的五米半高的壁画《收割者》（又译《反抗中的加泰罗尼亚农民》，*El segador*）画在纤维板上，挂在楼层之间的楼梯边展示，展览结束后被拆散，装上船运到流亡的共和国政府所在地巴伦西亚。阿尔贝托·桑切斯·佩雷斯那座耸立的水泥雕塑《西班牙人有一条通向星星的道路》也踏上了同样的旅程。就在它们还在途中时，来自国民军的压力越来越大，政府被迫再次迁移，这两件作品都丢失了。*如果1937年毕加索要把他的这幅画作为礼物的提议被巴斯克政府或共和国政府所接受，那么，它很有可能也会像米罗的杰作一样，在途中消失得无影无踪，在艺术史上只是作为一个黑白脚注而存在。

相反，1938年1月10日在奥斯陆的昆斯奈斯·胡斯开幕的法国现代主义杰作巡回展览中，《格尔尼卡》也被列进展品中，首次在巴黎以外的地方公开露面。然后，它一路去了哥本哈根的斯塔滕斯艺术博物馆、斯德哥尔摩的利尔热弗切斯·康斯塔尔博物馆和哥德堡的昆斯泰伦博物馆。它第一次穿越斯堪的纳维亚的旅程几乎没有引起什么争议，也许因为这幅画是与乔治·布拉克、亨利·马蒂斯和亨利·劳伦斯的作品一起展出的；或许因为西班牙的政治动荡和欧洲其他地区日益紧张的局势在这些高纬度的北方国家看来，并没有那么紧张。†虽然《格尔尼卡》在法国境外的第一次展览相对低

---

* 佩雷斯抒情的雕塑在几年后被重新塑造，现在竖立在《格尔尼卡》目前的家园，马德里的索菲亚王后国家艺术中心博物馆外面。

† 在奥斯陆逗留期间有这么一个传说：挪威国家美术馆错过了以极低的价格购买《格尔尼卡》的机会。尽管这种说法一直在互联网上流传，但这个故事似乎是源于挪威国家美术馆的内部政策，以及对美术馆当时的馆长的保守收购政策的争议。

调，但这幅画在斯堪的纳维亚艺术上留下了它的痕迹。1936年，丹麦艺术家阿斯格·乔恩和他的妻子柯尔斯顿·林格勃格一起骑摩托车去巴黎，当时乔恩才23岁，打算去费尔南·莱热的时代工作室应聘。他在那里邂逅了另一位年轻画家罗伯特·马塔，两人一起为第二年的博览会工作。马塔在《格尔尼卡》的创作期间担任“绘画助手”，让乔恩在这幅壁画的创作阶段就有机会接触到这幅画，对于这样一个年轻的艺术家来说，这是一个非同寻常的职位，不可能不对他产生影响。乔恩和马塔一起作为画家，为莱热在展览馆的入口处“发现宫”（Palace of Discovery）的那幅著名的壁画《运输部队》（*Le Transport des forces*）绘画，他还被勒·柯布西耶雇用，把儿童画放大成壁画尺寸，在他的新时代展馆展出。

1940年4月，乔恩开始有机会将他在巴黎学到的知识付诸实践，当时德国坦克洪流滚滚，越过了丹麦边境。对于乔恩和他在“地狱之马”小组（Helhesten）中的朋友来说，《格尔尼卡》为他们提供了一个现代主义作品的范例，它能够在不损害其先锋派语言的情况下进行政治批评——与巴黎的反对者们对其有效性的诊断恰恰相反。* 毕加索的绘画及时地进入了丹麦艺术家的意识。

这是伴随着《格尔尼卡》旅行途中的现象的一件早期事例：无论它走到哪里，都作为某种机制被拥有和被使用，使艺术家能够进行改变，克服技术上、野心上，抑或是前景方面的各种问题。当它

* 《格尔尼卡》还对丹麦线条集团的艺术家产生了影响。其中包括理查德·莫滕森，他宣扬自己的反战绘画《视觉：给阿瑟·兰波的画》（*Vision: Painting for Arthur Rimbaud*，1944年）就是直接受到《格尔尼卡》的启发。（译注：线条集团是20世纪30年代和40年代的丹麦艺术家协会，专注于抽象主义和象征主义）

的物理脆弱性使它在20世纪50年代末停止了巡回展出，因此被锚定在纽约的现代艺术博物馆之后，艺术家们与这幅画的对话就倾向于与它的复制品中的形象对话，它无处不在的存在，意味着对它的暗示可以起到即时的视觉速记作用。似乎不寻常的是，这种偶像般的地位，在1944年，即《格尔尼卡》首次露面的七年后，乔恩在他的油画《巨魔与鸟》中利用了《格尔尼卡》，这种引用本身就挑战了侵占其国土之人的艺术习俗。

这幅画刻意利用笨拙的构图、表现主义的笔触和儿童涂鸦一样的用色，将北欧民间故事与高度的现代主义结合起来，以其生机勃勃的自发性向所有认为这类作品是“堕落”作品的人发出挑战。除了这种纯粹的文体挑衅之外，乔恩在画中的左下角插入了一个棕色的长方形，那是一幅“画中之画”，借鉴了《格尔尼卡》的手法，其中让人最容易辨认的是飘浮的灯泡眼睛。[5]毕加索的作品的力量现在已经足够强大到对它的借鉴可以作为一种编码信号，对它的崇敬转变为政治行为。

《格尔尼卡》不断出没于乔恩的作品之中，并帮助他塑造了他最著名的作品之一——异化的反战杰作《斯大林格勒》(*Stalingrad*)。乔恩从1957年开始，历时15年才完成创作。(他对完成一幅画的厌恶甚至超过了毕加索，他在1960年和1967年刮掉、重画了《斯大林格勒》，最后一次是在1972年，甚至是它已经被挂在一个收藏者的私人住所的墙上时。)《斯大林格勒》最初只是一幅大尺幅的抽象画，标题是《疯狂的笑声》(*Le fou rire*)，但是，就像毕加索在为西班牙展馆而冥思默想一个主题时那样，乔恩的想法被一个战场上的故事

阿斯格·乔恩:《巨魔与鸟》,1944年

打断了。乌姆贝托·甘贝塔参加过斯大林格勒战役，是乔恩在意大利住所的管理人。甘贝塔向乔恩讲述了有关斯大林格勒战役的种种恐怖情形，使这位艺术家改变了想法，尝试画出他自己的《格尔尼卡》。与毕加索不同的是，他后来告诉作家盖伊·阿特金斯说，他“想要画一幅本身是动态的画，而不是画一幅描绘一个动作的画”。乔恩与视觉意象的关系在他创作和再创作《斯大林格勒》的过程中发生了变化；《格尔尼卡》的艺术语言似乎不再适用于这样一个时代，在这个时代中，图像在大众媒体中不断被操纵，绘画本身在复制中不断扩散，降至媚俗纪念品的地位。然而，乔恩与《格尔尼卡》的早期邂逅依然具有电击般的记忆，它是一盏明灯，展示了在与历史进行面对面的艺术斗争中所能取得的成就。

一些英国艺术家在巴黎的西班牙展馆里看到了《格尔尼卡》，在这之中没有谁比画家约翰·克雷克斯顿对它更感到惊讶的了。当时克雷克斯顿还是一个十四岁的学生，正在塞纳河上的一个小岛参加童子军夏令营，他被邀请陪同一位学校的朋友参观展览，这个朋友的父亲正好是大师级画作交易商马克·奥利弗。“我对《格尔尼卡》的记忆”，他后来回忆起：

与其说是暴力和悲剧，不如说是一幢奇妙的建筑。它有一种美妙的交响乐感。就像提香·韦切利奥那样，把一切都装在画布的空间里。它与文艺复兴时期的绘画相得益彰……虽然他混合使用了一些早期的东西，毕加索的正式发明简直令人难以置信。我非常清楚地记得那个电灯泡；以前没有人把电灯泡放进画里来代表太阳的光。

没有一条线是多余的，也没有一条线是错位的。而且，没有笔触的感觉；我已经意识到了对“美丽的颜料流动”（beautiful passages of paint）的溢美之词。

约翰·克雷克斯顿是一个早熟的少年，当他看到《格尔尼卡》时，他正要开启画家之旅。朱利安·特雷维利安已经是一个开始实际工作的艺术家，与超现实主义运动和在伦敦的艺术家国际协会（Artists International Association）有联系，他同样在西班牙展馆里被《格尔尼卡》所感动。他后来在回忆录《靛蓝时代》（*Indigo Days*）中写道：“从梅登高地回头看着塞纳河沿岸的展览馆的灯光，我觉得，非法西斯世界——我们所信仰的价值观的世界——也许正在进行最后一次狂欢。”[6]对许多人来说，《格尔尼卡》概括了这种不祥的预感，一种对未来事物的预言。特雷维利安和毕加索的一位共同的朋友、超现实主义艺术家罗兰·彭罗斯会安排这幅画在伦敦发出它的警告。

伦敦已经见证了关于这幅画价值的公开讨论，两位评论家——安东尼·布兰特和赫伯特·里德分别为巴黎那些赞扬和诋毁这幅画的人代言。为《旁观者》（*The Spectator*）周刊写巴黎博览会评论的布兰特认为，这幅画是“理想破灭……这场个人的头脑风暴的表达没有表明毕加索已经意识到了《格尔尼卡》所具有的政治意义”。几个月后，他又在《旁观者》周刊上以嘲讽的方式写了一篇文章，说毕加索一生都生活在“艺术最神圣的圣地”之中，这意味着他不再与工人阶级息息相关，因而也无法与他们交流。[7]在写给《伦敦公报》（*The London*

Bulletin）的一篇文章中，赫伯特·里德直面《旁观者》周刊的说法，回击了这些指控。“据说这幅画很晦涩难懂，”他写道，“它不能吸引共和国的士兵、吸引街上的人、吸引身陷囹圄的共产党员；但实际上，它的元素是清晰的，它的象征意义是显而易见的。白昼和黑夜的光芒展现了一幕恐怖和毁灭的景象：一匹内脏流出来的马，扭动的身体……这是现代的耶稣受难像，炸弹爆炸中的痛苦——人类柔情和信仰破碎的废墟。”[8]他犀利地指出，布兰特先生所提出来的论点，是典型的“中产阶级教条主义者的观点，他们希望‘利用’艺术来传播他们枯燥的思想”。[9]事实上，在伦敦的罗兰·彭罗斯和在巴黎的毕加索支持者，虽然都不受社会现实主义的束缚，却都与任何政党的干部一样热衷于“利用”《格尔尼卡》。“我们希望，（在伦敦）的展览能以最大的力量和庄严进行。”1938年2月，胡安·拉雷亚在写给彭罗斯的信中说，“对毕加索本人和事业来说，都是如此。因为，毕加索越受到赞赏，他对事业的用处就越大；对于事业本身来说，这是一种罕见的手段，我们必须接触到这一阶层的公众，对他们来说，这种观点可能被证明是令人信服的。”[10]

创作《格尔尼卡》时的一幅前期研习作品先被送到伦敦——这是一幅哭泣妇女抱着死去婴儿的画。这幅研习作品被选为在伦敦阿尔伯特皇家大厅举行的大型国际会议1937年6月24日的议程封面。这个计划由救济西班牙国家联合委员会为帮助巴斯克难民儿童实行的，毕加索本人被安排“坐在主席台”，与德国小说家亨利希·曼和科陶德学院画廊的第一任主任康斯特布尔一起露面，但最终他不得不道歉——他仍在忙于创作《格尔尼卡》。这种事在此后的几年里，特别是战争爆发之后，会频繁上演，而《格尔尼卡》或是由此而诞生的作品会代替无法出席的本人。除了被注释为“献给西班牙母亲和儿童”的画之外，毕加索还给大会寄来了另一幅画，标题为《哭泣的女人》(*Weeping Woman*)，日期是1937年6月16日，这幅画要在拍卖会上拍卖，用以筹集难民救济资金。令组织者感到尴尬的是，尽管毕加索在伦敦艺术界中具有近乎神一样的地位，这幅作品却很难找到买家，最终只卖出区区80英镑。

对于那些来到阿尔伯特大厅、希望听到毕加索演说的人来说，同样出众的非洲裔美国演员兼歌手保罗·罗伯逊出其不意的现身为他们带来了慰藉。虽然该计划坚持要他通过莫斯科的现场电台连线参加这次活动，但罗伯逊却飞往伦敦，因为他不确定自己的苏联新朋友是否会允许他进行广播。“艺术家必须站在一起，”他在演说中兴奋地对聚集在大厅里的人说他必须选择为自由而战或是被奴役，“我已经做出了选择。我别无选择……把西班牙从法西斯反动派的压迫中解放出来，并不是西班牙人的私事，而是所有先进的和进步的人类的共同事业。”[11]事实是，听罗伯逊演说的听众也没有选边站的问题：自从十年前的大罢工以来，西班牙战争已经比任何其他问题都带来更为尖锐的分歧。可以预见到的是，民族主义者得到了奥斯瓦尔德·莫斯利的黑衫党的支持，然而，在冲突开始的几个月里，关于共和国民兵洗劫教堂和杀害牧师的报道，疏远了许多本来可能会同情共和国的人。画家爱德华·伯拉事后和约翰·罗森斯坦交谈时回忆，战争爆发之前，他在马德里与西班牙朋友共进午餐。烟雾在窗户边飘来飘去，他问他们怎么回事。“‘哦，没什么，’有人不耐烦地回答说，‘这只是正在烧一座教堂！’这让我觉得恶心……每个人都知道，即将发生可怕的事情。”[12]这种让人可以理解的不安，以及许多英国媒体将共和国政府描述成完全是共产主义者的形象，意味着在保守的英格兰中部，支持叛军的人远远不止那些极右派。

保守党政府尽管在外交上一视同仁，但很快就发现自己因西班牙事件而与第三帝国发生了冲突。关于德国参与轰炸格尔尼卡的第一篇报道已经刊登在《泰晤士报》上面——纳粹的宣传人员指出，该报的名字是单词“闪米特人”（Semit）的倒读。尽管英国外交大臣安东尼·艾登在下议院接受质询时表现得极度谨慎，但纳粹甚至否认他们有军队驻扎在西班牙——这是我们所知道的“假新闻”现象的早期例子——英国官方频道没有提供充足的播放时间以满足德国人的口味。

与此同时，佛朗哥对民选政府的进攻，以及他那些镇压有组织劳工的历史记录，都激发了全国的舆论。从工会主义者、共产党人到艺术家和知识分子，有2500名英国男女自愿参加了国际纵队。其中，包括诗人朱利安·贝尔和艺术家费丽西娅·布朗在内的许多人，已经将他们的鲜血抛洒在西班牙的大地上。如何应对这场冲突——通过在西班牙的艺术工作，或在西班牙服兵役或其他服务——已成为艺术界最重要的问题。“直到1936年西班牙内战爆发之前，我们在伦敦的生活总有一种轻浮的气氛。”朱利安·特雷维利安日后回忆说，“但是，在接下来的三年里，我们的思想和良心都转向了西班牙。”[13]那些选择待在国内的人都想让别人知道自己对西班牙问题的看法。艺术家国际协会（AIA）的明确目标是“艺术家为和平、民主和文化发展而团结一致”。它成立于1932年，到1936年已有600名成员，从著名的奥古斯都·约翰、斯坦利·斯宾塞、凡妮莎·贝尔和邓肯·格兰特，到新一代的英国超现实主义者以及包括亨利·摩尔、约翰·派珀、本·尼科尔森、罗兰·彭罗斯和埃里克·吉尔等人。它对因为战争而造成的人道主义危机的反应，包括举办各种展览和更多的临时作品，其中有街头壁画、海报和围墙画。“正如西蒙·马丁所写的，这些视觉运动‘把现代英国艺术家的作品从伦敦西区的精英画廊带出来……与普通的、工人阶级的人们直接接触。在这方面……这种形式本身就代表着一种艺术的民主化’。”[14]这也意味着，这些作品的创作者经常发现，自己与奥斯瓦尔德·莫斯利爵士的英国法西斯联盟的黑衫党暴徒产生了直接冲突。

与此相反，《格尔尼卡》抵达英国，在位于伦敦西区中心地带的新伯灵顿美术馆第一次展出。非常凑巧，1938年9月30日它抵达英国那天，希特勒、墨索里尼、英国首相内维尔·张伯伦和法国总理爱德华·达拉第签署了《慕尼黑协定》。因此，毕加索的反抗艺术表现被一种更大的绥靖政策所淹没。尽管如此，他还是发起了一场进攻：展览的海报告诉人们，有“六十幅预备性的草图、素描和研习作品伴随着这幅油画而来”。这些“走卒”随后会陪着《格尔尼卡》游历；有时聚集在它周围，丰富它的意涵、为它提供背景；有时在小得不足以容下原画或距离过远的场地代表它展出。这幅画即使不是独一无二，也是极不寻常的，因为围绕着它而进行的先期研习作品和与它有关的作品，往往得到其他艺术家的高度赞扬。朱利安·特雷维利安出席了西班牙展馆的开幕典礼，他说，《格尔尼卡》及先前一系列绘画的强烈和悲哀程度，标志着它的揭幕“是毕加索一生中最伟大的时刻，在那一刻，他的天才被提升到无与伦比的光华”。[15]

位于皇家学院后面的新伯灵顿美术馆对激进艺术并不陌生：前一年他们主办了由罗兰·彭罗斯、戴维·加斯科因和赫伯特·里德举办的国际超现实主义者展览，其中包括了毕加索、萨尔瓦多·达利、马克斯·恩斯特、弗朗西斯·皮卡比亚、雷内·马格里特、保罗·纳什、E. L. T. 梅森斯等人的作品。（永远爱出风头的达利曾在此穿着潜水服公开演讲，差点在演说期间窒息而死。）这场展览平均每天吸引1000名观众，彭罗斯和梅森斯很容易地为毕加索这幅已经名扬四方的作品再次获得展示的空间，把出售目录所得到的所有收入交给救济西班牙国家联合委员会。

画廊高而弯曲的天花板、突出的窗户和带有几何图形的木地板，散发着已经逝去的时代的优雅，与《格尔尼卡》第一次在巴黎前卫展馆里所处环境形成了鲜明的对比。不知道究竟是慕尼黑危机所引发的担忧，还是毕加索本人的缺席，公众对于展出并无兴奋之感。萨尔瓦多·达利的露面是展览期间的高潮时刻——因为作为毕加索代表的保尔·艾吕雅和当时的妻子努什缺少这位超现实主义者的炫目。展览到闭幕时，只吸引了3000名观众，不过可以肯定的是，观众中艺术家的比例很高。那些没能去巴黎的展览会朝圣的人，早在这幅画登陆英国海岸之前，已经仔细看过刊登在1937年出版的《艺术手册》杂志上特刊中的《格尔尼卡》及相关研习作品。

已经在巴黎看过这幅画的人之一是批评家米范维·派珀。她第一个在英国刊物上、在她的书《画家的对象》（*The Painter's Object*，1937年）中以多拉·马尔工作室照片的形式再现了《格尔尼卡》里面的人物。她后来回忆说："毕加索的艺术视野的力量，在我们身上所产生的作用，就像我们住在蒙德里安修道院而遭到强奸的感觉一样。"[16]弗朗西斯·培根认为，看到《格尔尼卡》开始了他一生中与毕加索对话的另一个阶段。毕加索从一个前卫艺术家变成了他那个时代的代言人，这让他和许多同龄人一样印象深刻。过后他声称他"不喜欢"《格尔尼卡》：说尽管允许它"作为一个历史事件而具有相当重要的意义"，但他并不认为它是"毕加索最好的作品之一"。[17]然而，有人认为，他在《基督受难像基础上的三项研习作品》(*Three Studies for Figures at the Base of a Crucifixion*，1944年)中都表明毕加索在这一时期对他的影响，特别是打上了《格尔尼卡》中垂死的马、母亲和婴儿的研习作品的烙印。[18]

培根的朋友、画家格雷厄姆·萨瑟兰正在自己的作品中寻找一种方法，将物体描绘成"它们自己和其他事物同时存在的东西"；《格尔尼卡》及其他在新伯灵顿美术馆展出的前期研习作品似乎为他指出了一条前进之路。"毕加索的《格尔尼卡》素描似乎开辟了一种哲学，并指出了一种方法——通过某种表象的解读——可以使事物看起来更富有生命力，更为真实。"他过后解释说，"我在这个系列中所看到的形式表明了对这个主题的热情参与，在这个过程中，对它的感觉被困住了，变得具体了。像是主题，却又不像……只有毕加索……似乎有了蜕变的真实想法，通过感觉，事物找到了一种新的形式。"[19]对萨瑟兰来说，《格尔尼卡》指出的前进之路是哲学性的，而不是风格性的，尽管毕加索那些《格尔尼卡》的研习作品的视觉回声可能出现在萨瑟兰在战前所画的风景画中，比如

格雷厄姆·萨瑟兰:《海堤上的金雀花》, 1939年

1939年的《海堤上的金雀花》和1940年的《仲夏景观》(*Midsummer Landscape*)，画中，扭曲的有机形态让人想起毕加索的素描中那些遭受折磨、脖子弯曲的马。

他自己对轰炸结果的描绘，是他和他的战时艺术家在被摧毁的街道和工厂中徘徊时所画的。画面中没有人，相反，他在扭曲的梁、倒塌的屋顶和残缺的机械中寻找表现力。“对毕加索研习《格尔尼卡》的领悟，升华了我对压抑这一概念——无论是生理还是心理上的压抑，以及情绪如何改变外表的认识。”他回忆道，“人们的脸庞会因泪水而扭曲，嘴巴会因恐惧而张大……我曾在一些毁灭之中见证了压抑的某些方面，在钢铁厂里，亦是如此。”[20]

萨瑟兰35岁时看到《格尔尼卡》。理查德·汉密尔顿对20世纪五六十年代的英国艺术产生过深远的影响，当时年龄还不到萨瑟兰的一半。他已经离开学校，在赖曼工作室工作。赖曼工作室是“包豪斯建筑学派一个稍微商业化的版本”，由于德国的政治形势，该工作室被迫迁到伦敦。“一个名叫哈斯－海耶教授的舞台设计师带我，”几年后，他对一位采访者说，“有一次，他给了我一先令，叫我去伯灵顿美术馆看看毕加索的展览……《格尔尼卡》就在那里，满满的一堵墙，周围环绕着许多关于《格尔尼卡》的前期研习作品和数十幅哭泣女人的画。对于我这么一个16岁的孩子来说，这是一次改变人生的经历。”[21]汉密尔顿并不是在那个10月唯一参观伯灵顿美术馆的少年。和约翰·克雷克斯顿一样，约翰·理查德森所撰写的关于

下页图

在新伯灵顿美术馆举行的毕加索的《格尔尼卡》展览海报

伦敦，1938年10月

EXHIBITION of
PICASSO'S "GUERNICA

at the New Burlington Galleries—October 4th—29th
under the auspices of the
NATIONAL JOINT COMMITTEE FOR SPANISH RELIEF

GUERNICA

THE TRAGEDY OF GUERNICA

Under this title, the London newspaper 'The Times' published the following, on April 28th, 1937

"Guernica, the most ancient town of the Basque and the centre of their cultural traditio was completely destroyed yesterday afternoon by insurgent air raiders. The bombardment this open town far behind the lines occupied precisely three hours and a quarter.......In t form of its execution and the scale of the destruction it wrought, no less than in the selecti of its objective, the raid on Guernica is unparalleled in military history. Guernica was not military objective........ The whole town of 7,000 inhabitants, plus 3,000 refugees, w slowly and systematically pounded to pieces."

☼ ☼ ☼

The 'Morning Post' published the following article from Reuter's correspondent in Bilbao April 28th 1937:—

"The ruthless destruction by insurgent aircraft of Guernica, the defenceless 'holy city' of t Basques, will rouse unquenchable hatred of General Mola and his men in the breast of eve Basque in Spain, it is felt here .... German aviators are now officially charged w having perpetrated yesterday's terrible slaughter, in which, it is stated, 4,000 bombs and 1 aerial torpedoes were dropped .... The raid occurred on market day when the tow was full of peasants. Like other Basque country towns it was absolutely defenceless".

☼ ☼ ☼

On April 28th, 1937, the 'Daily Express' published the following from Mr. Noel Monks, correspondent in Bilbao:—

"I have seen many ghastly sights in Spain in the last six months, but none more terrible th the annihilation of the ancient Basque capital of Guernica by Franco's bombing planes.

☼ ☼ ☼

On May 6th 1937 'The Times' correspondent in Bilbao stated:—

"The statement issued from Salamanca that Guernica was destroyed by 'Red' incendiaries is fals

☼ ☼ ☼

On May 1st 1937, Mr. Noel Monks stated in the 'Daily Express':—

"I will swear to it that Franco's German aviators bombed Guernica, and that they killed 1,0 civilians".

☼ ☼ ☼

On May 6th 1937 'The Times' published a statement from the mayor of Guernica in which he sa

"It was not our militia who set fire to Guernica, and if the oath of a Christian and a Basq *alcalde* has any value, I swear before God and history that German aeroplanes bombed viciou and cruelly our beloved town of Guernica until they had wiped it from the earth."

A YEAR LATER

"The July itinerary (organised by the National Spanish Travel Service) will include a visit Guernica, the town that figured in the Red's greatest slander against Franco's forces"

'Catholic Times' 24th June 19

PICASSO

Pablo Ruiz Picasso was born in Malaga in 1881. He spent his youth in Barcelona. In 1901 went to Paris where he has lived ever since. He has been one of the leaders of the mode movement in painting. Cubism, Dadaism and Surrealism owe much to his influence. He is w known for his stage settings for Serge de Diagilew's Russian Ballet. In 1936 he was appoin honorary director of the Prado by the Spanish Government.

THIS WORK WAS EXHIBITED IN THE SPANISH PAVILION

at the

INTERNATIONAL EXHIBITION IN PARIS 1937

EXHIBITION of
PICASSO'S
'GUERNICA'
Clichés 'Cahier d'Art'

毕加索生活的多卷传记为塑造这位艺术家的传奇故事做出了很大的贡献，当他第一次与《格尔尼卡》面对面相视时，只是个14岁的学生。他在90多岁时回想起那次经历，说记得当时“被它压垮了。因此，13年后，与毕加索的会面发展成为一段友谊，这种友谊进而激发出了一本传记”。[22]《格尔尼卡》在伦敦的第一次亮相可能并不是彭罗斯所希望看到的那种轰动，但是，它的出现却起到了变革推动者的作用。这不仅对那些将继续创作重要艺术的人如此，对于那些将书写其历史的人，也是如此。

尽管彭罗斯和梅森斯在刚开始时感到失望，但他们并没有准备放弃，要么想办法为共和国的事业筹集资金，要么让英国公众认同毕加索的伟大。《格尔尼卡》必须运作起来，在全国上下筹集资金。在无法容纳这幅油画的地方，素描和研习作品也可以传达信息。10月份，这些陪伴《格尔尼卡》一起去英国的作品的第一个停靠站是牛津大学奥里尔学院的教室。《牛津时报》的一篇评论形容这次展览的内容是“表情狂暴的马、小耳朵和小眼睛，还有带着裸露尖牙的洞穴状嘴巴”。[23]12月，它们在利兹美术馆展出，这次展出受到不同形式的欢迎。利兹大学英语系的知名教授博纳米·多布雷在《约克郡邮报》发表文章说：“如果不探讨它们的内容，从纯艺术的角度来看，许多图样都是美的奇迹。”这个教授告诉读者：“在形式上，在它们占据画框或填充视觉空间的方式之内，在平衡中，在纯粹的线条抒情诗中，在对平面的分析中，都是如此。”而本身没有去利兹参展的《格尔尼卡》，则是“在压倒性情绪的压力下画出来的……因此，人们不能期望它是一件具有吸引力的、令人愉快的东西，就像莎士比亚的李尔王一样，不是一件可以吸引人的愉快的事情……（因为）艺术不是一种缓解情绪的糖浆，它是一种炸药，能让我们重新看到，并迫使我们重新调整我们先入为主的想法”。[24]他的评论刊登在一个书信专栏旁，就在这个专栏里，一位书信作者声称，“有一百万以上”的英国人支持佛朗哥，而另一位则写道，“我们最古老的盟友葡萄牙对民族主义政府公开友好、敌视西班牙政府的这一事实”，就足以应该使那些支持西班牙共和国的人放弃立场。

1939年1月，《格尔尼卡》在伦敦第二个亮相的地方，与它展出的第一个地方完全不同，从西区富裕的环境换成了伦敦东部贫困的工人阶级聚居的怀特查佩尔地区。从历史上看，怀特查佩尔地区长期以来一直吸引着移民。来自贫困、大屠杀或政治压迫的难民聚集在一起，涌进都是政治激进主义温床的贫民窟和公寓。《格尔尼卡》在怀特查佩尔美术馆（Whitechapel Gallery）的展览并不是其官方计划的一部分；相反，斯特普尼贸易委员会（共产党的一个阵线）东伦敦援助西班牙的成员，以及罗兰·彭罗斯所称的“一个由左翼艺术家、政治家、科学家和诗人组成的强大委员会”，以25几尼的价格在美术馆里租用空间，并自行宣传，目的是要向贸易委员会的“百万便士基金”捐款，派一艘船运载东伦敦捐献的食品去西班牙。[25]应毕加索的要求，每个来参观的观众被要求捐赠一双状况良好的靴子，以送给在前线浴血奋战的共和国士兵。

展览由工党领袖克莱门特·艾德礼主持开幕式，伦敦东区和西班牙冲突对他都具有特殊意义。他在十几岁的时候就开始了解这个地区，在他就读的公立学校在斯特普尼设立的一个慈善机构做志愿者——该慈善机构与来自贫困背景的男孩和青年们一起工作。这种与英国穷人生活现实的接触打开了他的眼界，他开始政治觉醒，使他在政治生涯的大部分时间里与伦敦东部保持了密切的联系，首先担任斯特普尼市的市长，然后是由莱姆豪斯和沃尔瑟姆斯托选举出来的国会议员。在《格尔尼卡》抵达怀特查佩尔之前的几个星期里，他的政治生涯再次振奋起来：这一次，艾德礼访问了西班牙，在那里与“杰出的科学家和社会主义者”内格林首相在一起，会见了巴斯克领导人阿吉雷——“一个虔诚的天主教徒和一个非常优秀的人”。他还在“一个西班牙村庄里，火炬的光令人印象深刻的场景”中，检阅了国际纵队的英国特遣队，其“第一连”便以他的名字命名。*

他在西班牙的出现被摄影师记录下来，也被英国媒体注意到了。“我回到英国之后，”他在自传中写道，“被批评以紧握着拳头的姿势回敬西班牙部队，理由是这种姿态表示赞成共产主义。在公众平台上这件事总是伴随着我，一次次地被提及。事实上，在这个时候，西班牙共和国的所有支持者，无论是自由派、社会主义者、共产党人还是无政府主义者，都普遍使用这种敬礼。”[26]他和毕加索不同，毕加索已经刮掉了他原本画在《格尔尼卡》中心位置那紧握的拳头，但是艾德礼没法收回这个手势。然而，他的观点发生了深刻的变化。作为被第一次世界大战可怕的大屠杀所塑造的那代人中的一分子，

* 在牛津举行的一次会议中，他发表了支持西班牙共和国的演说后，艾德礼“或多或少地违背了他的意愿”而被人用肩膀抬到大街上，他在拥挤的人群面前，“看着他的手表恳求道：‘请把我放下，我会错过9:34去伦敦的火车。’”[克里斯·法曼、瓦莱里·罗斯和利兹·伍利在《别无选择：牛津郡和西班牙内战》（牛津国际纵队纪念委员会，2015年）第28页中引用的伊丽莎白·朗福德的话]

他曾是一个绥靖主义者，但是，现在他把对法西斯主义的抵抗和对西班牙共和国的支持变成工党政策的核心，并没有损害他在工党党员中的地位，也没有最终损害他在英国选民中的地位。“如果法西斯主义掌权，”他在展览会开幕那天晚上对观众说，“遭受最大苦难的将是年轻人。法西斯主义试图以自己的形象塑造年轻一代，以希特勒和墨索里尼的形象塑造每一个男孩和女孩……今天法西斯主义仍然脆弱。因为他们不能一直愚弄所有的人。”

在两星期之内，15000人高举艺术家国际协会会员制作的国际纵队的旗帜，排队走过入口大厅，为西班牙募集了250英镑的救济资金。晚上则放映教育性质的电影，罗兰·彭罗斯、赫伯特·里德、埃里克·牛顿和朱利安·特雷维利安都举办讲座，向当地的劳动人民讲述这幅画。特雷维利安报道说，他发现他们对画中的“各种象征已经准备好了，并且急迫地渴望了解它们”。[27]他们还举办了各种宣传艺术方面的公共讲习班，为社会活动者讲授从高效组织到印刷技巧的各种知识。放在《格尔尼卡》油画下面的靴子一直慢慢堆高，最终达到400双，让人们清楚地意识到这幅画出现在这里的原因。彭罗斯明确地驳斥了安东尼·布兰特在媒体上所做的断言，“那些想象说毕加索的作品对工人阶级毫无意义之人的疑虑被证明是错误的”。在现代主义与社会现实主义的审美斗争中，《格尔尼卡》的拥护者们显然至少赢得了暂时的胜利，并为西班牙的救援工作做出了有价值的贡献。尽管随着夏季的到来，德国飞机将重返西班牙，向麦田投掷燃烧弹，部署用来对付共和国支持者的最新而且是最有效的武器：饥饿。

1939年2月，《格尔尼卡》又一次被从画框里卸下来，绕捆到一台滚压机上面，前往曼彻斯特维多利亚街的一个汽车展厅里，同研习作品一起展出。这次展览由曼彻斯特艺术学院的学生和支持共和国事业的当地艺术家们共同举办。其中在当地以壁画创作闻名的共产主义者哈里·贝恩斯，在去世前不久回忆，他以自己"粗笨的方式展开巨大而沉重的画布，在画布上钉了一些钉子来把它固定到墙上"。[28]这与通常展出毕加索作品的美术馆的氛围相去甚远，而且会在这幅画上留下疤痕。虽然这次展览没有引起艺术界的注意，但它为围绕着《格尔尼卡》的神话迷宫做出了自己的贡献。组织者——"为西班牙捐献曼彻斯特食品"（the Manchester Foodship for Spain）的官方公报声称，毕加索"在格尔尼卡遭受轰炸和破坏时实际上就在当地，他正是在可怕厄运的影响下画下了这幅画……画中可怕的象征描绘了人类智慧和善良的毁灭。这是一篇对战争的控诉"。

在接下来的两个月里，这幅画和它的卫星作品们一直留在英国，直到彭罗斯收到其创作者的一条简短信息。3月28日，毕加索写道："我告诉过你，我希望《格尔尼卡》和那些在伦敦的草图，以及其他画都能尽快送回来给我，我不接受任何其他人有权决定何时把这些作品送回来。"就在这一天，国民军攻陷了马德里。4月1日，佛朗哥宣布胜利，当天一股寒风袭击了巴黎。现在该是《格尔尼卡》离开前往新世界的时候了，就像许多艺术家和作家都早已做的那样，但是，它的创作者本人却拒绝离开。在4月的最后一周，它乘火车离开巴黎去勒阿弗尔，在那里被装上横跨大西洋的"诺曼底"号邮轮，

1939年1月，工党领袖克莱门特·艾德礼在怀特查佩尔美术馆举行《格尔尼卡》的展览仪式。最右边的是帮助把《格尔尼卡》带到伦敦的罗兰·彭罗斯

前往纽约寻求庇护。似乎是为了强调它的外交使命尚未完成，它的旅程由流亡的共和国总理胡安·内格林一路陪同。它于5月1日停靠在纽约的码头，这也正好是毕加索在奥古斯丁街的画室为这幅作品画出第一幅素描的两周年纪念日。

(172)

PRESIDENT: THE LORD MAYOR OF MANCHESTER, ALD. E. J. HART, J.P.

HON. TREASURER: A. P. SIMON, ESQ.

Manchester Foodship for Spain

40 DEANSGATE
MANCHESTER 2

Telephone BLA 5569

Hon. Secretary:
WINIFRED HORROCKS

Patrons:
Sir Arthur Haworth
Sir Christopher T. Needham
Dr. J. B. S. Stopford, M.D., F.R.S.,
(Vice-Chancellor, M/c University).
Rt. Hon. J. R. Clynes, M.P.
Rev. Canon Peter Green
C. G. Renold
F. B. Simpson, M.P.
Philip Godlee
Godfrey W. Armitage
Lady Shena Simon
John Jagger, M.P.
Councillor William Johnston
Rev. Canon H. McLachlan
Alderman Wright Robinson
Thomas J. Hunt
Professor P. M. S. Blackett
Professor A. D. Ritchie
W. H. Zimmern
Janet Blair Zimmern
Leonard F. Behrens
Dr. Charles H. Melland
Col. Arthur Webster
Councillor J. W. Ellershaw
Councillor R. Malcolm
Nathan Laski, J.P.
Sarah Laski
Alderman J. Toole
Councillor Mary Knight
Councillor Emily Beavan
Miss D. M. Newcomen, M.A.
W. P. Crozier, B.A.
Councillor J. G. Clapham
Professor J. Rees
Hilda Buckmaster, B.S.c.
Dr. Ralston Paterson
Mrs. Edith Paterson
Rev. Stanley Mossop
Professor M. K. Pope, M.A.
Rev. Dr. A. H. Grieve
Canon T. Shimwell, M.A.
Councillor H. Frankland
C. E. Clift
Councillor C. Wood
Janet Mitchell
Gracie P. Wallace
Elisabeth Bacon
E. C. Gates, J.P.
Rev. F. P. Cheetham
J. H. H. Codd,
(President: M. & S. Co-op Socy)
Dr. Catherine Chisholme, C.B.E.
Councillor T. Regan
Mary F. Regan
Christine Sutherland
Professor T. H. Pear
Professor H. J. Fleure
Clara Bamber
Margaret W. Armitage
Councillor Clement Stott
Rev. H. R. J. Moorman
Rev. A. Montgomery Mann
E. W. Hardy
Mrs. E. Muter Wilson
Mrs. D. Vipont Brown
Rev. T. H. South
Rev. Canon E. W. Horrocks
Councillor J. Owen
Councillor E. A. Yarwood

An Exhibition of Picasso's "GUERNICA" and 67 preparatory paintings, sketches, and studies is to be shown at 32 Victoria Street (near the Cathedral) Manchester, from Feb: 1st to the 15th, from 10. a.m. to 8.p.m. each day. An entrance fee of 6d will be charged, and all proceeds are to go to the Foodship for Spain.

Pablo Picasso, one of the leaders of the modern movement in painting, was appointed honarary director of the Prado by the Spanish Government in 1936. He was actually in Guernica at the time of its bombardment and ruin, and under the influence of its terrible doom he painted his picture.

This huge canvas which dominated the Spanish Pavilion at the Paris Exposition in 1937, is now to be shown in a Manchester Motor Showroom.

It has been described as "A Monument to destruction", and its awful symbolism portrays the ruins of human intelligence and human kindness. It is a damning commentary on War.

"为西班牙捐献曼彻斯特食品"的展览活动分发的《格尔尼卡》展览传单，1939年

* * * * * *

从一个时代传递给另一个时代的信息

现在，鸽子和猎豹
在下午五点
扭结搏斗。

——费德里科 · 加西亚 · 洛尔卡
《致伊格纳西奥 · 桑切斯 · 梅希亚斯的挽歌》
（*Lament for Ignacio Sánchez Mejías*）

1

从海上来到纽约，移民们登上甲板，第一眼就看到了这座城市天际线上的石化森林；但是，他们也在扫视地平线，寻找弗雷德里克·奥古斯特·巴托尔迪的一件艺术品:《自由照亮了世界》(*Liberty Enlightening the World*)，这个不朽的塑像充当了欢迎到美国委员会的唯一人物，体现了这个大陆的所有的希望和壮丽。自由女神像本身是在1885年乘船到达的，它的身躯被分块装在板条箱里，码头上的人群和港口里的一小队船队都会与之相遇。1903年，美国诗人艾玛·拉撒路的著名十四行诗被铭刻在它的底座上，允许雕像发表演说，发出了在世界各地引起共鸣的邀请，这份邀请直到21世纪的第二个十年才被明确撤回。

把你们的那些人给我吧，
那些穷苦的人，
那些疲惫的人，
那些蜷缩在一起渴望自由呼吸的人，
那些被你们富饶的彼岸抛弃的，
无家可归，颠簸流离的人，
把他们交给我，
我在这金门之侧，
举灯相迎！[1]

1939年5月1日，另一件艺术品安全地存放在世界上最大、最快和最豪华的远洋邮轮“诺曼底”号中，把聚焦在巴托尔迪的女巨人身上的视线一分为二。它也即将成为一个偶像，闻名世界，并与某些关键性的原则相联系，尽管人们理解的这些原则是什么会随着时间和语境而改变。它的到来在未来数年里被解读出许多不同的意义：文化力量从巴黎向纽约转移；引发抽象表现主义热潮；共产主义阴谋的一部分；毕加索画家生涯新阶段的开始，甚至是毕加索画家生涯的结束。（最令人痛心的贬低可能来自评论家克莱门特·格林伯格，他将《格尔尼卡》描述为一件被有缺陷的蒸汽压路机压平的古典浮雕。）

虽然毕加索再未曾访问美国，但他对自由女神像很熟悉，就像对世界上很多地方的了解，都是通过复制品完成；他作为一个有选举权的巴黎人，也是通过竖立在埃菲尔铁塔附近的塞纳河底座上的微型版本来了解自由女神像的。无论如何，女神高举火炬的手臂，

1876年在费城举办的百年世界博览会上展示的巴托尔迪自由女神像的火炬手臂

在他的画中找到了呼应。*雕像的大部分象征力量集中在手臂上，用拉撒路的话来说，以“火炬之手”收尾，“把广袤大地照亮”。在19世纪的最后几年，只是女神的手和头在全美各地展出，雕像的其他部分还没有运到美国。

邮轮停靠在纽约的码头上不到三个月，毕加索的老朋友安布鲁瓦兹·沃拉尔在法国遭遇了一场离奇的事故，他的私人司机驾驶的汽车在潮湿的路上打滑翻车，致使阿里斯蒂德·马约尔创作的一尊铜像从后座上的一个架子上松脱出来，用手臂打了他一拳，使他一命呜呼。毕加索也因此被提醒这些物体所具有的力量。†

《格尔尼卡》并不仅仅是对美国进行文化访问：它仍在执行自己最重要的工作，筹集资金以减轻来自西班牙的难民，特别是那些被关押在法国南部拘留营中的难民的苦难。毕加索以令人赞赏的精力为这一事业而努力，经常从他自己的钱中捐出大量资金。《格尔尼卡》的美国之行是在美国艺术家反对战争和法西斯主义大会（American Artist's Congress Against War and Fascism）的帮助下组织的，这个组织在1936年秋天发起了“西班牙难民救济运动”，毕加索同意于1937年12月在卡内基音乐厅举行的第二届年会上，从瑞士向他们发表电话演讲，也因此与该组织结盟。当时毕加索正在瑞士寻找一个安全的地点，要将普拉多博物馆里的艺术品转移到那里。年会时，他却因为生病而不能亲自讲话，遂由一个护士在电话上逐

---

* 从自由女神的头部发出来的光线，也可能与画中右边的建筑物、下坠的女人上方的火焰呼应。

† 据另一种没有那么绘声绘色的说法，毕加索的传记作者约翰·理查德森认为，沃拉尔死于谋杀，这是他与科西嘉一个和有组织犯罪有关联的艺术品交易商勾结的结果。

字逐句宣读他的声明，这倒带来了戏剧性的效果。他对不能亲自与他们在一起表示遗憾，并向他们保证，西班牙民主政府正在尽一切努力保护其艺术珍品不受战争的影响，随后他坚定地表达了自己的信念："我希望在此时提醒大家，我一直相信，而且仍然相信，那些以精神价值观生活和工作的艺术家不能、也不应该对使人类和文明的最高价值处于危急之中的冲突无动于衷。"尽管"美国艺术家反对战争和法西斯主义大会"具有共产党背景，他们的活动依然吸引了广泛的支持者，其中包括著名的艺术界和科学界名人，诸如欧内斯特·海明威、刘易斯·芒福德、多萝西·帕克、托马斯·曼和阿尔伯特·爱因斯坦等人。

《格尔尼卡》再次面临的挑战，是在一个因即将举办世界博览会而充满喧嚣的城市中，让人们听到它的声音。纽约世界博览会的正式开幕日期是4月30日，也就是"诺曼底"号邮轮抵达码头的前一天，是一个异常炎热的星期天下午。在巴黎的博览会以现在时态庆祝现代生活的成就，纽约博览会的组织者则以"建设明天的世界"为口号展望未来，他们希望这一策略不仅能够吸引大批游客，还能吸引渴望销售节省劳动力的新型设备的企业。博览会的场地位于皇后区法拉盛草地，由186米（610英尺）高的三角尖塔和巨大的正圆形地球组成，其中包含了一个名为"民主"的未来主义大都市的硕大模型。门票通过广告和公共活动不断被推销；美国总统富兰克林·D. 罗斯福宣布活动正式开幕，并首次在电视这种在纽约市新生的媒体上进行了公开广播。乔治和艾拉·格什温写了歌曲《新一天的黎明》（Dawn of a New Day），由霍勒斯·海特和他在不伦瑞克唱片公司的“音乐骑士”（Musical Knights）乐队录制。

一个总结了人类成就的时光胶囊，要被作为“从一个时代传递给另一个时代的信息”埋在博览会会址的地下500年。然而，博览会本身无法回避世界事件的影响。这次博览会同样也准备了一个西班牙展馆，并计划在里面展出在巴黎博览会上展出的那些摄影作品和艺术作品，以及一个包含通过谈判实现和平的关键要求的展板。然而，到博览会开幕时，西班牙共和国已经垮台，展馆的大门从没有打开过。相反，西班牙的非正式代表是艺术家萨尔瓦多·达利，他的政治倾向让许多人捉摸不定。他的维纳斯之梦展馆（Dream of Venus Pavilion）那种凸出的、生物的外观，与博览会场占据主流的简洁的功能主义审美观形成了鲜明对比，后者的建筑和场地还包括两个游泳池和一个水上舞蹈表演的场地。当博览会为了减轻损失将展期从1940年5月延长到10月时，许多其他展馆已不再是作为充满活力的文化和经济的庆祝活动的场地，而是成为消失了的或遭受侵略的国家的纪念物。有4400万人参加了这两季的展览会，而在此后五年中，将有更多的人——大约5000万人——在席卷全球的战争之火中丧生。[2]

艺术，以“1500—1900年美国和欧洲艺术品杰作展”（Masterpieces of Art Exhibition of American and European works from 1500–1900）的形式，成为世界博览会的中心内容。许多著名的作品都是从欧洲各国的博物馆借来的，其中包括罗浮宫收藏的让－安托万·华多的油画《帕里斯的裁判》（*The Judgement of Paris*）和里克斯姆博物馆收藏的约翰内斯·维米尔的油画《挤奶女工》（*The Milkmaid*），虽然因为欧洲战争的爆发，在1940年的第二季博览会，这种借用变得不可能实现了。参观者还被邀请去参观一个美国各博物馆组建的名为“现代美国艺术”（American Art Today）的展览。一位评论家后来对其进行了总结：“地区主义和驯服的社会现实主义占主导地位。”[3]纽约的许多更年轻、更前卫的艺术家，获得了美国公共事业振兴署和联邦艺术计划的赞助，为博览会创作壁画，他们中一些人即将成为抽象表现主义的关键性人物。阿希尔·戈尔基在航空大楼内被分配了一堵墙，威廉·德·库宁则分到三角尖塔大厅的外墙。令艺术家们懊恼的是，他们的设计必须由美国劳联的风景艺术家协会的壁画艺术家行会的成员来执行。但是，即使是这样的限制，也抑制不住充满理想的气氛。[4]

所有壁画家共享现场的工作室空间，在公共事业振兴署的工作室里准备素描；画家安东·雷夫雷格在他的日记中兴奋地宣称，画室是“最接近意大利文艺复兴的地方，我相信这样的文艺复兴正在美国上演”。他的话表达了艺术家们即将面对《格尔尼卡》的渴望，以及《格尔尼卡》会对艺术家产生的影响，他说：“我们是壁画画家。我们希望能赶上墨西哥的伟大艺术家同行。我们将展示什么叫壁画。”[5]事实上，本届博览会上的任何一件艺术品都比不上巴黎博览会中莱热的壁画《运输部队》带来的影响力。某个甚至不在这座城市的艺术家将为这种形式提出新的可能性。

在世界博览会期间，这个城市里挤满了游客，各种各样的展览吸引着他们。现代艺术博物馆正在举办一场名为“我们时代的艺术”（Art in Our Time）的大型展览，以庆祝建馆十周年和搬迁至西53街的新址。展览内容涵盖绘画、雕塑、平面艺术、摄影、建筑、工业艺术和电影。一位艺术家在这个展览中占主导地位，其中包括11幅画，日期从1902年到1938年不等。他在展览的目录中所具有的位置强调了他的独特之处："巴勃罗·毕加索。西班牙人，出生于1881年。1901年起旅居巴黎至今。与布拉克一起创立了立体主义。由于这个原因，他被置于目录中的这个位置，尽管他那不可胜数的灵活的艺术形式无法归类。"博览会的绘画部分的核心展出着《亚威农少女》（*Les Demoiselles d'Avignon*），这幅画早在前一年就乘"诺曼底"号邮轮横渡大西洋，在《格尔尼卡》抵达纽约之前，它一直是博物馆所收藏的毕加索的重要作品。目录中解释，《亚威农少女》"就像许多过渡时期的杰作一样……不合逻辑，也不完美。但我们时代最具影响力的这位艺术家只在这幅作品中所展现的令人生畏而又充满反抗性的天赋，比其他任何作品都更鲜明"。[6]有些人可能会觉得，这些话同样适用于抵达纽约码头的那幅画。

《格尔尼卡》并不是要去现代艺术博物馆——至少现在还没有要去——但是，它去的第一个地方离现代艺术博物馆不远，就在东57街的一个私人美术馆里。1926年，F. 瓦伦汀·杜登欣与皮埃尔·马蒂斯合作，建立了这家美术馆，评论家亨利·麦克布赖德称之为"现代主义的殿堂"。瓦伦汀画廊长期以来一直把毕加索的作品视为第一流作品。《格尔尼卡》、那些研习作品，和"过后的想法"所产生的附加作品都悬挂在美术馆大大的主展厅里。5月4日晚上的预展吸引了100名富有的特别受邀者，他们每人支付5美元作为救济西班牙的费用，对终于能看到这幅他们读过许多关于其文章的油画充满渴望。这些人中包括了乘火车从华盛顿赶来的埃莉诺·罗斯福，以及收藏家佩吉·古根海姆。美国政府的一名代表以内政部长的身份出席，胡安·内格林代表失败了和分裂的西班牙共和国，这是他最后的外交使命之一。《格尔尼卡》立即联上贯穿整个城市的电力网络，直达从现代艺术博物馆的理事到政客和银行董事会的办公桌等各处。在接下来的三个星期里，它吸引了愿意向美术馆支付50美分门票的不同人群：坚信毕加索是其学习对象或赶超目标的年轻艺术家；那些已经看过“我们时代的艺术”、渴望看到更多毕加索作品的观众；参与为西班牙难民筹集资金活动的左翼活动人士等。即使是第一次到这座城市参观的人，也被世界博览会吸引，在街道上往来游荡。亚美尼亚艺术家阿希尔·戈尔基，其此刻为止的画家生涯都一直在紧跟毕加索，几乎到了模仿的程度，他因此被取了个绰号叫“华盛顿广场的毕加索”。他在这幅油画前对观众发表热情洋溢的演讲，用艺术家克拉斯纳的话来说——一群无名之辈坐在地板上全神贯注地听着。据克拉斯纳说，在演讲的整个过程中，他都没笑一下。克拉斯纳被她第一眼看到的作品“惊呆”了，她不得不走出去，在街区里逛了三圈，然后重新回来看。

另一位第一眼就深受《格尔尼卡》（这次是在现代艺术博物馆举办的毕加索回顾展上）影响的艺术家是墨西哥画家鲁菲诺·塔马约，他本人的作品也曾在瓦伦汀画廊展出过。塔马约正在寻求创造一种反映哥伦布时代之前的文化遗产和墨西哥身份的艺术，拒不认同壁画画家所倡导的社会现实主义，这种充满道德说教的艺术运动主宰了墨西哥的文化讨论。《格尔尼卡》似乎提供了一种在不牺牲暧昧不明和复杂性的情况下表达时代恐怖和动荡的可能性，这也促使他重新思考他对人类形象的态度，使他在作品中所画的人物尺寸更大，有更多的动物，构成了其20世纪40年代几幅重要绘画的主题。其他墨西哥画家更直接地借用了《格尔尼卡》的形象，特别是集中在受折磨的马的形象，包括阿方索·米歇尔和何塞·莫雷诺·比利亚都在他们的作品中探索了这匹马。墨西哥公众对西班牙的冲突特别了解，因为在1937—1939年期间，西班牙流亡者不断地抵达韦拉克鲁斯港。这些流亡者中有艺术家、建筑师、医生、农学家、工匠和一些著名的西班牙知识分子，其中包括哲学家何塞·埃·高斯。高斯是1937年西班牙展馆委员会成员，并继续在西班牙的知识生活中发挥着重要作用。

《格尔尼卡》在艺术史上一个非常特殊的时刻进入了美国。艺术家、各博物馆馆长和评论家都在就伦敦和巴黎正在争论的许多相同主题展开激烈辩论——具体形象与抽象、个人与政治、古典传统与现代主义的对立——同时又加上了大西洋这一边所特有的另一个问题：一种独特的北美艺术可以采取什么形式，而不受欧洲文化令人窒息的重压，以及因它而产生的文化自卑感的影响？那些与比喻传统有关的人和纽约新兴的抽象学派都认为，美国景观所具有的物质属性和规模是创造新视觉词汇的关键之一。美国梦的资本主义推动力给这个半球提供了一种未来的愿景，可那种既可以包含西方神话，又能融合美国梦活力的艺术在哪里呢？

巴黎与纽约大洋相隔，那些将要接受《格尔尼卡》的纽约艺术家，通过现代艺术博物馆的展览内容，以及诸如《艺术手册》这类杂志的版面，一直掌握着欧洲先锋艺术的最新发展动向。这些杂志在纽约的一些专卖店出售，甚至受到那些缺乏语言理解能力的人高度赞赏。（雕塑家大卫·史密斯后来告诉大卫·西尔维斯特说："我不懂法语，所以拿到一本《艺术手册》时，我不知道里面写了些什么。我从里面的画学到了一些东西，在某种意义上，我就像个小孩……戈尔基不懂法语，我也不认为德·库宁懂法语。"[7]）尽管在1936年的莫斯科大审判和1939年的苏德互不侵犯条约之后，许多人对苏联越来越感到幻灭，但马克思主义凭借其审美观和社会现实主义，一直对艺术界产生重大影响。1935年现代艺术博物馆展出非洲艺术，培养了对"原始主义"的兴趣，使之流行一时。对于左翼画家来说，墨西哥壁画家迭戈·里维拉、何塞·克莱门特·奥罗斯科和大卫·阿尔法罗·西凯罗斯这一神圣三人组最能体现这种象征性的传统，他们对那些被要求在公共事业振兴署的项目中做公共工程的人具有特别大的影响力。托马斯·哈特·本顿直到1935年都一直在纽约艺术学生联盟任教，他既体现了强势的地区主义，也表现出对欧洲先锋派的怀疑，具有强大的影响力。抽象派画家和本土的表现主义者都找不到愿意展示他们作品的美术馆，于是建立了他们自己的关系网、杂志和展览空间。纽约是美国抽象艺术家的发源地，早期成员包括阿德·莱因哈特、杰克逊·波洛克、李·克拉斯纳和包豪斯建筑学派的流亡者约瑟夫·阿尔贝尔斯。现代艺术博物馆馆长阿尔弗雷德·H. 巴尔认为，抽象主义是现代艺术的终极归宿。波士顿现代艺术博物馆馆长詹姆士·S. 普劳特则将抽象主义者的理论视为"迷茫崇拜"。他们的分歧将在近十年后以机构改名的形式而正式浮出水面。*

虽然很少有年轻的美国画家有经济能力负担去欧洲的旅行费用，但到了20世纪30年代末，大部分欧洲艺术家已经来到美国。在这十年中，越来越多的达达主义和建构主义艺术家抵达美国海岸，其中有马塞尔·杜尚、阿梅德·奥兹芬特、拉兹洛·莫霍里-纳吉、简·埃里昂和汉斯·霍夫曼。由于巴黎的命运看起来越来越难以预测，其他一些人，如安德烈·布雷顿、马克·夏加尔、萨尔瓦多·达利、马克斯·恩斯特、罗伯特·马塔和彼埃·蒙德里安也都去了美国。很少有任何城市在这么短的时间内聚集这么多的艺术天才，然而，欧洲现代派中最伟大的人物仍然留在巴黎，那是纽约评论家哈罗德·罗森博格称为“我们这个时代的圣地”的城市。[8]尽管毕加索不在纽约，但《格尔尼卡》的到来，以及“我们时代的艺术”展览、《格尔尼卡》美国之旅结束时在现代艺术博物馆所举办的毕加索回顾展提供了把这位现代主义的绘画大师置于显微镜下，让人细细观赏的独特机会。对美国画家威廉·巴齐茨来说，《格尔尼卡》的黑白色彩与神话、宗教和心理象征主义的结合，“极为生动地表明了具象派艺术表达现代经验的局限性”。[9]他认真研究毕加索的回顾展，直到能够“闻到他的腋窝和他呼出来的口气中的香烟味道”。†他认为，毕加索并不是关于人物或是可塑性，而是某种内在的东西。他“发现了自己的狂热，并正在描绘这种狂热——一种死亡和美丽的狂

---

* 波士顿现代艺术博物馆于1948年更名为当代艺术学院。

† 对此，伟大的讽刺作家和纯粹的抽象画家阿德·莱因哈特回复说：“研究各位绘画大师。看看大自然。小心腋窝。”

热”。[10]根据这种分析，毕加索预见了将成为《格尔尼卡》新家的城市在接下来二十年中创作出的多数著名作品的决定性特征。

美国艺术所需要的，是一个能够取得类似成就、内化和解决在美国大陆艺术上运作的冲突力量以创造新东西的人物。那个最符合这些要求而不自知的人，在5月份来瓦伦汀画廊，反反复复看过几次《格尔尼卡》，“有时是……自己一个人来，有时和别人一起来，画草图，悄声地互相交流评论，或者只是站在那里，被这幅灰色的巨作所震撼”。[11]有一次，他无意中听到一位艺术家对同伴以轻蔑的语气评论这幅画，他走上前，请他“出去决一胜负”。我们所提到的这个年轻画家就是杰克逊·波洛克。波洛克出生于怀俄明州，在亚利桑那州和加利福尼亚长大，已经接触到美国本土艺术（他继续在美国自然历史博物馆探索）和美国广袤无垠的大地景观；他以沉默寡言和豪饮来隐藏自己的羞怯和不安全感，玩弄一种广受东海岸见多识广人士欢迎的牛仔风情。他把人物传记和大脑化学结合起来，如饥似渴地学习，渴望超越20世纪的艺术伟人。他在很大程度上没有受到毕加索的影响，因为在某种程度上可称之为其导师的托马斯·哈特·本顿对毕加索的作品不屑一顾。本顿离开纽约后，波洛克受到另一位老画家、性情古怪的乌克兰难民约翰·格雷厄姆的影响。格雷厄姆对他讲述了自己邂逅毕加索，和毕加索一起喝酒，看他作画的事，让波洛克听得心醉神迷。然而，格雷厄姆的故事却没有像他第一次看到《格尔尼卡》时所产生的那种影响。这个穿过瓦伦汀画廊大门的艺术家仍在寻找方向。《格尔尼卡》及一起展出的素描在他的印象中所具有的冲击力，可以从他分享给约瑟夫·L. 亨德森的素描中得到证实。亨德森是个荣格派心理治疗师，正在治疗波洛克的抑郁症和酗酒过度。有几张素描是直接从《格尔尼卡》临摹回来的：一匹倒下的马、一匹把脖子扭向地面的马、一头公牛、一个眼睛瞟着一根绳子末端的女人。波洛克可能与西班牙的冲突没有多少直接联系，但是《格尔尼卡》里中世纪式的动物寓言直击其内心，他家庭农场里的动物曾在孩提时代吓坏过他，让他留下了心理阴影。

波洛克意识到，像本顿这样的社会现实主义画家，被狭隘的、区域性的题材所束缚，根本不能代表未来。相比之下，毕加索提供了一种国际化的绘画模式，使用的是普世性的语言，为摆脱20世纪30年代支配着波洛克作品的政治问题提供了一条逃生之路。柯克·瓦尔尼多写道:《格尔尼卡》把神话、象征和痛苦结合在一起，是“一台使对立面和解的巨大的机器。在某种程度上，它使奥罗斯科看上去像是表演与说教，暴力在它的画布上咆哮，没有任何向标准形式或寓言的妥协”。[12]这种狂暴的能量，最终会由一位美国本土的艺术家传递出来，而他正是评论家一直在寻找的那种艺术家：一个来自美国西部、“爱到酒馆大闹”的“疯狂之人”，他可以把一幅画变成风景，然后将其放在地板上，走进画中，并踩来踩去。[13]

起初，有些性格孤僻、会讲法语的欧洲流亡者和发展中的纽约派美国艺术家之间几乎没有什么交融。艺术评论家欧文·桑德勒回忆说，在一些派对中，不同流派的艺术家分别聚集在房间的两边。但是，一个曾在巴黎参与了《格尔尼卡》诞生过程的艺术家出面充当连接器，让现代派的能量流入美国的电网。出生于智利的超现实主义者罗伯特·马塔正在纽约，在他的语言技能、青春活力和躁动不定的野心，使他不同于其他流亡者。他与罗伯特·马泽韦尔关系友好，马泽韦尔后来自封为纽约抽象画家的代言人和理论家，在他的印象里，马塔是他所见过的“最有活力、最热情、最富有诗意、最有魅力、最有才华的年轻艺术家”。[14]马塔渴望与愿意尝试的美国艺术家结成联盟，他问威廉·巴齐茨：“公共事业振兴署里有没有人对现代艺术感兴趣，而不是那些社会现实主义的垃圾？”[15]马泽韦尔也充当了这两个世界之间的联系纽带，他法语流利，为纽约那些超现实主义者当翻译，所做的事包括“那些小到你只是想要得到最好的橄榄油在哪儿，大到社会与不断传播的艺术世界之间的各种持续不断的联系”。[16]马泽韦尔在艺术史上占据着一个奇怪的位置，或许是因为他的哈佛教育和中产阶级上层背景使他无法达到某些艺术评论家和学者崇尚的真实性。而且除了做艺术家，他自己也是一个从事艺术问题写作的作家，在评论家看来，他就像一条直立行走的

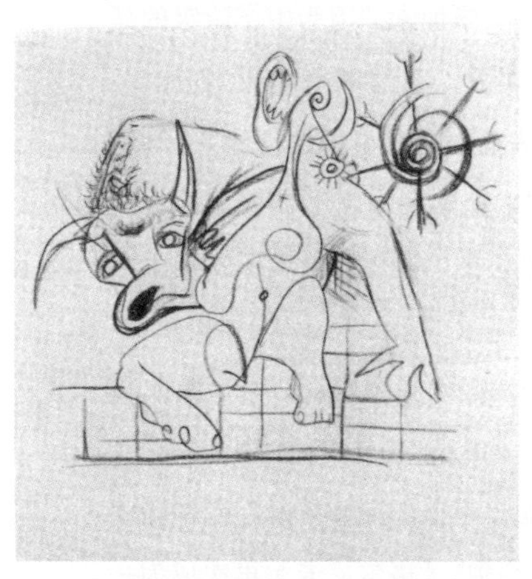

第507号，杰克逊·波洛克：推理绘画，绘画和其他作品，第三卷

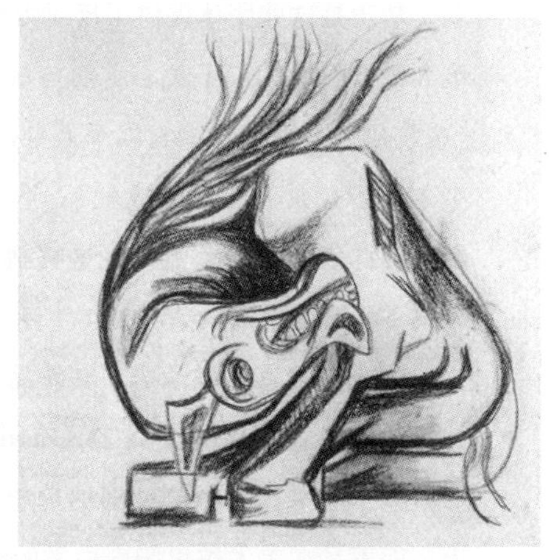

第537号，杰克逊·波洛克：推理绘画，绘画和其他作品，第三卷

狗。对于马泽韦尔来说，欧洲小说家和诗人与艺术家同样重要，特别是费德里科·加西亚·洛尔卡，简直是一个图腾般的人物，特别是他的长诗《致伊格纳西奥·桑切斯·梅希亚斯的挽歌》（*Lament for Ignacio Sánchez Mejías*）成为他创造出油画《西班牙小监狱》（*The Little Spanish Prison*）的灵感。马塔再一次提供了一种联系，1934年《挽歌》的作者送给他一本该诗集。

马泽韦尔与超现实主义的联盟只是昙花一现，这场运动并没有解决他认为是一个核心困境的问题：艺术家在现代社会中的作用。宗教的崩溃；最近在大萧条之后左派和右派政治的败坏；莫斯科大审判和法西斯主义的崛起都使艺术家们与世隔绝，丧失了社会功能。对于马泽韦尔来说，这正是《格尔尼卡》和半神话人物的创作者所要解决的根本问题。他在《现代画家世界》（*The Modern Painter's World*）中写道："艺术家的弱点源于他们的与世隔绝。他们虽然软弱，却正是这些团体提供了反对力量。"毕加索"因为中产阶级的颓废和工人阶级的漠不关心，而与伟大的社会阶层隔绝"。尽管如此，《格尔尼卡》是"毕加索以个人身份表达对公共事件的愤慨"，马泽韦尔形容其是"非凡的成就"；毕加索在某种程度上克服了这些问题，因此值得钦佩。然而，这幅画却悬在"参与政治和形式美学之间的不稳定的平衡"中。[17]

即使艺术家离群索居，其作品仍然必须找到观众。马泽韦尔在1954年的《画家与观众》（*The Painter and the Audience*）中认为，对那些艺术家来说，离群索居的理想地点可能是在天花板上或是墙壁上，而不是在美术馆里阳春白雪的空间中。《格尔尼卡》再次成为一个典范。“在过去的五十年里，有多少堵墙被交给了最著名、最受尊敬的画家？据我所知，分给马蒂斯三次……（还有）一次分给毕加索一个临时展馆，他为那个临时展馆画出了《格尔尼卡》……这四次委托代表了要超越那种离群索居所做的一切努力，这是一个多么大的胜利！一种在现代社会中已成为传统的离群索居。”[18]1937年7月，评论家伊丽莎白·麦克考斯兰在一篇为《斯普林菲尔德共和党人》（*Springfield Republican*）撰写的文章中呼吁《格尔尼卡》来美国。她同样清楚地看到，《格尔尼卡》展现出毕加索同世界的关系已经发生了改变。她告诉读者，去瓦伦汀画廊参观它，“半块钱的门票物有所值，因为它象征着我们这个时代最有天赋的画家从与世隔绝走向社会认同”。从马泽韦尔后来写的书中可以清楚地看出来，他对这幅画成功程度的看法仍然摇摆不定。《格尔尼卡》这台“巨大的机器”并没有解决使他困惑的问题，而是给他带来了一个难题，尽管这是一个富有成果的难题，而他将在整个职业生涯中努力解决它。其中最著名的可能是他从1948年至1967年期间创作的100多幅名为《献给西班牙共和国的挽歌》（*Elegy to the Spanish Republic*）的油画系列。

尽管波洛克用超现实主义的技巧做了实验，但他仍然被困在一种与毕加索的俄狄浦斯式斗争中。据一个坊间风传的说法，他的妻子李·克拉斯纳回忆，她听到从他在纽约工作室传出来的响亮声音，接着就听到波洛克在喊：“该死的，那家伙什么都没错过！”她冲进去看看究竟发生了什么事，发现波洛克正凝望虚空，地上扔着一本毕加索作品集。还有一次在酒吧里，波洛克喊道：“只有我和毕加索！你们这些其他人都是婊子！”我们可以从他为其新画商佩吉·古根海姆公寓的狭窄过道创作的一幅突破性油画《壁画》（*Mural*，1943年）中，最清晰地感受到《格尔尼卡》的印记。这是一个难以施展的空间，他的观众只不过是要去佩吉那个迷人的沙龙时，在过道上把帽子挂在那里，而不是去参观世界博览会的某个展馆。波洛克明白一件重要的现实大事，这要归功于马塞尔·杜尚对他提出来的建议：尽管他只是画壁画的，但他会像毕加索那样，在画布上画油画；这就意味着，他的作品也可以四处旅行，在其他地方展出，而不只是待在曼哈顿这种时尚公寓里，很容易就被装修工人的颜料随意毁掉。这种教训将在五年后他为古根海姆基金会撰写的申请中表达出来：

我打算画一些介于画架画和壁画之间的可移动大幅油画……我认为画架画是一种垂死的形式，现代的感觉趋向于墙壁画或壁画。我认为，从画架画全面过渡到壁画的时机尚未成熟。我所设想的画将是一种处于过渡状态的画，试图指出未来的方向，而不是完全到达那里。[19]

波洛克还没有完全接受抽象化。站在壁画前观赏意味着看到其隐藏在生动色彩之下的各种形式的表达，其中有些形式是他在写生书里所熟悉的：脸、四肢，甚至是右上角伸出的一条手臂。幽灵般的人物像是他早期绘画中受美国本土启发的象形文字，从右到左横穿过画布。过后不久，他声称画布捕捉到了“美国西部的每一种动物，牛、马、羚羊和水牛……惊踏的脚步；所有东西都冲过那张该死的画布”。这是他第一次尝试家用颜料，就像毕加索用过的里普颜料一样，除了油画颜料外，还有一些地方是由松散而富有表现力的笔触和被弹到画布上粉红色的颜料所构成——预示了他未来的方向。

和《格尔尼卡》一样，关于波洛克的那幅《壁画》也会有自己的逸闻，它们主要是由李·克拉斯纳传播的。在为支持他的艺术做了这么多的事之后，她介入了他迅速成长的神话中，声称壁画是他在佩吉·古根海姆完成期限的前一天晚上，在精力旺盛的情况下画出来的，然后走路送过去。因为离期限只剩下几个小时，这幅画可能是卷起来的，而且还没有干，考虑到画的尺寸，这需要有大力士的力气。克莱门特·格林伯格和佩吉·古根海姆于1946年出版的自传《一个艺术迷的自白》（*Out of This Century*）中讲述了这个逸闻，遂成经典传奇。在她的版本中，她和她的新情人“花了好几个星期的时间，要想出个装饰门厅的奇妙方法”，直到她想到要请“她刚刚发现的壁画天才”创作一幅壁画。波洛克发现自己“很难安定下来画这幅壁画那样大的东西”。她在书里说：“犹豫了几个星期之后，他开始疯狂地把颜料飞溅到画布上，在三个小时内完成了整幅画。”[20]这种优柔寡断以及紧随其后的一连串活动，当然会让人想起毕加索与《格尔尼卡》的斗争。直到2014年，保罗·盖蒂博物馆的研究人员和艺术作品保护者认真检查了这幅画，研究它的表面后最终得出结论：这幅画是经过一段时间才完成的——彻底揭穿了这个谎言。*

* 在爱荷华大学艺术博物馆的网站上可以看到波洛克的这幅壁画。（uima.uiowa.edu/collections/american-art-1900-1980/jackson-pollock/mural/）

2

在《格尔尼卡》能够在现代艺术博物馆安居下来之前——直到1981年它才能在那里半永久性地“居住”下来——它必须履行筹款和巡展美国的职责。在接下来的十二年里，它将在美国各大博物馆之间旅行，到访纽约、洛杉矶、旧金山、芝加哥、圣路易斯、波士顿、辛辛那提、克利夫兰、新奥尔良、明尼阿波利斯、匹兹堡、剑桥和俄亥俄州的哥伦布，然后又漂洋过海去巴西的圣保罗，并在和平实现后返回欧洲，游览八个城市。这场非同寻常的行程，挤在几年之内，足以让这幅画的任何一位保护者感到忧虑。我们可以从索菲亚王后国家艺术中心博物馆所收藏的一封信中感受到阿尔弗雷德·巴尔的忧心忡忡：“我有点惊讶……你愿意让我们把《格尔尼卡》借给别人。”1953年，在《格尔尼卡》被送往圣保罗参加那里的双年展之前，他写信给毕加索说，“当然，我们非常愿意这样做，尽管这意味着要拆除我们在去年秋天搭起来的永久性装置，因为我们相信，你在接下来的很多年中都不会想再挪动这幅画。我还要提醒你，因为在1937—1941年的巡回展览中这幅画被反复打开再收起，画布的边缘相当脆弱”。[21]

除了巡回展出路上遇到的物理挑战，《格尔尼卡》1939年的美国之行首次引起了美国报刊、评论家甚至政界人士的反应。如果说它引发了争论，那都是轻描淡写。在洛杉矶威尔希尔大道的开幕式和在纽约的一样明星云集，吸引了包括贝蒂·戴维斯、导演乔治·库克和爱德华·G. 罗宾逊在内的好莱坞名流。罗宾逊在私人生活中把硬汉电影角色和反法西斯激进主义结合在一起，他的电影《一个纳粹间谍的自白》（*Confessions of a Nazi Spy*）是好莱坞发行的第一部反纳粹电影，大约在《格尔尼卡》抵达纽约的时候上映。达谢尔·哈米特和多萝西·帕克也都出席，他们和扮演小恺撒的明星之间对这幅画的刻薄评论都不幸地被历史所遗忘。在旧金山艺术博物馆，《格尔尼卡》和《佛朗哥的梦幻和谎言》，以及包括从戈雅到凯绥·柯勒惠支和奥托·迪克斯等其他艺术家的反战作品一起展出。围绕着这幅画的紧张气氛，使得展览策展人查尔斯·林德斯特罗姆写下一条特别的字条放在它旁边，这是一段为数不多被载入艺术史的为特定场合所写的文字。[22]上面写着："杀死传递消息的人并不是智慧的一部分，可怕的事实依然存在，这种可怕的事实是可憎的，而非关于它的报告……这是我们这个时代的最后审判，对人类行为的惩罚，并失去进入天堂的希望。"

艺术家莱昂·戈卢布回忆起在芝加哥艺术俱乐部第一次看到这幅画时的情况："这是一幅令人震惊的巨作！就像《亚威农少女》，是一个革命的行为。"革命的行为正是某些记者和报社老板所担心的事：《芝加哥先驱考察家报》（*Chicago Herald-Examiner*）称这幅画是"莫斯科控制下的布尔什维克艺术"。虽然像杰克逊·波洛克这样的纽约艺术家可以利用《格尔尼卡》使自己摆脱政治，但对美国大部分当权者来说，这首先是一幅政治性的作品。它站了队，与焚烧教堂的西班牙无政府主义者站在一起，而不是与那些维护传统价值观的人站在一起。《纽约太阳报》（*The New York Sun*）发表一篇热情洋溢的评论，但里面犯了一个错误，说毕加索是一个"全力与佛朗哥战斗”的共产主义者，结果立即被抓住口实，遭到反动的批评家们的抨击。虽然毕加索要到1944年才会加入共产党，但他所谓的党员身份足以让一个在美国各地都有分支机构的右翼组织——艺术理智协会——有足够的理由在巡回演出的场馆里大喊大叫。尽管这些引人注目的事效果往往与抗议者的意图相反，反而使展览引起轰动，但《格尔尼卡》并没有达到举办巡回展览的人所预期的效果，为西班牙事业所筹集到的资金也不多。*

1939年11月在纽约现代艺术博物馆举行的毕加索作品回顾展，正如导览册前言所指出的那样，是到那时为止这位艺术家作品的最全面展示。阿尔弗雷德·巴尔至少在过去八年里一直在致力于这个展览，其间经历了许多挫折。尽管展览中展出了300多件作品，但令人失望的是，由于战争的爆发，一些正在欧洲为展览而铸造的雕塑以及一些要从欧洲的某些博物馆借出来的作品没有运来。毕加索本人也没有出席，在当时的情况下，这可以理解。尽管已经制订了为他提供在美国避难的计划。以阿尔弗雷德·M. 法兰克福为首的评论家在《艺术新闻》上不吝赞美之词。他写道：“这里是现代的大师、画家的从头回顾。即使他的对手也都承认，他对他所处时代的艺术所产生的影响比任何其他人都要大。这是20世纪最多产、最有进取心的画家，他在58岁时的艺术，仍然和他二十多岁时的艺术一样具有革命性，也同样像他在二十多岁时所创作的作品一样，受到普遍

---

* 50年之后的1999年，时任纽约市长鲁迪·朱利安尼试图因布鲁克林博物馆将克里斯·奥菲利的油画《圣母玛利亚》（*The Holy Virgin Mary*）列入“感受”艺术展的作品中而中断对其资助，却只是使这幅画大获成功。

的误解。”

在现代艺术博物馆，《格尔尼卡》第一次被放在毕加索生涯展中展出，考虑到其经历与尺寸，它不可避免地被作为总结之作。在导览册对这幅画的简短说明中，对作者创作动机的解释没有任何含糊之处。“1937年4月28日，据报道，巴斯克的格尔尼卡镇被帮助佛朗哥的德国轰炸飞机摧毁。毕加索在画《佛朗哥的梦幻和谎言》时已经站在共和国一方，*他立即准备采取艺术家的手段进行报复*。”这也是1939年美国现代艺术圣地中的圣地所采纳的、由博物馆馆长撰写或认可了的官方路线：《格尔尼卡》是一种反抗和谴责的行为，与某种特定的暴行有关联。这幅画旁边展出了59幅前期研习作品和补充说明，导览册介绍说，“这些作品有助于研究毕加索如何着手创作出了近年来最重要的油画之一”。此外，展馆还建议参观者将这幅画与在博物馆里展出的之前的作品，特别是与《佛朗哥的梦幻和谎言》、20世纪30年代的两个斗牛场面、1930年的《受难像》（*Crucifixion*）、1935年的《米诺陶之战》进行比较，因为那会“很有趣”（关于《格尔尼卡》的研究作品现今仍在继续这些比较）。展馆希望我们知道，《格尔尼卡》无论是在艺术史上，还是在毕加索的全部作品中，都是“重要的”，因此值得我们研究。

尽管博物馆把《格尔尼卡》定义为艺术报复的行为，但是，这幅画与引发它的事件之间的联系开始松动。它不再是一个有解的难题，共和国的事业已经失败了；而在其美国之旅中，《格尔尼卡》被用来乞求面包而不是枪支弹药。通过回顾，其意义又进行了一次重组：这幅画第一次在毕加索的全部作品中展出，而不是与某个具体问题联系在一起；观众被邀请思考这幅艺术品与其他作品在艺术性而非政治性主题的联结。它从一次抗议的行为，演变成为博物馆里的一件艺术品，它很快就会成为现代艺术博物馆的镇馆之宝。这是因为对格尔尼卡的轰炸正踏入历史，而这幅画将进入未来：一个人们将目睹使1937年巴斯克镇的轰炸相形见绌的冲天大火的未来。

一旦隐含在《格尔尼卡》中那种即将与法西斯冲突的预言变为现实，它所蕴含的政治性可能就不会再引起争议了。恰恰相反，遭到抵抗、并最终在战场上被击败的法西斯主义改变了形态，重新出现在离家园更近的地方。众议院非美国活动委员会（HUAC）监视那些为共和国事业而发起活动的人，包括把《格尔尼卡》带到纽约的西班牙难民救济委员会。1941年，美国艺术家大会（AAC）声称“法西斯的威胁已是既成事实”，这句话预言了将由埃德加·胡佛和约瑟夫·麦卡锡塑造的时代，在这个时代中，毕加索被联邦调查局盯上，他的档案文件长达187页。“在一个传统上自由且热爱自由的美国，法西斯主义是以反法西斯主义的名义出现的。所有进步的敌人突然成为民主的捍卫者。我们的自由被摧毁以捍卫自由；政府以和平的名义向人民所承诺的政策，则越来越接近公开的战争。”[23]有人敌视现代艺术博物馆，批评它收藏受共产主义的激发而创作出来的作品，这种批评的声音越来越尖锐。现代艺术博物馆被要求对此做出回应。所有关于西班牙内战的具体提法都从介绍栏中删除掉了；阿尔弗雷德·巴尔写了一份对这幅画的介绍说：“对《格尔尼卡》有多种解释，却都互相矛盾。毕加索本人否认这幅画具有任何政治意义，只是证实这幅壁画表达了他对战争和野蛮的仇恨。”这样一来，它就脱离对法西斯暴行的谴责这一历史锚地，开始其作为全球和平象征的旅程。在西53街，即使可能只是暂时的，但鸽子已经在搏斗中降服了猎豹。

* * * * * *

或多或少是真的

即使是最完美的艺术作品的复制品，
也缺乏一个要素：
它出现的时间与空间，
即它在自身所处位置上的独特存在。

——瓦尔特·本雅明：
《机械复制时代的艺术作品》（*The Work of Art in the Age of Mechanical Reproduction*），1936年

欧洲爆发了战争，交战各方的指挥官都有机会将在西班牙试用过的军事理论付诸实践。那个画出《格尔尼卡》的画家在法国西南海岸鲁瓦扬度过最初一段旅行之后，大部分时间就待在巴黎的工作室了，他和自己的作品自此被大洋分离，相隔5500千米。但果真如此吗？流言传说就像塞纳河上的雾气一样，在奥古斯丁街袅袅升起。在德军占领期间，毕加索继续留在这座城市，这要么是他伟大勇气的象征，要么是他与占领军有腐败关系的象征。据某些人说，他是一个通敌者；而在另一些人看来，他是抵抗运动的领导人。当然，这两种身份他都没有。他是一个艺术家，他的名声给了他一定程度的保护，但也使他成了一个受关注的目标。他留在巴黎的决定，根据他自己的说法，只是惰性的结果。*

《格尔尼卡》真的远离巴黎了吗？根据一个传流最久的传说，并没有。这是一个广为人知的故事，就像在一些业余爱好者艺术博客里能看到的那样——1962年西奥多·阿多诺发表的影响深远的文章《承诺》（*Commitment*）里写道：

> 纳粹占领军的一个军官参观了画家的画室，指着《格尔尼卡》问道："这是你画的吗？"据说，毕加索回答说："不，是你们画的。"

这寥寥数语就涵盖许多信息的传说，其真实性却被事实略微减弱了：1939年4月《格尔尼卡》离开巴黎，而德国军队直到1940年

---

* 其他作者详细讲述了毕加索在战争期间的经历，有大量的证据证明了毕加索的一贯勇敢，包括向西班牙难民和其他人提供道义和经济支持，以及在他的画室里会见被通缉的抵抗运动的成员。

6月才占领巴黎。然而，在几年中，有关毕加索的各种趣事就像这幅画行走四方那样——遐迩皆闻。1945年，一名法国记者向毕加索就此提问，但她听到的版本和阿多诺的不一样：那名德国士兵指的是这幅画的明信片复制品。*她问他："这个故事是真的吗？""真的。"毕加索笑着说，"这或多或少是真的。德国军人有时会来看看我，假装欣赏我的画。我就送给他们《格尔尼卡》的明信片，对他们说：'把它们带回去，纪念品！纪念品！'"

阿多诺在他的文章中所转述的传说，不仅是作为他关于艺术作品的独立存在的论据，更重要的是它能告诉我们有关《格尔尼卡》的问题。首先，这幅画已经非物质化了，具有能够待在巴黎这个艺术家的画室里，同时又能环游美国各主要艺术博物馆的神奇能力。其次，这个故事的各种不同版本将这幅画与某张明信片的大小尺寸混为一谈，也许某张明信片就是为西班牙展馆而制作的明信片之一，但两者都同样能够激发毕加索与法西斯统治代表之间的精妙交流。《格尔尼卡》将一直保持这种能力：把自己的复制品——海报、挂毯、其他艺术家的各种改编作品——套上瓦尔特·本雅明在《机械复制时代的艺术作品》一书中所称的原创艺术品所特有的"光环"，以及公众所赋予它的意义。（本雅明的开创性文本在西班牙内战爆发的那一年首次出版，现在依然被列入艺术史学生最重要的必读书目中。）《格尔尼卡》已经处于一个三岔路口。它将继续作为一件艺术作品而存在于物质领域，与此同时，它将以不同的形式出现，

* 另一种说法是，提出这个问题的是德国驻法国大使海因里希·奥托·阿贝茨。

介入和评论世界性的事件。在这个世界上，千千万万的人将行使自己的权利，使用、引用和重新塑造与它相似的东西，在不同时期将它重新设定为一个口号、一个品牌、一个图腾，用来对抗压迫者，简略地描述无数的暴行和十多场战争。曾几何时，陪伴着《格尔尼卡》的只是它的前期研习作品和油画颜料，现在它置身于一个无穷无尽的复制、折射和改编作品的物理和数字形式的星座中心。如果被问到“这是你画的吗？”毕加索的鬼魂无疑会回答：“不，是你们画的。”

随着元《格尔尼卡》(*meta-Guernica*)的继续繁衍和扩展、遍布世界，这幅画曾经只不过是一面巡回展览的抗议旗帜，现在则变成了一幅静态的艺术品，纳入博物馆收藏的深闺，因为太脆弱和太宝贵而不能被移动。在现代艺术博物馆，它的新地位体现在悬挂于单独的房间里面，除了那幅画和一张木制的长凳外，房间里别无他物。正如一位游客在1946年回忆说：“成百上千的人进来，吃着三明治，看着……《格尔尼卡》就在那儿，形单影只，却把整堵墙都填得满满当当。”[1]

1937年，《格尔尼卡》在巴黎博览会的第一次展出就引发了它的商品化。从在西班牙展馆出售的明信片开始，它在过去的80年中不断繁衍，各种印着它的图形和细部的海报、明信片、带框的印刷品、拼图、棋盘、记忆游戏、冰箱磁铁、笔记本、T恤衫、磁性书签、铅笔盒和钥匙环纷纷出现，都在它所在博物馆的礼品店出售。这些都没有从法国东南部瓦尔省的卡瓦莱尔制作的三条《格尔尼卡》挂毯之一产生的影响那般巨大。在20世纪上半叶，织作挂毯的作坊在促进现代主义美学方面发挥了重要作用，它与艺术界之间存在着共生关系，如今却已退化为为艺术史上的一个脚注。许多伟大人物，其中包括莱热、米罗、布拉克、拉乌尔·杜菲、索妮娅·德劳内、马克斯·恩斯特和马克·夏加尔，都与熟练的手工编织者签订协议，允许为他们最著名的画作制作挂毯。毕加索把壁画画在画布上，使它可以卷起来移动；现代主义的挂毯则能够在不受磨损或损坏的情况下卷起来和展开，将可移动性带到了下一阶段。在世界各地兴起的新理性主义建筑需要适合其几何空间的艺术。勒·柯布西耶把挂毯命名为"游牧壁画"，他本人就设计出了20多种不同的式样。

卡瓦莱尔的工作室很小，由织布大师杰奎琳·德·拉·鲍姆·德鲁巴赫和丈夫雷内督制。她的工作室已经独立制作了一幅《格尔尼卡》漫画挂毯，最初是以海报复制品为基础的。这幅画于1955年运到巴黎，并在装饰艺术博物馆展出。在展览开始之前，杰奎琳每天都可以进去待三个小时，对这挂毯进行更正，最后把它送到安提比斯，让在那里的毕加索认可。毕加索早就对德鲁巴赫的作品印象深刻，同意进行一些合作。他做了一些更正，同意他们继续制作三幅《格尔尼卡》挂毯，条件是他预先获得每一条销售收入的10%。一个美国收藏家——他既是毕加索作品的狂热崇拜者，又与作为一种艺术形式的挂毯有着很强的联系——知道制作第一条挂毯的消息后立即联系，想知道他能不能买下这条《格尔尼卡》。*纳尔逊·洛克菲勒从小在曼哈顿他父母的公寓里长大，父母的公寓里挂满15世纪的弗拉芒纺织品，在二十来岁之前，他和家人对一条由玛

* 第二条挂毯制作于1978年，由恩特林登博物馆购买。第三幅挂毯于1983年制作，1996年被日本高崎市群马现代艺术博物馆买走。

格丽特·佐拉赫编织的挂毯仰慕之至。[2]他的朋友华莱士·K. 哈里森是联合国大楼的建筑师，告诉他在德鲁巴赫工作室有一幅挂毯版的《格尔尼卡》，于是他亲自登门考察。他一眼就看上了，马上就买了下来。（工作室总共编织出27幅“复刻”挂毯，洛克菲勒还再委托他们制作了16幅。）但他们不是和原作完全一致的复制品，洛克菲勒的《格尔尼卡》挂毯稍微缩小了一点，色谱也改变了，灰色和白色变成了浅棕色和奶油色，这也许更符合当代的室内设计潮流。

因此，从1955年开始的一段时间里，在纽约这个城市里就有了两幅《格尔尼卡》：一幅是油画，由纳尔逊·洛克菲勒在1939年担任馆长的现代艺术博物馆收藏；*另一幅是洛克菲勒本人拥有的挂毯。他将继续担任纽约州州长（1959—1973年）和美国副总统（1974—1977年）。《格尔尼卡》的形象由此从边缘地带（其在美国的第一次参观活动是由左翼竞选团体组织的）走到当权者的权力核心，受到一个与艺术世界、大企业世界和政治世界有广泛联系的家族的庇护。然而，《格尔尼卡》的编织版本并不会被深藏在基魁特的男爵式辉煌之中。基魁特是洛克菲勒家族的庄园，靠近韦斯特切斯特郡的斯利皮霍洛。1959年，纳尔逊·洛克菲勒当选纽约州州长，搬进了奥尔巴尼的州长官邸。多亏了这一任州长贵族式的慷慨大方，这幅挂毯供公众参观。它也会外出旅行，和那幅油画一样，见证这个世界所发生的各种大事。

也许这两幅不同版本的毕加索作品因为靠得太近，不可避免地

---

* 洛克菲勒的母亲艾比·洛克菲勒是该博物馆的创始人之一。

给各自所处的权力中心之间带来了互相干扰。在现代艺术博物馆，阿尔弗雷德·巴尔对挂毯作为一种复制艺术的媒介持怀疑态度——毕竟，羊毛在颜色匹配方面是打印机墨料的拙劣替代品，而编织则彻底改变了画的表面。然而，他绝不能损害博物馆与如此重要的赞助人、董事会成员之间的关系，他也经常担任洛克菲勒私人收藏品的收购顾问。1956年2月，他在写给购买挂毯的过程中扮演中间人角色的艺术家耐莉·范·杜斯伯格的一封信中清楚地表明了他的不安。“毕加索是否真的决定了所使用的颜色，如果没有，他是否同意使用这些颜色？也就是说，他看到最后的挂毯后感到满意吗？”[3]范·杜斯伯格敷衍了事地回答说:“亲爱的阿尔弗雷德，毕加索认为挂毯是一件‘杰作’。他发现挂毯更接近‘原作’的颜色，因为原作的颜色或多或少已经消失了！”[4]她接着说，毕加索坚持要在挂毯前拍一张照片。“杰作”这个词是用红墨水写的，以示强调。

这封信除了给巴尔带来焦虑外，还明确地点出了几个与《格尔尼卡》关系最密切的问题。艺术家在制作过程中所发挥的作用最小的编织副本，怎么能被——特别是艺术家本人认为“更接近”于原作呢？巴尔与毕加索的关系有时充满忧虑，对于这位认真负责的博物馆馆长来说，艺术家似乎对自己作品的安全性漠不关心，既允许《格尔尼卡》继续巡回展览，也对这幅画的复制情况抱着随意的态度，而且在安排大型展览活动时，他一直很难应付。同时，毕加索也是决定这幅画未来的最高权威，可以决定现代艺术博物馆的镇馆藏品《格尔尼卡》还能在博物馆里保存多长时间。

有关毕加索对于挂毯颜色的说法尤其令人担忧。这幅画在20世纪40年代和50年代漫无休止的巡回展览中受到了损坏，为了防止它的状况进一步恶化，不得不对它实行紧急保护。用蜡树脂浸渍画布，把它放在真空压力下，试图将因为在旅行过程中不断打开和卷起来而松弛的油画颜料再固定回它的表面。同时，因为使用了清漆，画的色彩变暗，色度对比提高了，但这并不是这个艺术家所要的结果。难道毕加索所说的"原色或多或少已经消失"就是这个意思吗？这是对现代艺术博物馆在保管《格尔尼卡》方面所发挥作用的一种批评。"挂毯的颜色在任何方面都更接近于原作颜色这种说法并不是真的。"巴尔在大约一周后回应说。虽然这幅画"有点脏，边缘有些磨损……但它的颜色并没有多大改变。它原来是、现在仍然以黑色、白色和灰色为主"。*

如果这幅挂毯使原画和保管人的权威遭到质疑，那么，它也会对它的拥有者产生影响。《格尔尼卡》诞生于20世纪30年代那种狂热的政治环境中，挂毯却是在冷战时期美国的一种全然不同的气氛中落地的。尽管洛克菲勒在国内政策上具有进步倾向，但在反对共产主义方面，洛克菲勒却是一个鹰派，极力支持增加军事开支，这与毕加索和共产党广为人知的关联、与和平运动的联系以及在油画《朝鲜大屠杀》（*Massacre in Korea*，1951年）中所表达的反对美国卷入印度支那事务的态度形成了鲜明对比。来自密歇根州的国会议员和右翼媒体评论员乔治·A. 唐德罗甚至在众议院里声称毕加索是一

* 到《格尔尼卡》变得太脆弱而无法巡回展出以后，巴尔改变了对挂毯的看法。他意识到它可以起到一种有益的代用品的作用。20世纪60年代初，它去纽约、缅因州和日本的四个城市的各所大学巡回展览，在1979年洛克菲勒去世后，又去了北美各地巡回展览。

个危险的颠覆者。唐德罗的看法与麦卡锡参议员和埃德加·胡佛的偏执狂猜疑不谋而合。不仅艺术家受到攻击，就连艺术机构也感受到了这种攻击的热度。《格尔尼卡》在现代艺术博物馆的存在继续招来像阿瑟·克雷文这类保守派批评家的尖刻批评，他在1948年写道，这座博物馆是“一座充斥文化疾病的洛克菲勒工厂，它的最高学者阿尔弗雷德·巴尔是一个十分之一是模仿博学，另外的十分之九纯粹是胡说八道的大师。他创作关于被巴黎那些放荡不羁的文化人奉若神明的红色偶像的书，以及其他类似的致命现象”。[5]

如果与“红色偶像”的关联还不足以让洛克菲勒悬崖勒马，那就说明这个家族早就具有左翼艺术家的历史。1933年，他们就与毕加索联系，请他为约翰·D. 洛克菲勒的宏伟工程——当时正在施工的洛克菲勒中心画一幅壁画。考虑到背景关系，毕加索拒绝了，他们转而请墨西哥的壁画家迭戈·里维拉作画，里维拉接受下来。他们为这幅画定下了一个标题：“站在十字路口满怀希望和选择一个更新、更美好未来愿景的人类”，但没有说里维拉应该怎样解读它。当里维拉创作出被《世界电讯报》（*World Telegram*）称为“共产主义者的活动场景”，并把弗拉基米尔·列宁这位无可置疑的人物加入其中时，这对他的雇主来说太过火了。纳尔逊·洛克菲勒于5月4日写信给他，以壁画所处的位置是公共场所为由，要求他删除列宁的肖像。他因拒绝了该要求而被解雇，但获得了全额报酬。尽管纽约艺术界对此普遍提出抗议，这幅还没完工的壁画被用帘子遮掩起来，而建筑施工则继续。第二年年初，它被随意从墙上扯下来，扔进入口处的垃圾桶里。

那么，共和党人州长如何解释《格尔尼卡》的含义和内容呢？1964年，在州长官邸录制的一次电视采访中，他让我们知道了他的想法。主持节目的记者在挂毯前停了下来，称它是“洛克菲勒州长收藏的主要作品”“这或许是他的品位和他与众不同的关键”。洛克菲勒的回应是把《格尔尼卡》称为“我们这个时代伟大的革命绘画之一”。虽然他承认，他的版本只是“一幅依油画而编织的挂毯”，但他继续说：“今天，我想挂毯正在作为一种艺术表现的形式回归。”为了进一步使他的复制品合法化，他夸大了毕加索的参与程度，声称其监督了挂毯的编织过程，并且“实际改变了颜色，在挂毯里引入了非常微妙的颜色，我认为这增强了画本身的构图，特别是对于挂毯这一形式更是如此”。最后，这位记者提出了对《格尔尼卡》意象的解读，问他：“我猜它是反对一切战争的？”洛克菲勒回答说：“是的，也是反对战争的最有力表达之一。”[6]这种解释是现在最常见的对这幅画的看法，它已经从对某一特定暴行的反法西斯声明转变为一种对战争的普遍抗议。尽管这幅挂毯是美国一位地位显赫的当权人物所拥有的，但《格尔尼卡》从一个物体迁移到另一个物体，“意义”显然并没有发生变化。洛克菲勒对挂毯是和平主义图腾的这番强调，事实上正在为未来积累风暴。

如果美国右翼仍然认为毕加索是令人可怕的共产主义妖怪，那么，那些他被认为理所当然会与之有所联系的所谓“红色”群体是怎样看待他呢？毕加索与左派的关系一直不顺，1944年他加入共产党，让一保罗·萨特令人印象深刻地形容其为“共产主义蟒蛇的恶心”，因为这条巨蟒“既无法把巨大的毕加索吞下去，也无法把他吐出来”。[7]问题是，无论从美学角度还是从政治角度来看，他都不会仅仅停留在信息上。起初，鉴于他入党所具有的宣传价值，很多东西被忽视了，但到了20世纪40年代末，从莫斯科传递过来的信息变得强硬了。1947年，苏联评论家弗拉基米尔·凯梅诺夫写道：“当毕加索想描绘西班牙人民在抵抗意大利和德国法西斯的战争中遭受的苦难时——”

> 他画了《格尔尼卡》——但在这里面，他并没有向我们展示英勇的西班牙共和国战士，而是展示了他在其他画作中所表现的那种病态和畸形类型。不，毕加索创造那些病态的、令人厌恶的画面，并不是为了揭露现实的矛盾，也不是为了激起对反动力量的仇恨。他是在为资本主义的审美观进行辩护，他深信因资产阶级社会心理的崩溃带来噩梦的艺术价值。[8]

在左右两派的夹击下，《格尔尼卡》无论是在风格上还是在政治上，都与北美艺术的主流脱节。政治已经破产，首先是20世纪30年代的经济崩溃，然后是战争的灾难。抽象表现主义的拥护者坚持认为，美国绘画必须从政治中解放出来，从欧洲艺术史的暴政束缚中解放出来，从与特定事件或原因的联系中解放出来。最重要的是，它必须摆脱表象。克莱门特·格林伯格认为，《格尔尼卡》可能蕴含的任何历史背景“都不一定使其比蒙德里安的一幅完全‘非客观’的作品更有深度或更好”。[9]毕加索顽固地拒绝放弃他在著名的反战画中所具有的具象元素，因为“他认为以一种再现暴力和恐怖的艺术来回答当前历史的渴望不会受到误解”，这种冲动与“他作为一名艺术家的成长过程将他引向抽象表达的内在逻辑背道而驰”。[10]抽象画家兼评论家沃尔特·达比·班纳德在《艺术论坛》(*Art Forum*)中发表了一篇尖锐而有力的批评文章，特别点到《格尔尼卡》，“其在尺寸和戏剧性的营造上反复使用了夸张手法。但正因为这幅画是如此广为人知，以及它在本世纪的艺术作品中拥有如此特殊的地位，让它在现代的眼光下显得尤为徒有其表”。他的批评也扩大到那些被这幅画迷住的人。他总结道：“无论你什么时候去现代艺术博物馆，都会看到一群对它顶礼膜拜的人，或可以在十几本书里读到对它的赞美之词。然后，再去另一幅壁画大小的油画——莫奈的《睡莲》前面，看这幅画的人寥若晨星，而这幅画的美好而真实的感觉，和《格尔尼卡》那种粗糙而虚伪的感觉不可相提并论。”[11]

尽管在美国受到先锋派的攻击，《格尔尼卡》的影响力仍继续蔓延到西方艺术界之外。从拉丁美洲、中东到亚洲，毕加索的绘画作品随处可见，提供了评论当代事件的方法。《格尔尼卡》对日本人具有特殊的意义，对日本人来说，广岛和长崎的核打击后果是非常真实的：京都和东京的两家日本著名美术馆的馆长为了在1995年原子弹轰炸50周年的展览上展出这幅画而恳求了十年。最后，《格尔尼卡》仍然缺席，他们只好以一幅与真画一样大的照片复制品作为它的代表。

或许这幅画在其作为游历偶像的历史上最具讽刺意味的一件事发生在1990年9月，也就是德国重新统一前的三个星期。联邦共和国的五家全国性日报刊登了联邦国防军（Bundeswehr）以“敌对的形象是战争之父”为头条标题的两页广告，其中便展示了《格尔尼卡》，其目的是为在冷战结束后继续保持警惕（同时还有国家对军队的资助）辩护，以作为“面对不可预知的风险”时的保障措施。西德自由主义者对1937年轰炸格尔尼卡的武装部队选择这幅画来达到自身目的而义愤填膺，君特·格拉斯在其中一家刊登了广告的《时代》（*Die Zeit*）周报上发表文章，严厉抨击德国国防军，引起了全国性的辩论。

在印度，20世纪40年代出现的一代现代主义画家，其中包括弗朗西斯·牛顿·苏扎、马克布勒·菲达·侯赛因、拉姆·库马尔、克里香·康纳、帕利托什·森和泰布·梅赫塔等人，都非常了解欧洲的先锋派画家，尤其了解毕加索，他的共产党员身份使他在一个有着强大共产主义传统的国家里增加了可信度。

现在是华威大学教授的尤帕曼尤·帕布鲁·穆克赫吉教授依然记得，《格尔尼卡》在20世纪70年代在加尔各答的左翼圈子中无处不在：

在我童年时去过的许多房子里都有廉价的《格尔尼卡》海报。直到我长大了一些之前，我不记得任何人向我解释过《格尔尼卡》是怎么回事。但是，我并不需要用别人告诉我的故事来感受这幅画在我骨子里的画。那匹尖叫的马、有一节节手臂和腿的人类骷髅、怀抱孩子哭泣的母亲。我一直在街上看到这些，很久以来，我一直以为毕加索就是在我的城市里长大的，把这些孩子不应该谈论或注意到的一切东西——痛苦、愤怒、死亡——画到画布上，尽管它们是我们生活所制造出来的十分真实的东西。后来，当我在书上看到关于西班牙内战、佛朗哥和希特勒的事时，我一下子就觉得加尔各答是西班牙共和国的一部分，直到现在，我仍然没有放弃这种印象。[12]

印度艺术家们也没有放弃以《格尔尼卡》来作为那些评论自己国家状况的作品的出发点。*

随着20世纪60年代的来临，《格尔尼卡》在现代艺术博物馆中的位置具有了新的意义。它现在置身于一个国家的主要博物馆里，而这个国家本身正置身于战争之中，这场战争几乎与撕裂西班牙的内战一样，正在痛苦地将这个国家的人民分成两派。这幅画的细部经常出现在反战抗议横幅上和标语牌上，它所展出的房间成了抗议越南战争集会守夜活动的场所。

《格尔尼卡》在纽约的存在是否使毕加索成为美国外交政策的同谋？有些人似乎是这样认为的。1967年，400名艺术家和作家向他请愿，要求他把《格尔尼卡》从这个国家弄走。他们写道："请在战争期间从美国撤回你的画，以此使你这幅画的精神发扬光大，让人们再次感受到它所要传递的信息。"他们指出，"美国在越南所做的一切，远远超过了格尔尼卡所遭遇的"。另一些人认为，因为这幅画被长期幽禁在博物馆中，加上它的复制品无处不在，这就剥夺了它的所有力量，使它变成了仅供资产阶级娱乐的装饰品。

至少有一位艺术家决心把《格尔尼卡》从沉睡中唤醒。出生于伊朗的托尼·沙夫拉齐深受美国媒体不断提供的越战信息影响，也

---

* 例如，马克布勒·菲达·侯赛因的系列画《摩呵婆罗多》（*Mahabharata*）便是在他同毕加索一道受邀参加1971年第11届圣保罗双年展时开始创作的，优素福·阿拉卡尔的《古吉尼卡》（*Gujarnica*），是2002年在古吉拉特邦发生印度教—穆斯林骚乱的为回应而创作的。

深受种族主义、洛杉矶的瓦茨骚乱和政府腐败的影响。1974年2月28日——1968年在越南美莱屠杀妇女和儿童的美国军人威廉·卡雷中尉获释后的第二天——沙夫拉齐走进现代艺术博物馆，加入了在《格尔尼卡》油画前面“顶礼膜拜的人群”中。那一天，这个人群中包括了斯卡斯代尔一所高中一个班的学生。他并没有沉默地站着沉思，而是走近那幅画，用红色颜料在画上涂上足足有一英尺高的话：“杀死所有谎言。”* 人群里面的一个16岁的学生对记者说：“我们一动不动，都被吓坏了。”他回忆说，当一名博物馆服务员走向沙夫拉齐时，他转过身喊道：“我是个艺术家。”[13] 这一事件并不会阻止沙夫拉齐在纽约作为一名成功的画廊艺术家的漫长职业生涯，他代表了当代艺术中一些最著名的人物。他在接受采访时向一名记者解释说，自己的意图是“把那幅画置于《纽约时报》和世界上其他报纸的头版头条（他确实做到了），这不是那种干了就跑的胆小恶作剧。关键的问题是要认识到，在美国文化中蔓延的燃烧、愤怒、不人道和仇恨正在浮出水面。我觉得艺术的作用非常重要，然而它却被忽视了”。[14]

沙夫拉齐的行动将在今后四十年中产生一系列相互关联的片段，每一个片段都与《格尔尼卡》及对其的反应对话。德国艺术家费利克斯·格梅林对那些被毁掉或被破坏的艺术品十分着迷，他试图通过制作这些作品破坏版来质问它们的真实历史。他于1996年的画《杀死所有谎言——复刻巴勃罗·毕加索（1937年）& 托尼·沙夫拉齐（1974年）》[*Kill Lies All After Pablo Picasso (1937) & Tony*

---

* 这种颜料是水基的，很容易消除掉，不会造成永久性损坏。

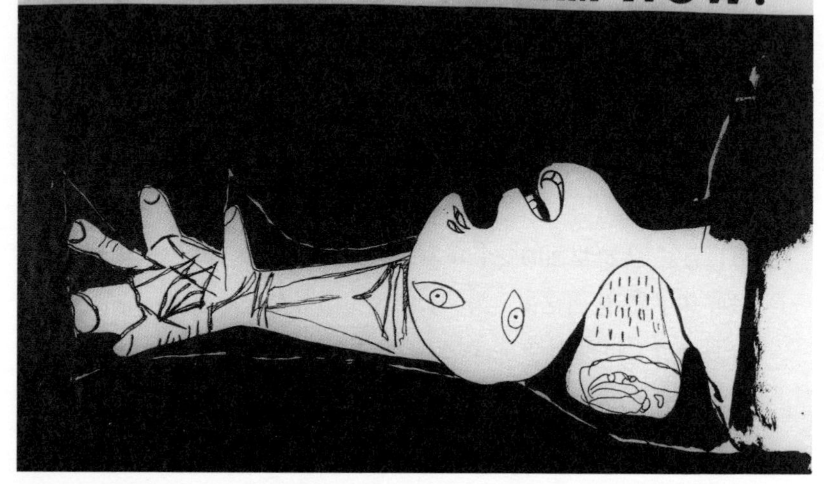

鲁道夫·巴拉尼克：《现在就停止越南战争！》，1967年

Shafrazi (1974)]，重新创造了一个详细的附有沙夫拉齐异端文本的《格尔尼卡》，承载沙夫拉齐的参考自詹姆斯·乔伊斯的《尤利西斯》（*Ulysses*）的异端文本。和他的前辈一样，格梅林也质疑了美术馆在把作品置于画框中的作用。他对一位采访者说："我想让艺术绝对跟上时代，把它从艺术史上收回来，并赋予它生命。""通过把毕加索的《格尔尼卡》变成一幅杰作，博物馆赋予了这幅画历史意义，但也因此将他从当下的视野中剥离出去。"[15]但这个链条并没有就此结束，2010年，一位名叫纪尧姆·佩莱的艺术家在法国西北部布列斯特的圣内广场创作了一幅与《格尔尼卡》一样大的壁画，取名为《杀戮》（*Tuerie*）。他在他的网站上把这个地方描述为"空心牙齿及

马蒂厄·特伦伯林：《杀死所有谎言2.0——（复刻巴勃罗·毕加索），（1937年）；托尼·沙夫拉齐，（1974年）；纪尧姆·佩莱，（2010年）》，2012年

其墙壁”。2012年，有人用录像机拍到一个带着红色喷雾剂、脸部用匿名街头艺术家戴的那种黑色面罩遮盖起来的人爬过崎岖的地形，在壁画上面喷上托尼·沙夫拉齐写的那句话，他的动作之迅速与沙夫拉齐一致，就连笔迹也很相似。[16]马蒂厄·特伦伯林的主要作品是重新粉刷现有的标签和街头艺术，他通过为这件2012年的作品选择标题来凸显他对艺术史干预的本质：《杀死所有谎言2.0——（复刻巴勃罗·毕加索），（1937年）；托尼·沙夫拉齐，（1974年）；纪尧姆·佩莱，（2010年）》。《格尔尼卡》便以这种方式走出美术馆。在美术馆里，在别人的画上涂写被认为是亵渎神灵，而在街上，在他人的艺术品上增加内容或涂抹别人的艺术品则司空见惯，尽管后者有自己特定的规则与冲突情绪。

20世纪六七十年代，美国在印度支那与共产主义作战，但同时也在与自己开战。1967年，马丁·路德·金还活着，但是，约翰·F. 肯尼迪和马尔科姆·X都被暗杀了，美国城市也因种族骚乱而四分五裂。一个名叫让-米歇尔·巴斯奎亚特的七岁男孩被带到博物馆，和他那个波多黎各裔的母亲站在《格尔尼卡》前面。他母亲因为与他在海地的专横的父亲分离，后来死于精神崩溃。电影《巴斯奎亚特》（*Basquiat*）以他的生活为基础，由另一位纽约艺术家朱利安·施纳贝尔执导。根据施纳贝尔对这次事件的描述，他的母亲在这幅画前，因为他的头上逐渐显现出一个金色光环而哭泣，这或许预言他会成为像托尼·沙夫拉齐一样举世闻名的艺术家。还有另一位重要的人物来看过这幅画，自1963年以来，非洲裔美国画家费丝·林戈德一直在致力于创作她称之为《美国人民系列》（*American People Series*）的作品，她很难找到一个愿意展出她作品的地方：她发现，令她失望的是，即使是黑人艺术领域也是由男性主导的。她参观了一个画展，在那里看到了拉利·普斯和罗伯特·古德诺的大型画作，这对她是一个启示。在她的自传《我们飞越桥梁》（*We Flew Over the Bridge*）中，林戈德记得：

我离开时意识到，一幅巨大的画有比尺寸更多的因素，它必须有充分的理由来占据这么大的空间，如果这幅画不仅仅是昂贵的壁纸的话。我最近还参观了现代艺术博物馆，再次看了我最喜欢的毕加索——巨大的《格尔尼卡》。这张画让你首先“看到”作为一个整体的平面形象，直到后来才会意识到它的其他部分。一切都呈现在眼前。透视可以是壁画的敌人，在构图中创造了空洞，而不是创造距离。[17]

林戈德最著名的作品——《美国人民系列第20号：死》（*American People Series #20: Die*），现在挂在博物馆里那个她曾经在那里沉思过《格尔尼卡》的地方。和毕加索一样，她画的是一场灾难，但主题不是空中轰炸，而是沙夫拉齐所说的60年代美国街头爆发的“燃烧、愤怒、不人道和仇恨”。大约4米×2米（12英尺×6英尺），《死》的尺寸是《格尔尼卡》的一半，但仍然是一幅非常大的油画，它的影响与其说是一个规模的问题，倒不如说是出自内心的意象问题，血淋淋、塔伦蒂诺式地表现了由衣冠楚楚的专业人士扮演的跨种族冲突：黑人和白人之间的斗争显而易见，从贫民区一直延伸到董事会，以及其他地方。

并不是因为林戈德-毕加索的立体主义扭曲或对神话原型的依赖，她对现代生活的寓言是用残酷的现实主义术语描述的，然而，她画中的主角，在被闪光灯捕捉到极端暴力那瞬间张开大嘴的恐怖形象，完完全全是绝望的。有些对《格尔尼卡》构图的借鉴十分明显：丢失了一只鞋的白人女性的腿是与《格尔尼卡》中间三角形构图的呼应；一只手臂从右边伸出来，手里不是抓着一盏灯，而是握着一把手枪，一个女人从同一个方向进来，她进来的方向和俯冲的姿势与《格尔尼卡》右边进来的女人的方向和姿势相似。但是，《格尔尼卡》与林戈德的相似性不仅仅局限于结构和布局。正如她在2016年对一位采访者解释的那样，作为一名年轻艺术家，她“几乎

费丝·林戈德：《美国人民系列第20号：死》，1967年

每星期都来看《格尔尼卡》”。在她思考如何处理《死》的主题时，林戈德说：“毕加索的画立刻浮现在我脑海中。我说：‘能想象出解释你想表达的画面，比如一场暴动，真是太棒了。’”[18]

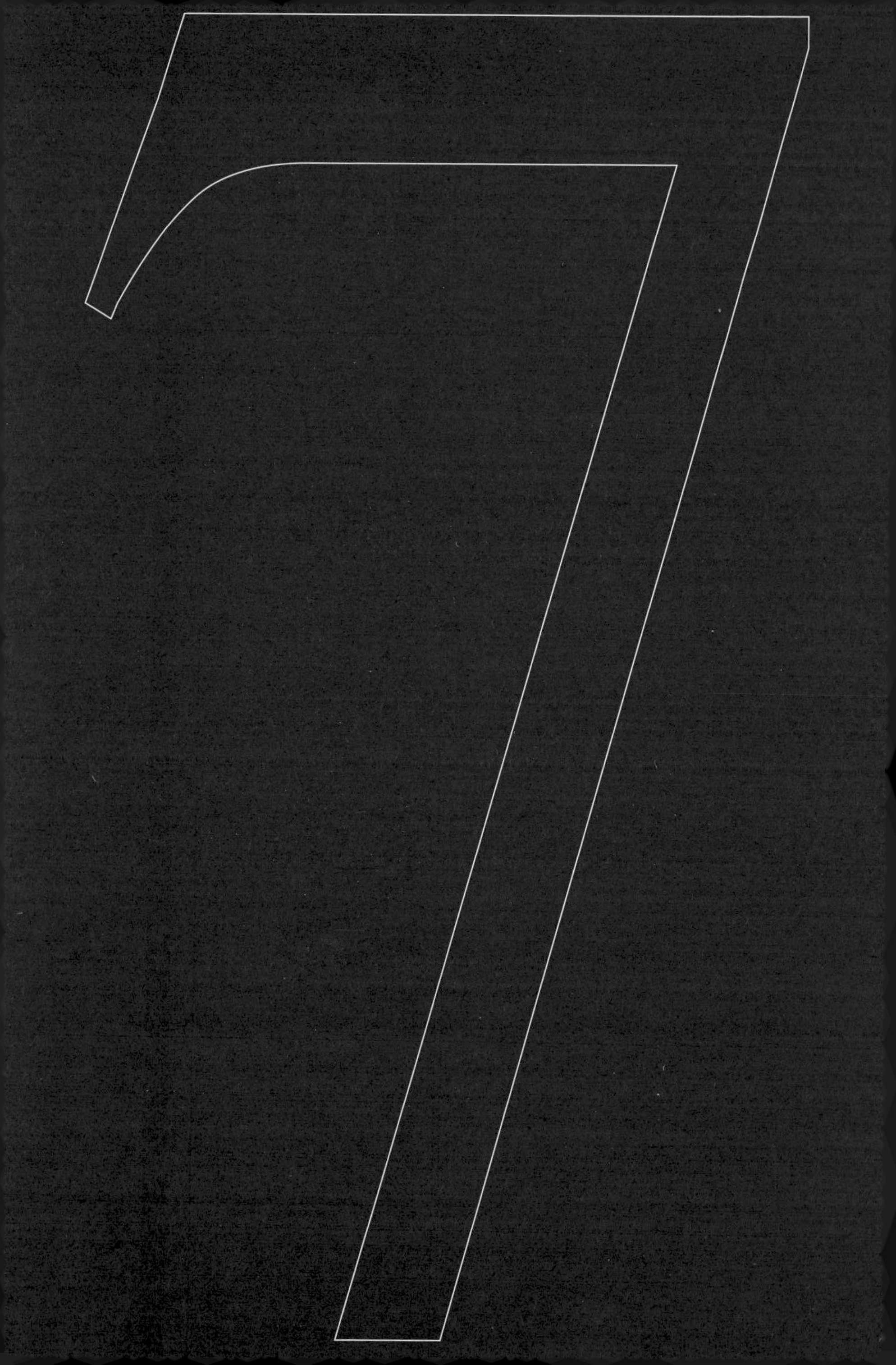

* * * * * *

在不久将来的某一刻

只要一提到毕加索的《格尔尼卡》，当你描述画的真实表面时，人们所听到的盛赞之词忽然消失了……在它当前所处的状态下，人们可能会怀疑它是否消失得无影无踪了，如果我们现在看到的不是那幅曾经震撼世界之作的木乃伊……那至多就是它的解剖用遗体。然而，正如历史所证明的那样，死者并不一定就此失去它们的力量。它们偶尔还会继续生长。

——安德里亚·琼塔：《毕加索的〈格尔尼卡〉在拉丁美洲》（'*Picasso's Guernica in Latin America*'）

如果20世纪60年代末纽约的一些左翼艺术家认为《格尔尼卡》在西53街的位置是与帝国主义战争贩子勾结的话，那么，在大西洋的另一边，对《格尔尼卡》坐标的解读则全然不同。这个西班牙最著名的艺术家从来没有在他出生的国家里展出过最著名的画作，这是一个永久的谴责：毕加索明确表示，除非恢复民主，否则他不会把这幅画送到那里。虽然毕加索的作品经常在世界上各大博物馆展出，但它的存在更像是间歇性的，像是在外面的世界闪烁着的信号，只是常常作为右翼媒体的批评对象出现在媒体上。它的光芒在巴塞罗那最强，巴塞罗那是他的第二家乡，经常收到毕加索的秘书和老朋友杰米·萨巴特捐赠的大量作品。

20世纪60年代初，该市有一位精力充沛的市长约瑟普·玛丽亚·德·波尔西奥斯·爱·库勒，他决心在官员们都不情愿的情况下强制推行他的现代化议程，这种决心的体现之一就是当地著名的卵状水塔——“波尔西奥斯的蛋”（los cojones de Porcioles）。*他决心把萨巴特的藏品安放在一座奉献给毕加索的博物馆里，让这个博物馆成为一个新文化区的中心，并多次打长途电话给毕加索，利用他对这座城市的深情，以及希望家乡的人能够看到自己的作品的愿望，成功地吸引了这个艺术家。多纳西翁·萨巴特收购了一座建筑——位于城市中世纪街区的阿吉拉尔宫，于1963年3月举行开馆仪式。†在最后一刻，佛朗哥政权似乎意识到，给予这位巴塞罗那养

* 波尔西奥斯仍然是一个颇有争议的人物；佛朗哥亲自挑选他担任巴塞罗那市长，可以说，他是通过与佛朗哥政权的合作而取得成就的。

† 现在被称为毕加索博物馆。在佛朗哥去世之前，选择用这个名字是不明智的。

子如此公开的承认所具有的意义。结果博物馆在媒体的封锁下开放，所有媒体都绝口不提此事。

尽管《格尔尼卡》的名字被限制提及，但这幅画并不可能像同名的小镇本身那样容易被埋葬——那座被炸烂的格尔尼卡小镇在过去瓦砾上的原始位置上重建，升高了5英尺。但是，1967年1月20日，巴塞罗那这个西班牙第一个创建毕加索博物馆的城市的街道上，挤满了向这位艺术家致敬的学生和知识分子。《格尔尼卡》的形象随处可见、高高悬挂，表明“毕加索效应”不能仅仅安全地局限于阿古拉尔宫的围墙内。这幅画过去一直是佛朗哥政权身上的一根刺。在20世纪40年代和50年代，每当这幅画去另一个国家展出时，西班牙政府的驻外代表就会向国内报告说，他们收到了对格尔尼卡的轰炸和西班牙缺乏公民自由的抗议。这个国家本身的边界并不封闭，北上前往法国度假的西班牙游客回家时带着《格尔尼卡》的海报回来，挂在自己家里，这是个体国内抵抗的象征。它还以其他形式渗透进来。在内战四十周年之际，捷克斯洛伐克发行一张纪念国际纵队的邮票，上面印着《格尔尼卡》的复制品。任何贴上这张邮票寄往西班牙的信件都无法送达收信人之手。

邮票，捷克斯洛伐克，1967年

这个政权内部的温和分子越来越认识到，为了让西班牙被视为一个与世界其他国家融合在一起的现代国家，有必要与毕加索实现某种和解。巴塞罗纳毕加索博物馆所获得的成功，展示了这位艺术家作为文化旅游磁石的潜力。为什么唯一的受益者只能是加泰罗尼亚？毕竟，这幅画是属于西班牙的，它不是当时的西班牙政府委托毕加索创作的吗？另一方面，《格尔尼卡》仍然向官员们提出了一个显然棘手的哲学问题，因为在官方叙事里这幅画描绘的事件从未发生过。维持现状是很复杂的，这是一场多条战线的战斗，包括修正主义历史学家不断调整的叙述，到遭遇审查的西班牙文的毕加索传记等。但是，20世纪70年代初的西班牙已经不是独裁国家，不可能在控制住人们的思想的同时也为大众旅游敞开大门。一个国家的疆界，防御坦克容易，但防御随手扔在机场的一份外国报纸或放在酒店房间里的平装本书籍却很难。政权内部里越来越多的人认为，把《格尔尼卡》带回西班牙是抹杀它最有效的解决办法。在此之前，需要对其含义和信息进行另一次彻底的重新解释。

在其许多早期尝试中，有一次是在长枪党的著名喉舌——右翼《堡垒报》（*El Alcázar*）上，这不是现代主义艺术批评论应该出现的地方。1969年，该报发表一篇社论，并附一张插图说："（毕加索献给西班牙人民的）《格尔尼卡》是民族文化遗产的一部分，它应当在西班牙展出，以证明上一次国内冲突所引起的反差和分歧的彻底终结。"从表面上看，这是一个奇怪的命题。在西班牙展出一幅指责其统治者犯下大屠杀罪行的油画，会成为战争导致的所有分裂都已经结束的"证据"；一幅受历史事件启发而创作出来的艺术作品将有助于遗忘这个历史事件。显而易见的是，佛朗哥、西班牙、毕加索和他最著名的画作都在同一场舞会上，这是一个进和退、邀请和拒绝的问题。这就像一场斗牛，其中任何一方都同样危险，只能以一个或多个参与者的死亡而告终。年迈的艺术家深受乡愁的影响，他在法国南部的画室里聚集着成群的西班牙朋友和熟人，和他一起娱乐，却无法满足他的渴望；他多次要司机带他到边境的一个地方，他从那里可以看到西班牙。佛朗哥也老了，受到帕金森综合征的影响，成为一个越来越虚弱和离群索居的人；随着接班问题越来越迫近，政府内部的进步派和保守派的对立派别争相夺取职位。1969年10月，参与了在马德里建立一个新国家现代艺术博物馆计划的西班牙美术总监弗洛伦蒂诺·佩雷斯·恩比，让那些在巴黎参加一个新闻午餐会的人大吃了一惊。因为他宣布："佛朗哥将军认为，马德里是安置毕加索杰作《格尔尼卡》的合适地点。"传闻和暗示继续从西班牙方面出现，普拉多博物馆将挪出一个地方安置《格尔尼卡》，承认它、赋予它荣誉。毕加索并不是那么容易收买的，他已经拒绝了法国的荣誉勋章，坚称这种奖章只应该来自他自己的国家——然而，他指的并不是佛朗哥主义的国家。

毕加索的法国律师罗兰·杜马斯于1970年11月15日为毕加索写了一封信给现代艺术博物馆，对此进行了澄清。他在信中提醒他们，他一直希望看到"这件作品及其陪同作品归还给西班牙人民"，并指出"当西班牙重新确立公共自由"时，博物馆"有责任"将其归还给西班牙政府的合格代表。至于这些自由是否得到令人满意的确立，必须"征求并听从罗兰·杜马斯律师的意见……"一份附加条款后来被加上，说《格尔尼卡》及其相关研习作品是要给“西班牙共和国政府”的，而“委托”纽约的现代艺术博物馆保管。在这几句话中，这位年迈的斗牛士用他的斗牛士红布把博物馆绑在一起，西班牙谈判代表们要耗费好几年的时间，才能解开《格尔尼卡》“回归”与其家族和继承人的这个复杂的结。1971年10月25日，法国各地庆祝毕加索的90岁生日，收藏毕加索作品的博物馆免费开放一周，供公众欣赏。在伦敦，从泰特美术馆的台阶上放飞了90羽赛鸽。西班牙没有举办这样的仪式，但在马德里，至少有一个时刻被记住了，一整套《沃拉尔套房》（*Vollard Suite*）的蚀刻画在私人的西奥博物馆里展出。11月5日，极端右翼组织“基督王的勇士”（Guerrilleros de Cristo Rey）的八名蒙面男子进入展厅，砸碎了陈列箱，并毁坏了一些蚀刻品。如果说，关于《格尔尼卡》最终栖息地的谈判是一场斗牛，那么，这些人代表了这个艺术家在巴黎解放后在他的工作室与杰罗姆·塞克勒的谈话中所提到的“残暴和黑暗”（见第83页）。

1973年4月8日，毕加索率先退出了斗牛场，享年91岁。此后不久，1975年11月，他的死敌弗朗西斯科·佛朗哥·巴蒙德紧随其后，这名独裁者去世时82岁。《格尔尼卡》挂毯的所有者纳尔逊·洛克菲勒以美国副总统的身份参加了佛朗哥的国葬，这是一个非同寻常的历史转折时刻，在仪式期间，他的脑海中闪现出来的想法，只能由人们自己去想象。

为什么《格尔尼卡》在其所创作的数千件其他艺术品中，对毕加索如此重要，以至于他毫不妥协地指示要把它送回西班牙？一部分原因可能是这幅画是他自己命运的重放。毕加索在第二次世界大战开始时曾经申请加入法国国籍，却因政治观点而被拒绝了。反过来，1944年，他回绝了法国要授予他的公民身份，与此同时，也拒绝申请西班牙护照，以一辈子在法国境外旅行困难重重来进行自我惩罚。这幅画也只是栖身于纽约的一个客人，就像它的创作者清清楚楚说得那样，只是寄居于一个临时住所。随着他自己回到西班牙的梦想逐渐消逝，并意识到死神随时就来召唤，毕加索可能会想象，这幅画会在他离世后回归。如果它回归，他就决心要让它按照自己设定的条件回归。

佛朗哥的死开启了一个向民主过渡的时期，这个时期的最初迹象之一，是因对可以看到和读到的东西的限制减少了，导致人们对视觉艺术、文学和电影的欣赏激增。由于公众逐渐熟悉了毕加索在巴塞罗那和其他地方的作品，以及对美术馆的普遍了解，人们对毕加索的关注度也越来越高了。《格尔尼卡》与国家的状况有着明确的联系，美国参议院1978年10月做出决议，赞扬西班牙在民主方面的进步。这个决定中的一段建议，尽管“杰作《格尔尼卡》”具有普遍的吸引力，但它“对西班牙人民具有特殊的意义，因为它代表了摧毁了西班牙民主的悲惨内战”，因此，它应当“在不久的将来，通过适当的法律程序……移交给一个民主的西班牙的人民和政府”。[2]西班牙政治家成为聚集在纽约《格尔尼卡》面前的朝圣者之中的常客。并不是每个西班牙人都为此而高兴，因为毕加索——即使是已在坟墓之中，也能通过他的巴黎律师和继承人这些本身也都意见不一的人——来决定西班牙的民主制度什么时候才足够完备，才允许这幅画“回归西班牙”（la vuelta a España）。这个说法很容易引发误解，因为这幅画根本没有去过西班牙，就像毕加索本人根本没有去过格尔尼卡一样。

一个快速临近的里程碑增加了国家政府、艺术家的家族、纽约的博物馆和巴黎的律师之间长期谈判的紧迫性：1981年将是毕加索诞辰一百周年。西班牙媒体的声音越来越多地表示惊讶，因为在世界各国都在排队等待庆祝周年纪念日的同时，西班牙似乎没有确切的计划来纪念这个日子。如果它无法与其最著名的现代艺术家达成和解，这无疑是这个新生民主国家的屈辱。为了加快讨论的进程，文化部艺术遗产司司长哈维尔·图塞尔和外交官拉斐尔·费尔南德斯－昆塔尼拉一起参与了一项似乎永无止境的文书追踪工作，寻找西班牙第二共和国购买了《格尔尼卡》的实质性证据。在西班牙共和国驻法国大使路易斯·阿拉奎斯唐的档案中发现了确凿的证据，他的档案在内战结束后，为了安全起见，被转移到瑞士。档案中保存着一封日期为1937年5月28日的信，其中共和国驻巴黎大使馆的文化随员马克斯·奥布记录了共和国向毕加索支付的15万法郎，名义上是维持在创作《格尔尼卡》期间的费用，但实际上是购买了这幅画。西班牙驻巴黎大使馆的一本账簿由奥布和阿拉奎斯唐会签，记录的数额与费用相同。在阿拉奎斯唐的签名之下，他写了一句“到宣传账户”（a la cuenta propaganda）。阿拉奎斯唐在写给毕加索的另一封信中，感谢这位艺术家希望把《格尔尼卡》捐献给共和国。有至少一位历史学家表示，流亡的共和党人很合时宜地“遗忘”了这封信，因为他们认识到，这可能会使佛朗哥宣称对这幅画拥有权利。[3]

还有一个复杂的因素。内战已经被埋葬了两次：起初是强迫性的沉默，然后是《遗忘协议》（*Pacto del olvido*）的出台，这是一种自愿的、集体的健忘症，旨在使后佛朗哥时期的过渡更顺利。此时，国家与巴斯克民族解放运动的军事分支埃塔（ETA）之间的另一场内部冲突使国家动荡不安。一方面是军事镇压和监禁，另一方面是以爆炸和暗杀为形式的恐怖主义袭击，这场冲突在佛朗哥死后的五年中夺去了数百人的生命。《格尔尼卡》的悲剧是一场巴斯克式悲剧，是持续不断的迫害和否认自决权力这冗长而枯燥的故事中的一章。当然，这幅画是不是应该归还给巴斯克自治区，而不是还给马德里？马德里“盗取”《格尔尼卡》，同时又不承认在这场暴行中犯下的罪责，这在许多人认为又是一种侮辱。1977年4月26日，在轰炸发生的40周年之际，在格尔尼卡的街道上展开了一幅尺寸和原画一样的复制品，镇议会在高声吟唱的人群面前建议，建立一个专门设计的博物馆来存放这幅画。然而，并不是只有巴斯克人相信他们对《格尔尼卡》拥有独一无二的权利。其他人与毕加索也有着同样的密切联系，尤其是已经拥有毕加索博物馆的巴塞罗那，以及他出生的城市马拉加。还有一个被广泛报道的说法，尽管是逸事，据说毕加索本人希望他这幅画能够和他过去最喜欢的艺术家们并排陈列在马德里的普拉多博物馆里。在西班牙，因为为接收《格尔尼卡》并放置于决定好的安放地点的秘密工作已经开始，所以究竟哪个地方应当是《格尔尼卡》的最合适的住所，成了电视辩论和杂志的民意调查的主题。

《格尔尼卡》准备搬家的消息在世界各地泛起了涟漪。1980年，在伦敦，怀特查佩尔美术馆的年轻馆长尼古拉斯·塞洛塔突然冒出了一个想法，那就是这幅画的行程将提供它第二次来到伦敦东区的机会。他通过信件和电话向罗兰·彭罗斯恳求，希望对方通过与毕加索家族的关系，帮助他让这幅现在已经成为毕加索最著名作品的油画光临东区。我在2016年年底与塞洛塔交谈过，当时他刚刚卸任泰特美术馆馆长的职务，我请他解释《格尔尼卡》对他个人具有什么意义，以及什么重要意义使它当时应该再度访问怀特查佩尔美术馆。“作为一幅纪念西班牙内战暴行的画，《格尔尼卡》对我来说具有重大的价值。”他继续说道：

> 西班牙内战的浪漫和失败，在十几岁的少年身上都产生了巨大的影响。与战后觉醒的德国不同，20世纪60年代的西班牙，对于生活在伦敦的人来说，仍然是一个封闭的国家。我记得，我的父母感觉到他们在佛朗哥在世的时候不会去西班牙，但是他们确实去了德国，尽管他们是犹太人，他们对德国怀有感情……当然，1939年，《格尔尼卡》曾经悬挂在怀特查佩尔美术馆后面的墙上……它在那里的时间不长，但这是一个非常关键的时刻，在1980年或1981年，以某种方式重现那种经历至少是值得一试的！这可能是一个虚幻而天真的希望，但我乳臭未干，依然相信，并不是每个人都会认为这是一个荒谬的想法……我有一种感觉，一旦《格尔尼卡》去了西班牙，它就再也不会去巡展了。现在很难记起佛朗哥死后五年的那个样子，当时西班牙仍然是一个具有高度军事敏感性的国家。他们唯一的目标，真的就是想让那幅画回归西班牙。

我想知道，当时在伦敦工作的一代艺术家是如何看待《格尔尼卡》的：

20世纪70年代末，即玛格丽特·撒切尔当选时，是一个要么处理政治问题的艺术家脱颖而出，要么那些没有真正考虑过自己在社会中的地位的艺术家突然开始这样做的时代。因此，毕加索以及他通过《格尔尼卡》做出的声明，被认为是一个艺术家能够毫不妥协地利用艺术来发表强有力政治声明的典型例子。把这幅原画带到伦敦的想法似乎非常重要。与此同时，新一代的年轻艺术家，主要是画家，突然意识到他后期的作品非常有趣、自由和大胆，而不像他们的前辈们一样或许认为毕加索在20世纪三四十年代就已经被困在了某个地方，在战后时期没有创作出多少有意义的作品。这就像一波慢慢才爆发出来的浪潮。1978—1980年，当我去艺术家的工作室时，我意识到，毕加索又一次成为艺术家们想要谈论的人物了。[4]

塞洛塔所描述的那个时期中有一位艺术家基本独立于权威的艺术世界进行创作。在过去的四十年里，彼得·肯纳德创作的一些因为被政治事件启发的艺术作品最令人难忘，其范围从照片、绘画到通过互联网传播的数字图像，应有尽有。他回忆道："当我还是艺术系的学生时，在书中看到了《格尔尼卡》的复制品，它向我灌输了探索可以直接同政治事件交流的艺术创作方式的必要性。"他还说：

我懂得了，一个简单的图像与另一个图像结合在一起，产生了第三个意思，撕毁了我们无缝的、整体的形象库。《格尔尼卡》就像一幅在一面镜子中展现出来的、描绘被抓拍下来的人类愚昧和残忍的巨幅画像，而毕加索在狂怒中砸碎了这面镜子，他以黑白灰三色颜料呈现了这一切。它高度冷静，但感觉它的所有元素都可能随时崩溃，然后再被重建，就像佛朗哥的血腥独裁统治已经被击败了一样。这使它在形式上和内容上都具有革命性。[5]

事实证明，安排《格尔尼卡》返回西班牙的人不想让它改变行程绕道去伦敦的怀特查佩尔美术馆。1981年4月1日，西班牙政府代表正式提出了要回《格尔尼卡》的请求，毕加索的律师杜马斯同意现代艺术博物馆在8月放行这幅画。[6]它的目的地并不是普拉多博物馆，尽管这据说是其创作者的愿望，而是丽池画廊——一个有温度调控的圣殿，它以前是一个展出19世纪西班牙艺术的博物馆。9月9日，《格尔尼卡》被工作人员从现代艺术博物馆的墙壁上降下来——据报道，其中一些人流泪了——然后被卷起来，装在板条箱里，“高度保密，没有告别的机会”。它正如《纽约时报》第二天所说的那样，在警察驱车护送下穿过拥挤的交通前往机场。艺术史学家玛丽·安·考斯回忆道：“许多纽约人，包括笔者，都戴着黑色臂章，对它的离去表示哀悼，尽管我们对使它离去的原因致敬。”[7]陪伴这幅画的是西班牙文化部部长伊涅戈·卡维罗和促使它回国的首席设计师之一哈维尔·图塞尔。第二天，飞机抵达后，伊比利亚航空公司在西班牙报纸《阿贝赛》（ABC）上，以简短的对话形式刊登了一则广告。“纽约－西班牙。没有回程票。只有单程。留在这里。因为《格尔尼卡》已经完成了它的最后一次飞行。它这次最后的飞行是人类之间和平的象征。它将作为一种象征继续存在。因为它没有回程票。”

它可能是和平的象征，但是《格尔尼卡》被认为具有足够的威胁性，以至于其被安放在丽池画廊一个钢框架防弹防爆玻璃箱内，由全副武装的国民卫队保护展出。我们无法知晓这种防范措施究竟是为了防止对这幅画的攻击，还是防范其据说染上的传染性病毒。10月23日，出席它抵达仪式的阵容把《格尔尼卡》的现在和过去联系了起来。乔塞普·雷纳也在场，他在东德流亡，从家里赶过来参加，西班牙展馆的建筑师约瑟普·路易斯·塞特也到场了：他为《格尔尼卡》创造的开阔、光线充足的环境，与丽池画廊那种庄重、装饰华丽的隔离病房似的房间，具有天壤之别。正如多拉·马尔向弗朗西丝·莫里斯描述的那样，从某种"完全现代"的作品，这幅画现在给一些观察家留下的感觉像是某种古物博物馆里，甚至是医院里的一件古老、受尊崇而易碎的物品。"现在，《格尔尼卡》就在这里，"塞特评论说，"他就像在新石器时代的画廊里面一幅受到重重保护的原始洞穴绘画。"[8]

在场的政要们似乎特别担心感染。当年早些时候发生的未遂政变证明了西班牙民主的脆弱。当时，来自保护《格尔尼卡》的国民卫队的士兵袭击了议会大楼，劫持议会和内阁人员。在纽约，《格尔尼卡》被成功地重新定位为和平的普遍象征，将它带到马德里，则可能会以托尼·沙夫拉齐所梦想不到的方式，重新唤回其潜在的力量。正如拉法埃尔·阿尔维蒂在这幅画抵达前告诉《国家报》(*El País*)那样，"《格尔尼卡》在西班牙有数以百万计的仇敌"，并非不可能遭到右派准军事部队的攻击。[9]在开幕仪式上的演讲中，伊涅戈·卡维罗阐明了现在应该怎样看待这幅画。他对听众说："《格尔尼卡》是反对暴力、反对暴行、反对战争恐怖的一声战吼，它反对在武装冲突中剥夺公民权利。不要让任何人把这幅作品解释为任何一方的旗帜。我们应该把《格尔尼卡》视为纯粹而简单的对野蛮力量的拒绝。从现在起,《格尔尼卡》将成为整个西班牙社会的遗产。”它的名字所具有的尴尬仍然存在,使总统莱奥波尔多·卡尔沃－索特洛感到困惑,他的选举在2月23日被匆匆忙忙地打断了。政治家们可能并不总是像处理国家事务那样擅长处理艺术事务,在一次游行示威中,他建议把它的名字从《格尔尼卡》改成《战争的恐怖》(*Los horrores de la guerra*)。

对于《格尔尼卡》的官方立场,就像过去和将来一样小心翼翼地绕开佛朗哥摧毁这个巴斯克小镇的罪责,被记载在展览的导览册中。它间接地提及历史——对这幅画的回归表现出来民族主义的骄傲,与避免提到激发其创作灵感的野蛮行径——都被胡安·米罗的一句名言所概括。这位伟大的艺术家回忆道:“我记得,几年前我来格尔尼卡时,就在格尔尼卡那棵树的树荫底下。现在我感到非常激动,因为毕加索的伟大作品《格尔尼卡》在西班牙获得了所有荣誉。我还记得,我去奥古斯丁街的画室拜访巴勃罗的那些日子,以及他全身心投入创作这幅画时的激情。我自豪地看到,我们年轻的民主国家正进入一个富有成果的创造阶段。”乔塞普·雷纳写下了他与西班牙展馆的关系,谈到了他最后一次见到毕加索的情况,他对这位艺术家说,他希望有一天会看到《格尔尼卡》悬挂在普拉多博物馆里,与委拉斯凯兹的《宫娥》(*Las Meninas*)和戈雅的《1808年5月3日》并列在一起。他还透露,他被关押在阿格尔－梅难民营多年,从那里出来后,毕加索如何在经济上支持他,以及如何以类似的方式帮助许多其他共和主义者难民。他认为,通过这种方式,毕加索已经偿还了共和国政府为“格尔尼卡委员会”所提供的15万法郎。这意味着，这幅画在画廊的存在完全是自愿的，它在戒备森严的玻璃和钢铁的这种保护中绝不是债务人的监狱。

尽管雷纳公开提到了西班牙共和国，并将这幅画描述为第二次世界大战的预兆，但他不愿意接受《格尔尼卡》蕴含着反法西斯思想的说法。资深艺术史学家赫歇尔·B. 奇普对这一点也同样小心谨慎。他花费相当多的时间专注于解读这幅画的内容，通过前期素描分析其演变过程。他声称，就格尔尼卡遭受轰炸这件事来说，毕加索“从没有打算要做这个事件的象征”。恰恰相反，他结论性地认为，这幅“强有力的、带有个人风格的画”回归西班牙“具有包括人的和艺术的多重意义”，象征着毕加索本人无法亲自实现的回归。[10]

根据这些外交信使的话，《格尔尼卡》所隐藏的任何含意都可以一言以蔽之被理解为“对战争说不！”以及“毕加索回来了”。然而，伊涅戈·卡维罗希望将这幅画从与委托者的任何联系中分离出来，从而属于仍然处于分裂状态的西班牙双方的愿望，被导览册中的最后一篇的一句话摧毁了。报告最后对“特别是那些为西班牙第二共和国提供服务、参加这幅历史性作品创作的人”表示感谢和认可。尽管政治家们尽了最大的努力，但它的历史无法被轻易擦除。

* * * * * * *

美女和野兽

我讨厌《格尔尼卡》繁衍面包和鱼的奇迹。

——安东尼奥·索拉:《反〈格尔尼卡〉》, 1982年即使是在最不吸引人的博物馆环境中，纠缠于各种互相矛盾的解读中，艺术品仍然在他们的观众身上产生了作用。毕加索发现了这一点。我们记得，他年轻时无法摆脱在特罗卡德罗展出的“神奇”的非洲面具，他后来在这些面具前解释说，在它们面前，“有些事情发生在我身上，不是吗？”现在，《格尔尼卡》也在那些为欢迎“最后一个回国的流亡者”而聚集在一起的人中做些什么。另一个值得尊敬的偶像出现在抵达仪式上，那是多洛雷斯·伊巴露丽，她更著名的名字是“热情之花”。她是一位世俗的圣人，共和国时期的妇女把她的肖像挂在脖子上代替圣母玛利亚。在共和国的战争努力中，伊巴露丽的激烈言辞和创造口号的天赋发挥了极为重要的作用。在战败的失望痛苦之后，她一直流亡在苏联，佛朗哥死后两年才获准返回西班牙。她与塞特、雷纳、卡尔沃－索特洛和其他一些特别选出来的人聚会，哈维尔·图塞尔请她跨过《格尔尼卡》的保护栏，在那里她明显感受到了这幅画的全部力场。听完伊涅戈·卡维罗的演讲后，她简单地说，“内战已经结束了”。这种情感得到《国家报》的回应，第二天在头版上把她的话登出来。在抵达丽池画廊后的一年之内，有100万游客站在《格尔尼卡》的面前，其中至少有一些人似乎在寻求类似的解决办法。

《格尔尼卡》的离去给纽约首屈一指的现代艺术博物馆中所留下的缺憾，被它的挂毯复制品在纽约一个同样重要位置的出现稍微减轻了一些。挂毯的主人纳尔逊·洛克菲勒，在1979年，即参加了佛朗哥葬礼的四年后，离开了人生的舞台。1985年，他的遗孀把挂毯借给位于纽约的联合国大厦，条件是它将作为永久性的反战物品悬挂在安全理事会会议室外面，使毕加索的形象——在西班牙的文化机构百般努力使其非政治化之后——回归全球政治中心。这次出借贯穿了洛克菲勒家族的两条主线——艺术和权力，也与洛克菲勒家族在这栋建筑和联合国项目上的投资永久地联系在一起。纳尔逊为这座建筑选择了一个地点，而他的父亲则购买了这块土地，并把它捐赠给了这座城市。这种乌托邦式愿望的姿态在纽约第一幢玻璃幕墙摩天大楼的现代主义建筑风格中得到了回响。美国决定将联合国用于一个远非和平的目的，很快将使挂毯在那里的存在，有如挂毯的主人参加佛朗哥的葬礼一样令人尴尬。

安东尼奥·索拉是他这一代最有影响力的西班牙艺术家之一，具有极高的造型艺术和文字方面的天赋，他的作品总是把敏锐的洞察力与下三滥的幽默相结合。毕加索对他影响重大，尤其是20世纪20年代末那些恐怖的裸体。索拉50年代的作品中体现了这些。小时候，他在马德里和其他地方经历过内战；在佛朗哥统治期间，索拉对这个国家可以展出《格尔尼卡》却还没能和过去和解感到震惊，决心对此做出反应，于1982年出版了一本名为《反〈格尔尼卡〉》的极具争议性的小册子，旨在用他精心设计的嘲弄来刺破围绕着这幅画“回归”的全国性自我陶醉。这本小册子引起了人们的愤慨，公众没有注意到，小册子里都是经过深思熟虑的评论。然而，1992年《格尔尼卡》被迁移到索菲亚王后国家艺术中心博物馆时，这本小册子又重印了，还加上了索拉后来写的一些关于这幅画的内容。它的文本由280句格言式的评论组成，每句话都解释了为什么索拉憎恨、厌恶或鄙视“黑白稻草人《格尔尼卡》”，以及白痴、书呆子、冒名顶替者、记者、政治家、博物馆保护者、艺术评论家、教授、作家和审查员，这些不同的人都在他们自己的人生中和各种不同的体系中利用这个艺术家的名字或作品，以期达到他们自己的目的。“我厌恶《格尔尼卡》。”他写道：

> 它是一幅巨大的海报，和所有的低俗海报一样，可以无限复制……我厌恶《格尔尼卡》：多年来，它一直是众多西班牙知识分子家中唯一的一幅画……我厌恶《格尔尼卡》：虽然它可以留在巴斯克村庄中忏悔，却宁愿住在马德里一家有空调的大酒店里……我厌恶把《格尔尼卡》变成养水虎鱼的玻璃监狱，而不是令人恐惧的幽灵。[1]

在随后于1992年出版的一篇文章中，他的目光转向了这幅画的创作者。“我讨厌巴勃罗·毕加索，他没有把《格尔尼卡》卖给他盗用这个名字的小镇，而是在普拉多中心诊所待了一段时间后，把他处理不当、破旧不堪的作品遗赠给了索菲亚王后医院。”[2] 1997年，也就是他去世前一年，他的批评稍有节制，可以解读为对这幅画将于21世纪在索菲亚王后国家艺术中心博物馆展出的回应。在该处，《格尔尼卡》以特定的历史时刻为背景，旁边一个房间里面便有一个按照1937年西班牙展馆比例做的模型。“在我看来，为了政治或宣传目的收回这部作品是不道德的。”他写道，“接受其自治将开创一个具有相当大后果的先例，最重要的是，它对文化的真正攻击。”[3]

一年后，在大西洋的另一边，科菲·安南利用《格尔尼卡》的挂毯版本出现在联合国大厦的问题，提出了一个截然不同的论点。在纽约现代艺术博物馆的国际理事会上，这位联合国秘书长在讲话中提醒他们：

> 自从毕加索画出了第一幅政治杰作以来，世界发生了很大的变化，但它未必变得更加轻松。我们即将结束一个动荡的世纪，这一世纪见证了人类努力的最好和最糟糕的时期。和平在一个地区扩展，而种族灭绝的烈火则在另一个地区肆虐。空前的财富与可怕的匮乏并存，世界上四分之一的人仍然陷于贫困之中。[4]

换句话说，战争和不公正并没有结束：联合国和挂毯存在于此处是为了提醒各位代表，他们的主要目的是增进互相了解和防止冲突，但他们的使命都失败了。

直到2003年2月5日，美国国务卿科林·鲍威尔在安理会会议室外向聚集在那里的新闻界简要介绍美国即将对伊拉克发动的进攻时，人们才知道这种失败到了什么样的程度。在会议室里，鲍威尔完成了一场戏剧表演，当他从放在桌面上的文件中拿出一个小玻璃瓶时，这场演出达到了高潮。他小心翼翼地用拇指和食指捏着那个小瓶子，对他的听众说，“少于一茶匙干炭疽，再少一点点，大约这个量，这少于一茶匙的量在2001年秋天被装在信封里，导致了美国参议院关闭”。他接着说，萨达姆政权可能生产了数千升这种物质。当然，瓶子里并没有装着这种东西：它更有可能只装着一些沙子，和那些寻找大规模毁灭性武器的人最终在伊拉克发现的一样。鲍威尔用他的魔术，把中东武器的遥远威胁转化为联合国大厦内的内心恐惧。

对这一挑战提出的答案，与沃尔弗拉姆·冯·里希特霍芬和莫拉将军施加于顽固的巴斯克的手法无异：闪电战，震惊和敬畏

（Shock and awe）*。在行动开始之前，必须克服最后的障碍。他怎么能在一幅一个女人抱着死去的婴儿、另一个女人从一幢燃烧的建筑掉下来的油画前面，向电视工作人员宣布轰炸巴格达城呢？鲍威尔在200名记者面前走上讲台时，讲台后面有一块印着联合国徽章的蓝布，把挂毯遮盖得严严实实，这是洛克菲勒家族所拥有的作品第二次被遮掩，以屏蔽公众的感情。这个决定的效果与行政当局的愿望恰恰相反，遮掩《格尔尼卡》似乎反倒增加了它的力量。它的缺席，比它让人过于熟悉的形象更能提供具有说服力的评论。

面对媒体的大量评论和抗议者在街头高举《格尔尼卡》的图像，政府发言人立即声称，是广播公司要求掩盖这幅画，因为担心挂毯上“狂野的线条和尖叫的人”会造成背景混乱，在镜头中，“马的后躯会出现在演讲者的头上方”；或许为了避免国务卿看上去就像马屁股？[5]纽约的《每日新闻》报道了不同的故事，说：“最近几天，有人援引没有透露姓名的联合国外交官说，他们相信，在鲍威尔或其他美国外交官为伊拉克开战而辩解时，美国要求联合国官员遮掩挂毯，而不是把它作为背景。”[6]保守的《旗帜周刊》（*Weekly Standard*）将这种说法斥为“假新闻”，说这是左翼的一个阴谋，把这件事与艺术品本身联系起来。克劳迪娅·温克勒写道：“《格尔尼卡》的神话打着政治艺术的旗号，猜疑胜过知识，谎言变成历史。这种事每天都在发生，因为许多人宁愿放纵自己的激情，也懒得去认识外部的世界。”[7]

---

* Shock and awe指展示压倒性的力量以摧毁敌方的作战意志，这一战术于1996年被美国国防大学的哈兰·K. 乌尔曼首先系统地提出。——编者注

几星期之内，洛杉矶的一个艺术家团体在日落大道和好莱坞大道交界处的广告牌上制作了一幅《格尔尼卡》的复制品。晚上，当紫外线灯光照射着《格尔尼卡》，映射出布帘缝隙与联合国徽章。这种混乱的结果，甚至使《纽约时报》（*New York Times*）的一位记者运用现代艺术的语言来批评政府为战争进行辩护的论点，声称在过去几个月里，战争已经“使令人眼花缭乱的立体主义瀑布发生了变化”。[8]这种战术并不能阻止造成数十万人死亡的冲突，在我写这些话时，这场冲突仍然在继续造成后果。

毕加索创作的图像在2003年的国际政治中所扮演的角色，导致了六年之后有一幅艺术品被创作出来，把我们所追踪的《格尔尼卡》之旅中的一些历史线索联系起来。2008年，伦敦的怀特查佩尔美术馆关闭，进行大规模翻修，其中包括扩建且吞并隔壁的怀特查佩尔公共图书馆。美术馆邀请波兰出生的伦敦艺术家戈什卡·马库加在以前曾是图书馆阅览室的地方第一次展出彭博社委托的作品。马库加特别胜任这项工作，她的实践将艺术制作与档案研究和艺术空间中的策展人干预相结合，通常以传统策展人无法想象的方式来布展其他艺术家的作品。

马库加全心扑在怀特查佩尔美术馆数量巨大的历史档案中，发现了《格尔尼卡》1939年在该处展出的故事——这是她以前不知道的——还查到了尼古拉斯·塞洛塔在1981年恳求让这幅画归来一次的信件。她还对图书馆的历史感兴趣；该图书馆因培育了许多东区犹太作家和知识分子而获得了“犹太人居住区大学”（University of the Ghetto）的称号。我去参观她在沃尔瑟姆斯托的工作室时，她说："我觉得放弃这个为当地社区服务的图书馆，放弃所有使用这个图书馆的那些出色的人，真是太可耻了。我担心的是，如果使用过图书馆的人走上街去看旧阅览室里的展览，他们与作品不会产生互动。"[9]

她的装置艺术作品带来的另一个元素是，在科林·鲍威尔的新闻发布会上被蓝布遮掩起来的《格尔尼卡》幽灵般的存在。如果理性的声音能够以这种方式被压制下来，图书馆阅览室可以从一个积极互动的社区变成一个展示当代艺术的无菌空间，那么这两种压制也可以被逆转。毕加索的挂毯将被重新激活，把它带回到1939年见到原画的社区，阅览室会再次成为人们交流想法的地方。马库加的幻想，实质上是要在她为期12个月的布景工作期间，在伦敦东端的中心建立一个小型的联合国。万事俱备，只欠《格尔尼卡》出现之时，马库加犹豫了两星期才大胆地向美术馆馆长伊沃纳·布拉兹威克提出了这个想法，他将接棒讲述这个故事。

布拉兹威克在对怀特查佩尔美术馆一位观众说："当20世纪最伟大的历史绘画之一来到了东区时，戈什卡对早期的激进主义非常着迷。"[10]

2009年，我们邀请她来布置新扩建的怀特查佩尔美术馆时，她对我说："伊沃纳，我想让你给我带来《格尔尼卡》……"所以我说，"我会马上处理的！"（笑声）发生了一件令人惊奇的偶然事件，一位朋友刚刚得到一份在纽约为洛克菲勒基金会做事的工作。我和她取得了联系，并说："我们正想要弄到这幅挂毯。"她说："今晚正好有一个鸡尾酒会，我和洛克菲勒收藏馆的馆长也会去。”她进行了联系，第二天打电话给我，说：“好吧，过来吧。”于是我就坐飞机去见收藏馆的馆长。她说：“你想进入联合国大厦看看吗？”她给我弄了个通行证，我们进去了，这幅令人吃惊的挂毯就在那里。我们走向挂毯时，整幢联合国大楼的维修主管正好走过。我被介绍给他，我对他说：“我们想借这幅挂毯，我们想借用一年。”他说：“嗯，碰巧我们要关闭整个大楼两年，所以，它是你的了！”这太令人兴奋了，这就像我的策展生涯中的巅峰！

在马库加题为“野兽的本质”（*The Nature of the Beast*）的装置艺术作品中，《格尔尼卡》挂毯后面放置了一个被故意弄得丑陋不堪的蓝色布帘，暗示它在鲍威尔的新闻发布会上被遮掩起来的事。它前面摆一张用玻璃覆盖着桌面的椭圆形桌子，与联合国的马蹄形会议桌和亚历山大·考尔德的水银喷泉（那座在西班牙展馆展出时摆放在《格尔尼卡》前面的雕塑）相呼应，进一步抹消了绘画与挂毯之间的差别。在一边的基座上，矗立着一尊科林·鲍威尔正在挥舞他的神秘瓶子的立体青铜半身像。和1939年一样，同时放映电影，把西班牙内战、费卢杰战场、希伯伦战场和越南战争的影像带进美术馆。在桌面的玻璃下，展出画廊档案中记录的与《格尔尼卡》在怀特查佩尔美术馆原始展览有关的元素，这个微型展览根据所收集到的新材料而不断更新。任何人都可以免费预定桌子作为会议场所，条件是会议能够被公众观察，并将会议记录提交于档案中，以弥补展览因为是非官方性质而缺乏原始展览文件的问题。在展览过程中，艺术系学生、艺术家、社区团体、历史学家、教育家、电影制作人、和平主义者、无政府主义者、马克思主义者、档案学家、美术馆馆长、文物保护者、国际纵队前成员和其他人利用了这一空间，确保它始终充满活力。

马库加回忆说：“非常令人震惊的是——”

这是对这个图像的完全和绝对的尊重，对这个图像所代表的东西的尊重。当你去马德里看《格尔尼卡》原作时，你在图像前面能够做的事情受到很大的限制。所以现在，这幅作品的伟大创造了一个场景，你在看到它时，不能根据你的感觉采取行动，你必须处于完全的静止和被动的状态。我所创建的空间给了人们更多的自由，所以你会看到，老人们来坐在这幅画的光环里。看到这幅作品如何对人们开放，他们如何享受待在那里的感觉，冥想它的全部历史，令人感到自我的渺小。所以我觉得，它非常成功地激发了这些精神；它和不同世代的人交谈，这些人不一定来自艺术世界，可以是那些关心历史或超越艺术的话题的人。作品有时很难接触到这样的人——我认为，这是唯一一幅可达到此目的的作品。

尽管2009年在怀特查佩尔美术馆展出的《格尔尼卡》挂毯并没有见证战争的爆发，但它的存在仍然让艺术界感到不安，这些问题一直困扰着艺术界——涉及资金来源、艺术家的独立性，以及通过一种与资本主义市场力量如此紧密结合的媒体发表独立政治声明的可能性。马库加充分感受到这些冲突，这些感受为她自己创作的新挂毯提供了灵感，这幅新挂毯也被命名为《野兽的本质》，用提花机编织，在比利时的挂毯车间制作。它在《格尔尼卡》返回美国时取代了《格尔尼卡》，使她自己的艺术品继续在各地巡回展出。

怀特查佩尔美术馆的重新开放是伦敦文化史上的一项重大活动，其标志是一系列活动，邀请知名人物参加，其中包括英国最不民主的机构的一名代表。威廉王子乘直升机降落在附近的怀特查佩尔医院的屋顶上，然后驱车前往会场，这是他的家族在25年中参观这个美术馆的第一人。马库加回忆道：“他在演讲开始时开了个玩笑——这是他对当代艺术所了解的一切——说：‘我叫班克西。’我认为，邀请他来参加根本是一种耻辱。在目前公共资金不足的情况下，机构需要可以赞助他们的人，而这些赞助者不一定是最适当的，其中有一些人是犯罪分子或寡头政治执政者……作为一个艺术家，应该可以公开说出自己想要与什么样的人交往的想法。”

马库加的挂毯是以展览开幕时的新闻图片为基础而创作的。威廉王子在《格尔尼卡》面前讲话，取代了1939年在怀特查佩尔展出开幕时拍摄的那张著名的克莱门特·艾德礼的照片。伊沃纳·布拉兹威克的身影引人注目地出现在挂毯的中心，置身于一片西装革履之中，因为商界、政界和当地社区的代表聚集在一起，显然没有受到他们面前墙上那些备受折磨的图像的影响。挂毯的左边有一个人物，那是艺术家本人，已经转过身去，她那张忧心忡忡的脸表明她随时准备开溜。马库加承认，自己作为一名艺术家不得不置身于与权力、艺术市场和制度野心有多重联系的体系中，而这种关系存在

下页图

戈什卡·马库加：《野兽的本质》，挂毯，2009年

内在矛盾。《格尔尼卡》再次被用来表达不可言说之辞。

在21世纪的前十年，毕加索的画继续被认为是各种全然不同的灾难的参照物，仿佛只有它这样的作品才能概括出每一种新的恐怖。“有一幅《格尔尼卡》来表达‘9·11’吗？”摄影师乔尔·迈耶罗维茨问道。他用九个月时间记录在世贸中心原爆点的活动，写出了《余波：世界贸易中心档案》（*Aftermath: World Trade Center Archive*）。2008年，《卫报》的博客问道：“反映气候变化的《格尔尼卡》在哪里呢？”2003年，古巴艺术家何塞·福斯特在哈瓦那接受采访。在哈瓦那，一幅巨大的《格尔尼卡》复制品的广告牌上写着“这里将矗立着一座反法西斯的西班牙文化纪念碑”，它支配了一条城市的主干高速路。福斯特深受毕加索的影响，他对采访者说：“目前美国对古巴的封锁就是古巴的《格尔尼卡》。”[11]似乎是要

戴维·克雷文摄于哈瓦那，2003年11月

对试图扼杀这幅画的政治义愤的持续能力发表评论，罗伯特·朗戈创作了《删除〈格尔尼卡〉(复刻自毕加索，〈格尔尼卡〉，1937年)》[*Guernica Redacted (After Picasso's Guernica, 1937)*](2014—2015年)。这是一幅用炭笔精心制作的复制品，毕加索原作的部分图像被用垂直的黑色条纹屏蔽掉了，让人想起那些被审查过的供公众查询的官方文件。

《格尔尼卡》还作为集体艺术创作的焦点，在不同的环境中发挥作用。汉堡是南非东开普敦地区的一个沿海城镇，那里的很多妇女严重感染艾滋病病毒，她们共同创作了一幅以此为基础的挂毯，名为《克斯卡玛·格尔尼卡》(*Keiskamma Guernica*，2010年)。挂毯除了结合毕加索作品的图像外，还特别加入了非洲元素，用以评论艾滋病和人类免疫缺陷病毒的流行给当地社区带来的灾难。一群被统称为"重塑毕加索《格尔尼卡》"的活动人士和艺术家的作品中同样蕴藏着这种动机。这些艺术家最初来自布莱顿，他们制作了各式各样的《格尔尼卡》横幅，在展览和抗议活动中使用，"运用艺术力量反对法西斯主义、军事化和战争"。这个团体认为创造这种行为本身是获得权力的表现。他们在博客中写道："当我们剪、钉和贴的时候，我们讨论了毕加索创作了《格尔尼卡》的20世纪30年代中期和今日的历史对应关系。""我们认识到第二次世界大战中的空袭轰炸与目前使用的无人机之间的相似之处；新旧法西斯主义之间的相似之处。"[12]

通过这种方式，艺术家继续把《格尔尼卡》从一种媒介翻译到另一种媒介，自我任命为他们解读的该画作的历史遗产托管者。这类作品的例子遍布全球，几乎不可能有代表性的选择，但我还是选了一个。被大西洋隔开的毕加索的油画和洛克菲勒的挂毯版本之间的循环就由墨西哥艺术家丹妮丝·德·拉·鲁来完成。同样，以这种方式，这本书的旅程也将结束。

德·拉·鲁第一次在马德里看到《格尔尼卡》时还是一个十岁的孩子，《格尔尼卡》"对她的心灵产生了巨大的影响"，她决定某一天她会用这幅画来"做点什么事"。[13]她花了30年的时间重返《格尔尼卡》，在以电影为基础的作品《和平的呐喊》（*A Cry for Peace*, 2014年）上达到顶峰。她感觉自己与毕加索的联系，在一定程度上是因为他们都对斗牛十分着迷，这反映在她的肖像系列《斗牛士》（*Matador*）中。"我看到斗牛士和索福克勒斯创造的悲剧英雄之间的可比之处，"她告诉我，"还有勇士或士兵之间。在斗牛士的形象中，你可以看到人类存在的两极分化——美与残酷，生与死——与希腊悲剧的相似性。"

当她想要去做一个以斗牛士为主题、以《格尔尼卡》为背景的视频时，可能并没有意识到自己在尝试些什么。在此之前，毕加索基金会从来没有允许当代艺术作品以这种方式使用《格尔尼卡》，要获得他们的许可，需要经过一年半的时间，但她的坚持终于成功了。而确立这部电影第一次上映的地点同样需要非凡的外交手段。

电影以黑屏开始，黑暗中夹杂着一头公牛喉音的咕噜咕噜声。然后画作的左边部分出现了：斗牛士站在我们面前，面对着母亲与孩子，身处公牛头颅的下方。他左手抓着红色斗篷，那套精心制作的黑白斗牛士服装——"光之服"（traje de luces）的衣襟上沾满了显然是鲜血的东西。他展开斗篷，在斗牛冲向他时绕着斗篷完成了一个闪身。这时画的第二部分被照亮了。这位斗牛士在这幅画中的前进步伐伴随着阿根廷作曲家古斯塔沃·桑陶拉利亚的音乐和墨西哥音响艺术家马丁·埃尔南德斯创作的一幅凸显了公牛呼出来的热气、飞机的轰鸣声、教堂风琴突然响起的声音和最后警告的钟声的音响风景。这幅画的第三部分，即最后一部分，也从黑暗中随着闪耀的披风浮现出来。影片的三个阶段呼应了斗牛的三个动作：对公牛的起诉、判决和处决。

尽管他的动作精确优雅，但影片中的人物是一个真正的斗牛士，哈维尔·孔德是近年来从毕加索的诞生地马拉加出现的最著名的人物之一。“是的，他是斗牛士，不是舞蹈家。”德·拉·鲁告诉我：

他在与死神共舞。这些编舞动作都是他们在进入斗牛场之前的练习方式。这就是所谓的沙龙斗牛。我没有对他说“像个舞蹈家那样移动脚步”，我要他在油画前做沙龙斗牛，和它平行，从这个地方到这个地方：因为这幅画很长，他可以这样表演；动作是他自己的动作，你知道，这是他自己的创作。

他服装上的红色污渍呢？

他外套上的血渍是真的。我们在一个非常特殊的时间框架和日期内工作，他在前一天的斗牛中穿了那件外套——我让他不要洗掉。当他披着斗篷做着向下移动的动作时，你会听到与马丁在20世纪40年代的声音档案中发现的轰炸格尔尼卡的飞机的声音；我们之所以

丹妮丝·德·拉·鲁:《和平的呐喊》影片截图，2014年

把它们包括进去，是因为战争和斗牛之间存在着这种联系。斗牛士是一个比喻，他是带领我们穿过战争毁灭之旅的人。

与其在美术馆或博物馆里安排一个传统的展览，德·拉·鲁决定，第一次展览的合适地点倒不如是一个完全不同的地方。她说："我认为，理想的情况是用这部电影来发表纪念战争受害者、毕加索本人的声明的地方，应该是在纽约的联合国，以强化毕加索在《格尔尼卡》中所做的声明。"这一次，同样也是友谊，为德·拉·鲁和她的电影提供了进入联合国大厦的机会。为她提供机会的是联合国妇女促进和平协会主席穆娜·里哈尼·阿尔－纳赛尔。因此，德·拉·鲁在放映《和平的呐喊》之前，在联合国，在距离2003年挂毯被掩藏之处只有一步之遥的地方，向数百名代表发表了一项声明。"我给你们看这部电影，希望我们能反思自己的光明和黑暗，"她对他们说，"希望我们能重新意识到自己的暴力和和平，接受这种矛盾，然后超越这种矛盾。"*

丹妮丝·德·拉·鲁通过行动将这幅油画和挂毯与20世纪中叶赋予它们的反战信息重新联结，调和它们之间分歧的历史。毕加索的作品——在一个具有创作者所喜爱的、被血液浸透的西班牙遗产元素的背景下——是由一个踩着舞步的马拉加斗牛士来体现的。他的妻子是一位弗拉门戈歌者，来自格拉纳达——洛尔卡被谋杀的城市。在斗牛中，美和暴力的对立力量是平衡的，两者相辅相成、不

* 2014年，德·拉·鲁放映这部电影时，挂毯还在巡回展出，2015年3月回到了它在联合国的最初位置上。

可或缺：正如洛尔卡告诉我们的那样，“恶魔在预见到死亡的可能性之后才会降临”。

1937年，《格尔尼卡》不仅是一次对恐怖主义行为的谴责，它被许多人视为一种警告：如果平衡被打破，法西斯主义继续不受制衡，欧洲将面临什么。“热情之花”或许错了，自西班牙内战开始的斗争并没有在这幅画抵达马德里时结束。也许斗争才刚刚开始，很多人似乎都这么认为。如果事实确实如此的话，人们将继续被吸引到这幅画前；它似乎比任何其他画都更能表达人们最深切的恐惧。

* * * * * *

后记：
毕加索，宝贝！

对我来说，艺术没有过去和未来。如果一件艺术品不能一直活在当下，那么它根本就不值一提。[1]

——巴勃罗·毕加索，1923年

我在西班牙旅行，去了格尔尼卡所在与所不在之地。对格尔尼卡—卢莫*本身来说，它缺少原画《格尔尼卡》，却以一幅以市政建筑群为背景的马赛克画来代替它，申明了该镇对盗用其名的著名画作的权利，以此纪念它与一场悲剧事件的联系，并在某种程度上阻止它被遗忘，下面的碑铭写着：《格尔尼卡》致格尔尼卡。正如巴斯克民族解放运动的发言人在20世纪90年代所说的那样，“我们捐躯，他们拿画”。在和平博物馆外面，一位西班牙导游问一群刚从旅游大巴下车的英国学童对自己到达的地方了解多少。一个男孩犹犹豫豫地举起手，然后说：“它……被轰炸过，对吗？”

我乘火车回毕尔巴鄂。一团雾气从海上升起，飘忽而来。它就像国民军曾声称的那样环绕格尔尼卡的丛林山峦，使战机无法于1937年4月26日起飞的那场雾一样。我正戴着耳机听Jay-Z演唱的《毕加索宝贝》（Picasso Baby），脑海里便将艺术、金钱、贪婪和地位这些困扰着马库加的元素轻易地串联在了一起。他告诉我们，他想要用一幅毕加索的画和几个杰夫·昆斯的气球装饰他的房子，还要有电影《巴斯奎亚特》中那么大的厨房，一幢像泰特现代美术馆的房子，还有堆积成山的现金。我们要花多长时间才能意识到他就是现代的巴勃罗·毕加索，宝贝？[2]弗兰克·盖瑞设计的那艘钛合金战舰——古根海姆·毕尔巴鄂博物馆耸立在内尔维恩河边。博物馆改变了这个后工业城市的命运，证明巴斯克地区当局在这里投入的大量资金适得其用。然而，它没有实现一个自身的关键目标：众

* 编者注：这是格尔尼卡所在的行政区。

所周知，盖瑞在原来的设计中专门设计出一个空间来接纳《格尔尼卡》。博物馆的总馆长胡安·伊格纳西奥·比达特一直都清晰地表示希望能够临时借用这幅画，来为博物馆的开馆典礼增光添彩。二十年后，在他任职期间，展览《格尔尼卡》的“梦想”依然遥遥无期，他仍然认为，拒绝古根海姆的要求是“一个错误……如果《格尔尼卡》在博物馆的开馆式上出现，那会是一个伟大的姿态和非常特殊的时刻”。

我在问讯处试图确认我在古根海姆博物馆的何处可以看到原定要展出《格尔尼卡》的地方。这引发了一场激烈的讨论，一位女士告诉我：“我得给某个人打电话，因为我们对它原本要被在哪儿展出得不出定论。”在等待的时候，她告诉我，自己的祖母就是在格尔尼卡轰炸中幸存下来的人，却并不特别关心毕加索的画。“当时格尔尼卡的大多数人都是农民或渔民，他们对现代艺术和巴黎先锋派并不感兴趣。”她解释说，“这与我们现在生活的全球化世界大有不同。”这让她回想起自己十四岁时第一次在联合国大厦里看到《格尔尼卡》的挂毯时的情形，当时她读书的学校组织去纽约旅游，这幅作品的创作者的名号并不如想象中的那样无人不知。“带领我们参观的联合国人员想向我们炫耀他的学识，告诉我们：‘这里有一幅《格尔尼卡》，艺术家戈雅画的！’所以，我祖母不知道谁是毕加索，但纽约的那个家伙也不知道。”

我终于被带到二楼的208号房间。博物馆正在展出弗朗西斯·培根的许多作品。弗朗西斯·培根十七岁时第一次观看毕加索的画展，为之神魂颠倒。在原本预留给《格尔尼卡》的那个房间里弯曲空间内的浮动墙壁上，现在展出的是培根晚近创作于1987年的三联画（*Triptych*）。左侧和中央面板都展示了受伤身体的细部，包括纱布和正流血的伤口；右下方的牛头有一只牛角血迹斑斑。看来，不管人们如何努力想遗忘毕加索传奇中的浪漫主义、神话与自负，却似乎都无法逃脱斗牛。对面的墙上挂着培根的最后一幅画——1991年的《公牛习作》（*Study of a Bull*）。在这幅画中，他把画室地板上的灰尘粘到画布上那头几乎非物质的、幽灵般的动物蹄下，仿佛画室的空间和斗牛场融为一体。

回到一楼后，我被紧急召唤到问讯处，他们告诉我："还有一点点争议。"他们告诉我，他们与一位布展人谈了这事，他告诉他们，分配给《格尔尼卡》的房间实际上是三楼的304室。我又爬上三楼，看到那个房间挂着一整代抽象主义画家的作品，其中包括马

格尔尼卡镇，2016年

克·罗斯科、克里福德·斯蒂尔和罗伯特·马泽韦尔的作品，这些画家在20世纪50年代和20世纪60年代，至少在美国，取代了毕加索独一无二的地位。在这里，就目前而言，克莱门特·格林伯格已经取得了胜利。伊夫·克莱因的一大幅蓝色抽象画《人体测量学》（*Anthropometry*）占据了内墙，这可能就是盖瑞原本为《格尔尼卡》所准备的位置。

根据最初倡导这些作品的形式主义评论家的线性逻辑，毕加索的绘画早就应该被贬作历史遗迹了。新的冲突需要新的表达方式：斗牛、永远受苦的女人和手执长剑的勇士，似乎都是来自遥远过去的隐喻，只能留待艺术史考古过程去发现。但是，我们现在知道，现代主义错了。历史不是沿着直线前进，而是在一系列的循环往复中进行，迫使我们一次又一次地面对同样的怪物。《格尔尼卡》不仅哀悼战争中的受害者，而且也哀悼现代性和启蒙主义在兑现承诺方面的更大的历史性失败。科技非但没有结束累断筋骨的劳动，没有解放大众，让他们过上悠闲自在的生活，反而从空中给他们带来了死亡。这就像在我们这个时代一样，互联网虽然带来巨大的好处，但也催生了虚假的新闻、操纵和宣传，有可能破坏民主本身。

回归到马德里之后，这幅画不愿静止不动，而是继续变异，揭示其自身的新面貌。在它80岁生日纪念展览的新闻发布会上，我站在《格尔尼卡》面前，与索菲亚王后国家艺术中心博物馆馆长曼努埃尔·博尔哈－比耶尔一起凝视着这幅月球表面一般的画作。“《格尔尼卡》离开纽约的现代艺术博物馆来到这里之前，”他告诉我，“他们为了保护它，在上面涂了清漆。但是，毕加索从来不想这样做。现在清漆一直在氧化，所以我们想除去它。”尽管最新的无创伤技术很先进，但他的建议还是引起了轩然大波，他也为此轻声发笑。“现在，这幅画有一点卡通色彩，因为清漆会把所有东西都压平了。如果我们除掉清漆，修复者就会认为，在那条腿上，”他指着画布最左边的公牛后腿说，“你会看到各种各样的细微差别，因为清漆非但不透明，还会使这些细微差别消失。”他点点头，“毕加索是通晓宏观和微观的大师。”

《格尔尼卡》似乎已经在索菲亚王后国家艺术中心博物馆中安顿下来了，但它并没有放弃自己在世界舞台上的地位。这幅以最快的速度用近一个世纪前在巴黎发展起来的视觉语言创作出来的画，似乎仍然与我们的愤怒和恐怖之感联系在一起，那是一块穿过笼罩在当代事件上的虚假信息迷雾的透镜。英国和法国政客称俄罗斯军队对阿勒颇的轰炸是现代的格尔尼卡。一次伊拉克政府军空袭摩苏尔时所造成的平民死亡，被说成是其他国家士兵炸毁那幢建筑的结果。毕加索绘画的简陋卡通化版本换上那些应当为这些事件承担责任的人的脑袋，在网络上广泛流传。尽管我们有种种技术进步，但是，无论是在中东遭到轰炸，还是伦敦、尼斯或巴塞罗那遭到全副武装的车辆袭击，人类的躯体仍然像以往那样脆弱。

正是由于这个原因，《格尔尼卡》依然在为我们的现状代言。

致谢

我要感谢作家协会的作家基金会为这个项目的旅行提供了慷慨的支持。衷心感谢所有在这个项目上帮助和鼓励我的人，那些欢迎我进入他们的家、博物馆和工作室，同意接受采访、接电话或回信的人；也感谢那些之前曾经在这个主题上进行探索的作者、艺术史家和学者，以及那些我参考过他们的作品的人。

特别要感谢尼古拉·阿什莫尔、鲁兹·贝克尔、索黑拉·本乐维、曼努埃尔·博尔哈－比耶尔、伊沃纳·布拉兹威克、大卫·布鲁尔、穆罕默德·布萨拉、阿米纳·达尔维什，古根海姆·毕尔巴鄂博物馆咨询处那些热情的工作人员，彼得·肯纳德、戈什卡·马库加、马利特·马塔、朗姆乔·马塔，委托撰写本书的理查德·米尔班克，以及编辑本书的乔治娜·布莱克韦尔，弗朗西丝·莫里斯、尤帕曼尤·帕布鲁·穆克赫吉、伊恩·尼克松，马德里索菲亚王后国家艺术中心博物馆的孔查·伊格莱西娅·奥特奥·德·特哈达和戴维·科西·穆尼奥斯，牛津萨克勒图书馆里无比耐心的图书馆员，丹妮丝·德·拉·鲁、凯瑟琳·萨拉希、阿米塔瓦·桑亚尔和尼古拉斯·塞洛塔爵士，泰特图书馆和档案馆，罗杰·索普和索普收藏（希钦），弗朗西丝卡·温特，怀特查佩尔美术馆和档案室的帕梅拉·塞普尔瓦达和纳伊亚·伊亚库马基，以及韦斯·威廉姆斯。

当然，还要感谢夏洛特、我的家人和朋友们，没有他们的支持，我不可能写出这本书。

注释

题词页

1 Alfred H. Barr Jr, *Picasso: Fifty Years of his Art*, (The Museum of Modern Art, New York, 1946), p. 250.

引言

1 Antonio Saura, *Contra el Guernica* (La Central/ Fundación Archives Antonio Saura/Museo Reina Sofía), 1992.

第一章　分崩离析的世界

1 T. J. Clark, *Picasso and Truth: From Cubism to Guernica* (Princeton University Press, 2013), p. 25.

2 Simone Gauthier, ‘Picasso, The Ninth Decade: a rare interview’, Look 20 (November 1967): 87–88, cited by Lydia Gasman, *in Picasso and the War Years 1937–45*, ed. Steven Nash (San Francisco: Fine Arts Museum of San Francisco, 1988), p. 55.

3 Quoted in Hugh Thomas, *The Spanish Civil War* (Penguin, 1989), p. 35.

第二章　实现一个梦想

1 Barr, *Picasso*, p. 272.

2 From a transcript in the Alfred H. Barr Jr papers, The Museum of Modern Art archives.

3 Conversation with the author, Epaux-Bézu, France, 2016.

第三章　死亡和几何学

1 André Malraux, *La Tête d'obsidienne* (Gallimard, 1974), p. 42.

2 See Lutz Becker, *Cut and Paste: European Photomontage 1920–45* (Estorick Collection, 2008).

3 Conversation with the author, London, December 2016.

4 Frances Morris, unpublished interview with Dora Maar, Paris 1990 © Tate. Courtesy of Frances Morris.

5 Stephen Spender, *'Guernica', New*

Statesman and Nation, vol. 16., No. 339 (London, 1938), pp. 576–8.

6 Malraux, *La Tête d' obsidienne*, pp. 17–19.

7 John Richardson, 'A Different *Guernica', review of Xabier Irujo, Gernika, 1937: The Market Day Massacre, New York Review of Books*, May 12, 2016.

8 *Life*, vol. 3, no. 4, July 26, 1937, p. 64.

9 Robert Rosenblum, 'Picasso' s Disasters of War: The Art of Blasphemy' , *in Picasso and the War Years: 1937–45*, (Thames & Hudson, 1998), p. 50.

10 Jerome Seckler, 'Picasso Explains' , *New Masses* (New York), LIV, 11: March 13, 1945, pp. 4–7.

11 Pablo Picasso, message to Alfred H. Barr at the Museum of Modern Art, conveyed by his dealer Daniel Henry Kahnweiler, quoted in Alfred H. Barr, Picasso: *Fifty Years of his Art.*

12 Theodor W. Adorno, *Aesthetic Theory* (1970), trans. Robert Hullot-Kentor (London: The Athlone Press, 1997), p. 150.

13 Theodor W. Adorno, *Philosophy of New Music* (1949), trans. and ed. Robert Hullot-Kentor (University of Minneapolis Press, 2006), p. 32.

14 Rosenblum, 'Picasso' s Disasters of War' , p. 49.

15 Françoise Gilot, as translated by T. J. Clark in Picasso and Truth: *From Cubism to Guernica*, p. 225.

16 John Berger, *The Success and Failure of Picasso*, (Granta Books, 1992), p. 169.

17 Barr, *Picasso*, p. 202.

18 Christian Zervos, 'Picasso: Between Two Charnel Houses' , in *Picasso and Matisse*, (Victoria and Albert Museum, 1945).

19 Vernon Clark, 'The Guernica Mural – Picasso and Social Protest' , *Science & Society* 104, (Winter 1941), pp. 72–8.

20 Richardson, 'A Different *Guernica*' .

21 Quotes taken from Brian Sewell, 'The Glove that *Changed Guernica', Evening Standard*, London, Thursday 7 May, 2009.

22 Clark, *Picasso and Truth*, p. 245.

23 我之所以形成这一观点，不仅要感谢T. J. 克拉克的著作（已经在参考文献中列出），还有他与安妮 · M. 瓦格纳一起担任索菲亚王后国家艺术中心博物馆馆长时于2017年举办的《怜悯与恐惧：毕加索通往〈格尔尼卡〉之路》（*Pity and Terror: Picasso's Path to Guernica*）的出色展览。

24 ‘Mater Dolorosa: The Women of Guernica’, Anne M. Wagner in *Pity and Terror: Picasso's Path to Guernica* (Museo Nacional Centro de Arte 2017), p. 109.

第四章　人们会长久地谈起它

1 *Exposition Internationale: Arts and Crafts in Modern Life, Paris 1937:* Official Guide (English Edition), Editions de la Société pour le développement du tourisme, 1937.

2 Ibid.

3 Quoted in Richardson, ‘A Different *Guernica*’.

4 Quoted in Gijs van Hensbergen, *Guernica: The Biography of a Twentieth-Century Icon* (Bloomsbury, 2004), p. 74.

5 关于这幅画的意象和与《格尔尼卡》之间联系的进一步解释，见卡伦库克林斯基:《阿辛格 · 约恩的艺术和政治：先锋派不会放弃》（*The Art and Politics of Asger Jorn: The Avant-Garde Won't Give Up*），阿斯盖特出版社，2014年，第54 － 55页。

6 Julian Trevelyan, *Indigo Days* (MacGibbon and Kee, 1957), p. 79.

7 Anthony Blunt, ‘Picasso Unfrocked’, *The Spectator*, 6 August 1937.

8 *London Bulletin* no 6, October 1938, p. 6.

9 Herbert Read letter, T*he Spectator*, 15 October 1937, p. 20.

10 Juan Larrea to Roland Penrose, 12 February 1938, Roland Penrose Archive, Scottish National Gallery of Modern Art, RPA 717, in Simon Martin, *Conscience and Conflict: British Artists and the Spanish Civil War* (Lund Humphries, 2014), p. 121.

11 *Manchester Guardian*, 25 June 1937.

12 John Rothenstein, in William Chapell (ed.), *Edward Burra: A Painter Remembered by his Friends* (André Deutsch, 1982).

13 Quoted in Tom Buchanan, *The Impact of the Spanish Civil War in Britain: War, Loss and Memory* (Sussex Academic Press, 2007), p. 84.

14 Martin, *Conscience and Conflict*, p. 82.

15 Trevelyan, *Indigo Days*, p. 79.

16 Myfanwy Piper, *Back in the Thirties*, in Frances Spalding, John Piper Myfanwy Piper: Lives in Art (OUP, 2009), p. 119.

17 Michel Archimbaud, *Francis Bacon: In Conversation with Michel Archimbaud* (Phaidon, 1992), p. 34.

18 See Martin Hammer, *Bacon and Sutherland: Patterns of Affinity in British Culture of the 1940s* (Yale University Press, 2005), p. 202.

19 Quoted in Douglas Cooper, *The Work of Graham Sutherland* (Lund Humphries, 1961), p. 17.

20 Graham Sutherland in 'Images Wrought from Destruction', *Sunday Telegraph Magazine*, 10 September 1971.

21 Hans Ulrich Obrist, *Lives of the Artists, Lives of the Architects* (Penguin, 2015), p. 572.

22 John Richardson, 'A Different *Guernica*'.

23 出自1938年10月22日《牛津时报》。次年，牛津居民将再次有机会观看此展，展览由新成立的牛津艺术学会和一名叫丹尼斯・希利的年轻学生组织。希利后来成为工党副领袖。

24 The *Yorkshire Post*, 13 December 1938.

25 Roland Penrose, 'Picasso's Angriest Painting Goes Home', *The Times*, 18 September 1981.

26 Clement Attlee, *As it Happened* (Heinemann, 1954), p. 95. 28 Trevelyan, Indigo Days, p. 88.

27 Trevelyan, *Indigo Days*, p. 88.

28 Cited in research by Helen Little, curator of the exhibition 'Picasso & Modern British Art', on the Tate website: http:// www.tate.org.uk/contextcomment/articles/guernicacar-showroom, retrieved 31

January 2017.

第五章　从一个时代传递给另一个时代的信息

1 出自爱玛·拉撒路1883年的《新巨人》（*'The New Colossus'*），1903年刻在自由女神像的底座上。

2 对参加世界博览会的人数估算差别很大。据冯·汉斯伯仁报道，估计"有6000万游客"，见《格尔尼卡：一个20世纪偶像的传记》（*Guernica: The Biography of a Twentieth Century Icon*），第106页。海伦·A.哈里森说，出席人数远远低于预期的5000万人，见《新的一天的黎明，纽约世界博览会1939/40》（*Dawn of A New Day: The New York World's Fair 1939/40*），第1页。亚瑟·赫尔曼指出，超过4400万人在两个展季中参观了展览，见《自由的锻造：美国企业如何在第二次世界大战中取得胜利》（*Freedom's Forge: How American Business Produced Victory in World War II*），第58页。

3 Helen A. Harrison, *Dawn of A New Day: The New York World's Fair 1939/40* (New York University Press, 1980).

4 Diary entry, January 1939, cited in Harrison, *Dawn of A New Day,* p. 65.

5 Ibid, p. 65.

6 'Art in Our Time' (The Museum of Modern Art, 1939).

7 David Sylvester, *Interviews with American Artists* (Chatto & Windus, 2001), p. 8.

8 Harold Rosenberg, 'The Fall of Paris', *Partisan Review VII* (1940), p. 440.

9 William B. Scott and Peter M. Rutkoff, *New York Modern: the Arts and the City* (The Johns Hopkins University Press, 1999), p. 295.

10 R. Blesh, *Modern Art U.S.A.* (Alfred A. Knopf, 1956), pp. 268–9.

11 Steven Naifeh and Gregory Smith, *Jackson Pollock: An American Saga* (Barrie & Jenkins, 1990), p. 350.

12 Kirk Varnedoe, 'Comet: Jackson Pollock's Life and Work' in *Jackson Pollock* (Museum of Modern Art,

1998), p. 34.

13 Harold Rosenberg, 'The Search for Jackson Pollock', *Art News,* February 1961, p. 35.

14 Robert Motherwell, interview with Sidney Simon, January 1967, 'Concerning the Beginnings of the New York School 1939–43', in Stephanie Teranzio (ed.) *The Collected Writings of Robert Motherwell* (University of California Press, 1992), p. 158.

15 Ibid., p. 160.

16 Mary Ann Caws, 'Robert Motherwell and the Modern Painter's World', in *Artists, Intellectuals, and World War II: The Pontigny Encounters at Mount Holyoke College 1942–44* (University of Massachusetts Press, 2006), p. 116.

17 Robert Motherwell, 'The Modern Painter's World', *Dyn, 6 November 1944, reproduced in Dore Ashton (ed.), The Writings of Robert Motherwell* (University of California Press, 2007), pp. 27–36.

18 Robert Motherwell, 'The Painter and the Audience', from *The Collected Writings of Robert Motherwell* p. 105.

19 Jackson Pollock, Application for Guggenheim Fellowship, 1947 © the Pollock-Krasner Foundation, Inc., cited in Pepe Carmel (ed.) *Jackson Pollock: Interviews, Articles, and Reviews,* Museum of Modern Art, 2002, p. 17.

20 Peggy Guggenheim, Out of This Century: *The Informal Memoirs of Peggy Guggenheim* (Dial Press, 1946), p. 344.

21 Letter from Alfred H. Barr to Picasso, 15 June 1953.

22 The wall text was reproduced in the pages *of Art Digest*, 15 October 1939.

23 A Call to a Congress of *American Artists in Defence of Culture*, June 6–8 1941, New York City. Archives of American Arts, Smithsonian Museum, Washington DC.

第六章　或多或少是真的

1 Malitte Matta, conversation with the author, Epaux-Bézu, France, 2016.

2 Marguerite Zorach, *The Family of John*

D. Rockefeller Jr. at their Summer Home, Seal Harbor, Maine.

3 阿尔弗雷德·H. 巴尔1956年2月起与《格尔尼卡》挂毯有关的信件原件存放在纽约斯利皮霍洛的洛克菲勒档案中心，洛克菲勒家族档案之纳尔逊·A. 洛克菲勒文件第28号箱第239号文件夹。H. 威尔斯在《洛克菲勒的〈格尔尼卡〉和现代版的收藏》中引用，载《收藏史杂志》，第27卷第2期，第257至277页。威尔斯的深入研究让我受益匪浅。

4 Ibid.

5 Cited in Marcia R. Pointon (ed.), *Art Apart: Art Institutions and Ideology Across England and North America* (Manchester University Press, 1994), p. 233.

6 *The Art of Collecting,* narrated by Aline Saarinen, broadcast 19 January 1964 on NBC, cited in Wells, ‘Rockefeller’s Guernica’.

7 Jean-Paul Sartre, ‘The Artist and his Conscience’, in *Situations* by Jean-Paul Sartre, trans. Benita Eisler, (Fawcett Crest, 1966).

8 Vladimir Kemenov, ‘Aspects of Two Cultures’, 1947, VOKS Bulletin Moscow USSR Society for Cultural Relations with Foreign Countries, cited in Herschel B. Chipp, *Theories of Modern Art* (University of California Press, 1968), pp. 20–36.

9 Clement Greenberg, ‘Abstract, Representational and So Forth’, in *Art and Culture: Critical Essays* (Beacon, 1961), pp. 133–138.

10 Clement Greenberg, ‘The School of Paris 1946’, *in Art and Culture.*

11 Walter Darby Bannard, *Art Forum, vol.* 10, June 1971, pp. 58–66.

12 Correspondence between Pablo Mukherjee and the author, 23 March 2017.

13 *The New York Times*, 1 March 1974.

14 Tony Shafrazi interviewed by Owen Wilson, *Interview* magazine, 4 March 2009.

15 Felix Gmelin interviewed on the Saatchi Gallery website, http://www.saatchigallery.com/ artists/artpages/

felix_gmelin_ kill_lies.htm, retrieved 10 June 2017.

16 这部电影可以在https://vimeo.com/39115724看到，2017年6月10日提取。

17 Faith Ringgold, *We Flew Over the Bridge: Memoirs of Faith Ringgold* (Duke University Press, 2005), p. 157.

18 An Evening with Faith Ringgold, 7 December 2016, The Museum of Modern Art: Public talk with Anne Umland, The Blanchette Hooker Rockefeller Curator of Painting and Sculpture, and Thomas J. Lax, Associate Curator, Department of Media and Performance Art.

第七章　在不久将来的某一刻

1 Andrea Giunta, 'Picasso' s *Guernica* in Latin America' , *Ciha 2008: Crossing Cultures: Conflict, Migration, Convergence: the University of Melbourne, 13–18th January 2008* (University of Melbourne, 2008), pp. 747–750.

2 Public Law 95-426, 95th Congress, 7 October 1978, 92 Stat 987, Sec.605 (a).

3 See Ellen C. Oppler (ed.), 'Introductory Essay: *Guernica* – its Creation, Artistic and Political Implications, and Later History' , in *Picasso's Guernica* (Norton, 1988), pp. 45–136.

4 Telephone conversation with the author, 25 October 2016.

5 Correspondence with the author, 21 March 2017.

6 For fuller details of the process and negotiations involved in *La Vuelta,* see Gijs van Hensbergen' s *Guernica: the Biography of a Twentieth-Century Icon.*

7 Mary Ann Caws, *Pablo Picasso* (Reaktion Books, 2005), p. 131.

8 *El País,* 31 October 1981, cited by van Hensbergen, Guernica, p. 309.

9 Rafael Alberti, 'El *Guernica* debe venir a una España segura' , *El País,* 30 April 1981, cited in Casey Lesser, 'The *Guernica* Effect: The Power and Legacy of Picasso' s Guernica' (College

of William & Mary Undergraduate Honors Theses, 2011), paper 376. http://publish.wm.edu/ honorstheses/376, retrieved March 2017.

10 Herschel B. Chipp, ‘El *Guernica* y sus trabajos preparatorios’, in *Guernica-Legado Picasso: Museo del Prado, Casón del Buen Retiro, Madrid, Oct. 1981* (Ministerio de Cultura, Madrid, 1981), pp. 124–148.

第八章　美女和野兽

1 Antonio Saura, *Contra el Guernica* (La Central/ Fundación Archives Antonio Saura/Museo Reina Sofía). My translations are from the French edition (1992).

2 ‘Requiem for *Guernica*’, in ibid, p. 94.

3 ‘Pour Sauver *Guernica*’, in ibid, p. 105.

4 UN Press Release SG/ SM/6782, 3 November 1998.

5 ‘*Guernica* Cover-Up Raises Suspicions’, Los Angeles Times, 6 February 2003. 6 Cited in David Walsh, ‘UN conceals *Guernica from* Powell’s Presentation’, World Socialist Web Site, 8 February 2003.

7 ‘The Guernica Myth’, Claudia Winkler, *The Weekly Standard,* 16 April 2003.

8 ‘Powell without Picasso’, Maureen Dowd, *The New York Times,* 5 February 2003.

9 Conversation with the author, November 2016.

10 ‘Collecting Art by Women’, Whitechapel Gallery, Saturday 4 March 2017, organized together with AWARE: Archives of Women Artists, Research and Exhibitions.

11 David Craven, ‘C. L. R. James as a Critical Theorist of Modern Art’, in Kobena Mercer (ed.), *Cosmopolitan Modernisms* (Institute of International Visual Arts).

12 ‘Remaking Picasso’s *Guernica*’, https:// remakingpicassosguernica. wordpress.com, retrieved 1 April 2017.

13 Quotations from Denise De La Rue are taken from conversations with the author in 2017.

后记：毕加索，宝贝！

1 Statement to Marius de Zayas, reproduced in Barr, *Picasso: Forty Years of His Art*, p. 11.

2 Jay-Z的《毕加索宝贝：一部行为艺术电影》（*Picasso Baby: A Performance Art Film*）中，说唱歌手在纽约的佩斯画廊里，在名人、歌迷和艺术家观众面前表演的歌曲，可以在Vimeo播客网站上看到：https://vimeo.com/80930630，2017年7月13日提取。

部分参考文献

Adorno, T. W., *Aesthetic Theory* (1970), trans. Robert Hullot-Kentor (London: The Athlone Press, 1997).

Anfam, D., *Abstract Expressionism* (London, Thames & Hudson, 1990).

Arnheim, R., *The Genesis of a Painting: Picasso's Guernica* (Berkeley: University of California Press, 1962).

Ashton, D., *Picasso on Art: A Selection of Views* (London: Thames & Hudson, 1972).

Ashton, D., (ed.), *The Writings of Robert Motherwell* (University of California Press, 2007).

Barcelona City Hall, *Art contra la Guerra: Entorn del pavelló espanyol a l'exposició internacional de París de 1937* (Barcelona: Ajuntament de Barcelona, 1986).

Barr, A.H. (ed.), *Picasso: Forty Years of his Art* (New York: Museum of Modern Art, 1939).

_____ Picasso: *Fifty Years of his Art* (New York: Museum of Modern Art, 1946).

Becker, L., *Cut and Paste: European Photomontage 1920–45* (Estorick Collection, 2008).

Benfey, C., and Remler, K., *Artists, Intellectuals, and World War II: The Pontigny Encounters at Mount Holyoke College 1942–44* (Amherst: University of Massachusetts Press, 2006).

Bjerkof, S. (ed.), *Asger Jorn: Restless Rebel* (Munich: Prestel, 2014).

Bjerstrom, C.-H., *Josep Renau and the politics of culture in Republican Spain, 1931–1939*: Re-imagining the nation (Eastbourne: Sussex Academic Press, 2016).

Blesh, R., *Modern Art U.S.A.* (New York: Alfred A. Knopf, 1956).

Blunt, Anthony, *Picasso's Guernica* (Oxford University Press, 1969).

Brassaï, *Conversations with Picasso* (Chicago: University of Chicago

Press, 1999).
Brooksbank Jones, A., *Visual Culture in Spain and Mexico* (Manchester: Manchester University Press, 2007).
Buchanan, T., *The Impact of the Spanish Civil War in Britain: War, Loss and Memory* (Eastbourne, Sussex Academic Press, 2007).
Caws, M. A., *Pablo Picasso* (London: Reaktion Books, 2005).
_____ Dora Maar: *With and Without Picasso* (London: Thames & Hudson, 2000).
Chipp, H. B., *Picasso's Guernica: History, Transformations, Meanings* (London: Thames & Hudson, 1989).
Clark, T. J., *Picasso and Truth: From Cubism to Guernica* (Princeton, Oxford: Princeton University Press, 2013).
Clark, T. J., and Wagner, A. W. (eds.), *Pity and Terror: Picasso's Path to Guernica* (Madrid: Museo Nacional Centro de Arte Reina Sofía, 2017).
Cox, A., *Art-as-Politics: the Abstract Expressionist Avant-garde and Society* (Ann Arbor, Michigan: UMI Research Press, 1982).
Cowling, Elizabeth, *Visiting Picasso: The Notebooks and Letters of Roland Penrose* (Thames & Hudson, 2006).
Galantière, L. (ed.), *America and the Mind of Europe* (London: Hamish Hamilton, 1951).
Gale, M., Arshile Gorky: *Enigma and Nostalgia* (London: Tate Publishing, 2010).
Goodyear, A.C. (Preface), *Art In Our Time: an exhibition to celebrate the tenth anniversary of the Museum of Modern Art and the opening of its new building, held at the time of the New York World's Fair* (New York: Museum of Modern Art, 1939).
Greenberg, C., *Art and Culture: Critical Essays* (Boston, Massachusetts: Beacon Press, 1961).
_____ *The Collected Essays and Criticism*, 4 vols. (Chicago: University of Chicago Press, 1944, 1986, 1993).
Guggenheim, P., *Out of This Century: The Informal Memoirs of Peggy*

Guggenheim (Dial Press, 1946).

Guilbaut, S., *How New York Stole the Idea of Modern Art* (Chicago: University of Chicago Press, 1983).

Giunta, A., 'Picasso' s Guernica in Latin America' , in *Ciha 2008: Crossing Cultures: Conflict, Migration, Convergence* (University of Melbourne, 2008).

Hammer, M., *Bacon and Sutherland: Patterns of Affinity in British Culture of the 1940s* (London: Yale University Press, 2005).

Harris, J., and Koeck, R., *Picasso and the Politics of Visual Representation: War and Peace in the Era of the Cold War and Since* (Liverpool: Liverpool University Press, 2013).

Harrison, H. A., *Dawn of A New Day: The New York World's Fair 1939/40* (New York University Press, 1980).

van Hensbergen, G., *Guernica: the Biography of a Twentieth-Century Icon* (London: Bloomsbury, 2004).

Irujo, X., Gernika, 1937: *The Market Day Massacre* (Reno: University of Nevada Press, 2015).

Joachimedes, C. M., and Rosenthal, N., *American Art in the Twentieth Century: Painting and Sculpture 1913–1993* (London: Royal Academy of Arts, 1993).

Kurczynski, K., *The Art and Politics of Asger Jorn: The Avant-Garde Won't Give Up* (Ashgate, 2014).

Larrea, J., *Guernica, Pablo Picasso*, (New York: C. Valentin, 1947).

Klein, P. K., *The Saint-Sever Beatus and its Influence on Picasso's Guernica* (Valencia: Patrimonio, 2012).

Lesser, C., 'The Guernica Effect: The Power and Legacy of Picasso' s *Guernica*' (College of William & Mary Undergraduate Honors Theses, 2011).

Lindqvist, S. A., *A History of Bombing* (London: Granta, 2001).

Luckow, D., and Hermes, C. J. (eds.), *Picasso in Contemporary Art* (Cologne: Snoeck, 2015).

Macuga, G., *The Nature of the Beast* (London: Whitechapel Gallery, 2009).

Malraux, A., *La Tête d'obsidienne* (Paris:

Gallimard, 1974), translated into English as Picasso ' s Mask (1976).

Martin, S., *Conscience and Conflict: British Artists and the Spanish Civil War* (Lund Humphries, 2014).

Minchom, M., *Spain's Martyred Cities: From the Battle of Madrid to Picasso's Guernica* (Eastbourne: Sussex Academic Press, 2016).

Morris, L, and Grunenberg, C., *Picasso: Peace and Freedom* (London: Tate Publishing, 2010).

Naifeh, S., and Smith, G., *Jackson Pollock: An American Saga* (London: Barrie and Jenkins, 1989).

Nash, S. A., and Rosenblum, R. (eds.), *Picasso and the War Years 1937–45* (London, New York: Thames & Hudson, 1988).

O ' Brien, P., *Picasso* (London: Collins, 1976).

Obrist, H. U., *Lives of the Artists, Lives of the Architects* (London: Allen Lane, 2015).

Oppler, E. C. (ed.), *Picasso's Guernica* (New York: W. W. Norton & Company, 1988).

Pérez Sánchez, A. E., and Gallégo, J., *Goya: The Complete Etchings and Lithographs* (Munich: Prestel, 1995).

Penrose, R., *Picasso: His Life and Work* (London: Granada, 1981).

Picasso, P., *Collected Writings* (London: Aurum, 1989).

Preston, P., *The Spanish Civil War* (London: Weidenfeld & Nicolson, 1986).

Rankin, N., *Telegram from Guernica* (London: Faber & Faber, 2003).

Richardson, J., *A Life of Picasso, 3 volumes* (London: Jonathan Cape, 1991, 1996, 2009).

_____ *The Sorcerer's Apprentice: Picasso, Provence and Douglas Cooper* (London: Jonathan Cape, 1999).

Ringgold F., *We Flew Over the Bridge: Memoirs of Faith Ringgold* (Durham, North Carolina: Duke University Press, 2005).

Russell, M., *Picasso's War: the Extraordinary Story of an Artist, an Atrocity, and a Painting that Shook the*

World (London: Scribner, 2003).

Sabartés, J., *Picasso, Portraits and Souvenirs* (Paris: Louis Carré, 1946).

Sandler, I., *The Triumph of American Painting* (New York: Harper & Row, 1970).

Saura, Antonio, *Contra el Guernica* (La Central/Fundación Archives Antonio Saura/Museo Reina Sofía, 1981).

Scandiani, G., and Fister, C. E., *Pollock and the Irascibles: The New York School* (New York: Whitney Museum of American Art, 2013).

Schwartz, K., *Rises in the East: A Gallery in Whitechapel* (London: Whitechapel Gallery, 2009).

Scott, William B., and Rutkoff, Peter M., *New York Modern: the Arts and the City* (The Johns Hopkins University Press, 1999).

Shaw, G., Smith, E., and Stanley, M., *Graham Sutherland: An Unfinished World* (Oxford: Modern Art Oxford, 2011).

Southworth, H., *Guernica! Guernica! A Study of Journalism, Diplomacy, Propaganda and History* (Berkeley: University of California Press, 1977).

Stafford, K. O., *Narrating War in Peace: The Spanish Civil War in the Transition and Today* (Basingstoke: Palgrave Macmillan, 2015).

Steer, G. L., *The Tree of Gernika: A Field Study of Modern War* (London: Hodder and Stoughton, 1938, Faber & Faber, 2012).

Sylvester, D., *Interviews with American Artists* (London: Chatto & Windus, 2001).

_____ *The Brutality of Fact: Interviews with Francis Bacon* (London: Thames & Hudson, 1987).

Thomas, Hugh, *The Spanish Civil War* (London: Penguin Books, 1986).

Trevelyan, J., *Indigo Days* (London: MacGibbon & Kee, 1957).

Tusell, J., *Spain: From Dictatorship to Democracy: 1939 to the present* (Oxford: Wiley-Blackwell, 2007).

Utley, G. R., *Picasso: The Communist Years* (New Haven: Yale University Press, 2000).

Werckmeister, O. K., *Icons of the Left: Benjamin and Eisenstein, Picasso and Kafka after the Fall of Communism* (Chicago: University of Chicago Press, 1997).

Weschler, D. B., *Territorios de Dialogo 1930–45: España, México, Argentina* (Buenos Aires: Mundo Nuevo, 2006).

图片来源

献词页后 Dora Marr, *Picasso working on Guernica in his studio in the rue des Grands Augustins,* 1937 © ADAGP, Paris and DACS, London 2017 / Photographic Archives Museo Nacional Centro de Arte Reina Sofía.

p.3 French postcard of bombed Guernica: Roger Thorp.

p.6–7 Picasso, *Guernica*, 1937 © Succession Picasso/ DACS, London 2017 / Museo Nacional Centro de Arte Reina Sofía.

p.13 Robert Capa, *Paris. May 1st, 1937. May Day celebrations* © Robert Capa © International Center of Photography/Magnum Photos.

p.30 *Dream and Lie of Franco I,* 8 January 1937 © Succession Picasso/DACS, London 2017 / Guggenheim Collection, Venice, Italy / Bridgeman Images.

p.43 *Spain Against the Invaders, 1938:* James Attlee.

p.44 Francisco Goya, 'Ravages of War', *from The Disasters of War,* 1810–14. Private Collection / Index / Bridgeman Images.

p.46 Picasso, *The Studio: The Painter and his Model: Arm Holding a Hammer and Sickle,* 1937 © Succession Picasso/DACS, London 2017 / © RMN-Grand Palais (Musée National Picasso – Paris) / Sylvie Chan-Liat.

p.49 Picasso, Sketch for *Guernica*, 1 May 1937, I. © Succession Picasso/ DACS, London 2017 / Photographic Archives Museo Nacional Centro de Arte Reina Sofía.

pp.50–51 Dora Maar, *Photo Report of the Evolution of 'Guernica',* stage I, 1937 © ADAGP, Paris and DACS, London 2017 / Photographic Archives Museo Nacional Centro de Arte Reina Sofía.

pp.54–55 Dora Marr, *Photo Report of the Evolution of 'Guernica',* stage II, 1937 © ADAGP, Paris and DACS, London 2017 / Photographic Archives Museo Nacional Centro de Arte Reina Sofía.

p.56 Reconstruction of the 1937 Spanish Pavilion in Barcelona, 1992: James Attlee.

p.64–65 Francisco Goya, *The Third of May 1808,* 1814. Prado, Madrid, Spain / Bridgeman Images.

p.68 Photomural by Josep Renau, 1917. © RMN – François Kollar/ Localisation: Charenton-le-Pont, Médiathèque de l' Architecture et du Patrimoine / Photo © Ministère de la Culture - Médiathèque du Patrimoine, Dist. RMN-Grand Palais / François Kollar.

p.70 Brassaï, *Picasso in his studio in the rue des Grands Augustins with The Catalan,* 1939 © Estate Brassaï – RMN-Grand Palais / Localisation: Paris, Musée National Picasso, Paris / Photo © RMN-Grand Palais (Musée National Picasso, Paris) / Franck Raux.

p.73 Picasso, *Guernica,* 1937 (detail) © Succession Picasso/ DACS, London 2017 / Museo Nacional Centro de Arte Reina Sofía.

pp.74–75 Picasso, *Minotauromachy,* 1935 © Succession Picasso/ DACS, London 2017 / Museo Picasso, Barcelona, Spain / Index / Bridgeman Images.

p.80 Picasso, *Guernica,* 1937 (detail) © Succession Picasso/ DACS, London 2017 / Museo Nacional Centro de Arte Reina Sofía.

pp.84–85 Dora Marr, *Photo Report of the Evolution of 'Guernica',* stage VI, 1937 © ADAGP, Paris and DACS, London 2017 / Photographic Archives Museo Nacional Centro de Arte Reina Sofía.

p.91 Picasso, *Guernica,* 1937 (detail) © Succession Picasso/ DACS, London 2017 / Museo Nacional Centro de Arte Reina Sofía.

p.92–93 Francisco Goya, The Second of May 1808 or *'The Fight Against the Mamelukes',* 1814. Prado, Madrid, Spain / Bridgeman Images.

p.97 *Beatus de Liebana,* Commentary on the Apocalypse of Saint-Sever (detail), eleventh century. Photo 12/ UIG via Getty Images.

p.100 Picasso, *Study for a Weeping Head (I).* Preliminary drawing for Guernica, 1937 © Succession Picasso/ DACS, London 2017 / Photographic Archives Museo Nacional Centro de Arte Reina Sofía.

p.103 Picasso, *The Three Dancers,* 1925 © Succession Picasso/ DACS, London 2017 / © Tate, London 2017.

p.105 Picasso, *Nude Standing by the Sea,* 1929 © Succession Picasso/DACS, London 2017 / The Metropolitan Museum of Art/Art Resource/ © Photo SCALA, Florence.

p.107 Picasso, *Nude Reclining by the Window,* 1934. © Succession Picasso/DACS, London 2017 / © RMN-Grand Palais (Musée National Picasso – Paris) / Sylvie Chan-Liat.

p.112 Horacio Ferrer de Morgado, *Madrid 1937 (Black Aeroplanes).* Photographic Archives Museo Nacional Centro de Arte Reina Sofía.

p.120–121 Asger Jorn, *The Troll and the Birds, 1944* © Asger Jorn/ copydanbilleder.dk. / Museum Jorn, Silkeborg, Denmark.

p.130 Graham Sutherland, *Gorse on a Sea Wall,* 1939 © The estate of Graham Sutherland / Collection Ulster Museum.

p.132–133 Poster for an exhibition of Picasso' s *Guernica* at the New Burlington Galleries, London, October 1938 © The National Galleries of Scotland.

p.139 The Labour Party leader Clement Attlee opens the *Guernica* exhibition at the Whitechapel Art Gallery, January 1939. © The National Galleries of Scotland.

p.141 Leaflet announcing the *Guernica* exhibition, distributed by the Manchester Foodship for Spain campaign, 1939. Courtesy the Working Class Movement Library, Salford.

p.145 The torch-bearing arm of Bartholdi' s Statue of Liberty. Wikimedia Commons.

p.157 No. 507 in *Jackson Pollock: a catalogue raisonné of paintings, drawings, and other works* vol. III (Newhaven, London: Yale University Press, 1978). Brown pencil on paper. 8 11/16 by 8 1/4 in (22.1 x 20.9 cm), c. 1939–40 © The Pollock-Krasner Foundation ARS, NY and DACS, London 2017.

p.157 No. 537 in *Jackson Pollock: a catalogue raisonné of paintings, drawings, and other works,* vol. III (Newhaven, London: Yale University Press, 1978). Brown pencil on paper, 8 11/16 by 8 1/4 in (22.1 x 20.9 cm), c. 1939–40 © The Pollock-Krasner Foundation ARS, NY and DACS, London 2017.

p.184 Rudolf Baranik, *Stop the War in Vietnam Now!,* 1967 © Rudolf Baranik / Center for the Study of Political Graphics, Culver, California.

p.185 Mathieu Tremblin, *Kill Lies All 2.0,* (After Pablo Picasso) [1937], Tony Shafrazi [1974] Guillaume Pellay [2010], 2012 © Mathieu Tremblin © Guillaume Pellay © Succession Picasso/DACS, London 2017.

p.188–189 Faith Ringgold, *American People Series #20: Die,* 1967. © Faith Ringgold / ARS, NY and DACS, London 2017 / The Museum of Modern Art, New York/©Photo SCALA, Florence.

p.195 Postage stamp, Czechoslovakia, 1967: James Attlee.

p.220–221 Goshka Macuga, *The Nature of the Beast,* tapestry, 2009 © Succession Picasso/DACS, London 2017. Courtesy Goshka Macuga.

p.222 Photograph of Havana by David Craven, November 2003 © Succession Picasso/DACS, London 2017 © David Craven.

p.226–227 Denise De La Rue, *A Cry for Peace,* film still, 2014. © Succession Picasso/DACS, London 2017 © Denise De La Rue, 2014.

p.234 Gernika, 2016: James Attlee.

译名对照表

人名

A

阿道夫・希特勒 Hitler, Adolf

阿尔贝托・贾科梅蒂 Giacometti, Alberto

阿尔贝托・桑切斯・佩雷斯 Sánchez Pérez, Alberto

阿尔弗雷德・H. 巴尔 Barr, Alfred H.

阿尔弗雷德・M. 法兰克福 Frankfurter, Alfred M.

阿方索・米歇尔 Michel, Alfonso

阿梅德・奥兹芬特 Ozenfant, Amédée

阿瑟・克雷文 Craven, Arthur

阿瑟・克斯特勒 Koestler, Arthur

阿斯格・乔恩 Jorn, Asger

阿希尔・戈尔基 Gorky, Arshile

埃尔・利西茨基 El Lissitzky

埃里克・牛顿 Newton, Eric

埃莉诺・罗斯福 Roosevelt, Eleanor

埃米利奥・莫拉 Mola, Emilio

艾拉・格什温 Gershwin, Ira

艾玛・拉撒路 Lazarus, Emma

爱德华・伯拉 Burra, Edward

爱德华・达拉第 Daladier, Édouard

爱德华・马奈 Manet, Édouard

爱丽丝・托克拉斯 Toklas, Alice B.

安布鲁瓦兹・沃拉尔 Vollard, Ambroise

安德烈・布雷顿 Breton, André

安德烈・马尔罗 Malraux, André

安东・雷夫雷格 Refregier, Anton

安东尼・布兰特 Blunt, Anthony

安东尼・艾登 Eden, Anthony

安妮・M. 瓦格纳 Wagner, Anne M.

奥尔加・霍克洛娃 Khokhlova, Olga

奥诺雷・德・巴尔扎克 Balzac, Honoré de

奥斯瓦尔德・莫斯利 Mosley, Oswald

B

巴勃罗・毕加索 Picasso, Pablo

保尔・艾吕雅 Éluard, Paul

保罗・罗伯逊 Robeson, Paul

贝尼托・墨索里尼 Mussolini, Benito

贝塔斯的李埃巴纳 Beatus de Liebana

彼得·保罗·鲁本斯 Rubens, Peter Paul

彼得·肯纳德 Kennard, Peter

博纳米·多布雷 Dobrée, Bonamy

布拉塞 Brassaï

C

查尔斯·理查德·沃恩 Vaughan, Charles Richard

查尔斯·林德斯特罗姆 Lindstrom, Charles

D

大卫·阿尔法罗·西凯罗斯 Siquieros, David Alfaro

大卫·史密斯 Smith, David

戴维·克雷文 Craven, David

丹尼尔一亨利·卡恩韦勒 Kahnweiler, Daniel-Henry

丹妮丝·德·拉·鲁 De La Rue, Denise

迭戈·里维拉 Rivera, Diego

多拉·马尔 Maar, Dora

多洛雷斯·伊巴露丽（“热情之花”）Ibárruri, Dolores (la Pasionaria)

多尼娅·卡门·佛朗哥 Franco, Doña Carmen

E

E. L. T. 梅森斯 Mesens, E. L. T.

F

F. 瓦伦汀·杜登欣 Dudensing, F. Valentine

费德里科·加西亚·洛尔卡 Lorca, Federico García

费利克斯·格梅林 Gmelin, Felix

费丝·林戈德 Ringgold, Faith

费尔南·莱热 Léger, Fernand

弗拉基米尔·凯梅诺夫 Kemenov, Vladimir

弗拉基米尔·列宁 Lenin, Vladimir

弗兰克·盖瑞 Gehry, Frank

弗朗索瓦·吉洛 Gilot, Françoise

弗朗西丝·莫里斯 Morris, Frances

弗朗西斯·培根 Bacon, Francis

弗朗西斯科·佛朗哥 Franco, Francisco

弗朗西斯科·戈雅 Goya, Francisco

弗雷德里克·奥古斯特·巴托尔迪 Bartholdi, Frédéric Auguste

弗洛伦蒂诺·佩雷斯·恩比德 Pérez Embid, Florentino

弗农·克拉克 Clark, Vernon

富兰克林·D. 罗斯福 Roosevelt, Franklin D.

G
盖伊·阿特金斯 Atkins, Guy
格雷厄姆·萨瑟兰 Sutherland, Graham
戈什卡·马库加 Macuga, Goshka
格尔达·塔罗 Taro, Gerda

H
哈里·贝恩斯 Baines, Harry
哈维尔·孔德 Conde, Javier
哈维尔·图塞尔 Tusell, Javier
汉娜·里根 Ryggen, Hannah
何塞·埃·高斯 Gaos, José
何塞·安东尼奥·阿吉雷 Aguirre, José Antonio
何塞·贝尔加明 Bergamín, José
何塞·福斯特 Fuster, José
何塞·卡尔沃·索特洛 Sotelo, José Calvo
何塞·克莱门特·奥罗斯科 Orozco, José Clemente
何塞·马里亚·塞特 Sert, José María
何塞·马利亚·乌塞莱 Ucelay, José Maria
何塞·米兰·阿斯特雷 Astray, José Millán
何塞·莫雷诺·比利亚 Moreno Villa, José
何塞·圣胡尔霍 Sanjurjo, José
赫伯特·里德 Read, Herbert
赫尔曼·戈林 Göring, Hermann
赫苏斯·莫利纳 Molina, Jesús
赫歇尔·B. 奇普 Chipp, Herschel B.
亨利·麦克布赖德 McBride, Henry
亨利·摩尔 Moore, Henry
胡安·拉雷亚 Larrea, Juan
胡安·米罗 Miró, Joan
胡安·内格林 Negrín, Juan
胡安·伊格纳西奥·比达特 Vidarte, Juan Ignacio
华莱士·K. 哈里森 Harrison, Wallace K.
霍拉西奥·费雷尔·德·莫加多 Morgado, Horacio Ferrer de

J
纪尧姆·佩莱 Pellay, Guillaume
杰克逊·波洛克 Pollock, Jackson
杰罗姆·塞克勒 Seckler, Jerome
杰米·萨巴特 Sabartés, Jaime

K
凯瑟琳·布伦纳 Brunner, Kathleen

康奇塔·毕加索 Picasso, Conchita
柯克·瓦尔尼多 Varnedoe, Kirk
科菲·安南 Annan, Kofi
科林·鲍威尔 Powell, Colin
克莱门特·艾德礼 Attlee, Clement
克莱门特·格林伯格 Greenberg, Clement
克劳德·莫奈 Monet, Claude
克劳迪娅·温克勒 Winkler, Claudia
克里斯蒂安·泽尔沃斯 Zervos, Christian
克里斯托弗·霍尔姆 Holme, Christopher
奎琳·德·拉·鲍姆·德鲁巴赫 Dürrbach, Jacqueline

L

拉法埃尔·阿尔维蒂 Alberti, Rafael
拉斐尔·费尔南德斯—昆塔尼拉 Fernández-Quintanilla, Rafael
拉利·普斯 Poons, Larry
拉蒙·普约尔 Puyól, Ramon
拉乌尔·杜菲 Dufy, Raoul
莱昂·布卢姆 Blum, Léon
莱昂·戈卢布 Golub, Leon
莱奥波尔多·卡尔沃-索特洛总统 Calvo-Sotelo, President Leopoldo
勒·柯布西耶 Le Corbusier
雷内·德鲁巴赫 Dürrbach, René
李·克拉斯纳 Krasner, Lee
理查德·汉密尔顿 Hamilton, Richard
鲁道夫·巴拉尼克 Baranik, Rudolf
鲁菲诺·塔马约 Tamayo, Rufino
鲁兹·贝克尔 Becker, Lutz
路易斯·阿拉贡 Aragon, Louis
路易斯·阿拉奎斯唐 Araquistáin, Luis
路易斯·布努埃尔 Buñuel, Luis
路易斯·德拉普雷 Delaprée, Louis
路易斯·拉卡萨 Lacasa, Luis
罗伯特·古德诺 Goodnough, Robert
罗伯特·卡帕 Capa, Robert
罗伯特·朗戈 Longo, Robert
罗伯特·罗森布鲁姆 Rosenblum, Robert
罗伯特·马泽韦尔 Motherwell, Robert
罗伯特·马塔 Roberto Matta
罗德·罗森博格 Rosenberg, Harold
罗兰·杜马斯 Dumas, Roland
罗兰·彭罗斯 Penrose, Roland
罗曼·罗兰 Rolland, Romain
吕克·德库内斯 Decaunes, Luc

M

马蒂厄·特伦伯林 Tremblin, Matthieu

马克·奥利弗 Oliver, Mark
马克·夏加尔 Chagall, Marc
马克斯·奥布 Aub, Max
马克斯·贝克曼 Beckmann, Max
马克斯·恩斯特 Ernst, Max
马利特·马塔 Matta, Malitte
马塞尔·杜尚 Duchamp, Marcel
玛丽·安·库斯 Caws, Mary Ann
玛丽—特蕾斯·沃尔特 Walter, Marie-Thérèse
曼努埃尔·阿萨尼亚·迪亚斯 Azaña Díaz, Manuel
曼努埃尔·博尔哈—比耶尔 Borja-Villel, Manuel
米范维·派珀 Piper, Myfanwy
米格尔·德·塞万提斯 Cervantes, Miguel de
米盖尔·德·乌纳穆诺 Unamuno, Miguel de
米歇尔·雷里斯 Leiris, Michel
穆娜·里哈尼·阿尔—纳赛尔 Al-Nasser, Muna Rihani

N

纳尔逊·洛克菲勒 Rockefeller, Nelson
耐莉·范·杜斯伯格 Van Doesburg, Nelly
内维尔·张伯伦 Chamberlain, Neville
尼古拉斯·塞洛塔 Serota, Nicholas
努什·卢尔德 Éluard, Nusch

P

帕斯库亚尔·托马斯 Tomás, Pascual
佩吉·古根海姆 Guggenheim, Peggy
皮埃尔·马蒂斯 Matisse, Pierre

Q

乔尔·迈耶罗维茨 Meyerowitz, Joel
乔塞普·雷纳 Renau, Josep
乔治·A. 唐德罗 Dondero, George A.
乔治·巴塔耶 Bataille, Georges
乔治·布拉克 Braque, Georges
乔治·达斯卡尔 Daskall, George
乔治·戈里 Gori, George
乔治·格什温 Gershwin, George
乔治·斯泰尔 Steer, George

S

让–安托万·华多 Watteau, Jean-Antoine
让—路易斯·巴罗 Barrault, Jean-Louis
让—保罗·萨特 Sartre, Jean-Paul

让一米歇尔·巴斯奎亚特 Basquiat, Jean-Michel

S

萨尔瓦多·达利 Dalí, Salvador

斯蒂芬·斯彭德 Spender, Stephen

斯坦利·鲍德温 Baldwin, Stanley

索妮娅·德劳内 Delaunay, Sonia

T

T. J. 克拉克 Clark, T. J.

托马斯·哈特·本顿 Hart Benton, Thomas

托尼·沙夫拉齐 Shafrazi, Tony

W

瓦尔特·本雅明 Benjamin, Walter

威廉·德·库宁 de Kooning, Willem

威廉·巴齐茨 Baziotes, William

威廉·卡雷中尉 Calley, Lieutenant William

威廉王子 William, Prince

维拉·穆希纳 Mukhina, Vera

沃尔弗拉姆·冯·里希特霍芬 von Richthofen, Wolfram

沃尔特·达比·班纳德 Bannard, Walter Darby

X

西奥多·W. 阿多诺 Adorno, Theodor W.

西蒙·马丁 Martin, Simon

Y

亚历杭德罗·费尔南德斯·库尔沃 Fernández Cuervo, Alejandro

亚历山大·考尔德 Calder, Alexander

亚历山大·罗琴科 Rodchenko, Alexander

伊夫·克莱因 Klein, Yves

伊丽莎白·麦克考斯兰 McCausland, Elizabeth

伊涅戈·卡维罗 Cavero, Iñigo

伊沃纳·布拉兹威克 Blazwick, Iwona

尤帕曼尤·帕布鲁·穆克赫吉 Mukherjee, Upamanyu Pablo

约翰·伯杰 Berger, John

约翰·格雷厄姆 Graham, John

约翰·哈特菲尔德 Heartfield, John

约翰·克雷克斯顿 Craxton, John

约翰·理查德森 Richardson, John

约翰·斯坦贝克 Steinbeck, John

约翰内斯·维米尔 Vermeer,Johannes

约瑟夫·L. 亨德森 Henderson, Joseph L.
约瑟普·路易斯·塞特 Sert, Josep Lluís
约瑟普·玛丽亚·德·波尔西奥斯·爱·库勒 Porcioles i Colomer, Josep María de

Z
詹姆士·S. 普劳特 Plaut, James S.
詹姆斯·乔伊斯 Joyce, James
詹姆斯·瑟伯 Thurber, James
朱利安·施纳贝尔 Schnabel, Julian
朱利安·特雷维利安 Trevelyan, Julian
朱利奥·杜赫特 Douhet, Colonel Giulio

地名、建筑物名称

阿姆斯特丹里克斯姆博物馆 Rijksmuseum, Amsterdam
巴塞罗那西班牙馆（1992年重建）Spanish Pavilion, Barcelona (1992 reconstruction)
巴塞罗那艺术博物馆 Barcelona Museum of Art
巴斯克地区 Basque region
拜罗伊特 Bayreuth
保罗·盖蒂博物馆 J. Paul Getty Museum
毕尔巴鄂 Bilbao
毕加索博物馆（巴黎）Musée Picasso
毕加索博物馆（巴塞罗那）Picasso Museum (Barcelona)
波士顿现代艺术博物馆 Boston Museum of Modern Art
格尔尼卡镇 Gernika
古根海姆·毕尔巴鄂博物馆 Guggenheim Museum Bilbao
汉堡（南非城市）Hamburg (South Africa)
怀特查佩尔美术馆（伦敦）Whitechapel Gallery, London
旧金山艺术博物馆 San Francisco Museum of Art
丽池画廊 Casón del Buen Retiro (Prado annex)
利兹美术馆 Leeds Art Gallery
联合国大厦（纽约）United Nations building (New York)
洛克菲勒中心 Rockefeller Center
马拉加 Málaga
纽约现代艺术博物馆（MoMA）Museum of Modern Art (MoMA) (New York)
普拉多博物馆（马德里）Prado

Museum (Madrid)

萨拉曼卡大学 University of Salamanca

索菲亚王后国家艺术中心博物馆（马德里）Reina Sofía Museum (Madrid)

特罗卡德罗花园 Trocadéro Gardens

瓦伦汀画廊 Valentine Gallery (New York)

新伯灵顿美术馆（伦敦）New Burlington Galleries (London)

装饰艺术博物馆（巴黎）Museum of Decorative Arts (Paris)

专有名词、机构名称

“反击”（左翼团体）Contre-Attaque (left-wing group)

《慕尼黑协定》Munich Agreement

1876年费城百年世界博览会 Centennial International Exhibition of 1876 (Philadelphia)

巴黎世界博览会 Paris International Exhibition (1937)

巴斯克民族解放运动的军事分支埃塔 ETA (military military wing of the Basque National Liberation Movement)

包豪斯（学术机构与流派）Bauhaus

超现实主义 Surrealism

地狱之马小组 Helhesten (Ghost Horse) group

非美国活动委员会 House Un-American Activities Committee (HUAC)

国际超现实主义者展览 International Surrealist Exhibition (1936)

国际纵队 International Brigades

救济西班牙国家联合委员会 National Joint Committee for Spanish Relief

联邦艺术计划 FAP (Federal Art Programme)

美国抽象艺术家 American Abstract Artists

美国公共事业振兴署 WPA (Works Progress Administration)

美国艺术家反对战争和法西斯主义大会 American Artist’s Congress Against War and Fascism (AAC)

慕尼黑堕落艺术展览 Degenerate Art exhibition, Munich (1937)

斯特普尼贸易委员会 Stepney Trades Council

苏德互不侵犯条约 Non-Intervention Treaty

秃鹰军团 Condor Legion

西班牙军团 Spanish Legion

西班牙难民救济运动 Spanish Refugee Relief Campaign

艺术家国际协会 Artists International Association (AIA)

英国法西斯联盟 British Union of Fascists

里程碑文库

The Landmark Library

“里程碑文库”是由英国知名独立出版社宙斯之首（Head of Zeus）于2014年发起的大型出版项目，邀请全球人文社科领域的顶尖学者创作，撷取人类文明长河中的一项项不朽成就，以“大家小书”的形式，深挖其背后的社会、人文、历史背景，并串联起影响、造就其里程碑地位的人物与事件。

2018年，中国新生代出版品牌“未读”（UnRead）成为该项目的“东方合伙人”。除独家全系引进外，“未读”还与亚洲知名出版机构、中国国内原创作者合作，策划出版了一系列东方文明主题的图书加入文库，并同时向海外推广，使“里程碑文库”更具全球视野，成为一个真正意义上的开放互动性出版项目。

在打造这套文库的过程中，我们刻意打破了时空的限制，把古今中外不同领域、不同方向、不同主题的图书放到了一起。在兼顾知识性与趣味性的同时，也为喜欢此类图书的读者提供了一份“按图索骥”的指南。

作为读者，你可以把每一本书看作一个人类文明之旅的坐标点，每一个目的地，都有一位博学多才的讲述者在等你一起畅谈。

如果你愿意，也可以将它们视为被打乱的拼图。随着每一辑新书的推出，你将获得越来越多的拼图块，最终根据自身的阅读喜好，拼合出一幅完全属于自己的知识版图。

我们也很希望获得来自你的兴趣主题的建议，说不定它们正在或将在我们的出版计划之中。

里程碑文库编委会

人类文明的高光时刻

跨越时空的探索之旅

英国皇家学会

现代科学的起点

THE ROYAL SOCIETY

BY ADRIAN TINNISWOOD

[英] 阿德里安 · 泰尼斯伍德 ▸ 著
王兢 ▸ 译

YSP 北京燕山出版社
BEIJING YANSHAN PRESS

《生活在1807—1808年的大英科学名家们》(*Distinguished Men of Science of Great Britain Living in the Years* 1807–8)，这是艺术家约翰·吉尔伯特爵士于1862年创作的一次想象中的集会。

英国皇家学会：
现代科学的起点

[英] 阿德里安·泰尼斯伍德 著
王兢 译

图书在版编目（CIP）数据

英国皇家学会：现代科学的起点 /（英）阿德里安·泰尼斯伍德著；王兢译. -- 北京：北京燕山出版社，2020.5（2024.3重印）
（里程碑文库）
ISBN 978-7-5402-5613-5

Ⅰ. ①英… Ⅱ. ①阿… ②王… Ⅲ. ①学术机构－介绍－英国 Ⅳ. ① G325.619

中国版本图书馆 CIP 数据核字 (2020) 第 016952 号

The Royal Society

by Adrian Tinniswood

北京市版权局著作权合同登记号 图字：01-2019-7100 号

选题策划	联合天际	特约编辑	李天宇
版权统筹	李晓苏	版权运营	郝 佳
编辑统筹	李鹏程 边建强	营销统筹	绳 珺 邹德怀 钟建雄
视觉统筹	艾 藤	美术编辑	程 阁 刘彭新

责任编辑	刘占凤 赵 琼
出 版	北京燕山出版社有限公司
社 址	北京市丰台区东铁匠营苇子坑 138 号嘉城商务中心 C 座
邮 编	100079
电话传真	86-10-65240430（总编室）
发 行	未读（天津）文化传媒有限公司
印 刷	北京雅图新世纪印刷科技有限公司
开 本	889 毫米 ×1194 毫米 1/32
字 数	150 千字
印 张	7.5 印张
版 次	2020 年 5 月第 1 版
印 次	2024 年 3 月第 3 次印刷
书 号	ISBN 978-7-5402-5613-5
定 价	68.00 元

关注未读好书

客服咨询

本书若有质量问题，请与本公司图书销售中心联系调换
电话：(010) 5243 5752

献给露西，诚挚感谢

目录

NVLLIVS
IN
VERBA

* * * * * *

引子

内眼观察

想象一个太阳绕着地球转的宇宙。事实上你根本用不着想象，你要做的一切就是相信自己的眼见为实。是不是一望而知？每天早晨太阳都自东边升起，在空中运行，之后从西边落下。你能看到全过程。“日出”这个说法清楚地表明，正是太阳在动。

如果有个人对你说，其实是地球在宇宙空间中运行、地球也绕着自己的轴线自转的话，你恐怕得反问他道理何在：我们为什么能直直地站起来？如果我们在太阳系里高速飞奔的话，为什么没有永久性的剧烈风暴？我们为何没被抛掷到宇宙空间中？

不过，太阳绕着地球转这件事，并不是人人认同的常识。天主教和新教的神学家在这个问题上均有清楚的表态，而且罕见地协调一致。天主教会告诉我们：“太阳在宇宙中心静止不动这个观点愚蠢极了。它不仅在哲学上大错特错，而且也是彻头彻尾的异端邪说。”此外值得一提的是，“日心说”也违逆了《圣经》：约书亚与亚摩利人作战时，祈求上帝施以援手，“于是日头停留，月亮止住，直等国民向敌人报仇”。马丁·路德对那些认定地球绕着太阳转，“而非天空、太阳和月亮绕着地球转”的蠢人大加讥嘲，“这就好比有人坐在大马车或是船上，却认为自己是坐着休息不动，而大地和树木在移动似的”。约翰·加尔文则认为，如果有人真的认为“太阳不动，地球旋转移动”的话，那么这人就是精神错乱、魔鬼上身。[1]

如果你转而关注其他权威说法，也就是古人著作的话，你会得到相同的信息。亚里士多德和托勒密在这些事上终归比我们懂得多一点，然而他们对宇宙的理解还是彻头彻尾的“地心说”：地球是一个固定不动的球体，太阳、月球、行星和恒星都绕着它旋转，分处一系列同一球心的各天球球面之上。如果你另作他想，岂不是显得很愚蠢吗？

这就是伦敦皇家学会诞生时的世界。如果那个世界的绝大多数人动念思考宇宙学的话，他们还是会认可亚里士多德和托勒密的宇宙图景。诚然，有一些更先进的思想者意识到传统观点正在遭遇挑战。他们知晓尼古拉·哥白尼这样的理论家——这位波兰天文学家的《天体运行论》（*De revolutionibus orbium coelestium*，1543）是最初建立日心说世界观的著作之一（按照阿基米德的说法，准确来讲，第一本日心说著作出自公元前3世纪古希腊天文学家、来自萨摩斯的阿利斯塔克之手，书中阿利斯塔克提出地球绕着太阳转动的观点。可惜此书已经散佚无存）。这批先进思想者还对德国天文学家约翰尼斯·开普勒素有所了解，他的学说认为，行星以椭圆形的轨道绕着太阳旋转。不过他们也知道第谷·布拉赫，他试图调和托勒密和哥白尼的宇宙论。布拉赫提出，五大行星——水星、金星、火星、木星和土星——确实绕着太阳旋转，同时太阳本身也绕着地球转。他们也对乔尔丹诺·布鲁诺有所耳闻，这位意大利自然哲学家因为坚称无限世界论和捍卫哥白尼学说，于1600年2月被绑在火刑柱上活活烧死。

时值1633年，绝大多数皇家学会的创始成员还只是孩童（有几个甚至还没出生）。伽利略·伽利雷在这一年被押到宗教裁判所受审，被迫放弃他的地球转动学说，并在软禁中度过了余生。

在医学领域，古希腊医生盖伦和希波克拉底的体液病理学依旧时兴于17世纪。医务人员相信，身体的健康有赖于四种体液的某种平衡。据说这四种体液存于人体之内，并在静脉中彼此混合：血液与肝脏相关；黏液与大脑和肺有关；黑胆汁（也称忧郁汁）由脾脏秘密储存；黄胆汁（也称愤怒汁）则由胆囊保管。这套学说认为，体液的明显失衡乃是绝大多数疾病的成因，甚至能决定人的性格。1674年风靡一时的医学论文《病人的珍宝》（*The Sick-man's Rare Jewel*）写道："那些体内充斥黏液的人……才智浅陋，思维迟钝，懒惰，精力不济，他们会梦见雨水、降雪、洪水、游泳等。"[2]而那些黄胆汁气质的人，"则拥有灵敏聪睿的头脑，生性勇猛，强壮机警，有仇必报，花钱大手大脚，对荣耀也有些渴望。他们的睡眠很浅，很快就能惊坐而起。他们的睡梦炽烈、灼热、迅疾，满是狂暴"。[3]绝大多数世人直至17世纪末都信持这一套体液病理学，笃信几大体液理论，相信血液的流注都来自肝脏。公元2世纪时，在罗马生活、工作的希腊人、来自帕加马的盖伦宣称，这就是人体工作的原理——虽然就我们目前所知，盖伦从未解剖过成年人。

在大学里，经典权威仍是学问的基石。牛津大学文学院的本科生在四年学习期间，必须"学习人文知识，依照学校守则的严苛要求，勤勉出席大学的公开讲座"。[4]课程内容是语法、修辞、逻辑、道德哲学、几何和古希腊语，其重中之重则是亚里士多德的著作，以及对亚氏著作的评注。某学生在申请学位时陈述，他的资质将“足以获得就亚氏的每一本逻辑著作发表讲演的资格”。讲演要用优雅的拉丁语，时间为45分钟，不出席的学生将被处以罚金。就连正餐与晚餐上的交谈也要用拉丁语。导师指导学生学习，与学生一起晨读，指引他们阅读正确的文本：巴托罗马乌斯·凯克曼和罗伯特·桑德松两位神学家的逻辑学；西塞罗、普林尼、恺撒和李维的修辞学和史学；希腊语原典的《新约圣经》；弗兰西斯科斯·帕沃尼乌斯论道德哲学的《伦理学大全》（*Summa Ethicae*）。在课程中，只有一些注解课本的作者不是那些已经死了几百年的人，但他们注解的对象当然还是那些已经死了几百年的人。

而在大学之外（或许也在它们的院墙之内），人们依旧普遍相信半人马怪、独角兽和巨人存在；评论家可以一本正经地赞同“蛇生成于死者的大脑”“变色龙生活在空中”“鸵鸟吃铁”“永葆青春的灵丹妙药真实存在”“蛇怪从公鸡下的蛋里孵出来”这样的见解。绝大多数皇家学会的创始成员出生在詹姆斯一世统治时代（1603—1625），这名国王坚信魔法和巫术。那是一个黑暗、困惑的世界，任何离经叛道、有悖信仰与教规的言行都是艰险至极的旅程。

不过，正统观念也开始遭到诸多挑战。1609年5月，当时还是帕多瓦大学数学教授的伽利略正在威尼斯逗留。他从传言中得知，荷兰人发明了一个新玩意儿。“借助这个玩意儿，就算观察者的肉眼距离可见物体遥远之极，他还是可以看得清清楚楚，仿若近在眼前。"[5]回到帕多瓦以后，伽利略就着手制作自己的望远镜（到1610年他已经做出了4个，最后一个功能最强，放大率达到了惊人的30倍）。当伽利略把望远镜对准天空，映入眼帘的一切让他大吃一惊：月球表面并不像希腊人说的那么平坦，而是布满了山丘和谷地；木星是个圆形的盘子，本身拥有4颗卫星。最令人震惊的是，空中有着数量庞大的星星，这些肉眼不可见的星星之前从来无人见过。"无论你将望远镜指向（银河系）何方，"伽利略写道，"立即就有一大团星星涌入视线，其中许多颗还颇为巨大，极其明亮。不过，小一点的星星还是无法测定。"[6]

对于伽利略的发现，人们最初的反应颇为复杂。传统的亚里士多德派学者直截了当地拒绝相信天空还存在任何亚里士多德未曾提及的事物的可能；政府则决定先把星星的事情搁到一边，转而注重望远镜的军事潜能。然而，正如英国驻威尼斯使节亨利·沃顿爵士迅速认识到的那样，观测此前不可观测之物的能力也为人们打开了新的世界——此话尤为贴切。望远镜改变了天文学，为研究和猎奇带来了无与伦比的机会。1610年3月，沃顿爵士向国内寄回了一本伽利略基于自己望远镜的早期观测结果而撰写的小册子——《星际信使》（*Sidereus Nuncius* or *Starry Messenger*）。沃顿还为这本小册子写了一封附信：

我随信附上了一条最惊奇的新闻献给国王陛下（我这么说也

是恰如其分)。这条新闻之前在世界任何地方都可以说是闻所未闻，这就是附上的那本帕多瓦数学教授写的书(当天寄出)。这位教授借助一种光学仪器(既放大也接近了物体)……已经发现了绕着木星旋转的四颗新行星(木星卫星)，此外还有许许多多不知名的恒星；同样地，还有探寻已久的银河系真正成因；最后，月亮并非球体，而是密布诸多突起。最为奇怪的是，月球靠着从地球反射而来的太阳光而得以明亮……至此，就一门完整学科而言，他第一个将之前的天文学全盘颠覆。[7]

18年后，做过詹姆斯一世和查理一世医生的威廉·哈维出版了《心血运动论》(*De motu cordis*)。本书是他10年研究的结晶，阐述了心脏的本质，并提出了血液在全身循环，而不是从肝脏流注的理论。批评者们援引盖伦反驳哈维，他们认为如果血液循环说成立的话，整个体液病理学就将陷入疑问，因为这样一来体液就会彼此混合，人们也没法各自单独矫正这些体液。还有批评者只是轻描淡写地对哈维说，盖伦已经给了他们一个靠得住的假说，这就已经够用了，多谢。

哈维本人，一个在诸多层面上是传统的亚里士多德派的人，也没法解释血液为什么循环。但哈维确信血液是循环的，这一点堪称关键所在。哈维并不接受经典权威正确无误，而他一定是像前人一样搞错了的说法。他推崇“肉眼观察”(ocular inspection)：不能凭着表面印象就信以为真，而要自己去观察。

他并不孤单。17世纪伊始，廷臣哲学家圣阿尔本子爵弗朗西斯·培根就曾呼吁，大众应该与传统的亚氏学问说再见。培根认为，与其用那些未经证明的假说来检验经验观测的正确性，不如亲自进行观测：

探求和发现真理，有且只能有两条道路。一条道路是从感觉和特殊的东西飞跃到最普遍的公理，从这些原理及其不可动摇的真理出发，去判断并发现终极的真理。这是现在通用的道路。另一条道路则是从感觉和特殊的东西经由持续且逐步的上升，最终达到最普遍的真理。这是真正的但迄今还未有人踏足的道路。[8]

培根倡议说，学问唯有经由实验方得增益，而非解读增补前贤往哲就能长进。事实证明，他的倡议极大地影响了初创期的皇家学会。学会的创始成员都是培根科学方法的追随者、实验知识的拥趸。与威廉·哈维一样，他们都强调了“肉眼观察”的必要。

培根死于1626年。传统的说法是他因对做实验过于投入而死。托马斯·霍布斯告诉约翰·奥布雷，培根坐着他的四轮马车跑到户外时，心血来潮要验证自己的一个想法：白雪能否像食盐一样用来保存鲜肉？于是他停下马车，走进海格特地区一名穷困妇女的家门，从她那里买了一只母鸡。培根请这位女子切除母鸡的内脏，用雪填充其体腔，一步步教她做。“雪让培根冻得浑身颤抖，

弗朗西斯·培根像；约翰·范德班克绘。
第一代圣阿尔本子爵培根既是英格兰实验科学之父，也是皇家学会创始成员们的灵感来源。

很快就病势沉重，再也没法返回他的住宿地。”[9]两三天后，培根便撒手人寰。

但即便是不在人世，培根也对皇家学会的诞生有所贡献。在他身后出版的、未完成的奇幻著作《新亚特兰蒂斯》(*New Atlantis*，1627)中，一队走失的旅行者无意间在南太平洋找到了一座乌托邦之岛。岛上有一个由聪明睿哲之士组成的“所罗门宫”(Solomon's House)，他们在这个机构筹划自己的新型实验，并搜寻那些在书中描述的或是外国进行的实验。所罗门宫拥有大量化学实验室、天文台、制药和医疗设施，一个“展出包括几何和天文学在内的各种仪器”的数学馆，许多花园，还有一座藏有“各式各样更珍奇卓越的发明的样品和模型”的仓库。所罗门宫的研究领域范围甚广，有光学、显微学、磁力学，甚至还有基因工程；会员合作共事，探寻“万事万物的成因和运行之秘，将人类帝国的边界尽量扩展到万事万物皆在掌握之境”。这便是科学研究机构这一概念的早期构想：一群志趣相投的成员组成一个学会，大家齐聚一堂，致力于促进实验哲学。33年之后，这个构想终于在格雷沙姆学院的一个房间开花结果，皇家学会便在那里诞生。

NVLLIVS
VERBA

* * * * * *

奠基

“致力于促进实验哲学”

1660年11月28日，星期三。格雷沙姆的天文学教授克里斯托弗·雷恩结束了他在学院阅览厅里的每周讲演。头戴兜帽、身着长袍的雷恩步行穿过庭院，走进几何学教授、同事劳伦斯·鲁克的寓所。

此外，还有十个人涌进了鲁克的寓所，各色人等皆有：大学教授和业余爱好者、保皇党人和共和派、年轻人和老学究。鲁克于1652年开始驻足于主教门*，执掌格雷沙姆学院的天文学教席。1657年他转教几何学，显然是因为几何学教授的寓所更好，而且有独立阳台。同年，年仅25岁的克里斯托弗·雷恩得到了天文学教席，住进了鲁克的旧寓所。在那儿的还有第三位格雷沙姆学院教授——曾是医学系主任的乔纳森·戈达德。其他学者则包括新近出任里彭座堂主任牧师的约翰·威尔金斯和医生兼统计学家威廉·佩蒂。复辟之前，威尔金斯是一位突出的克伦威尔派大学管理者，做过牛津大学瓦德汉学院和剑桥大学三一学院的院长。佩蒂一度是格雷沙姆学院音乐教授，他早在1650年就已在牛津声名鹊起，彼时他代替牛津皇家医学教授主持了一次解剖工作，后者因为“没法忍受一具血淋淋尸体的骇人场面”而不愿出面。正是这次解剖见证了一名叫安妮·格林的家仆的奇迹复活：格林因杀害私生子，在牛津城堡里被处以绞刑。行刑完毕后，格林的尸体被运往佩蒂的宅邸解剖。就在佩蒂准备仪器的时候，一名旁观者

* 主教门（Bishopsgate）：伦敦的一座城门，后引申为附近地段，位于伦敦城东北角。——译者注

克里斯托弗·雷恩爵士像；戈弗雷·内勒绘。
今天雷恩最为知名的身份是建筑师，他一开始做过解剖学家和天文学家。1680—1682年，雷恩担任皇家学会会长。

（在17世纪，解剖乃是一种公共事务）注意到安妮还在呼吸，于是此人用脚踩她的胸脯，无意间成了一次心肺复苏，也让佩蒂得以将其抢救过来。很快安妮就恢复如初，她带上自己的棺材回家，以此纪念她奇迹般的大难不死。[1]

学者之外的第二大创始群体是四名职业廷臣：业余天文学家保罗·尼尔爵士；罗伯特·莫雷爵士和亚历山大·布鲁斯爵士（两位老兵都是斯图亚特王朝的支持者，与查理二世一起流亡，并在复辟之后重返英格兰）；威廉·布朗克子爵，他在护国公时期一直明哲保身，却在局势安全的时候摇身一变，成为一位热情洋溢的保皇党人。不过不同于以上三人的是，身为数学家的布朗克子爵卓具科学声誉。

最后，还有三名既不属于宫廷，也不供职于学院的出席者：住在圣殿区*的威廉·鲍尔，是一位业余天文学家；在17世纪50年代，他与尼尔和雷恩一道，开始对土星及其变动的轮廓大感兴趣。（望远镜已经先进到可以显示这颗行星的形状变化，但还不能揭示其变化原因。对地球上的观测者而言，环绕着土星的是一圈圈星环，它们在不同的时段排成了不同的直线。）25岁的亚伯拉罕·希尔是这群人中最年轻的（最年长的莫雷有51或52岁），他是个伦敦商人，刚刚去世的父母给他留下了一大笔遗产。希尔当天现身鲁克寓所，大概是因为他用新获得的财富在格雷沙姆学院给自己

---

* 圣殿区（the Temple）：伦敦城位于泰晤士河北岸的一个行政区域，得名于圣殿教堂，向来是各大律师学院和律所驻地。——译者注

租了几间屋子。第三个也是最后一个人则是才华卓越却又神经衰弱的罗伯特·玻意耳，科克伯爵的儿子。玻意耳的《关于空气的弹性及其物理力学的新实验》（*New Experiments Physico-Mechanical, Touching the Spring of the Air and its Effects*）一书描述了他与助手罗伯特·胡克一起建造了一个真空密室，并展示了火焰、光线甚至生物失去氧气的结果。玻意耳有那么一些特立独行——深居简出，新教信仰炽烈，通常不情愿加入任何可能吸纳他为成员的社团。

这些朋友和朋友的朋友像他们往常聚会时一样，畅谈科学问题和新的发明。大家交换观点和理论，讨论实验哲学。

正因为他们彼此之间频繁会面碰头，也许自然而然便有人提议，将会面改进为更正式的辩论会；仿照其他国家学术促进机构的办法，他们也可以在这里做一些负责任的事情，致力于促进实验哲学。[2]

于是大家同意举行定期周会，时间是每周三下午三点钟。学校上课期间，他们会在鲁克的格雷沙姆寓所会面；而在放假期间，威廉·鲍尔就会让出自己在圣殿区的屋子。每个人都将缴纳10先令的一次性入会费，还有每周1先令的会费（不管他们本周是否到会）。约翰·威尔金斯获任主席，鲁克出任司库。格雷沙姆学院的修辞学教授兼医生威廉·克鲁恩获任登记官（也称秘书官），虽然那天他并未出席会议。抱着扩大规模、招兵买马的念头，12位创始人还列出了40名潜在的新成员名单："今天到会的人都熟知这些人，认定他们愿意而且适合加入这项事业，一如大家设想的那样。”[3]

皇家学会诞生了。*

* * *

如果说皇家学会的生日还算清楚的话，那么其源头依旧是个争论不休的辩题，科学史学者为此吵得不亦乐乎。他们就像自己笔下的17世纪大人物一样争先恐后，希望自己的说法独占鳌头。皇家学会是否真如罗伯特·玻意耳在1646年和1647年提到的那样，起源于一个“无形学院”或是“哲学学会”？又或者，学会只是瓦德汉学院那个“大社团”（Great Club）的衍生物，一如牛津萨维尔天文学教授塞斯·沃德于1652年描述的那样？又或者，学会始于一群学者和志趣相投哲学家的偶然聚首，正是这批人在护国公时期的最后岁月里涌入伦敦、开始在格雷沙姆学院雅集？

上述三段设问的答案都是“是的”。牛津数学家约翰·沃利斯的名字也在创始会议拟定的潜在成员名单里，据他的回忆，1645年内战方炽的时候，一群热心人士就不时在乔纳森·戈达德的伦敦寓所会面，有时还会去市中心伍德街的米特雷酒馆。除了戈达德和沃利斯，这个群体还包括约翰·威尔金斯，他已撰写出版了一系列风行于世的科学著作：《发现一个新世界》（*The discovery of a new world*，1638）一书设想了月球宜居的可能性；《关于新行星

* 各创始人生平的详尽细节可参见附录1。

的讨论》（*A discourse concerning a new planet*，1640）为哥白尼、开普勒和伽利略提出的宇宙图景做了辩护；《墨丘利》（*Mercury*）[也称《秘密和敏捷的信使》（*The secret and swift messenger*，1640）]则讨论了代码和密码的使用。这个群体的其他成员绝大多数是医生，其中最为杰出的乃是查尔斯·斯卡伯格，他不但拥有成功精湛、蜚声于外的医术，还对数学和光学有着浓厚兴趣。根据同时代人沃尔特·波普的说法，斯卡伯格“生活彪炳煊赫，其客桌总是对所有饱学之士开放，但特别青睐灰心丧气的保皇党人。不但如此，他还更加厚爱那些因为追随国王事业而被逐出牛津剑桥两校门墙的学者”。[4]青少年时代的克里斯托弗·雷恩就曾住在斯卡伯格家中，后来他将自己对数理科学的兴趣归功于这位老人的培育。

沃利斯确实在25年后写到了当初这些聚会，他确信这些伦敦城内的雅集就是皇家学会的雏形。沃利斯说，各成员每周交纳一笔会费，用于支付实验所需。他还提到，集会遵从一套规程。宗教和政治讨论被禁止。小组讨论自我限制在“物理学、解剖学、几何学、天文学、航海、静力学、力学和自然实验”之内。[5]他们讨论血液循环（威廉·哈维正是斯卡伯格的朋友，也许也曾在几次集会中现身）、哥白尼假说和彗星的本质、物体在空中的加速、光学的进展。沃利斯接着说，这些集会后来挪到了齐普赛街的牛头酒吧和格雷沙姆学院。“我们的人数也有所增加。”[6]

沃利斯记述的每周聚会在1648年左右便逐渐消失了。这并非巧合。正是在那一年的4月，可能是上述所有皇家学会前身的主要推动者的约翰·威尔金斯离开伦敦，前往牛津大学接任瓦德汉学院院长。此时的牛津正在经历一波改天换地的变革：威尔金斯目睹数百名保皇党人被大学扫地出门，绝大多数学院的院长都换成了亲近议会一派的人。威尔金斯在瓦德汉学院建立了一个公开透明宽容的体制，“摒弃顽固、无礼和吹毛求疵之举，这些劣行在当时一些牛津头面人物和教职工身上简直到了极致”。[7]威尔金斯力倡实验哲学，很快，罗伯特·玻意耳、约翰·沃利斯、乔纳森·戈达德等人就前往牛津，参加威尔金斯举办的科学集会，作为伦敦“无形学院”的承继。几名剑桥人士也加入了他们，其中就有劳伦斯·鲁克及其导师塞斯·沃德。沃德是查尔斯·斯卡伯格的朋友，他的剑桥教职刚刚遭到褫夺，起因是他反对1643年的《神圣盟约》（*The Solemn League and Covenant*）。*身处牛津稍微宽容一些的体制之中，沃德获任萨维尔天文学教授（1619年，默顿学院院长、数学家亨利·萨维尔爵士创设了天文学和几何学两个教席，这两个教席至今依然以他的名字命名）。群英荟萃的人才梯队和威尔金斯无偏无党的掌院体制，开始吸引不同政治立场的才华卓著的本科生。克里斯托弗·雷恩于1649年抵达瓦德汉学院，成为这个圈子的一分子，而他那身为保皇党的叔叔正因反对议会而被囚禁在伦敦塔。

1652年，塞斯·沃德记述了一个约30人组成的“大社团”，成

* 《神圣盟约》：1643年，苏格兰和英格兰议员为维护苏格兰长老会地位而签订的盟约，亦称《国民誓约》。——译者注

员们自发记录“已经发明的那些事物”，制作一份记载“仍需发明之物”的清单，并设计相关的实验。沃德在致友人的信中说，已经有8个人加入了这一社团，“每一个人都在一刻不停地工作，只为布置一座实验室，动手做化学实验”。沃德本人就在瓦德汉学院门房的屋顶修建了一个天文台，获得了望远镜“等观测仪器”。[8]

第二年，拥有广博人脉和通信网络、对一切新哲学问题都兴味盎然的波兰流亡者塞缪尔·哈特利布听说，威尔金斯已在牛津创立了“一所旨在做实验和研究力学的学院”，遂慷慨解囊捐出了200英镑。[9]于1654年到访牛津的约翰·伊夫林则在与“最慷慨大度、好学求知”的威尔金斯博士的晚宴中大感愉悦，他也有幸得见“实验和力学”的一些成果：

他建起了一座座犹如城堡宫殿般的透明蜂巢，如臂使指地依次整理它们，取出蜂蜜却不会伤及蜜蜂。这些蜂巢饰有形形色色的标度盘、小塑像、风向标……他还做了一尊中空的塑像，人们可以在远处，凭借一根长而隐蔽、直达其嘴的管子让这尊塑像发声说话。他还在自己的寓所和过道上弄出了种类各异的阴影、标度盘、透视，以及其他许许多多人工、数学和魔法的珍奇玩意儿：里程计、温度计、大块磁铁、圆锥等几何切片、半圆面上的天平，绝大多数出自他本人之手，这就是天赋异禀的年轻学者，克里斯托弗·雷恩先生。[10]

罗伯特·玻意耳与牛津大学从未有过直接瓜葛，但他还是在牛津大街有几间屋子。在这里，他与罗伯特·胡克合作，用气泵做实验。就在玻意耳的屋子里，雷恩完成了世界上第一例成功的犬脾切除术：他用一把阉猪刀切除了玻意耳的西班牙猎犬的脾脏。威廉·佩蒂则驻足于牛津大学，帮助那名容易犯怵的皇家医学教授做解剖工作。这群人在佩蒂的寓所聚会了好长一段时间，因为佩蒂待在某药剂师的屋宅里，手头就有现成的药物、化学品和其他物品。约翰·沃利斯也在其列，1649年6月他获任萨维尔几何学教授，从此在这个职位上整整待了54年之久。此外，还有先驱医生兼化学家托马斯·威利斯，他在默顿巷有一间房子，距离玻意耳仅仅街角之遥。塞斯·沃德教授哥白尼的天文学理论，他也是第一个这么做的萨维尔教授。在威尔金斯的庇护之下，实验哲学在牛津大学实现了空前繁荣。

就像本该发生的一样，随着时间流逝，这个群体风流云散，有些成员也对科学意兴阑珊。1652年佩蒂前往爱尔兰，出任克伦威尔麾下的首席医生。雷恩则于1657年得到了格雷沙姆的天文学教席。彼时鲁克已经在那里了。1658年，戈达德也追随雷恩来到格雷沙姆学院。1659年，约翰·威尔金斯转任剑桥大学三一学院院长，这也标志着支撑牛津实验哲学社团的动力业已消散。

或许换种说法更合适一些：社团正在转移阵地。皇家学会的第三个前身是格雷沙姆学院。彼时的格雷沙姆已经赢得了“科学

罗伯特·玻意耳像；约翰·科尔斯布姆绘，摹本。玻意耳是科克伯爵之子，也是17世纪的顶尖实验哲学家，才华横溢而又神经衰弱。

摇篮”的赫赫声名。学院于1597年秉承托马斯·格雷沙姆的遗志而建，这名伊丽莎白一世时代的富裕商人之所以赢得声誉，靠的是修建伦敦的主要商业中心：康希尔街的皇家交易所。托马斯爵士身后捐出了他位于主教门街和布罗德街之间的别墅——一座面积宽广的带院宅邸。这栋别墅成为首都伦敦的某处成人教育中心。这所学院神学、法学、物理学、修辞学、音乐、几何和天文学的各科教授享有50英镑的年薪与免费住宿，他们每周在主栋建筑后面的大厅里，面向伦敦市民举办公开讲演。格雷沙姆学院首创了英格兰的几何学和天文学教席，并在17世纪的前30年里赢得了“数理科学研究中心”的巨大声望，吸引了亨利·布里格斯（1597—1620年任几何学教授，被称为“英国的阿基米德”）和埃德蒙·甘特（1619—1626年任天文学教授，被约翰·奥布雷誉为“第一个将数学工具用得臻于化境的人”）这样的高人。[11]这两个人都有着浓烈的清教徒情感，也对航海和船运兴趣非凡，他们的几个后继者也传袭了他们的清教徒思想和研究兴趣。德普特福德各大造船厂里的仪器制造商、造船工程师和工匠之间逐渐建立起了密切合作关系，这也让格雷沙姆学院成为声名显赫的应用数学和航海学中心。

不过，格雷沙姆学院的声望在17世纪三四十年代却走了下坡路，布里格斯和甘特时代赢得的巅峰声誉一落千丈。学院再也不是引领技术进步的前沿阵地，人们对教授也可以说是怨声载道：教授甚至不履行远非艰难的教学职责，要么花钱请副手代读讲义，要么干脆不讲课。神学教授理查德·霍兹沃斯将绝大部分时间花在剑桥大学，他也是那里的伊曼纽尔学院院长；法学教授托马斯·艾登不得不在1640年辞去教席，因为他“还有其他几份差事……与他在格雷沙姆的出勤相互冲突”；几何学教授约翰·格里弗斯则于1633年前往中东探险，7年不归（他最后遭到解雇，“因为长期缺席，还有不上课”）。[12]

1651年，威廉·佩蒂出人意料地出任格雷沙姆学院音乐教授，尽管他在爱尔兰的职责意味着他很少在学院露面。如前所述，“牛津社团”的第二名成员劳伦斯·鲁克于1652年当选天文学教授；3年之后，乔纳森·戈达德“凭借克伦威尔的权力和赏识”成为物理学教授；1657年8月，克里斯托弗·雷恩接掌了鲁克改任几何学教授之后留下的天文学教授教席，也入住了那几间舒适便利的带阳台住所。[13]短短6年时间里，格雷沙姆学院的7个教授中已有4人（包括全部3个科学教授）有过牛津供职经历，他们都曾是以威尔金斯为中心的那个科学社团的成员。

1660年查理二世的复辟意味着流亡在外的保皇党人重返伦敦，其中就有亚历山大·布鲁斯和罗伯特·莫雷爵士。王室复辟还意味着布朗克子爵和保罗·尼尔爵士这种不冷不热的保皇党人也将重返伦敦，宣示他们的忠诚，期许新政权的优先录用。同时，威尔金斯

下页图

主教门区的格雷沙姆学院。

1660年11月28日那个星期三下午，12个人正是在那里一致同意“为了促进实验哲学”，举行定期会议。这也标志着皇家学会的诞生。

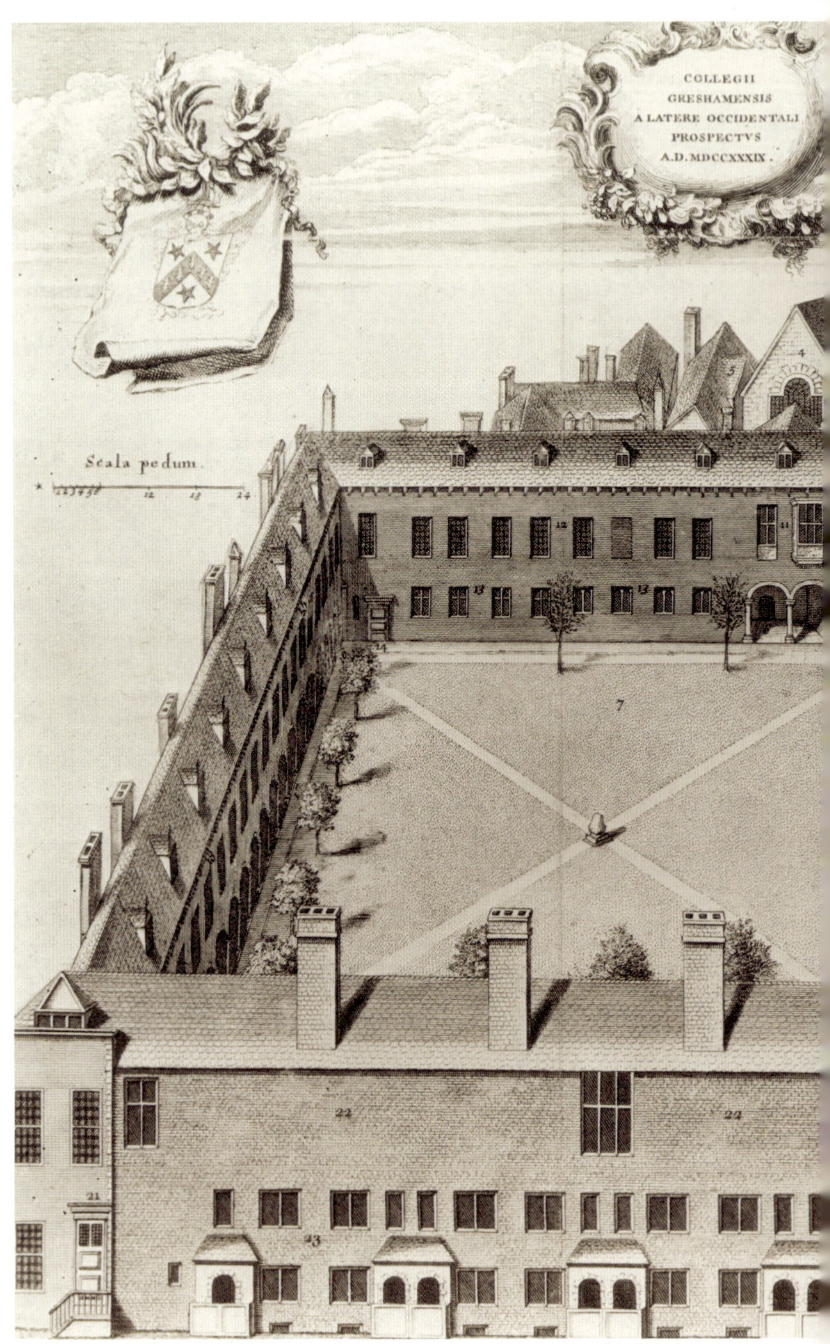
COLLEGII
GRESHAMENSIS
A LATERE OCCIDENTALI
PROSPECTVS
A.D. MDCCXXXIX.
Scala pedum

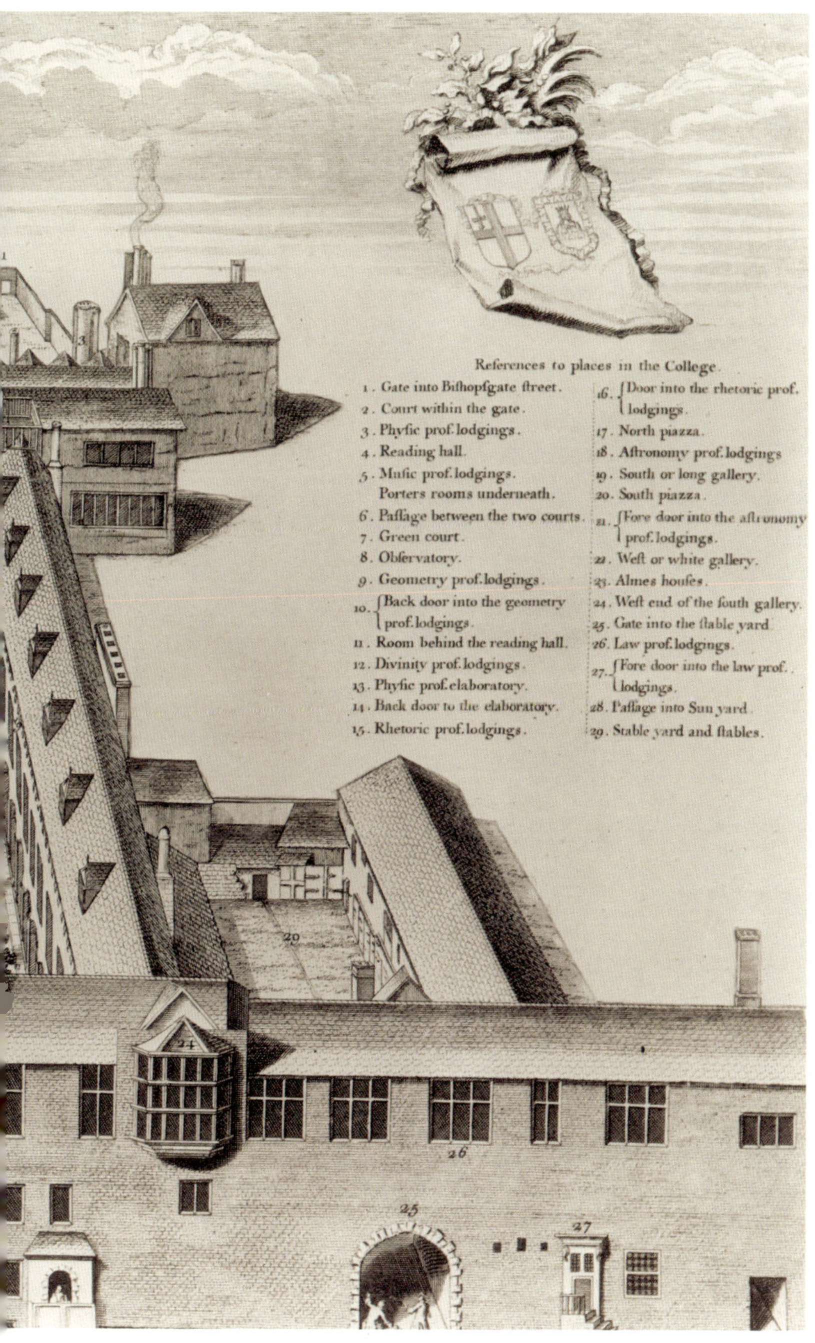
References to places in the College.
1. Gate into Bishopsgate street.
2. Court within the gate.
3. Physic prof. lodgings.
4. Reading hall.
5. Music prof. lodgings. Porters rooms underneath.
6. Passage between the two courts.
7. Green court.
8. Observatory.
9. Geometry prof. lodgings.
10. Back door into the geometry prof. lodgings.
11. Room behind the reading hall.
12. Divinity prof. lodgings.
13. Physic prof. elaboratory.
14. Back door to the elaboratory.
15. Rhetoric prof. lodgings.
16. Door into the rhetoric prof. lodgings.
17. North piazza.
18. Astronomy prof. lodgings
19. South or long gallery.
20. South piazza.
21. Fore door into the astronomy prof. lodgings.
22. West or white gallery.
23. Almes houses.
24. West end of the south gallery.
25. Gate into the stable yard
26. Law prof. lodgings.
27. Fore door into the law prof. lodgings.
28. Passage into Sun yard.
29. Stable yard and stables.
3
20
24
26
25
27

和佩蒂这些热诚的克伦威尔派却发现自己丢掉了工作，有了大把大把的赋闲时间。天时地利人和兼具，“所罗门宫”已是呼之欲出。1660年11月的那个星期三下午，皇家学会的奠基正式开始，大家激情满怀地投入了工作。

亚历山大·布鲁斯，第二任金卡丁伯爵像；约翰尼斯·梅滕斯绘。
17世纪50年代的布鲁斯积极投身于保皇党事业，他也是发明家、廷臣、
皇家学会的创始人之一。

2

* * * * * *

章程

“我们的哲学集会”

在鲁克的格雷沙姆学院寓所初会之后，这个群体又在1660年12月5日的周三下午按计划重新聚首。住在白厅宫的罗伯特·莫雷爵士以廷臣的身份报告说，查理二世已经得知这个计划，而且“大为赞同”。[1]现在，各成员开始着手搭建组织架构、订立一部章程，保障他们还没有正式名称的学会能够存活下来，并订下超越个体成员目标的远大目标。他们决定，这个学会旨在每周集会，“商议辩论那些旨在关注并促进实验哲学的事项”。[2]

事情进展神速。12月12日第三次会议之后，他们成立了一个委员会，负责制定初版章程。成员们投票通过了一系列规章制度。他们定下了55人的人数上限，公职竞选的20人法定投票人数。大家还一致同意，“未经审查”，任何人不得被接纳为会员。这条规则的仅有例外包括：皇家医学教授成员，牛津剑桥两校的数学、医学和自然哲学教授，还有“那些爵位在男爵及以上的贵族”。[3]吸引有权有势的贵族进入这个新组织，其目的显而易见。金钱和接近权力堪称学会至关重要的工作事项，而贵族恰恰可以同时保证两者。但实际上很少有贵族愿意奉献金钱、分享权力。不仅如此，学会不考虑其科学成果就接纳贵族为会员的决定，让学会混入了许多拥有显赫身份与社会地位却对科学只有三分钟热度的人。在皇家学会成立的初期，贵族占据了20%左右的比例，廷臣和政客（与贵族不同）构成了另25%。有些人是活跃的成员，有些人则从来没有到会过。无论如何，这批人的加入给初生的皇家学会带来了一定的社会声望。在1670年，查理二世、他的弟弟约克公爵詹姆斯、他们的堂兄鲁珀特亲王都是皇家学会会员。瑞典学者格奥尔格·斯蒂恩海姆不无震惊地写道：

> 国王本人就像第二个阿波罗王一样，作为至高无上的主管和主持，打理着他手下的星带。群星璀璨之中，我们可以找到王子、亲王、公爵、富豪、地主、伯爵、男爵、饱学的赞助人，还有遍布社会各阶层的一批人：他们凭借超群学识和过人智慧得列其中。[*][4]

成员们确立了三项主要职位的任命方式：一名会长（也称主管），每月改选一次；一名司库；一名注册官，今天我们或许会称其为“登记员”。后两个职位的任期是一年。学会成立伊始，大家都认可保留书面记录的重要性：注册官准备了三本簿册，一本记载学会成员名录和相关法律法规；另一本记载实验；第三本则记录“偶至法令”。[5]注册官有一名协助他的抄写员，年薪40先令。还有一名年薪4英镑的操作员，负责协助进行实验和证明工作。

最后，他们终于设立了一套会员的选举办法。任何人不得于受推举的当天当选；候选人若要当选，需要当天出席的会员三分之二以上同意。实际投票规程执行如下：

> 抄写员（应当）准备几张长宽相等的小纸卷，数量两倍于出席会员。其中一半纸卷打上十字符号，另一半则打上零的符号；

---

* 王室与学会的联系延续至今：伊丽莎白二世女王是学会会员，也是其赞助人。查尔斯王储也是学会会员。

两种纸卷都要卷起来，分别放成两堆。接下来，每个人都依次上前，从两堆纸卷中各取其一，按照自己的喜好，秘密将一张纸卷投入瓮中，另一张投入箱内。之后，会长和两位会员公开唱票，数清楚瓮中的十字符号纸卷，再依此宣布选举结果。[6]

这种秘密投票在今天看来也许已不新鲜，但我们应当明白，这是在英国通过《投票法案》(Ballot Act) 将无记名投票法引入议会和地方政府选举的200多年以前。皇家学会已经远远领先于时代。

一本章程赋予了新组织基本架构，但若想求得真正之稳定和连续性之保障，成为单一法律实体，而非聚在一起的闲散群众的话，赢得皇家特许状赐予的法人地位是唯一途径。城市和大学都有皇家特许状，伦敦的同业公会和大型海外贸易公司也有特许状。查理一世颁发过十二张特许状，获颁的组织范围甚广，从扑克牌制作公司到救济院都有。而在查理二世复辟成功之后的两年内，三张新的皇家特许状找到了它们的主人：玻璃销售公司、皇家非洲公司和新英格兰公司。一张皇家特许状带来了某种程度的保护，也带来了承认、合法性和有效性。

就在罗伯特·莫雷游说国王，请求其颁发特许状的同时，成员们也在为这个新机构寻找一个合适的名称。在某个时间点，大家叫它“学院”(academy)。这也许是参考了蒙特摩学院—— 17世纪50年代末到60年代初，由一群每周定期在巴黎的蒙特摩旅馆聚会的自然哲学家组成的团体。1661年7月，约翰·霍斯金斯写信给古董收藏商约翰·奥布雷说："我很好奇，为什么你不告诉我一星半点有关那个著名的怀疑派哲学家学院的事？他们从不相信任何未经试验的事物。"[7]

"皇家学会"这个名字的启发归于日记作者约翰·伊夫林。1661年4月23日是查理二世的加冕日，伊夫林在一篇纪念加冕、谄媚主上的颂词中极尽褒美之能事，赞颂了查理二世奖掖科学团体之举，写下了"因陛下为我们格雷沙姆学院之学会所行之事而感荣耀"这样的句子。7个月后，伊夫林翻译的加布里埃尔·诺迪（法国作家）著作出版。在这本论述"建立图书馆"的英译本献词中，伊夫林感谢了大法官克拉伦东"对皇家学会的提携和奖掖"。1661年12月3日，伊夫林记载说："在全体表决下，我们的哲学集会通过了一项条款，其内容是因我为集会博得了'皇家学会'这一尊贵的名字而对我表示公开的感谢。"[8]

名称得到接纳的同时，罗伯特·莫雷爵士也在幕后努力，争取获得皇家特许状。1661年3月到1662年7月间，莫雷九次出任学会会长。身为苏格兰枢密院委员的莫雷在白厅宫有一套住宅，容易接近查理二世。正是莫雷在格雷沙姆鲁克寓所的学会初会之后的数日，带来了国王嘉许学会成立的消息。1661年10月他向学会报告说，他和保罗·尼尔爵士"以皇家学会之名亲吻了国王的手臂"，同时向查理二世呈交请愿书，要求获得学会的那一份特许状。[9]1662年6月初，莫雷受命组织一个委员会，负责"起草一份文书、筹设学会架构”。与他共事的还有布朗克子爵、威廉·佩蒂、乔纳森·戈达德和约翰·威尔金斯。[10] 1662年7月15日，莫雷的努力开花结果：皇家学会的特许状盖上了国玺。第二个月，布朗克子爵召集到了他能请到的所有学会成员，前往白厅等待觐见国王，称颂他对皇家学会的慷慨和厚爱。大家还向国王保证：“我们立定决心，一致至诚地追寻……经由实验方法，增进一切实用技艺和自然事物的知识。”[11] 他们还感谢了大法官和罗伯特·莫雷爵士，特别是后者“对学会的关怀和厚爱，将其构造升格为法人团体”。[12]

根据章程条款，布朗克子爵获任皇家学会主席，而不是罗伯特·莫雷和另一位台面上的竞争者约翰·威尔金斯。相关原因并非全然清楚，也许一个贵族看起来是更合适的选择，又或者因为布朗克还是查理二世新王后（布拉干萨的凯瑟琳公主）的大臣，在宫廷里有更大的影响力。章程明文规定，学会会长要一直任职到11月30日的圣安德鲁节，之后就需要每年参与改选。学会的权力机构是包含会长在内的21人组成的理事会；莫雷、玻意耳、沃利斯、尼尔、雷恩和佩蒂也得到了提名。这个理事会也要一直任职到圣安德鲁节，届时10名理事会会员就将退位让贤，让新人填补空缺：这一过程也将每年重复一次。威廉·鲍尔获任司库，取代了6月去世的劳伦斯·鲁克；约翰·威尔金斯和德国移民亨

约翰·伊夫林像；罗伯特·沃克绘。
以其日记闻名于世的伊夫林与早期的皇家学会关系匪浅。
正是他想出了学会的格言“*Nullius in verba*”，翻译过来
就是“不人云亦云”。

Ἡ δὲ μετάνοια αὐτὴ φιλο=
σοφίας ἀρχὴ γίνεται.

利·奥登伯格则出任秘书官。成员们就此成为举世闻名的皇家学会会员，也许这正好呼应了培根笔下的《新亚特兰蒂斯》，“所罗门宫”的成员就被称为“会员们”。

特许状带来的好处不胜枚举，包括但不限于社会声誉、身为单一法律实体得以存续的许诺，还有法律认可带来的组织架构安全性。此外，学会获批“与各色人等的外国人一起，致力于研究自然科学、数学和机械物体”，并保持通信。更重要的是，学会获得授权发行一份独立出版物。在那个一切媒体都被国家严格管控的年代里，这可是个巨大的特权。皇家学会还获得了“索要、取得并收受死于刽子手之手的死者尸体，并予以解剖”的权利。[13]

尽管大家都为学会的新获地位兴奋不已，但会员们还是立刻开始游说争取更多的东西。理事会的会议和1662年11月30日的选举活动也为之暂停。莫雷、尼尔和布朗克重新投入工作，结果就是取得了第二张皇家特许状。1663年4月22日，这张特许状也盖上了国玺。

第二张特许状强调，位处伦敦的皇家学会旨在增进“自然知识”（今天也是如此），与王室紧密联系在一起。查理二世自命为学会创始人和赞助人（会员满心期待查理王能够拿出行动展现他对会员工作的赏识，给他们一大笔捐赠或是土地补助金）。这张特许状也让会员人数剧增，超过了起初55人的目标：只要会长和理事会同意吸纳入会，任何人都可在特许状颁布的两个月内成为会员。1663年5月20日的一场会议上，总共有115人获准成为皇家学会会员。这批人里有现任会员，也有新来的人，其中就包括几名伯爵、19位骑士和22个医生。到1671年，三分之二的科学会员（在一个或多个科学分支领域有着职业兴趣的会员）都是内科医生或外科医生。这个比例足以解释一个事实，即病理学和解剖学的研究占据了皇家学会早期会议的许多议程。6月22日，又有5名新人入会——一个通讯员、一名记者、一位苏格兰政治家，还有两位外国人。尊贵的荷兰科学家克里斯蒂安·惠更斯，已经与莫雷通信多年，讨论莫雷的土星环理论以及其他学说；还有塞缪尔·德·索尔比埃尔，法国医生兼蒙特摩学院秘书。索尔比埃尔彼时正访问英格兰，并在那个夏天促成了皇家学会的几次会议，期许在英法两个科学团体之间建立定期通信。

纵观皇家学会的历史，其向来有欢迎外国会员的传统。波兰天文学家约翰·赫维留于1664年获允入会；法国数学家兼科学家皮埃尔·佩蒂特于1667年入会；德国哲学家戈特弗里德·莱布尼茨于1673年加入；荷兰先驱微生物学家安东尼·范·列文虎克则于1689年加入。事实上，在1660到1685年间，每十名会员中就有一人是外籍人士。

上述外籍会员之中的绝大多数从不到会，他们之所以得选会员，乃是学会承认其科学成就、扩展学会海外声誉的手段。其他一些外籍会员则是碰巧在合适的时间出现在了合适的地点，摩洛哥驻英大使穆罕默德·本·哈杜便是一例。1681年他到访查理二世宫廷，一时间成为伦敦名人。本·哈杜表达了对皇家学会工

作的兴趣，也应邀列席了一次会议。会上，本·哈杜展露了一手“极为出色的阿拉伯语书法”。[14]临行前，本·哈杜将他的名字以阿拉伯语签在了会员名册之上。

外籍会员享有免交会费的权利（不过，也有相当多的英国本国会员认为，他们自己也在豁免之列）。1682年之后，外籍会员在出版发行的会员名册里独占一个门类。1740年时，外籍会员人数已经接近皇家学会总会员人数的一半。

* * *

1669年，学会得到了第三张皇家特许状。这张特许状使学会得到了他们期盼已久的皇室划拨土地：切尔西学院。这所半建成的牧师学校始建于詹姆斯一世时代，在护国公时期曾用作战俘营。皇家学会本有机会将此地打造成一个“所罗门宫”，一处研究机构的永久会址，但是学会缺少足够的资金。这块土地于1682年作价1300英镑卖回给了查理二世，作为新设立的皇家退伍军人医院的地址。*

1663年的第二张特许状赋予了“为促进自然知识而设的伦敦皇家学会”拥有自身纹章的权利：一面印有英格兰三狮军团的盾

---

* 2012年，皇家学会得到了第四张皇家特许状，就是人们所知的今天仍在使用的《增补特许状》。这张特许状给之前的文件做了不少微小的修正，其中就有对第二张、第三张特许状英语译本的承认，并赋予其优先于拉丁语文本的地位。

威廉·布朗克，第二代布朗克子爵，数学家，皇家学会首任会长。
据称是彼得·莱利画作摹本。

牌，代表支持者的两条白色猎犬分拱两侧，还有一个羽毛状的盔饰，居于之上的则是一只鹰。颇好此道的约翰·伊夫林设计过好几种更明白直接的科学型纹章，比如“云中伸出一只手，紧握着铅垂线”，或者“一个地球仪，居于一只人眼之下”。不过，他的想法似乎都遭到了否决。查理二世送给学会一根镀银的权杖，很快这根权杖就镶上了纹章。伊夫林的岳父赠给学会一个底座以安放权杖。没有这根权杖在场的话，皇家学会无法召开任何会议（直至现在）。

伊夫林在研拟合适座右铭时的运气要更好一些。他先后想了几条拉丁语铭文，分别意为“我们还有多少未知之事”“经由实验”和“尝试一切”，最后想出了“不人云亦云”（Nullius in verba）的格言，大意就是“不随他人之言”。这句话被接纳为皇家学会的正式格言，并一直沿用到今天。

* * * * * *

实验

“开启宝藏的钥匙总是朴实无华而又锈迹斑斑”

人员就位，纹章到位，如期组建，伦敦皇家学会一切就绪，要在世上占有一席之地了。不过，这一席之地究竟是什么？皇家学会又干了什么？

学会确实整合了知识。从一开始，会员就被要求收集讲述各行各业的所见所闻——雕刻和蚀刻、提炼、造船、砖瓦工程、酿酒。克里斯托弗·梅雷特医生就编撰了一部雄心勃勃的名录，登载“英格兰的自然万物及其珍品”。[1]这不仅仅是为知识而知识的求知欲使然，随着会员规模扩大，也有不少业余玩家和热心乡绅加入，他们对奇闻奇物兴味盎然。不过，鞭策学会核心成员的还是“增益自然知识”这个信念，它对改进贸易、商业和制造业实属必要。*

正如托马斯·斯普拉特1667年在他那本《皇家学会史》（*History of the Royal Society*）中所写的那样，留下“一切自然或艺术工作的可信记录”，“这样一来现代人和子孙后代就能识别标记那些因为长期以来习焉不察而固化的错误”。但仅仅这样也是不够的。[2]用一份日期不明、大概出自威廉·尼尔（保罗·尼尔之子）的倡议书的话说，“学会的任务是做实验”，尽管并不是为实验而实验。他强调说：“这些实验本身可不仅仅是不去穷根究理的枯燥娱乐而已。”[3]1660年12月5日学会第二次开会时，克里斯托弗·雷恩接到

---

* 梅雷特也有发明香槟制作法的功绩。1662年他向皇家学会呈递了一篇论述葡萄酒酿造的文章，比法国初次提到这一酿酒术要早了50年。梅雷特在文中论述说，糖分可以加进葡萄酒中，实现第二次发酵，并令其发泡。

任务："准备在下次会议上展示钟摆实验。"同时，由布朗克、玻意耳、莫雷、佩蒂和雷恩组成的委员会则被要求"为特立尼费的水银实验准备一些问题"。[4]第一个实验大概与雷恩的钟摆振动研究有关，时人认为正是钟摆实验抓住了精确计时的关键，也为经度难题带来了解决方案。第二个实验则与一个观测计划有关，观测对象是特立尼费岛上海拔约3660米（约12000英尺）处的水银气压计。皇家学会是个多元统一体：交流想法和发现的论坛、收集和传播这些想法的中心、配合国家和国际研究的中心。不过总的看来，对实验之学的证明、赞助、讨论和促进，才是皇家学会的核心要义。

在1660年12月19日的第四次会议上，所有会员都获邀，引介"其所认定或将适于促进学会总体构架的类似实验"。[5]1661年1月2日，实验活动已是全速运转。布朗克和玻意耳已经编撰了一个清单，列出了22项特立尼费岛的实验点子："精确观测太阳升到山顶和落山的时间，并记下时间差"；"用一个沙漏做检验，看看放在山顶的摆钟比山下走得更快还是更慢"，等等。[6]这个清单收入了学会的簿册，在成为一项永久性记录的同时，它也会在实验带来重大发现时证明学会的优先性。玻意耳受邀展示他的气泵，乔纳森·戈达德展示的是他的"颜色实验；佩蒂医生则在当天向学会宣读了几份图表，讲述了造船史"。[7]布朗克应邀"继续进行枪支的后坐力实验，并在下次会议时展示"。布朗克后来爽约了，学会只得在数周之后再度邀请，然而他再次爽约。这种允诺、爽约和提醒的模式，对许多会员而言成了家常便饭。特别是那些本职工作繁忙的人，他们除了每周到格雷沙姆学院开会之外，还要应付各项事务。“引介”（bring in），这个短语表意模糊：有时指实际意义上的实验展示，有时则是一篇报告别处实验结果的论文。比如说，戈达德受邀引介他的颜色实验，结果就是他创作了一篇论文，记述他如何混合不同的液体：混合之后要么无色，要么就是有了完全不同于混合之时的颜色。这篇文章也如期登载在簿册上。

不过在每周一次的会议上，还是有大量的实验现场展示，学会成立的第一年里就有约24次。这些实验往往以实验对象的死亡告终。1661年6月13日会上，研究动物生理学的沃尔特·查尔顿给一只小画眉鸟和一只小啄木鸟各喂了三粒马钱子（士的宁）；两只鸟都死于非命。“他还给另一只小画眉鸟喂了两粒马钱子，并将同样多的提纯物混在一起喂了进去；短短9分钟他就杀死了这只画眉鸟。”死在玻意耳气泵下的生物更是多种多样，其他会员也对毒物兴致勃勃，实验中曾有一只蟾蜍和一条蛇蜥被撒盐致死，“会中还约定，下次会议要带上两只小狗，用来测试毒物实验”（颇不寻常的是，这两只狗都活了下来）。

查理二世赠给保罗·尼尔爵士五枚小玻璃球，“为了让皇家学会处理和辨别它们”。玻意耳等会员在此之后也开始从事浮力问题的研究。[8]玻意耳拿来了三个装满水的玻璃量筒，并将中空的玻璃球放入，“有些玻璃球随着水的加热浮了起来，有些玻璃球却在加热的时候下沉；有些玻璃球在冷却的凉水中上浮，却在水加热的时候下沉”。显然，这些实验并不总能得出定论。

随着学会声誉日隆，新闻报道开始关注非会员在别处进行的实验。通常会员乐于重复这些验证他们发现的实验。尽管他们的报告每每都能得到其他会员的无异议通过。会员及其宾客也给每周的会议带来了诸多悬念，引入了“展示讲述活动”（show-and-tell）的早期雏形。有些奇珍异物要更吸引眼球一些：有个会员曾掏出一块得于海滨的平板石，因为这块石头长得像是一块饼干蛋糕。还有一次，这位会员（药剂师约翰·霍顿）不无骄傲地展示了一只取自戈达尔明的四腿鸡。霍顿还出示过一块山药，半个据说是鹈鹕嗉囊的大皮囊，还有“一只稀有的蜂鸟”（大概已经死了）。[9] 克鲁恩博士则带来了一只死的长尾小鹦鹉，请植物学家兼医生尼希米·格鲁为其防腐，但格鲁缺席了这次会议，因此布朗克只得将鹦鹉带走再转交于他。最后拿到鹦鹉的时候，格鲁认定其已不适合保存，他承诺将防腐对象换成一只鹰。

学会的记载有时简短得不知所云。“威尔金斯博士带来了一块淡色帘子。”[10]“抄写员得命，下一次会议时要带来一条玻璃帽饰。”[11] 1661年6月获邀入会的白金汉公爵曾经许诺，要在下次会议时带来一片独角兽的角。目前并无他履行承诺的记载，倒是罗伯特·索斯维尔真的掏出了“一块大角，据传正是独角兽的”。1661年7月的一次会议上，一堆“独角兽角的粉末”吸引了一圈人围观，人们将一只蜘蛛放在了粉末中央，“这只蜘蛛迅速就跑开了”。[12]

有些实验总是要比其他实验更难做一些。数学演算被认为是枯燥的；那些牵涉弹道学、海拔和天文学的实验出于实际原因不得不在别处进行；即便是对17世纪那些铁石心肠的人而言，不具麻醉剂之便的活体解剖也不怎么赏心悦目，常常还会引起他人强烈不适；最简单的实验常常也要用到专业设备。会议地点选在鲁克的格雷沙姆寓所有一大好处：他有权使用学院的仪器。就在学会成立之初的一次会议上，抄写员记道："鲁克先生为水银实验提供了试管和水银。"[13]

1663年夏天，学会正在紧锣密鼓地准备接待查理二世的御临（这次御临并未真的发生）。大家为此进行了大量讨论：如何策划实验，才能震撼、娱乐、取悦这位皇家赞助人？要选什么实验？克里斯托弗·雷恩撰写了一封长而实用的建议书。他认为，化学实验脏而乏味；解剖示范"污秽恶臭"；数学论证和天文仪器的陈列对外行而言太过费解；农业和工业机器则需要"资料和引注"，所需时间超过了一次皇家访问的允许范围。"速记法、反光术和屈光术"则需要更多的实操技巧，学会现有的资源不够；建筑设计在没有实际建筑物的情况下毫无用处，或者，至少也应就这一主题展现出超过国王期待的洞见。惊奇和壮观必不可缺，但是幻术戏法就算了，那将让学会的工作自降身价。"只是炫技的话……那将很难构筑这一场合的庄重性"，而在同时，"开启宝藏的钥匙总是朴实无华而又锈迹斑斑。不过单靠钥匙本身在朝堂之上是拿不出手的，除非先镀一层金银"。雷恩接着写了一些实际建议：一支

罗伯特·胡克1665年先驱性的显微镜研究著作中的一张插图。
本书名为《显微制图》，也称《微小躯体的生理描述》。

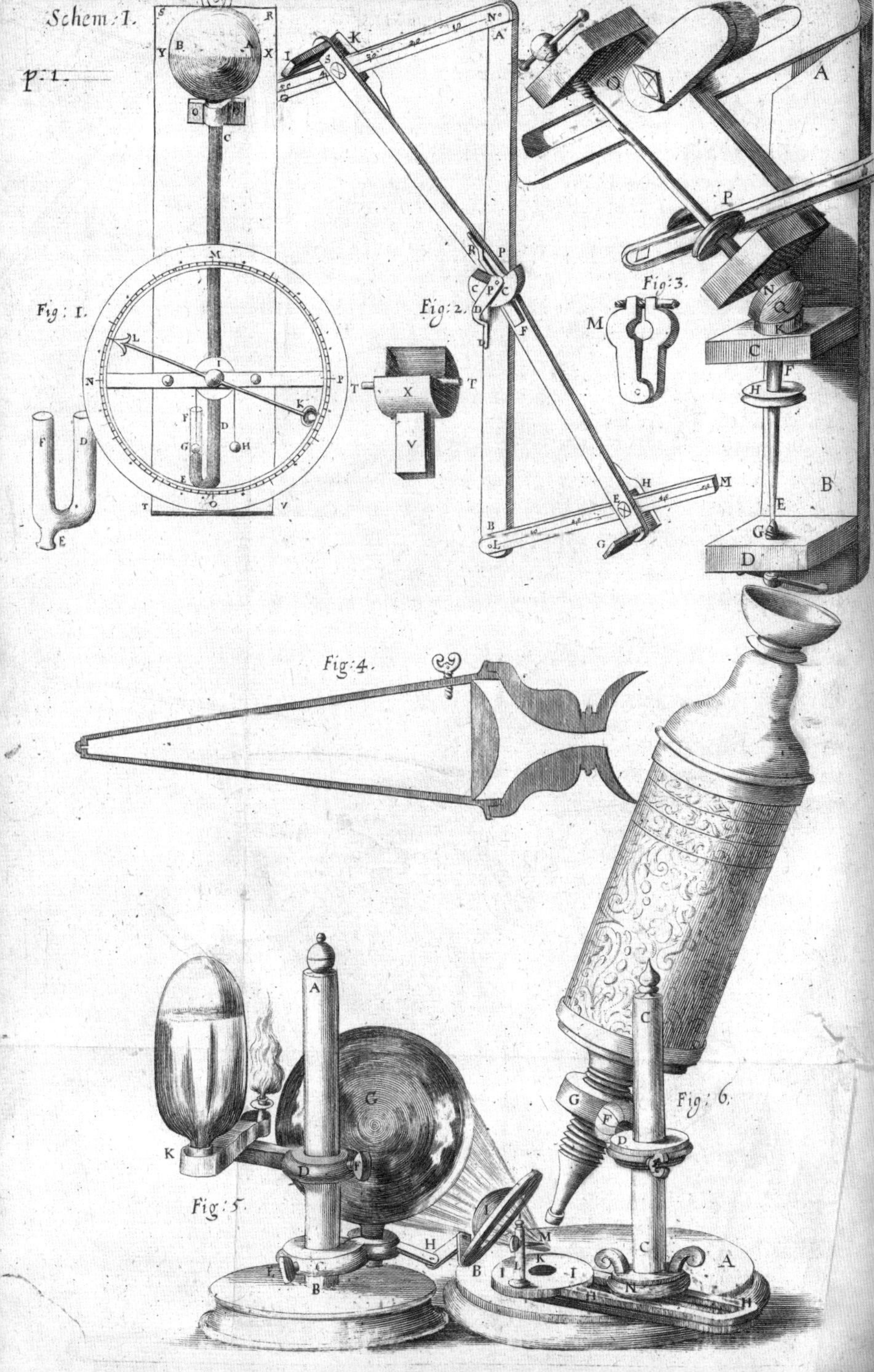
Schem: I.
p. 1.
Fig: I.
Fig: 2.
Fig: 3.
Fig: 4.
Fig: 5.
Fig: 6.

环形气压计；一只人造眼（即眼模型）；一块置于弹簧之上并浮在水上的指南针，这样的设计使它便于在一辆移动的马车上使用。

基于第一张皇家特许状，会员们开始思考将他们的实验哲学方法职业化。或者至少将这一重任交到负责其事的人手中，而不是将其交给十二三位各行其是的会员处理：绝大多数会员在格雷沙姆学院之外的生活颇为忙碌。1662年11月，罗伯特·莫雷爵士提议，大家应当找到一个“乐意受雇为学会策展的人，他每天受命布置实验，并在大家开会的时候布置三到四项规模可观的实验”。[14]这位“实验经办人”需要一份额外收入。莫雷心知肚明，除非学会有一个良好的财政基础，否则这份报酬就没法兑现。

这位廷臣心里已经有了人选：罗伯特·玻意耳的助手，27岁的罗伯特·胡克。对那些曾于17世纪50年代待在牛津的会员而言，胡克是个老相识了。胡克曾有一段不成功的学画经历（短暂做过彼得·莱利的学徒），也在威斯敏斯特公学就读过一段时间。1653年或1654年，胡克去了牛津大学基督堂学院，开始先后协助托马斯·威利斯和罗伯特·玻意耳的实验工作。一来二去，胡克就与瓦德汉学院圈子——约翰·威尔金斯、塞斯·沃德、约翰·沃利斯和克里斯托弗·雷恩建立了频繁的联系。皇家学会创立之时，胡克仍然是玻意耳的助手。有迹象显示，正是胡克协助玻意耳完成了后者在学会周会上展示的那些实验。胡克第一份发表的科学研究成果是一本旨在解释毛细血管运动的小册子，这份成果也进入了1661年4月10日学会例会的辩论议程。

因此，当莫雷建议学会任命一位实验经办人的时候，所有人都知道他指的是胡克。大家一致通过了这一人选，胡克也在第二周得到了任命。学会授命说，他应当“到会并与大家同席。他既要在每次开会之日引介本人的三到四个实验，也要照料好其他人的实验（学会应当向他提及这些实验）”。[15]学会感谢玻意耳交出自己的助手，这份感谢可谓实至名归：玻意耳似乎还在继续支付胡克的薪水。

学会成立的最初几年里，有一批人塑造了学会的面貌。其中，约翰·威尔金斯具备这个新组织所需的视野，正是他一手打造了内战前后人们在伦敦和牛津的雅集。而在赢得皇室对这个计划的认可，以及争取到赋予其合法性的特许状方面，罗伯特·莫雷爵士的功劳要比人们通常认为的大。不过，要是提到17世纪最后三分之一个世纪里让皇家学会位居科学革命先驱之列的那些实验哲学的缜密实践的话，还是得归功于罗伯特·胡克的投身奉献。才华卓著却又虚荣易怒的胡克几乎在每个科学分支上都提出、设计、报告并出版了实验成果，虽然其私人生活并不缺少阴暗面*。我们知道，“胡克只有一副平庸的外貌。他身材短小，颇为畸形，脸色苍白，体态瘦弱，表情贫乏，一头褐色长发”。[16]胡克的人际关系可能极为困难。每当他觉得自己没有得到足够尊重的时候，他都会威胁要离开皇家学会，另起炉灶创建一家，不过他从没这么做。

* 胡克的日记总是巨细无遗地记载各项事件，他细致入微地记述自己每次获得性高潮的经历：有时是他自慰，有时则是与女佣，有时则是与他十几岁的侄女、受监护人格蕾丝。

而在其他一些时候，他的“被怠慢妄想”倾向就全盘翻转为彻头彻尾的妄想狂。他向同事们大发雷霆，发誓再也不会与大家共事，却总是被拉回那个他曾参与创建的强有力的科学圈子里。不过胡克确实是个天才，他与玻意耳和雷恩都是皇家学会早期会员里才华超卓的人，直至艾萨克·牛顿横空出世才夺走他们的光芒。

从一开始，胡克的身份就有些麻烦。尽管他只是个雇员，其等级却要超过匠人或是技工。1663年5月，皇家学会也承认了这一点，选举他为正式会员。一切如常，大家依旧定期“命令”他做这个或是那个实验。1664年，曾经接过劳伦斯·鲁克的格雷沙姆学院几何学教席一职的艾萨克·巴罗从学院辞职，留下了一个教席空缺。胡克成了填补这一职缺的一时之选。这个教席的50英镑年薪和住宿待遇也让皇家学会得以继续无偿享有他的劳务。到头来，这个教席给了亚瑟·戴克医生。不过，乐善好施的城市金融家约翰·库特勒爵士主动捐钱在格雷沙姆学院创建了一个专为胡克而设的讲席（不过他承诺胡克的50英镑年薪支付得可就没那么爽快了，这段关系最终也在法庭上终结）。戴克到任仅仅10个月就被扫地出门，胡克得以顺理成章地接任，成为格雷沙姆学院的几何学教授，并在这个职位上一直待到1703年去世。

从1664年开始，皇家学会终于开始给胡克发薪。尽管他们将先前答应的80英镑年薪砍到了50英镑，库特勒被认为是造成这一差价的原因。无论如何，这笔薪金也让罗伯特·胡克成为史上第一名职业研究科学家。

走马上任的头几天里（没薪水），胡克就着手工作了。在出任实验经办人的第一个周会上，胡克就用实验展示了留有局部真空的玻璃球，如何“清脆一声裂开”。他还许诺给大家做个“空气韧度的实验”。[17]第二周，他向学会报告了自己给空气称重的尝试。很快，他就演示了另一个用到更多玻璃球的实验，有些玻璃球开封，还有一些抽出空气并密封。他会提出自己的实验计划，也会着手去做其他会员想出的实验。一次会上，胡克提出他准备在下周三做两个实验：彼时他要攀上威斯敏斯特教堂房顶，在那里称量一些物品，再到地面称量之，看看结果有没有什么差异。这些实验，他都如期完成了。1662年1月21日的一次会议上，胡克提出“下次会面要引介如下实验：1. 昆虫在凝结空气中的生存状况；2. 自由落体之力；3. 呼吸；4. 冷水和热水里光的不同折射”。[18]胡克将这些实验都做了。就在同时，胡克还想出了48个问题并送交到冰岛：水银会在寒冷状态下凝固吗？火山喷发出来的是何种物质？鲸鱼是如何呼吸的？世间存在精灵吗，如果存在的话，它们的形态为何，它们说了什么、做了什么？

胡克的产出惊人，这在他担任实验经办人的最初几年间尤然。直到17世纪70年代，他开始怀疑自己的努力未获足够尊重之前，他一直坚定不移地为皇家学会奉献。在他1664年出版的实验显微镜杰作《显微制图》（*Micrographia*）里，胡克费尽心思地声明了他与皇家学会的联系。他在扉页自述为学会会员，并在呈给查理二世的献词里列上了其他几位会员的大名，这些人也在忙着撰述有关制造业、农业、航海业新进展，以及商业增长的书籍。胡克甚至还为本书出了第二版，献给皇家学会本身。他在书中说："将我这些微小的努力'献给'这家最为卓越的学会。"[19]值得一提的是，1666年9月的伦敦大火后，重建城市的设计方案可谓五花八门、纷繁迭出。胡克向皇家学会呈交了他本人的重建方案，克里斯托弗·雷恩则将提议直呈国王。秘书官亨利·奥登伯格最后读到雷恩的计划时，不无懊恼地写道：

如果他设计的这个城市模型能在呈递御览之前得到皇家学会或是理事会的评审和批准的话，那就将冠上皇家学会的名字，学会也将以此闻名，大大有助于让一批人闭上臭嘴。这帮人总是喋喋不休地问，他们（学会）做了什么？*[20]

胡克在皇家学会成立的头十年里推动着实验工作。1664年，学会在会议上完成了约75次实验，会外进行并在会上报告的实验次数也与之相类。胡克并非孤军奋战，医生会员们的研究也格外活跃，他们致力于研究毒物的效力、呼吸生理学，还有最著名的输血。1667年11月22日，理查德·罗尔和埃德蒙·金向学会报告说，一名叫亚瑟·科加的剑桥毕业生准备好了"亲自上阵做这个

* 就像其他方案一样，雷恩的设计图最终遭到了否决。主事者更青睐一块一块地重建旧城。一百多年之后，雷恩方案的部分元素却在托马斯·杰斐逊和皮埃尔·朗方的新城市设计草案里浮现，这座新城市就是波托马克河畔的华盛顿。

《显微制图》的标题页。

MICROGRAPHIA:

OR SOME

Physiological Descriptions

OF

MINUTE BODIES

MADE BY

MAGNIFYING GLASSES.

WITH

OBSERVATIONS and INQUIRIES thereupon.

By *R. HOOKE*, Fellow of the ROYAL SOCIETY.

Non possis oculo quantum contendere Linceus,
Non tamen idcirco contemnas Lippus inungi. Horat. Ep. lib. 1.

LONDON, Printed by *Jo. Martyn*, and *Ja. Allestry*, Printers to the ROYAL SOCIETY, and are to be sold at their Shop at the *Bell* in S. *Paul's* Church-yard. MDCLXV.

英国病理学家理查德·罗尔1667年把羊血从
胳膊输入人体，该人奇迹般地生还了。

输血实验的被试者，交换条件是一个几尼”。[21]两天之后，他们在阿伦德尔府，当着“众多要人和智者”的面做了这项实验。[22]打开一只小羊的颈动脉和科加手臂上的一根静脉之后，“把我们的银质管子植入上述切口，再将羽毛管嵌入已经植入羊和人的两条管子之间，以此将小羊的动脉血输入人的静脉”。[23]科加奇迹般地活了下来，并于11月28日出席学会会议，报告了“他接受前述输血实验以来，观察到的自身状况”。[24]科加还告诉会员们，他乐意接受第二次输血实验，大概是为了再挣一个几尼。

上述医学研究颇具启发性，尽管这些研究常常也令人苦恼：在皇家学会的会议上，小猫小狗经常以各式各样骇人的方式被杀死，或是被摘除器官。1664年，胡克活体解剖了一只狗。他用了一对风箱，又将一支管子插进小狗的气管，“这样一来，我想让（狗）活多久就活多久，直到我完全打开其胸腔、切掉其全部肋骨，并打开腹部之后”。[25]胡克给这只生物制造的痛苦是如此可怕，以至于他发誓再也不重复这个实验，但是3年之后他还是重复了这次实验。在此期间，医生会员都没法成功示范这一实验。

狂飙的实验数量在1665年速度放缓，那一年的瘟疫让不少会员离开伦敦，前往相对安全的牛津。紧接着就是1666年的大火，会员们只得暂且撤出他们在格雷沙姆学院的会址。尽管他们在海滨的阿伦德尔府重觅地址，那里却不再拥有相同的仪器设备。学会的实验盛况再也没有回复到胡克早年出任实验经办人时的高度。尽管胡克还留在学会，但是他的兴趣已经转往他处：协助雷恩重建伦敦市内的教堂，追寻自己在机械学上的兴趣。有那么几年里，学会周会上只有12次实验。到了17世纪80年代，理事会着手寻找替代他的实验经办人。1687年胡克提议说，如果他的薪水能涨到每年100英镑的话，他将乐于“每次开会时做一两次实验，并宣读一篇论文”。不过他的提案遭到了否决，17世纪余下的时间里实验经办人一直空缺。[26]学会逐步偏离了其“实用论坛”的宗旨，从起初实验的化身渐渐变成了一家清谈俱乐部，论文得以发布而科学逐渐隐退。

4
NVLLIVS
IN
VERB

* * * * * *

自然科学会报

“对扎实有用知识的渴望将进一步被满足”

1665年3月6日星期一，伦敦街头出现了一种新刊物。这份刊物声称是献给皇家学会的，它声明要记述“世界各地多国的英才在当下的事业、研究和工作情况”。这期《自然科学会报》（*Philosophical Transactions*）在16页篇幅里不拘风格地收录了各种论文、观察数据和书信摘编。[1]《自然科学会报》收罗了天文学领域的国内国际新闻，法国人阿德里安·奥祖在一篇长文中宣称自己预见到了1664年年末现身于欧洲上空的彗星运动，另一则短消息则表示罗伯特·胡克于1664年5月观测到在“木星三条光环上最大的一条上的斑纹”。这期杂志还登载了罗伯特·玻意耳的《冷冻实验志》（*Experimental History of Cold*）的预览版本，事实上，它更像是一则广告。杂志不带讽刺地宣布：玻意耳著作的出版已因“近来的极端严寒”而延迟，因为印刷机冻住了。本期杂志还刊载了玻意耳收到的一桩关于汉普郡一头在母牛被屠宰的时候发现的“奇形怪状的巨牛犊”的轶事，百慕大地区的捕鲸情况，关于钟表在航海时测算经度可能性的报道，还有一则“现今最杰出的天才之一”，大数学家皮埃尔·德·费马的讣闻。费马死于1665年1月。[2]

《自然科学会报》不但是世界上第一份科学期刊，而且也是出版年限最长的期刊，可能也是最为重要的一份刊物。“如果世界上除《自然科学会报》之外的所有书籍都毁于一旦的话，”英国大生物学家赫胥黎于1870年写道，“那么我也敢说，自然科学的根基仍将屹立不倒。”[3]这份刊物出自皇家学会秘书亨利·奥登伯格的设想。奥登伯格约1619年生于德国不来梅，17世纪50年代中叶以不来梅驻克伦威尔政府使节的身份逗留英格兰，之后成为罗伯特·玻意耳外甥理查德·琼斯的家庭教师。1656年，奥登伯格陪着琼斯去了牛津市，接着又与约翰·威尔金斯相识。在威尔金斯的组织下，一群实验哲学家后来在牛津和伦敦聚首，其中就有胡克、雷恩、塞斯·沃德和约翰·沃利斯。随后，奥登伯格带着他的学生进行了一次加长版的宏大游学旅行，直至1660年5月查理二世复辟才回到英格兰。他与罗伯特·玻意耳依旧关系密切，他目睹了玻意耳的多本著作印刷成书，并将其中一部分译成拉丁语。就在同时，奥登伯格与欧陆不少大人物建立了通信关系，其中就有哲学家巴鲁赫·斯宾诺莎、天文学家兼数学家克里斯蒂安·惠更斯。

1662年学会收到第一份皇家特许状时，奥登伯格被提名为理事会成员，并与约翰·威尔金斯一同出任学会的秘书官。“知识交流”乃是学会的核心要务，皇家特许状也明白无误地授权学会“与形形色色的陌生人和外国人交流共享彼此的才智学识”。[4]奥登伯格比威尔金斯更专心，致力于秘书官的职责，而后者的角色更像是学会副会长而非秘书。威尔金斯的通信网络遍及整个西方世界，扮演了一个信息中转站的角色，能将各地的新奇问题汇总进来。1664年，奥登伯格听说法国人正在讨论出版“一份登载欧洲各地传来的哲学与政治知识见闻之期刊”，这则消息触动了他，他也要做一份类似的期刊。[5]

PHILOSOPHICAL TRANSACTIONS:

GIVING SOME

ACCOMPT

OF THE PRESENT

Undertakings, Studies, and Labours

OF THE

INGENIOUS

IN MANY

CONSIDERABLE PARTS

OF THE

WORLD.

Vol I.

For *Anno* 1665, and 1666.

In the *SAVOY*,
Printed by T. N. for *John Martyn* at the Bell, a little without *Temple-Bar*, and *James Allestry* in *Duck-Lane*, Printers to the *Royal Society*.

Presented by the Author May. 30th 1667.

13

这个想法的产物就是《自然科学会报》。这份刊物拟定于“每月的第一个周一”出版。实际上它的发行时间颇为零散。虽然刊物得到了皇家学会的批准，也登载了诸多会员的工作通知，可它还是一项私人事业。奥登伯格不无痛苦地表示，《自然科学会报》的“编辑和出版全部由我一人完成”。[6]奥登伯格希望每年能从刊物赚取150英镑，然而他赚到的数额很少多于这个数字的三分之一。印刷商有时拒绝印刷先前承诺的份数，因为他们觉得这种刊物卖不出去。很多情况下，奥登伯格最终只能将余下的刊物寄给外国通信者，换回他们那里的出版物。

《自然科学会报》也许并未一如奥登伯格之愿填满他的钱包，但它改变了世界。不错，奥氏办刊动机复杂。他不但看到了这次冒险的可能利润，也试图将皇家学会及其会员完成的杰出成果广而告之。奥登伯格深知，每当频繁上演的激烈争吵涉及“何者为先”并困扰科学世界的时候，一份带日期的出版物将无可置疑地指出某项科学发现的最早时间点。不过，《自然科学会报》的功用远不止于此，它还建立了一个分享想法的公共论坛，也借此创设了一种“知识交流”的国际文化。

在第一期《自然科学会报》的前言里，这位秘书官立下了他对新刊物的诸多宏愿。这些宏愿不但记述了自然哲学的当前研究和新的发现，也勉励了同行的工作：

《自然科学会报》第一卷。这一1665年3月6日首次发行的期刊致力于提供一份“关于世界许多地方的接触才智的工作”的记录。

最终，这些成果将被清楚无误地传达；对扎实有用知识的渴望将进一步被满足；灵巧独特的事业和努力将获珍惜。那些沉浸并熟悉这些问题的人可受此邀请激励，去探寻、尝试并发现新的事物，将他们的知识彼此相传，尽力为那项宏大计划做出贡献：提升自然知识，改进一切哲学意义上的科学和艺术。一切尽归上帝之光荣，英伦诸王国的荣耀和利益，以及人类的普世之善。[7]

从1665年到1677年他去世，奥登伯格一共发行了142期《自然科学会报》，其中部分由自己撰稿，偶尔还会刊登“奇闻”。比如，第89期收入了一篇玻意耳的论文，主题是“肉的冷光”（luminescence in meat）：它让皇家学会在之后数年里都成了笑柄。第44期则摘编了威廉·哈维对一名死于152岁零9个月的男子的验尸报告。哈维将该男子的死因归结为空气的改变（他刚刚从原籍乡下搬到伦敦生活）和饮食的变动（因为他被喂进了油腻食品）。哈维还指出，男子的生殖器完好无损，“这对于证实报告内容颇为重要，他本来饱受公众责难，说他大小便失禁”。[8]不过，这些离奇之事也不应让我们偏离一个事实：《自然科学会报》创刊之初刊登的大部分论文是品质甚高的开创性科研成果。吉奥瓦尼·卡西尼对土星卫星的大发现正是刊登在《自然科学会报》上。1672年的第80期《自然科学会报》则收入了“牛津大学数学系教授艾萨克·牛顿的一封来信，信中收罗了他有关光线和色彩的最新

亨利·奥登伯格（约1619—1677），从1662年担任皇家学会秘书官直至去世。画像由简·梵·克利夫于1668年绘制。

学说”。第81期刊登了牛顿的文章，介绍他刚刚发明的反射式望远镜。

1677年奥登伯格去世之后的一段时间里，《自然科学会报》似乎也随他而去了。奥登伯格去世之后的6年里，罗伯特·胡克试图以不定期发行的几卷《自然科学集刊》(*Philosophical Collections*)填补这一空白。这几卷集刊收入了书评和“物理学、解剖学、化学、机械学、天文学、光学以及数学和其他自然科学的实验和观测数据等，这些资料都是最近送抵出版者手头的”。[9]尽管胡克的集刊一直都是非官方出版物，但它也像会报一样高度依赖皇家学会会员的工作。胡克承诺，除非理事会和会员委托，否则他不会使用学会簿册上的任何内容。这几卷集刊还收入了外国的智力成果，其中就有荷兰显微镜学家安东尼·范·列文虎克的来信。当然了，奇闻异事也占据了相当一部分比例。比如说，第Ⅱ卷就刊登了一份记载萨姆塞特郡新生连体双胞胎的报告，另一份来自纽伦堡的报告则记述，“一具已经入葬43年的尸体却在发掘出来的时候几乎全部化为毛发”。[10]一份毛发样本还曾送到学会周会上做了展示，并且放入了储藏室。这次展示还激励了医生会员爱德华·泰森，他向学会提交了几份有关毛发、牙齿和骨骼的解剖观察数据，这些内容也得以在集刊里登出。

胡克负担不起投资《自然科学集刊》的巨额费用，这份刊物的印数也少得可怜。最后一期集刊出版于1682年4月，收入了范·列文虎克、伯努利和莱布尼茨的文章。第二年《自然科学会报》就复刊了，由弗朗西斯·阿什顿和罗伯特·普洛特联合主编。他们当时都是皇家学会的秘书官，但是会报仍未成为学会的官方部分。新复刊会报系列的第Ⅰ卷序言也说得很清楚："这几期会报的文章，不应当被视作皇家学会的业务。"[11]不过序言也接着强调，《自然科学会报》正是应学会之请才得以复刊，成为"引介、保有诸多实验结果的便利簿册，使这些不足以填满一本书的内容免于丢失"。[12]

自那以后，《自然科学会报》便成为皇家学会出版项目的中心特色，刊载内容根据编辑口味、素材可行性和科学研究进展而变。1752年，也就是奥登伯格出版第一期的87年之后，皇家学会终于接过了出版《自然科学会报》的官方职权。在此之前，其编辑业务和文章采选工作都落到了会报秘书官头上，学会却一以贯之地坚称自己对《自然科学会报》不负有任何责任，哪怕是在全世界都已将它视为皇家学会官方出版物的情况之下。事情到了1752年才有转变，时任皇家学会秘书官的医生兼古物学家克伦威尔·莫蒂默去世，他从1730年以来就一直负责编辑会报。莫蒂默去世的第二个月，学会理事会成员马格斯菲特子爵提议，学会应当掌控《自然科学会报》。一个由21人组成的论文委员会就此成立，负责审阅来稿并选取他们认为适合刊登的稿件。论文委员会成立的标志性意义远远不止于对现状的承认，现在，学会周会上宣读的所有论文都自动被认为将由论文委员会出版，因此，论文能在会报上刊登无异于加上了"官方承认"的印章。而事实上，一篇论文无论是在学会还是在委员会都很少被全文宣读，对论文的评断通常是基于其300到500字的摘要。正式会员聚会时既不会讨论也不会辩论这些论文，学会会员所要做的就是旁听。正如我们所见，这套制度衍生出了一些令人头脑麻木的乏味会议。

1776年，这份期刊更名，摇身一变成了《伦敦皇家学会自然科学会报》（*The Philosophical Transactions of the Royal Society of London*）。19世纪末，该刊物已经成为一家世界顶尖科学论坛：达尔文和赫胥黎都曾在此发文；汉弗莱·戴维把他发明的矿工安全灯也介绍刊登在这里；迈克尔·法拉第的电学实验研究，本杰明·富兰克林的带电风筝实验报告，查尔斯·巴贝奇对自己“差分机”（difference engine）也就是计算机前身的描述均刊登于此。爱德华·詹纳在《伦敦皇家学会自然科学会报》上发表了两篇论文：一篇是有关鸟类迁徙的，另一篇则是对布谷鸟的博物学观察资料，尽管这两篇论文都没法暗示詹纳未来会成为天花疫苗接种领域的先驱。到1887年时，版面需求已经大之又大的《伦敦皇家学会自然科学会报》不得不一分为二，分别命名为A刊和B刊。1896年时，这项区分对外人而言就更加清楚了：“A刊系列包括数学或物理学论文”，而“B刊系列则收入生物学论文”。A刊和B刊之分也保留至今，不过现在的“A刊”也收录工程科学的文章。

就在同时，学会的出版职能也在增长。第一次扩张发生在

“人类牙齿结构的显微观察记录”。这幅插图和附带信件，描述了安东尼·范·列文虎克对牙齿结构的观察所得。

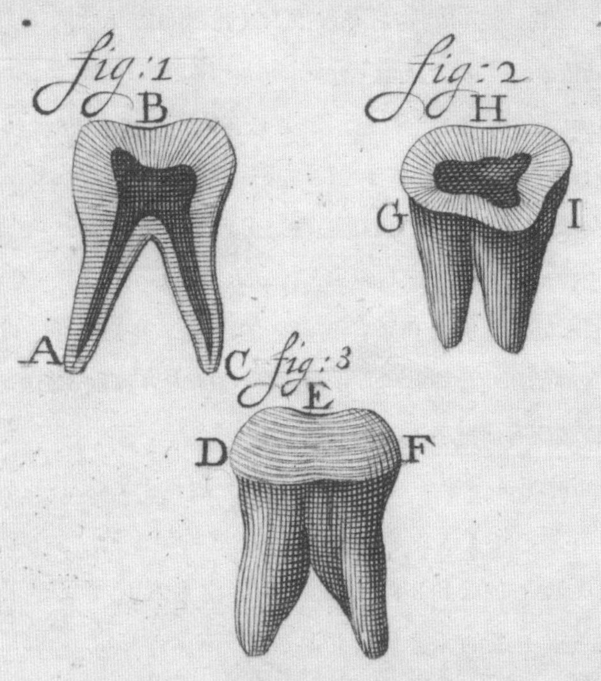
fig:1
B
A
C
fig:2
H
G
I
fig:3
E
D
F

1800年，所有向《伦敦皇家学会自然科学会报》投稿并获通过的人都被要求提交一份摘要。摘要将在一份以简明扼要著称的刊物，也就是《伦敦皇家学会自然科学会报论文摘要》(*Abstracts of the Papers Printed in the Philosophical Transactions of the Royal Society of London*)上登出。这份刊物后来发展为《伦敦皇家学会通讯文章摘要》(*Abstracts of the Papers Communicated to the Royal Society of London*)，后来又成为《伦敦皇家学会论文集》(*Proceedings of the Royal Society of London*)，并与《伦敦皇家学会自然科学会报》保持一致，分成A刊和B刊。1938年第三份期刊产生了，这就是内部刊物《伦敦皇家学会札记与纪事》(*Notes and Records of the Royal Society of London*)，负责刊登各式各样的晚宴、社交集会，以及会员们感兴趣的历史文献。今天，这份刊物的内容仅限于科学史，也是这一领域所有研究者案头的必备史料。

到了21世纪，皇家学会出版部已是蒸蒸日上，成了一本本新刊的大本营。除了《伦敦皇家学会自然科学会报》《伦敦皇家学会论文集》的A刊B刊、《伦敦皇家学会札记与纪事》之外，尚有一年一版的《会员传记回忆》(*Biographical Memoirs of Fellows*)(其实是新近过世会员的讣告合集)；刊登生物科学短文的《生物学短札》(*Biology Letters*)；关注生命科学和物理学交互的《交互》(*Interface*)，以及由特定主题专号组成的子刊《交互聚焦》(*Interface Focus*)。《皇家学会开放科学》(*Royal Society Open Science*)则欢迎“高质量的科研成果，包括那些通常而言在别处难以发表的文章。比如说，带有负面结果的论文”。《开放生物学》（*Open Biology*）则是一份网上期刊，出版在分子和细胞层面具备高影响力的生物学论文。除《伦敦皇家学会札记与纪事》和《会员传记回忆》之外，所有皇家学会旗下的期刊现在都以连续出版模式发行，联机网络版本也是它们的权威记录。这些出版品都在继续践行奥登伯格的主张，讲述“世界各地的英才在当下的事业、研究和工作情况”。

* * * * * *

储藏室和实验室

“奇珍异品之阁，满满当当而又保存完好”

“所罗门宫”并没有在格雷沙姆学院待上多久。1666年9月的那场大火横扫伦敦，尽管格雷沙姆学院和伦敦城东北角的绝大多数街道未受损伤，但是伦敦城墙内的13200座房屋、86座教堂、51座同业公会大楼之中的44座、海关大楼、市政厅、邮政总局和皇家交易所都遭到摧毁或是严重损坏。

学会的日常会议厅被市政当局征用，他们一度撤退到了沃尔特·蒲柏的寓所，此人接替了雷恩的格雷沙姆学院天文学教授之职。1667年1月，会员们接受亨利·霍华德的邀请，将周会挪到了阿伦德尔府。这是一所面积宽敞的中世纪豪宅，位于海滨和泰晤士河之间，所有权归属霍华德的哥哥——第五代诺福克公爵。

霍华德在那里给了他们一处大小约为30米×12米（约100英尺×40英尺）的场地，位于阿伦德尔别墅之内。不少会员内心潜藏多时的想法是，学会拥有自己专属的场所——研究所或学院，正如托马斯·斯普拉特写的那样：“为他们提供会议室、实验室、储藏室、图书馆和负责人的寓所。”[1]克里斯托弗·雷恩还出台了一项雄心勃勃的计划——修建一座五层大厦，容纳一群实验哲学家所能想望的一切事物：一间带长廊的双层会议厅（“非常适用于庄重场合”），一座实验室兼图书馆，还有各种工作坊（如一家铁匠铺），一处可以测试镜头的长阁楼走廊，其上还有一块可以调试望远镜的屋顶平台。[2]平台中央的圆屋顶可以用作天文观测台和解剖讲堂。阁楼到地下室之间的楼层间隔则留作大气压实验、测量落体速率、观测钟摆振动等用途。

雷恩的梦中学院落了个空。这项计划势将花掉4000多英镑，但是英国人当时的所有注意力和资源都聚焦在大火之后的伦敦重建上。罗伯特·胡克提交的缩水版计划最终取代了前者，但即便是胡克版计划也因为缺乏资金而不了了之。1673年，皇家学会搬回了格雷沙姆学院。

学会在这里又待了37年。18世纪初，对大楼状况深感忧虑的格雷沙姆学院校董们想要重建学院大楼，他们希望皇家学会搬离的意图也愈发明显。1703年3月24日，也就是胡克去世刚刚三周，学会就接到通知，要他们自行搬出，并将钥匙归还到胡克的寓所。皇家学会在格雷沙姆学院又拖了7年，他们一边哀叹“皇家学会的最初萌芽就是形成于格雷沙姆学院”，一边尝试寻找替代会址，但没能成功。[3] 1710年9月，格雷沙姆学院校董态度愈发强硬，要求学会必须离开。当时的学会会长艾萨克·牛顿爵士召开理事会告诉各理事，“已故的布朗博士”名下位于舰队街鹤苑的一栋房子正在出售。“它位处城市之中，同时又安静无噪，是一处理想选址，适合学会买下开会。”[4]1710年10月，皇家学会不顾某些会员的反对，以1450英镑的价格买下了鹤苑。有反对者认为，相较于他们在格雷沙姆学院的房间，这里太过逼仄。1710年11月8日，学会第一次在鹤苑开会。之后没过多久，一间带长廊的储藏室就在鹤苑花园里建了起来，很有可能正是出自78岁高龄的克里斯托

下页图

维多利亚时代绘制的皇家学会开会场景。场地是鹤苑建筑，主持人是艾萨克·牛顿爵士，他端坐在满满当当的桌子之前，上面放着学会的权杖。

弗·雷恩爵士之手，这间储藏室因此也成为雷恩爵士的最后一栋建筑物。“那家高贵的机构已经迁入了舰队街鹤苑的两间房子，”约翰·麦基于1722年报告说，“他们在那里买下了一座非常气派的房子，为他们的奇珍异宝建了一间储藏室，背后则是一座略施雕琢的庭苑。”[5]为了找回一些学会搬离格雷沙姆、搬入窄小庭苑里一座狭小房屋失掉的体面，牛顿命令学会的门房穿上礼服，还给一名职员戴上了学会的银质徽章；每逢学会开会的晚上，舰队街鹤苑的入口处都会挂上一盏灯笼。

皇家学会在鹤苑一共待了70年。不过，身为一家完备的国家机构，会员们一如既往地渴望学会的地位能得到他人的承认。会员们不时对外表达他们对新建筑基址的渴望，他们想要一处比藏在小巷深处的屋子更大的基地，尽管在门口还有一名身着礼服的门房挥舞着手杖。等到1775年，机会来了。议会确定白金汉宅邸——后来的白金汉宫——成为乔治三世王后夏洛特的住宅。这么一来，河岸的萨姆塞特府就变得多余了。那里是一所恢宏的都铎宫殿的残留，传统上是历代王后的居所（尽管近一百年来已经没有王后住过）。议会在同年通过一项法案，拆除这所房子，并在原址盖一座“国家建筑”以容纳一系列公家部门，从海军部到税务局再到驳船部，不一而足。时任皇家工务局测绘局长的威廉·钱伯斯爵士受命设计萨府新楼。不过，直到政府让公众知道这栋新楼意在为皇家学会腾出空间以后，建筑工作才算得上是破

19世纪初鹤苑一瞥

C. J. Smith sculp.

House occupied by the Royal Society, Craine Court, Fleet Str.t

土动工。

然而，计划中的办公空间并不够好。“我们原本希望分配给皇家学会的办公套房是这样的，”一封由学会会长和全体理事会成员签署的信件写道，“它将让全欧洲都知其分量，也就是说让大家都得其泽被、光耀于外。”[6]不过，那里却很难有足够的空间容纳学会的藏书，也根本没有空间建立储藏室。

学会的博物馆通常也被称为储藏室，乃是“一切艺术品、自然界怪奇抑或平凡之物之总藏”。这是皇家学会早期荣耀的一大来源，成员们将手中各式各样的珍品奇物赠给学会：一只极乐鸟、一枚鸵鸟蛋、一块硅化木材。学会不时有购入特定物品的呼吁，比如就在罗伯特·莫雷承诺呈递一块瑞典铜矿石的时候，能接触到类似种类岩石的会员也被要求“带来一些种类的矿物，放置在学会的储藏室里”。[7]1664年，同为医生的克里斯托弗·梅雷特和沃尔特·查尔顿都被要求制作一份“适于储藏室收罗的本国异域动物之清册”，以及如何保管它们毛皮的说明书。

1666年，即使皇家学会储藏室的本质没有改变，它的规模也经历了一番巨变：富有的司库丹尼尔·科尔沃尔在这一年捐出了100英镑，这让学会得以购买英格兰最为知名的珍奇藏品。凭借其“庞大产业、巨额花费和历时30年之久的国外旅行”，罗伯特·胡伯特的自然珍藏堪称伦敦一景。[8]他的宅邸位于圣保罗大教堂西首，每天下午都向游客有偿开放。此处还承办有三到四种语言的私人聚会；宅邸也对重要的王室和贵族人物给予了重点照顾，皇帝、皇后、国王、王后和亲王们都参观过这家博物馆。那里有一尊木乃伊，“饰以象形文字，（而且）取自一座埃及金字塔”；[9]一根叙利亚巨人的股骨；一头长两个头的牛犊；一只北极熊的爪子；一大批出类拔萃的珍奇鸟类，其中就有“一只巨首长喙的未知鸟类”；[10]鱼类和海贝；蛇类和蜥蜴；奇形怪状的蔬菜，包括“两株非常完美的曼德拉草根”；[11]矿物和宝石，以及“一批反应奇特的物品”，其中有胡伯特在综合目录里提到的一种矿物质：“将其扔进一杯酒里就产生了无穷无尽有如原子的泡沫，其在酒水中央的腾跃令旁观者心旷神怡。”[12]

皇家学会会员吃进胡伯特藏品的动机颇为复杂。有些会员陶醉于拥有这间现成“珍品阁”的纯粹喜悦之中，尽管从一开始皇家学会就迫切想让此事更体面一些：他们将丹尼尔·科尔沃尔描述成学会博物馆的创建者，爱出风头的罗伯特·胡伯特则在官方叙事中被抹去了。还有些会员将储藏室的这次大规模扩张（胡伯特的目录列出了约1000件藏品）视为学术研究的大好机会。他们同意胡克的说法，这些藏品并非“充作娱乐、猎奇或是吸睛之用……而是为了自然哲学领域最有能力的专家，做最严肃勤勉的研究”。[13]但所有人都看在眼里的是，储藏室乃是提升年轻的皇家学会地位的手段。一家机构性质的博物馆具备连续性，不像私人收藏一样容易随着主人的死亡而风流云散。博物馆带来的学术美誉，本身也是吸引赞助的一大手段。

皇家学会储藏室的高光时刻于1681年到来。这一年学会出版了尼希米·格鲁的《皇家学会博物馆》(*Musaeum regalis societatis*),“一份属于皇家学会、存于格雷沙姆学院的自然或人工奇珍的目录及说明”。[14]格鲁这本多达388页的目录收罗了胡伯特的许多标本(有些已经丢失,或是无法补救地朽坏了),还有不少学会会员捐赠的藏品。格鲁小心翼翼地尽可能提及捐助人的姓名:约翰·威尔金斯赠予的用于测量、指示旅行距离的示程计;雷恩曾用于建造牛津大学谢尔登剧院天花板的几何图案地板,乃是由其发明者约翰·沃利斯设计、绘制和描述;皇家学会第三任会长约瑟夫·威廉森爵士也献出了一根海洋独角兽的角,约2.4米(约8英尺)长,“无论是长度、直度、白度还是涡旋印痕,都极其之美”。[15]

格鲁为每件物品都加上了一丝不苟的说明和印证,有时还会与先前的权威说法相左。他也亲自更正胡伯特的说法,将所谓“叙利亚巨人的股骨”纠正为大象骨头。胡伯特所藏的木乃伊已经消失无存:要么是分批卖掉了,要么就是在运输中遗失了。但皇家学会有了自己的木乃伊,那是由亨利·霍华德在1667年捐出的,格鲁浓墨重彩地描述了学会自有的这具木乃伊。那上面的象形文字都是男人、女人和鸟类的图案,饰以金、黄、红、蓝之色,但格鲁记载说,完成效果并不大好。木乃伊身长约1.7米(约5.5英尺);内里的裹尸布(共三层)染上了“一股黑色似树胶的物质”。格鲁据此推论:

埃及人的防腐术如下:将尸体放在某种液态树脂里蒸煮(放在

一口像熬鱼锅似的大长锅里），直至身体内的水分蒸发、树脂里油腻黏性的部分逐渐渗入其中，并与之水乳交融地合为一体。[16]

格鲁认为，这很像是在糖里保留梨子。

皇家学会储藏室向外人打开大门，学会的日常例会也因此不再是观光客向往的胜地。1689年来访的克里斯蒂安·惠更斯谈到，他目睹了一间保存完好的珍品阁；1708年，《伦敦新视点》（*New View of London*）用了足足20页的篇幅描述了“格雷沙姆学院储藏室里最不同寻常的奇珍异宝”，绝大部分文字均由格鲁撰写。[17]《英国自然艺术珍品集》（*British Curiosities in Nature and Art*，1713）的作者也对鹤苑“美妙动人的稀世珍藏”欣悦不已，还单独列出了霍华德的木乃伊、沃利斯的几何图案地板，以及“埃克塞特郡某男子通过阴茎排出的一块2¼英寸长，呈金字塔状的结石”。[18]也有一些人对此没那么热情。讽刺作家内德·沃德就在1703年下笔贬斥，将储藏室说成“生锈的遗迹，哲学的玩具”。[19]

有证据显示，18世纪初储藏室的财富开始走下坡路。1710年夏，就在格雷沙姆学院敦促皇家学会寻觅新基址的时候，德国游客扎哈里亚斯·康拉德·冯·乌芬巴赫抱怨说，这些文物“不但毫无章法或是整洁可言，而且表面盖上了灰尘、污物和煤烟，不少文物甚至已经被彻底损毁”。[20]数月之后学会迁往鹤苑，盖起一栋新建筑容纳储藏室，但收效甚微：1729年，新设立的评估委员会发现，有些标本“腐烂不堪，余下的标本也乱成一团”。[21]第二年，某作家将

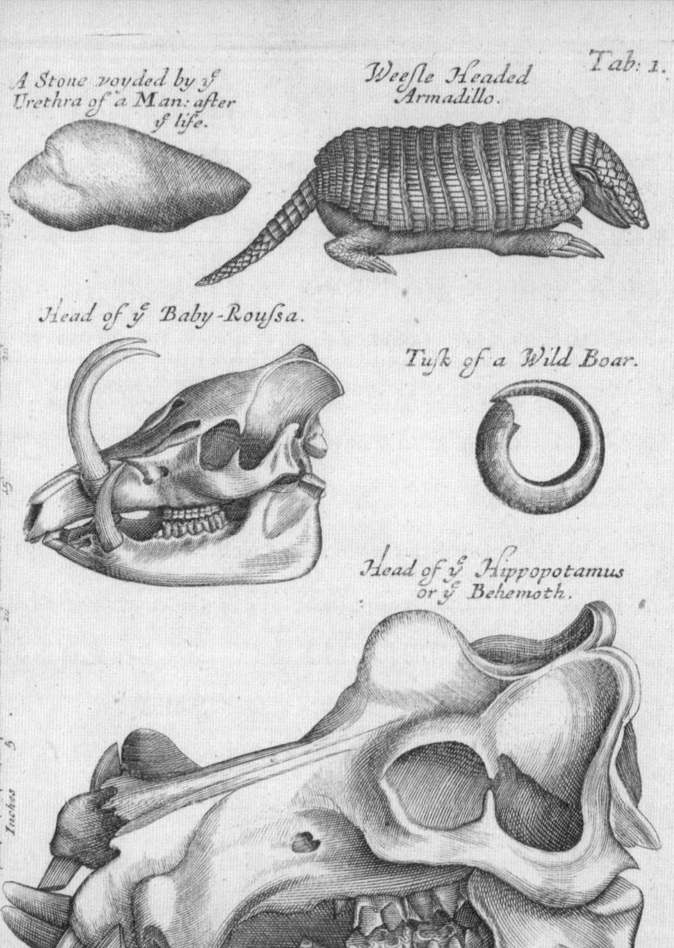

一块海马头骨，也是皇家学会储藏室里的一件物品。

这幅图出自学会秘书尼希米·格鲁1681年出版的《皇家学会博物馆》，“一份属于皇家学会的自然人工奇珍的目录及说明”。

这些文物贬斥为“一堆奇形怪状的玩具、无关紧要的‘珍品’”。[22]

之后50年里，人们用了各种办法让储藏室井井有条。不过，要想维系、储藏这么一大堆介于“供研究藏品”和“老派珍品”之间的物品，其所需要的资源是皇家学会所没有的，仅就会员们微薄的投入而言也难以为继。讽刺的是，创办者们一度相信一家收藏机构将比私人博物馆更具稳定性和连续性，但学会会员们至此如梦方醒：他们这样的一家机构，要持续投入精力在一个永久性项目是多么困难。1752年，皇家学会图书馆员兼储藏室保管人伊曼纽尔·门德斯·达科斯塔（后来因为贪污1500英镑的会员捐助款而声名狼藉，并在债务监狱里蹲了5年）报告说：“好奇的外国人和我们自己人一样总是渴望看看学会的博物馆，因为之前它无论是在国内还是国外都享有盛誉。（我）不无羞惭地重复里面荒凉寥落的现状，祈祷有朝一日它能得以修葺一新。”[23]

10年之后，一个负责报告藏品现状的委员会发现许多动植物标本高度朽坏，特别是动物标本，那简直就是腐尸。委员会的说法是，“室内空气已是恶臭不堪，委员们都染病了”。[24]

因此，当王室将新萨姆塞特府批给皇家学会做办公场所时，这至少对部分学会会员而言是个解脱，因为那里可没有地方容纳储藏室。幸运的是，这些藏品的新家很快就找到了。1753年，大收藏家汉斯·斯隆爵士（1727—1741年曾任皇家学会会长）去世，把全部的约71000件藏品留给了国家，从而实际上创建了大英博物馆。这家博物馆也于1759年向公众开放。17世纪70年代末的某些时刻，就在学会迁往萨姆塞特府的讨论正炽的时候，理事会决定将储藏室迁往大英博物馆。这项决议并未交付会员讨论，大概是因为预见到了会有不少人反对。

1780年皇家学会迁入萨姆塞特府的时候，储藏室并未随之搬迁。而在第二年，所有藏品（约6000件）都移交、上锁、贮藏、装桶防腐运往大英博物馆。1781年11月在一次会上，某位大英博物馆的理事还宣读了一封信件，感谢皇家学会捐献了“一大笔自然产物”。[25]

6
IN

* * * * * *

伟大人物

“如果我看得远，那是因为我站在巨人的肩膀上”

成立之初的皇家学会每月改选一次主管，这个职位也在首创人约翰·威尔金斯和罗伯特·莫雷之间轮替。但1662年的第一张皇家特许状明言，伦敦皇家学会应当由“一名会长、一个理事会和会员们”构成。特许状还提名了首任会长，“我们万分景仰、无比信赖的布朗克子爵威廉，他也是凯瑟琳公主的至亲廷臣”。

40岁的布朗克子爵是一个盎格鲁-爱尔兰小廷臣的儿子。他的父亲因投身保皇党事业而在1645年9月赢得了爱尔兰贵族的头衔，数月之后便在牛津去世。查理二世任命年轻的布朗克做布拉干萨凯瑟琳的廷臣，这正是在报偿旧恩；布朗克获任皇家学会首任会长，大概也映照了王室对布朗克父亲一片赤诚的感激之情。抛开王室旧恩不谈，布朗克本人也是一名合格的内科医生——他在1647年获得牛津大学的医学博士学位（尽管没有证据表明他曾执业）。布朗克也是一位才华横溢的数学家。别的保皇党人在护国公统治期间追随查理二世流亡国外，布朗克子爵则在国内保持低调，不动声色地投身于数学研究。和许多数学家一样，布朗克子爵也对音乐理论兴趣浓厚，1653年，他匿名出版了笛卡儿《音乐纲要》（*Musicae Compendium*）的译本。17世纪50年代较晚时候，他与约翰·沃利斯展开合作。沃利斯是牛津的萨维尔几何学教授，布朗克子爵大概也是通过他认识了“牛津社团”的其他人。查理二世复辟后，布朗克子爵开始与流亡归来的保皇党人罗伯特·莫雷和亚历山大·布鲁斯一同参加格雷沙姆学院的讲座。他也正是借此出现在1660年11月28日的创办会议上，国王和身边的贵族们都对布朗克子爵崇敬不已。

布朗克并非挂名傀儡。他提出实验计划，自己也做实验，还协助玻意耳等人做实验。法国人塞缪尔·索尔比埃尔曾于1663年夏天造访伦敦，罗伯特·莫雷爵士引荐他参观了皇家学会。索尔比埃尔曾经记述了格雷沙姆学院某个周三下午的学会例会，是由布朗克子爵主持的。照他的说法，会议地点是一处护墙板巨大的内室。两排光秃秃的长木凳，其中一排要比另一排略高一些。木凳之前是一张桌子，桌后有炉火烘托。七八把绿布椅子围着桌子排成一圈，索尔比埃尔抵达的时候，这些椅子还没有坐人，这让他不禁认为，它们是专门留给"伟大人物"[1]的。身为学会会长的布朗克坐在屋子里唯一的扶手椅上，身旁还有他的秘书官居左负责会议记录，可能就是亨利·奥登伯格。其他成员统统"依照他们认为合理的、不需任何仪式的"方式各就各位，"如果有人在学会会员就位之后到场的话，不会有人阻挠，但他要立即找地方坐下。这样一来他发言的时候才不会被打断"。[2]会员们脱帽向主席请求发言，直至布朗克子爵发出信号他们才会戴上帽子讲话；所有人都彬彬有礼，举止得当。没有人被打断过。如果有人胆敢和邻人窃窃私语的话，"会长最小幅度的示意也会让私语戛然而止，就算他们还没说什么"。[3]

皇家学会章程规定会长任期一年，每年的选举定在11月30日的圣安德鲁节。不过，章程并未规定会长的最长连任期限，年复一年的11月，由于无人反对，布朗克子爵都继续连任。他并未意识到，霸占该职太久已经透支了他的人望。17世纪70年代中期，就有部分学会会员明确认为“高层该换人了”。1677年，布朗克子爵连续数月都未在理事会露面，也没有在格雷沙姆的周会现身。一群心怀不满的会员发动了一场“政变”，向约瑟夫·威廉森爵士（1662年的皇家学会会员）请愿，请求这位查理二世的国务大臣出任学会会长。布朗克子爵看到自己面临一场有可能输掉的竞争性选举，于是他满腔怨恨地退出竞选。重返学会的威廉森未遭反对成功就任，他也是首位更多凭借政治影响力而非科学影响力当选的会长，之后这样的会长还有很多。克里斯托弗·雷恩爵士就任副会长，他在威廉森的3年任期之内常常坐在会长席位代履其职，因为国事繁忙意味着会长本人常常要告假离开。

他们的政治生涯最终统统失败了，尤其是1679年摔落政坛的威廉森。那一年里，“教皇阴谋”引燃的怒火烧到了威廉森，他被短期囚禁于伦敦塔，丢掉了国务大臣的职位。1680年，当学会会员准备让威廉森继续连任，第四次担任会长时，他昭告世人，他不愿再当会长了。皇家学会四处寻找继任者，接触了罗伯特·玻意耳。伊夫林认为，玻意耳从一开始就应该是会长，他还说，现在“无论是疾病还是谦逊，都不能再成为他拒任的借口了”。[4]

玻意耳同意接任，但是仍有一个障碍。1673年颁布的反天主教《测试法案》（Test Act）规定，所有公职人员都必须向身为英国国教领袖的英王宣誓效忠，必须拒绝接受天主教的“圣餐变体论”教义。身为一名热心的新教教徒，玻意耳接受这两条自然毫无问题，不过和同时代许多热心的新教教徒一样，玻意耳在宣誓这个问题上遇到了困难，因为他是服膺《雅各书》(James，5：12)的："我的弟兄们，最要紧的是不可起誓；不可指着天起誓，也不可指着地起誓，无论何誓都不可起。你们说话，是，就说是；不是，就说不是，免得你们落在审判之下。"玻意耳苦苦思索了数周之久，终究还是告诉学会，他不得不拒绝会长职位的荣誉。

玻意耳的拒绝带来了一个尴尬的真空期。经过几轮紧张磋商，职位交给了克里斯托弗·雷恩爵士。1681年1月12日的理事会会议上，雷恩宣誓就职成为皇家学会会长。雷恩在此后两年里一直执掌会务，纵是费心费力的日常琐务也不回避：他是伦敦大火之后主持重建圣保罗大教堂的核心人物，也领导了一支为伦敦建起56座新教堂的团队。雷恩还是英王的工程测量师、不列颠王国最资深的建筑师。从1682年开始，雷恩负责在温彻斯特为查理二世建设一座全新的宏大宫殿，其规模要与凡尔赛宫比肩。*即便如此，雷恩还是积极参与学会各项事务，他提交的论文话题广博，从中国医学到哈得孙湾土著皆有。雷恩认为，哈得孙湾的土著可以活到140岁"不用眼镜"。[5]他还创设了解剖学、农学和宇宙志委员会，"将势必引人注目的一切事物登记在册"；他也设法解决皇家学会的财政难题，当时的财务已是捉襟见肘。很大程度上，这是因为会员忘了缴纳他们每周1先令的会费。

---

* 温彻斯特的王宫建于1683年到1685年间，但是这项工程却在查理二世去世之后全部废弃了。这座建筑后来充作战俘营，后来又成了军营，1894年毁于大火。

不交会费从一开始就是个难题。学会一直处在进退维谷的两难之中：一方面是需要吸引并留住杰出科学家和呼风唤雨的廷臣，另一方面则是不少科学家和廷臣都对出钱换取会员权利犹豫不决。雷恩决心迎难而上。第一步，让会员召集那些著名的缺席者，敦促他们付清欠款。五花八门的借口纷至沓来。威廉·佩蒂爵士说他妻子会付这笔钱。剑桥大学三一学院院长兼韦尔斯座堂教长拉尔夫·巴瑟斯特送来10英镑，并保证会在遗嘱里留一些财产给学会。七旬老诗人埃德蒙·沃勒自1663年以来就没有交一个子儿，他给学会留下一封悲伤的短信，如泣如诉地陈说了自己内战中的损失，还有抚养多名子女的花费（他有14个孩子）。身为宫廷大臣的尼古拉斯·斯图尔德听说他欠了整整11年的会费，反过头来坚称是学会搞错了总数额。

雷恩的回应则是向学会提出建议，将所有拖欠会费者的名字从出版的会员名录中一一剔除。这项举措未免太过激烈，意味着大约一半会员都将遭逐，甚至包括一些有权有势的宫廷人物。理事会于是将这项提议做了一些折中。他们的替代方案是将目标锁定在挑选出来的23名会员身上。这批人主要是那些即便离去也不会在科学或是政治上伤及学会的个别会员。很多对新哲学既无兴趣也无专才的人加入了学会，几乎就像是加入一家绅士俱乐部一样随意，新章程试图对抗这一趋势。其办法是命令理事会检核会员候选人的资质，细审“此人是不是像说的那样够格，对学会大概有没有益处”。[6]不过新章程并未解决这个难题。之后的200年

威廉·佩蒂爵士像；艾萨克·福勒绘。佩蒂是经济学家、医生、自然哲学家，也曾出任格雷沙姆学院的音乐教授。佩蒂在皇家学会的事务中发挥了杰出作用。

艾萨克·牛顿爵士像；以诺·希曼工作室绘。牛顿在1703—1727年出任皇家学会会长，曾被称为“学会史上最伟大的名字”。

里，有关显贵票友是否入会的争论还将一次次浮出水面。

雷恩是17世纪末叶最后一位出任会长之职的科学革命健将。从1682年雷恩去职到1703年，皇家学会经历了8任会长。他们全是政治家、律师或行政官，在宫廷或是议会拥有足够高的声望，但无论如何称不上职业的科学家和学者。皇家学会的会务开始飘忽不定、失去重心。

但这一状况在1703年得以改变。索梅尔斯勋爵在那年结束了一连5年的会长任期，这位著名的辉格党律师、英格兰前任大法官将职位交给了艾萨克·牛顿——60岁的皇家铸币厂厂长、前剑桥大学学者、拥有国际声誉的物理学家兼数学家，用某位20世纪的皇家学会编年史家的话说，"这是学会史上最伟大的名字"。[7]

牛顿才华卓著而又行事隐秘，对一切批评都萦系于心。他早在1672年1月就已成为皇家学会会员，当时他凭借提交的一篇描述自己发明的反射望远镜的论文当选。论文在科学界引发轰动。不幸的是牛顿很快就与罗伯特·胡克交恶。长期以来胡克都对科学家同行盛气凌人，也会指摘那些他认为正在侵凌自己专业领域的人。1675年牛顿在学会宣读"光线性质解释假说"的时候，胡克站起来说这篇论文了无新意——"这篇文章的主要内容都在他（胡克）的《显微制图》里面出现过了，牛顿只不过在某些特定细节上再推进了一步而已"。[8]牛顿闻言大为光火。这件事也是两人之间终生龃龉的开端。

牛顿《自然哲学之数学原理》（*Mathematical Principles of*

Natural Philosophy）的初版收入了他的运动三定律和万有引力定律，此书似乎正是靠着皇家学会的赞助于1687年出版的。不过，天文学家埃德蒙·哈雷承担了出版发行的筹资工作。胡克宣称《自然哲学之数学原理》剽窃了他的著作，两人之间的嫌隙依旧难以化解。牛顿的名言"如果我看得远，那是因为我站在巨人的肩膀上"正是冲着胡克说的。胡克闻言登时大怒，认为这是对其短

一幅彗星运行轨迹图，摘自牛顿《自然哲学之数学原理》初版（1687）。

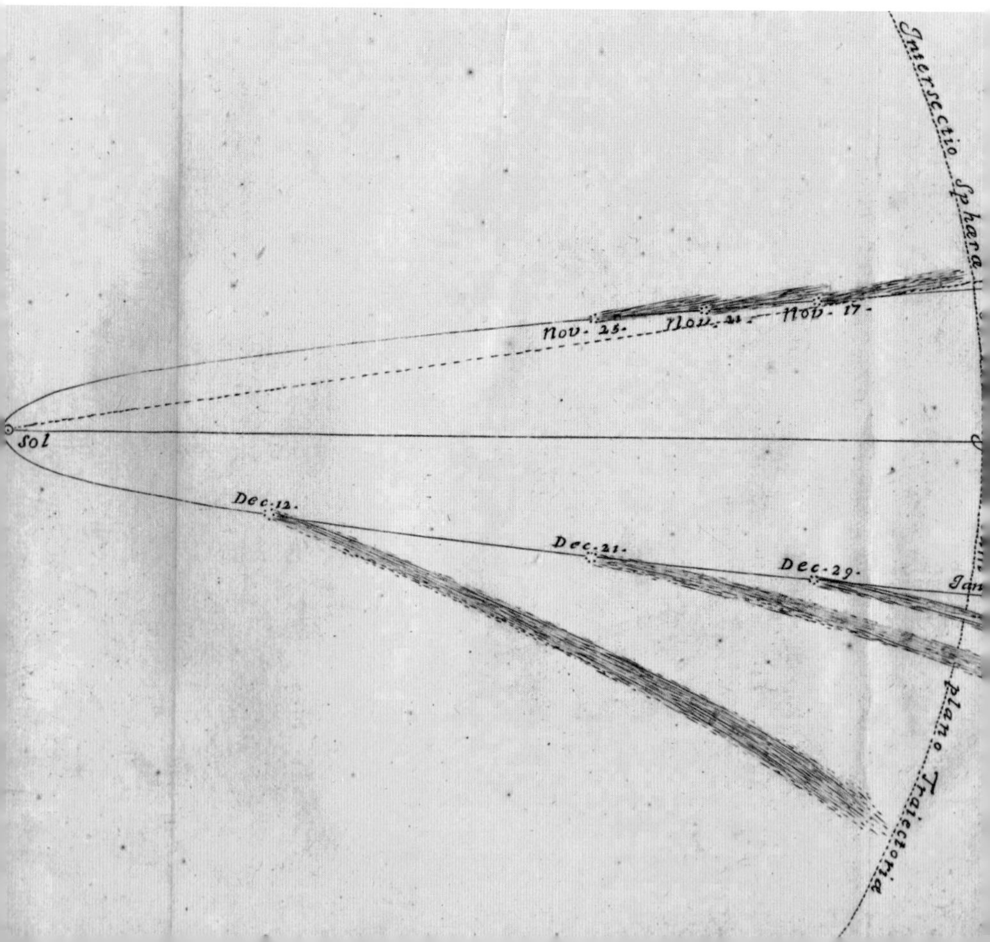

小身材的嘲讽。唯有到了1703年3月胡克去世之后，牛顿才得以一帆风顺地在学会事务里扮演更积极的角色。当年11月他当选学会会长，并一直出任此职直至1727年去世。

牛顿堪称举世无双的实验哲学家，并在皇家学会失去原动力的时候以一己之力提升了学会声誉。盘点1660年在格雷沙姆学院鲁克寓所创会的十二君子，唯有克里斯托弗·雷恩和亚伯拉

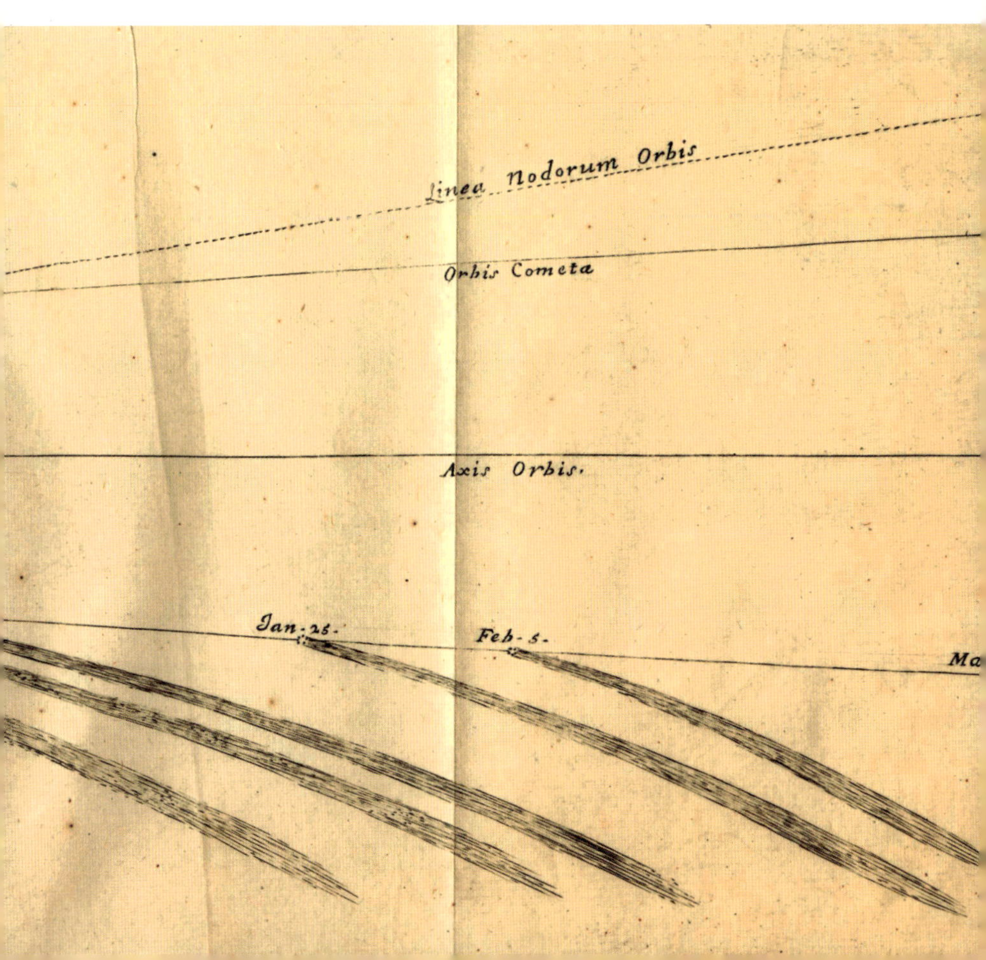

罕·希尔在1703年年末的时候仍然健在。玻意耳、亨利·奥登伯格和塞缪尔·皮普斯，这些学会早期的支持者都已不在人世。《伦敦皇家学会史》（*History of the Royal Society of London*）的作者托马斯·斯普拉特年届七旬；约翰·伊夫林则是年逾八十。牛顿为皇家学会注入了新的生命，不仅凭借他的科学成就，也依赖他所开创的履职文化和钻研精神。缺了这些，任何集体性机构都注定失败。在部分会员看来，牛顿此人既专横又傲慢。牛顿发现皇家学会的每周例会与他在铸币厂的工作有所冲突，于是就出手将例会时间从周三挪到了周四。不过他经常参加例会以及理事会议。从他当选到1726年年末，牛顿出席了175次理事会议中的161次。要知道，之前曾有三位会长甚至根本没在任何一次会议中露面。

从1727年牛顿去世到18世纪末，皇家学会经历了9任会长，他们的言思学行各有不同。有些会长取得了很高成就，无论是对皇家学会还是对英国社会来说都是如此。牛顿之后继任的汉斯·斯隆爵士就是一例，他一直担任会长之职到1741年。斯隆爵士是一名得力的管理者，他成功追回了会员们拖欠的部分未付会费——这不是一件轻松任务。此外，用18世纪皇家学会编年史家托马斯·伯奇的话说，他还是一位自成一家的热心收藏家，花费约50000英镑购买“所有国家生产的奇珍异宝。他一以贯之地努力”，就是“让这些奇珍异宝物尽其用，本人也要尽可能多地知晓它们的性能和性质。同时，他也要深入了解他所持有的一切植物、矿物或是动物的药用、食用或是制造业价值”。[9]斯隆爵士将他的

汉斯·斯隆爵士（1727—1741年出任学会会长）像；斯蒂芬·斯洛特绘。
斯隆私人收藏的科学标本最后成为大英博物馆创馆藏品的一部分。

藏品、手稿和书籍先是留给了乔治二世，如果国王不要，就给皇家学会。无论是谁收下这笔遗产，都要付给他的两个女儿20000英镑。因此国王对此并不上心，皇家学会也没钱负担。斯隆身后的受托人决定将这批遗产另外交付国家，它们也构成1753年新成立的大英博物馆初始藏品的一部分。

并不是18世纪所有的会长都拥有令人铭记的领导能力和科学成就。约翰·普林格医生（1772—1778年任会长）最知名的就是他在会上打瞌睡的习惯：

> 如果他有机会从牛顿座椅上醒来的话，
> 他就会好奇自己到了什么鬼地方啊！[10]

* * *

如果说18世纪初的皇家学会属于牛顿的话，那么世纪末的学会就成了植物学家约瑟夫·班克斯爵士的禁脔。班克斯乃是皇家学会历史上在任时间最长的会长，1778年当选的他任职到1820年去世。

班克斯（1743—1820）对科学有着满腔激情，也有足够的财力满足其激情。1766年，23岁的班克斯就当选成为皇家学会会员，自掏腰包以自然学家的身份参与了好几次重要的远洋考察，其中又以詹姆斯·库克船长1768年的“奋进”（*Endeavour*）号远航著称。这趟南太平洋之行得到了皇家学会的支持，意在观测金星凌

自然学家约瑟夫·班克斯爵士像；约书亚·雷诺德斯绘。

班克斯爵士是皇家学会史上任职时间最长的会长，在他40多年的会长任期之内绝大部分时间里施行的是铁腕统治。

班克斯昆虫标本的收藏抽屉。他收藏了4000种昆虫标本。

日、搜寻“未知的南方大陆”。1774年，班克斯加入了皇家学会理事会，并在4年之后当选会长。班克斯上任之初就烧了一把火：他确立了皇家学会的“国家策士”角色，负责向政府就科学事务进言，充当形形色色政府部门里活跃的准职能（ex officio）成员，比肩皇家天文台、经度委员会和农业委员会。班克斯与乔治三世的私人情谊无损于他的科学事业，他在苏豪广场（Soho Square）的宅邸也成为一处科学沙龙式的所在。每周四早晨，班克斯都会为抱持科学热忱的宾客准备一顿早餐宴；每周日晚上，他也会举办一场座谈会，邀请世界各地科学和政治上的领军人物前来聚首。

不过，藏在班克斯平易近人的表面背后的乃是一派专断独裁的作风。他大力维护皇家学会在英国科学界的特权地位，也极力保护自己的会长之职。学会理事会曾经提出撤换班克斯，他的回应则是出手解散了理事会。班克斯还手腕灵活地安排选举，让学会的准入机制完全依赖于他的美言：他喜欢的人就可以进入学会，不论这些人的科学地位怎么样。

正是在班克斯担任会长期间，一大批堪与学会竞逐的机构纷纷成立：1788年的林奈学会、1799年的皇家科学研究所、1807年的地质学会，还有1820年的皇家天文学会。这些新机构都对皇家学会有所冲击，至少先前投给学会的研究论文现在都另觅他处了。比如说在1830年学会就宣称，已经很多年没有收到植物学论文了，因为这些文章都改去了林奈学会。班克斯对这些新学会的态度是时而反对、时而支持。亨利·里昂在20世纪40年代的文章中认为：

只要新的机构愿意明确从属于皇家学会，并且实质上由理事会控制或是管理的话，班克斯就不会对他们有敌意；但若是这些新机构要求独立地位，完全自由处理各自事务的话，班克斯就会大加反对。[11]

尽管班克斯如此专制独裁，但他的的漫长任期还是让皇家学会得以深深渗入英国科学界的肌体之中。不过，这项成就本身就招来了不少批评。也有不少人呼吁，学会应当回到建立时的初衷，成为实验哲学理论实践的论坛。

7
NVLLIVS

* * * * * *

手杖和石头

“皇家学会做了什么？”

诞生之初的皇家学会极度渴望被承认。学会敦促在各个科学领域出版研究论著的会员，让他们告诉读者自己隶属皇家学会：这种做法可以同时肯定作者和研究机构。罗伯特·玻意耳的《实验自然哲学的用途》（*Some Considerations Touching the Usefulness of Experimental Natural Philosophy*，1664）就在扉页声言，作者是"尊敬的罗伯特·玻意耳先生，皇家学会会员"。胡克在第二年出版的《显微制图》也依样画葫芦。约翰·伊夫林1664年撰写的重要林学论文《森林志》（*Sylva*）更胜一筹，它不但告诉读者这本书原来呈交皇家学会（"那家杰出卓越的学会"），还明白表示此书是学会资助出版的。此外，学会主席布朗克子爵的官方许可也赫然出现在扉页背面。

大家期待1662年和1663年皇家特许状的颁布能够自然而然地为学会及其宏图赢得公众的支持。不过，这个愿望却落空了。伊夫林的《森林志》第4版在他去世的那年（1706）面世，他在前言中愤怒地捍卫了皇家学会的功绩，并抨击道："少数无知妄作、怪里怪气的丑角发出的噪声误导了公众。他们的傲慢无礼倒是与其愚蠢相称，喋喋不休地问个不停：'皇家学会做了什么？'"[1]

伊夫林的回应是表示这些攻击都是对"我们皇家创始人荣誉"的攻击，这也是会员对一切批评的标准回复。之后，他强调对真理的探寻需要时间。[2]伊夫林列举了许多试验、实验和出版物，并历数天文学、光学、植物学等领域的进步。"一股邪恶气质、一个邪恶时代，可悲地朽坏了人们的心。它侵蚀损害了所有彰显真理的标志性努力和尝试。”[3]

对于“皇家学会做了什么”这一关键问题较早做出回答的是托马斯·斯普拉特的《伦敦皇家学会史》。身为牛津大学瓦德汉学院毕业生、约翰·威尔金斯的门徒，斯普拉特应邀于1663年撰写一份声明，阐述皇家学会的旨趣和出版目标。1664年11月，他这份声明已经写得七七八八了。不过，奥登伯格和理事会都深感焦虑的是，这份声明阐述学会成就的篇幅不够。他们建立了一个委员会，负责选取印象深刻的研究论文加进声明。祸不单行，1665年和1666年侵扰伦敦的瘟疫与火灾让出版工作不得不向后推迟。直至1667年，《伦敦皇家学会史》才面世。

这本书出版之时也是斯普拉特火力全开之日。他大力抨击皇家学会的贬低者，还断言“更高级别的荣誉属于发现者，而非那些投机教条的传授者”。[4]《伦敦皇家学会史》有三部分内容：先是对自古以来自然哲学的发展历程做了一番概览，然后叙述了皇家学会的起源，最后则是对实验主义和新哲学实际价值的捍卫。学会成员的贡献主要以技术形式呈现，着重讲述知识化为实际目标的价值所在。书里面收录了胡克记录天气的计划、布朗克子爵从事枪炮后坐力研究实验的记录；还有化学家托马斯·亨肖有关制作硝石的论文。斯普拉特还列了一个长清单，列举会员发明的仪器设备：从象限仪到摆钟，再到“潜水者在水底使用的、可以清晰看到一切的新型眼镜”。[5]斯普拉特还以这句话作结：“旧事物只能赠予我们一些陈旧贫瘠的术语和概念，而新哲学势必赋予我们所有生物的功用所在，也将使我们获得富饶与充盈。”[6]

斯普拉特对学会成就声嘶力竭的辩护却引发了更多的攻击。尽管他也在书的其他地方小心翼翼地表示，实验哲学家们并不是想要全盘否定过去，但他对古代权威的拒斥还是引发了猛烈攻击。同时，斯普拉特和部分学会会员的机械论取向在不少人看来也没有为上帝或是旧有的宗教真理留出位置。牛津大学校方发言人罗伯特·索斯就对新科学进行了一番猛烈抨击。1667年，他还在威斯敏斯特大修道院的布道中，明里暗里对皇家学会来了一番冷嘲热讽：

那群不敬神、不信神、沉溺享乐的乌合之众，他们的叫嚣之声回荡全国。这帮人活着就拼命忤逆上帝，他们堪称人类的丑类、这个时代的耻辱。他们根本不是所谓的世界上最聪明的一群人（尽快他们倒是乐于这么自欺自诩）。[7]

两年之后的1669年7月，索斯在牛津大学谢尔登剧院（由克里斯托弗·雷恩设计）的落成典礼上再次开足马力攻击了皇家学会，他的用词用语还是狠厉：“‘（学会）专横跋扈地责难一切古代智慧……同时，可以说他们正在重新为整个世界建模’，方式就是‘整合成立了一家恶魔般的学会，以便在罪恶之中捣鼓出来新的实验’，他们已经在地狱中为自己预定了位置”。[8]伊夫林就在庆典现场，他对索斯的言论愤怒不已，认为“对皇家学会的恶意攻击玷污了牛津大学”。在剧场天花板上，一幅寓言画上的“真理”将

“无知”赶了出去。乍一看，这幅画是对皇家学会及其新哲学的背书。直到有人幡然醒悟，这幅图景其实全在不容置疑的神学掌控之中：它们铁棍和石板的地位要远在真理女神身边的天象仪和望远镜之上。

英国各大学也在皇家学会的最激烈批评者之列，他们可是亚里士多德学派的堡垒所在。教会也不遑多让。17世纪下半叶的英国还有许许多多的人拒绝相信地球绕着太阳转。17世纪70年代，清教徒牧师约翰·欧文就说日心说与《圣经》绝不相容，他的立场直至1757年都得到了罗马教廷的支持。还有人认为日心说没什么大不了：“白天不会因为托勒密还是哥白尼而早一点开始或是晚一点结束。”[9]

斯普拉特本人就是一位牧师，他认为基督教与科学可以完美兼容，对真理的理性探寻只会巩固英国国教。1668年在亨利·奥登伯格的推动之下，另一位牧师约瑟夫·格兰维尔（1664年入会）出版了《通向更远——亚里士多德时代以来知识的增长和进步》（*Plus Ultra: or the Progress and Advancement of Knowledge Since the Days of Aristotle*）。格兰维尔在书中重申了斯普拉特的论点，他的措辞甚至更为激烈。照他的说法，皇家学会诚心诚意承认“博学科学家们”做出的杰出贡献，不过他并不乐见“科学家理当建立起主宰人类理性的绝对帝国”。[10]

皇家学会可以用足够一贯的态度一一回击针对他们的指控：学会滋养了无神论；学会忽视了古代教诲中仍有意义的那部分内容；学会侵蚀了世界秩序。不过成员们发现，要想自卫反击更为

托马斯·斯普拉特《皇家学会史》的卷首插图。
约翰·伊夫林设计。它中间刻画的是查理二世半身像，右边的是弗朗西斯·培根，左边的是布朗克子爵。

隐晦狡猾的某种批评嘲讽——就大为困难了。斯普拉特曾在《皇家学会史》里承认了这个威胁。“我相信，新哲学无须……惧怕黯淡或是忧伤，”他写道，“就像不必惧怕幽默一样。因为这些情绪……也许会比我们对手那些严厉、乖戾而又武断的论点造成更大的伤害。”[11]

从学会建立伊始，会员们就对嘲讽特别敏感。创始会员威廉·佩蒂毕生难忘的一幕发生在白厅的约克公爵密室：查理二世放声大笑，说格雷沙姆学院那些人“别的事情一点没做，花了那么多时间只为了称称空气重量”。[12]10年之后，佩蒂在皇家学会的一次讲话中还几乎一字不差地回忆起了这句嘲讽。即使他们的皇家赞助人说的笑话很有杀伤力，但也比不上公开嘲弄更伤人。1676年5月，约克公爵旗下剧团上演了一出托马斯·沙德维尔撰写的新剧，地点是舰队街的多塞特花园。这部剧叫《名家》（*Virtuoso*），与标题相称的主角是尼古拉斯·吉姆克拉克爵士，“全世界最杰出的好学深思绅士”。吉姆克拉克的实验总能让观众开怀大笑。这位名家花了大把时间，用他的显微镜观测干酪螨，还将血液从一只羊输到一名疯人身上：“这名病人本来疯疯癫癫或是狂怒不已，输血之后变得百依百顺，换句话说，完全如绵羊一般。他总是如小羊一样咩咩叫唤，咀嚼反刍他的食物，他的身上长出了大量密集的羊毛，一条北安普敦绵羊的尾巴也很快在他的肛门那里长了/突了出来。”[13]吉姆克拉克还凭借燃烧腐烂猪腿发出的光线阅读日内瓦版《圣经》；他成功地切下了一只动物的气管，靠着一对风箱向肺里吹气就让这只动物继续存活；他还准备绘制一幅月球地图。凭借自己花园里支起来的望远镜，他可以看到：

（月表）所有山峦叠嶂之地、峡谷和海洋。不但如此，还有各种体态庞大的动物，比如大象和骆驼。公共建筑和船只也很容易就看到了。他们（月球人）拥有巨大的枪炮，也用上了火药。在月面上，他们与大象作战，攻打城堡。我都看到了。[14]

听着令人匪夷所思？也许吧。不过，吉姆克拉克嘴里的实验都能在皇家学会名下的著作中找到原型。显微镜下的螨虫，这指的是胡克的《显微制图》。托马斯·考克斯则在1667年5月的《自然科学会报》上发表了他在狗与狗之间进行输血实验的报告；如前所述，理查德·罗尔和埃德蒙·金都曾把绵羊血液输入到人体；同一年的稍晚时候，亚瑟·科加也做了同样的实验。玻意耳所谓“有关发光之肉的观测”则是源自助手对他食物橱柜里一只小牛发光脖颈的发现，相关观测记录登在了1672年12月的《自然科学会报》上。胡克用一对风箱连上一根导管插进了一条狗的气管，就这样让狗一直活着，并在1664年实施了活体解剖。克里斯托弗·雷恩则在17世纪60年代初制作了一个月球模型。早在1638年，威尔金斯就出版了《探索月球上的另一个世界》（*The Discovery of a World in the Moon*）。

这类讽刺比单纯的论辩还要伤人，因为它太过公开化了。1676年6月的某周五晚上，胡克去看了话剧《名家》，他的感觉是惊骇尴尬。“人们几乎是直接针对（学会），”他当晚在日记里骂道，“该死的疯狗。”[15]沙德维尔的戏剧在此后的30年里定期上演，吉姆克拉克也成了愚蠢自然哲学家的代名词。在17世纪末威廉·沃顿（1687年入会）就哀叹了“格雷沙姆之人”所受的伤害。沃顿认为，局面依然是“所有被称为名家的人，都得成为尼古拉斯·吉姆克拉克爵士……没有什么比一个段子更能伤人骨髓的了。”他接着说：“人一旦成为滑稽可笑的东西，他们的劳作就会被蔑视，效仿他们的人也会大为减少。”[16]

这部戏剧惹来的痛苦烦恼甚至还要更大。原因在于，沙德维尔演绎的名家可以在许多与奥登伯格通信的国内会员中找到原型，他们定期会寄来味道腐朽的标本和怪胎的出生记录。不过，沙德维尔的角色恰恰代表了皇家学会反对的一切东西——纯粹出于好奇的求知，为学问而学问、不计效益和实用的观点。

皇家学会被误会成了世界上那些吉姆克拉克聚集的俱乐部，这种形象也在长时期内挥之不去。1704年，乔纳森·斯威夫特出版的《一只木桶的故事》（*Tale of a Tub*）就收入了一段对现代科学的谐谑。斯威夫特也运用了《自然科学会报》里一些稀奇古怪的例证。1726年斯威夫特与艾萨克·牛顿争吵方炽，他转过头来在《格列佛游记》里对学会大加挞伐。格列佛的第三次远航将他带到了飞岛“勒皮他”（Laputa），那里的居民乃是数学、天文学和仪器制造专家。不过这些专家却未能把他们的发现付诸一丝一毫的实用。比如说，他们的衣服并不合身，因为他们用象限仪和指南针量体裁衣，而不是用卷尺。斯威夫特在这里故技重施，用那些思辨科学的案例把《自然科学会报》批了个体无完肤。进入18世纪之后,《自然科学会报》也成为讽刺作家的某种素材库。1743年1月，一本名为《几篇适合在皇×学会宣读的论文》(*Some Papers Proper to be Read before the R---l Society*)的小册子面世。亨利·菲尔丁在其中发表的一篇“论文”就拿学会开涮了。这篇文章记述了日内瓦自然学家亚伯拉罕·特伦布利有关淡水珊瑚虫的观测，及其“令人惊异的特性：切成好几块之后，每一块都能成长为完整的动物”。[17]在菲尔丁的讽刺里，这只珊瑚虫成了一几尼金币，它那稀奇古怪的自我复制也成为讽刺作家攻击守财奴和放债人的利器。

对皇家学会最为滑稽的描绘出自约翰·希尔爵士之手，他是一名热衷自然科学的医生兼记者。屡次申请加入皇家学会被拒之后，希尔爵士愤而写下一系列文章，攻击讽刺学会的工作。1750年，他向学会提交了一份名为《无性怀孕》(*Lucina sine concubitu*)的恶作剧论文。希尔爵士在文中声称，他仅仅给女仆定量服用了一片含有“微生物”的配制剂就让她怀孕了，他正是在空气中发现了这种微生物。希尔爵士也出言攻击了皇家学会会长、古物学家马丁·福尔克斯。在希尔的笔下，福尔克斯在多个学问领域都是能人，“但不幸的是，他没有任何一种学问足以同皇家学会的事情挂钩或是关联”。[18]希尔还描绘了福尔克斯如何“忘乎所以地因为自己办公室的荣誉而膨胀了一倍”，如何在鹤苑主持一次枯燥的会议。会上宣读一篇乏味的论文之时，会长大人“自然而然地像晚饭吃撑了或是听到无趣论点一样，全程酣然入睡”。[19]而在会议结束后，绝大多数会员都撤到附近的一家咖啡馆，彼此交换信息：

> 我们颇为艰难地坐了下来。有位绅士开始讲故事了，他告诉我们，一名女士服用了一小勺他制作的安虫散，就从体内排出了一只长着翅膀、挥着利爪的怪物；第二位绅士则说，他从某个患者的胸口取出了一头活狼；第三位绅士则说，他从一块大理石里搞出了一只蟾蜍。[20]

就像此前的讽刺作家一样，希尔也一直在引述《自然科学会报》。他撰写的《伦敦皇家学会工作评论》（*Review of the Works of the Royal Society of London*）于1751年出版，系统性地解读了数十篇《自然科学会报》论文，从“一种让鱼保鲜的办法”到“学习唱歌的新方法”，再到“男性人鱼记录”都有。[21]

没有证据表明这些攻击吓跑了潜在的会员，或对皇家学会这个机构造成了什么持久的伤害。讥刺之语伤害了一些会员的自尊，但如果说这些攻击有什么价值的话，那就是点出了学会从成立之初就显而易见的一种倾向：沉浸在稀有新奇之物里的狂喜。他们探寻的乃是非常瑰奇之观，而不是什么严肃科学。

古物学家兼自然哲学家马丁·福尔克斯（1741—1752年担任会长）像；威廉·贺加斯绘。福尔克斯并不拥有一副科学头脑。某评论家认为："福尔克斯在多个学问领域都是能人，但不幸的是，他没有任何一种学问足以同皇家学会的事情挂钩或是关联。"

8
NVL
IN
ERB

* * * * * *

改革

“多年以来，皇家学会都在某个团体或是某个圈子的掌控之中”

1820年约瑟夫·班克斯去世，在之后的10年里（甚至在他去世之前的10年里就是如此），皇家学会在萨姆塞特府里的会议已经沦为毫无启发的例行公事。根据学会章程，普通会议安排在每周四晚上八点进行，大约一个小时——“由会长酌情裁示时间”。[1]因此在每周四，会员们——那些会对出席会议颇感厌烦的人——就会鱼贯进入萨姆塞特府里的皇家学会会议室，目睹会长和两位秘书在一条长桌后就座。桌子上放着查理二世的巨型银镀金权杖。大家会等候片刻，在宣读应邀列席晚上会议者的名单时，那些列席人员就会从隔壁房间走进来，在会议室内两边的中立坐席就座。

等到全体就座之后，一名秘书就会宣读上次会议的记录，“内容全都是重复同事在前一晚的宣读，但是篇幅要少得多”。[2]会长点头同意后，另一位秘书负责宣读一份参加学会会员选举的候选人名单，随后投票开始。助理秘书会拿着投票箱在室内绕场一周，各位会员向“同意”或是“反对”的抽屉里放置小球。这套程序进行之时，秘书会长之间互相颔首致意，这是开始宣读某篇论文的信号。会员和访客在此期间就开始睡觉了。助理秘书会打断他们文雅的鼾声，“并将投票箱呈奉到不动声色、稳如泰山的会员面前请他投票”。论文宣读同样可能会被打断（常常是在话说一半时），因为会长要唱票公布“同意”和“反对”两抽屉里的小球数量，将成功当选的候选人公之于众。如果还有更多候选人的话，这套流程还将反复进行，以一次次“打断”结束，直至萨姆塞特府的钟声响起，宣告会议结束。“没有一名在场会员……对这套程序有一丁点儿参与”。[3]这里没有实验，没有讨论，也没有辩论。

对皇家学会的批评者而言，学会会务之少要归结到其选举富人做会员的积习。学会的算盘是，就算他们不怎么懂科学，至少也能期待他们为了会员资格慷慨解囊。之后的历任会长都对这一政策不加掩饰，有时还会执行得很出格。比如说，罗德里克·默奇森爵士1826年当选皇家学会会员之时，会长汉弗莱·戴维爵士就详细备至地向他解释说，他的当选与他的科学工作毫无关系（默奇森是个地质学家），而是全要归功于他的个人财富。

19世纪30年代的皇家学会见证了三波强烈的改革诉求。第一波来自查尔斯·巴贝奇，剑桥大学卢卡斯数学讲席教授，今天他最为人所知的身份是自动计算机的发明者，这是一种早期形态的计算机。巴贝奇在他228页的《对英格兰科学衰落及其相关原因的反思》（*Reflections on the Decline of Science in England and on Some of its Causes*）一书中用了一半以上的篇幅论述皇家学会及其过失。巴贝奇还对当时的会长、应用数学家兼传统主义者戴维斯·基尔伯特发动了一场人身攻击——“为什么戴维斯·基尔伯特先生成为皇家学会会长？我很难说个清楚”[4]——同时用一个又一个不甚称职和管理不善的实例，质疑了学会各位秘书的记录能力（还有正直品质）。巴贝奇将这些弊病归咎于会长和理事会对准入权的滥用，把这帮人归结为一个自我固化的精英群体：

下页图

皇家学会在萨姆塞特府的一次会议，约1844年。会员和访客端坐长凳，面向会长；权杖放在室内正中央的长桌上。一只投票箱正在绕场。

多年以来，皇家学会都在某个团体或是某个圈子的掌控之中……和其他所有团体一样，他们的最大目标就是保有自身的权力，并且尽可能多地在其会员内部分赃取利。皇家学会总是由一些资质极为平庸的人组成，他们处心积虑，可以在任何时候使自己与其他才华更胜者结合到一起，条件是这些更有能力的人不和整个体系作对。[5]

巴贝奇的解决方案是付出更多精力控制获批入会者的人数，“让当选成为科学之士们雄心勃勃的目标”。巴贝奇倡议，公开区分两种会员：一种是确实向《自然科学会报》投递过稿件的人（19世纪20年代末，这个数字总计有109人，而学会会员总人数是714人），另一种则是那些并未投稿的人。理事会驳回了这项计划，理由是那些没投稿的人恐怕不会高兴。

《对科学衰落的几点反思》（*Reflections on the Decline of Science*）于1830年5月写成。5月20日，巴贝奇在皇家学会气氛热烈的会议上宣读了这篇文章。巴贝奇得到的答谢可以想象，那是“咬牙切齿”式的。不过，至少这次会议并不像平常那样乏味。其中一名会员投书《泰晤士报》质问，会长用“天上的上帝知道”这样的语句是否恰当。约翰·赫歇尔是巴贝奇的密友，也曾读过巴贝奇文章的初稿。赫歇尔竟在私下里表示，他很想给巴贝奇来一耳光。从此，巴贝奇就不再出席皇家学会的大小会议。

事情到这里还没完。等到11月，天文学家詹姆斯·索斯爵士出版了一本杀气腾腾的小册子，名为《对皇家学会会长和理事会的各项指控》(*Charges Against the President and Council of the Royal Society*)。索斯提出了36条指控，其中不少指控都与巴贝奇的彼此呼应。他指控基尔伯特和理事会篡改理事会的会议记录，压制会员制度改革的合法请求。不过，索斯还是将矛头对准了他们对国王的不敬，"给那些赢得奖项的人带去的不是皇家奖章，而是空的盒子"；浪费大量钱财于酒馆账单——按照索斯绘声绘色的说法，他们将数百英镑学会经费变成了"银鱼、玫瑰香水和白葡萄酒"。[6]

在同一个月，也就是1830年11月，一位自称仅仅是"687名皇家学会会员之一"的匿名作者发布了《群龙无首的科学——起底皇家学会》(*Science Without A Head: or, The Royal Society Dissected*)。作者是在意大利米兰出生的奥古斯都·博奇·格兰维尔，一名富有统计思维的医生。他用一幅幅图表逐一列举各会员的情况，展示他们的背景和职业，说明他们是不是曾向《自然科学会报》投稿。格兰维尔的研究显示，63名现任的贵族会员压根就没有写过一篇论文；10位主教发表了9篇论文（但它们其实都出自一人之手，那就是克洛因的天文学家主教约翰·布林克利）；学会中的66名陆海军会员发表了35篇论文，尽管其中25篇都出自两名陆军上尉之笔；牧师传统上是科学名家的职业，但是74名牧师只能拿出8篇文章来增进自然知识，"也就是说，每人只有0.108篇"，格兰维尔有力地指出。[7]

格兰维尔继续着他的清单。内外科医生一直占据着大比例的

会员席位。彼时的学会有100名医生，他们一共贡献了200篇文章。尽管其中109篇都是一个人写的：埃弗拉德·霍姆爵士。[*]63位律师则在《自然科学会报》上发表了28篇文章。余下的286名会员并无什么显眼的职业（尽管这不意味着他们都是一帮闲汉——有人是仪器制造者、商人，还有人是教师），他们一共投稿187篇，不过有238人却毫无作为。格兰维尔从中得出的结论是，绝大多数会员都不称职：

> 历数我呈现给公众的这几百位会员，其中很少有会员（的确是少之又少）在当选之时或者甚至是在此时此刻，有过哪怕一丝一毫科学之士的期许——很少有人可以被期许成为有用和有价值的会员——很少有人把入会看得多重，除非是冲着授予他们的头衔而来。“皇家学会会员”的名号一度曾被视为一项殊荣。[8]

格兰维尔认为，解决方案就是把学会人数限制在600人；同时将他们分门别类——数学、天文学、化学等，每个组别都有固定人数。规模最大的组别乃是有130人之多的“自由组”（free class），他们尽管不是科学家，“但对科学兴味盎然，热切期待以某种形式增进或是赞助科学”。[9]换句话说，这些人就是出钱的赞助人。

---

* 霍姆1832年死后，怀疑之声四起，认为其绝大多数论文都剽窃自己死去的姐夫，外科医生兼解剖学家约翰·亨特。

数学家查尔斯·巴贝奇是个大声疾呼的批评者，他疾言厉色地批评19世纪20年代皇家学会的运行模式。巴贝奇认为，把持皇家学会的是个小圈子，他们的主要目标就是维系自身权力。

皇家学会的批评者发现，他们内部也很难达成一致。格兰维尔攻击巴贝奇和索斯“满腹牢骚”的改革路径；索斯指责格兰维尔“皇家学会会长不需要是科学家”的提议，还投书《泰晤士报》说，写作《群龙无首的科学》的人乃是“一个没有科学的头颅”。

这一场场改革之争发生在同一个历史背景之中：竞逐会长之职的尴尬之争。戴维斯·基尔伯特决定在1830年去职，他也像历任会长一样，以颇不民主的作风选择了自己的继任者——苏塞克斯公爵奥古斯都·弗雷德里克亲王，也就是英王威廉四世的弟弟。

消息一出，舆论哗然。支持和反对公爵的各种声浪早在11月的选举前夕就在公众面前吵个不停了。外科医生兼古物学家托马斯·佩蒂格鲁深深介入了提名公爵的相关交涉，他在《泰晤士报》的专栏文章中力陈自己的理由。佩蒂格鲁认为，亲王大人的“爱国热忱和强烈愿望都对自己国家的荣光和繁盛善莫大焉……他也极其适合坐上这个位子，出任英国第一个科学机构的要职”。[10]匿名的“皇家学会会员”对此的回应是怒不可遏，他对公爵提名中的疏于咨商大加指责。“有志于接掌牛顿席位的人只能将他的雄心壮志寄托于一个怠慢其位者的推荐上（即基尔伯特）”。[11]小道消息专栏预测，公爵势将辞任，并慷慨大度地支持改革者。

“并不存在一条通往学问的所谓皇家捷径，”有人说，“为什么那些本该由学识授予的至高荣誉要存在捷径？”[12]詹姆斯·索斯爵

天文学家兼数学家约翰·赫歇尔爵士和两个女儿在一起，他一共有12名子女。1830年，赫歇尔竞选皇家学会会长，但以些微差距败给了英王威廉四世的弟弟苏塞克斯公爵。

士对皇家学会管理模式的攻击炸开了锅，成为本次公众热议的核心。媒体兴致勃勃地报道了11月25日周会上的争吵：这次争吵以索斯的愤而离席告终。

公爵的地位并没有吓倒改革者，后者决心要让一名科学家来领导他们。改革者在最后关头说服了杰出的天文学家约翰·赫歇尔爵士站出来与公爵竞选。这招来了不少诽谤之语、恐吓信和对赫歇尔“忘恩负义”行为的指控，这是因为赫歇尔和他的父亲威廉*都曾经从皇室赞助中受惠颇多。面对压力的赫歇尔并未退让，11月30日的选举也成了一场激烈的竞逐。苏塞克斯公爵以119比111的票数胜出，这反映了皇家学会旧制度的捍卫者与那些渴望科学成就甚于社会地位的人的分歧，选举也造成了令人不快的后续效应。《泰晤士报》放话说，“帝国第一家科学机构迎来了一名亲王，错失了一位哲学家”，甚至还鼓动公爵辞职。[13]

后来的事实证明，苏塞克斯公爵在他8年的任期里是个相当优秀的会长，对会务也积极投入。至少在健康状况不佳和视力下降让他无法主持理事会会议之前，他在任期的头4年里相当活跃。但尽管如此，会员们重新聚焦科学的愿望还是一直存在。1846年，改革者最终成功地发动了一次章程修订行动，并在1847年2月10日票决通过。

乍一看来，1847年的改变微乎其微。根据那些可以追溯到

---

* 威廉·赫歇尔（1738—1822），天文学家兼望远镜制造者。1781年他发现了天王星，并因此获任为英王乔治三世的宫廷天文学家。同年，他当选为皇家学会会员。

1730年的章程，会员候选人只需提交一份证明文件，上面写上他们的入会资格和3位推荐者的姓名。这套流程会在萨姆塞特府的会议室里进行，如果10个星期之内没有会员反对的话，候选人就自动当选。对于同一年里可以当选的会员人数，学会并无限制。一年当选三四十名新会员的事情堪称家常便饭，而在新会员里科学家却只能占据少数，平均下来要少于总会员数的三分之一。

1847年的章程规定，一名候选人的证明书需要6位会员签名，其中至少3人应当对他有私人了解。选举每年一次，定在6月3日。候选人的姓名和他们的推荐人、赞同人的名单将会打印出来，从5月第一周开始公示，任何一个自然年只能有15名候选人当选。理事会以无记名投票从中选出第二份名单，再遍传各个会员。第二份名单会收入理事会的推荐词，再附上一份标出选举日期与时间的信件。尽管理事会仍然控制大部分进程，上述改革还是成功将一部分权力下放给了普通会员，但更重要的是，这套机制引入了遴选元素。如果只有15名会员可以入围的话，那么就很难辩解吸纳半吊子票友入会，而排除学有专精的科学家的理由。会员人数随之骤降，从1847年的750多人降到了19世纪末的450多人。而在同时，科学家会员相比非科学家会员的比例迅速上升，到1860年时已在皇家学会史上第一次占据了多数。时至40年后的19世纪末，非科学家会员的人数已经降到了仅有20人。（每年）新会员人数的上限也逐渐上涨，在本书写作期间，这个数字维持在52个，新任外籍会员的人数也增加到了多达10人。候选人必须“在增进

自然知识，包括数学、工程学和医学上有着重大贡献”，竞争也颇为惨烈。2017年有约660名候选人竞逐会员，其中有90人争取外籍会员。

* * *

1847年的章程修订也标志着皇家学会性质的一大根本性转变：从一家科学俱乐部转为专业学者组成的科学学会。从此之后，会长都是由才资卓越的科学之士出任，如果他们恰好富裕高贵（有时确实如此）的话，那就更好了。从1915年以来，会长通常都由诺贝尔奖得主担任。杰出的植物学家约瑟夫·道尔顿·胡克爵士（1873—1878年间担任会长）创下了一个先例，那就是会长任期不得超过5年。这样一来，再也没人可以实现约瑟夫·班克斯爵士任职42年的那种威权统治了。

1852年，皇家学会在萨姆塞特府的空间已经过载，主要是因为那里的图书数量过多。学会请求政府，希望能像其他皇室认证的科学学会一样，拥有更为宽敞的基址（比如林奈学会、皇家地质学会、皇家天文学会和皇家化学学会）。经过漫长的几轮谈判，皇家学会终于获得位于皮卡迪利大街伯灵顿府的主建筑，条件是林奈学会和皇家化学学会也一起搬进这栋建筑。三家机构于1857年一起迁入，但仅仅过了10年政府就宣布，它将把伯灵顿府授予

1830年到1838年间出任皇家学会会长的苏塞克斯公爵。尽管公爵大人并无科学背景，但事实证明他是一名让所有人都大呼意外的好会长。这幅肖像画由托马斯·菲利普斯绘制，约1838年。

THE ROYAL SOCIETY
ROYAL SOCIETY'S BUILDINGS

位于皮卡迪利大道的伯灵顿府，摄于1888年左右。1873年，皇家学会搬进了伯灵顿府焕然一新的特建基址，并在那里一直待到1967年。正是在那一年，皇家学会搬进了今天的地址：卡尔顿府。

皇家艺术学院。当时的皇家艺术学院也颇为难堪地与国家美术馆一起挤在特拉法尔加广场。各家学会并不会被踢出伯灵顿府，而是将搬入两侧新建的翼楼里。这两座楼完工于1873年，皇家学会也在同年搬进了伯灵顿府的东翼楼这个专为其建成的新址。

有了新家，更严肃的新目标，以及主要由出类拔萃的科学家组成的会员，皇家学会进入了史上的新阶段。地质学家兼学会史家亨利·里昂斯爵士很清楚维多利亚时代这些改革的意义："时至19世纪末，克服诸多反对声浪和冷漠之后的皇家学会已然意识到了创始人的初衷，学会也最终成为一家促进自然科学的机构。"[14]

9
NVLLIVS
IN
VERB

* * * * * *

异域

“向南极发现大陆”

从成立那一刻起皇家学会就具备国际化的一面，它的信息触角伸向外国各地，要么靠着它的通信网络，要么就干脆求教于旅行者和航海船长，请他们留意自然珍宝和域外花卉。比如在1670年2月，约翰·温斯洛普的信件就让会员们兴奋不已。身为康涅狄格总督的温斯洛普也是学会史上第一位殖民地会员，他寄来的包裹装着41种奇珍，从美洲当地贝壳标本，到“弗吉尼亚树上生长的一种珍奇苔藓”，到一对飞鼠，再到一些印第安玉米穗都有。[1]有的时候亨利·奥登伯格会递给同情皇家学会的旅行者一份详尽的问卷，让他们在旅途中随身携带。1670年哈得孙湾公司成立之后，学会秘书就给了统领公司前往东哈得孙湾初次远征的新英格兰海船船长扎卡里亚·吉拉姆一页长长的问题清单，要他回答诸如潮汐、地磁偏转和海狸习性的问题。吉拉姆给出了全面的答案。谈到公司接触的当地人时，吉拉姆的说法是这些人过着流浪生活，寿命有“120岁”，喝鹿肉汤。他们也喜欢洗我们今天所说的桑拿浴：

至于康复术，他们的办法主要是出汗。办法不是什么内科，而是在帐篷里制作一种火炉，将许多石头都烫得火热。紧接着，他们向自己身上洒水，这样就可以大量出汗。一旦出汗他们就会坐一会儿，然后跑到雪地里，说他们刚刚由热气打开的毛孔再次关上了。[2]

皇家学会的下一步就是发起远距离探险。1698年到1701年间，天文学家哈雷（后来预测到彗星复现的人，那颗彗星至今以他的名字命名）三次以皇家海军“帕拉摩尔”号（HMS *Paramore*）船长的身份远航，旨在增进对“经度与罗盘变化的知识”。[3]这三次远航都是皇家海军行动，哈雷也被任命为皇家海军的一名全权船长；不过，他们还是得到了皇家学会的官方支持，被称作大概是“最早的纯科考海洋旅行”。[4]

会员们频频加入通往辽远之地的科学探险或者那些让他们得以进行科学考察的军事商业远航。1687年汉斯·斯隆前往西印度群岛，出任牙买加新任总督的内科医生。后来，斯隆出版了一本牙买加当地的植物图录。约瑟夫·班克斯则在年方23岁的时候就搭乘皇家海军小型护卫舰“尼日尔”号（HMS *Niger*）出海考察，这艘舰船1766—1767年正在纽芬兰和拉布拉多的渔场巡逻。

皇家学会发起的第一次大型科学考察（尽管靠着皇家海军的大量协助）也在18世纪60年代扬帆起航。1761年，皇家学会派遣内维尔·马斯基林前往圣赫勒拿岛，观测金星凌日。这一天象一百多年来一直让科学家们心驰神往，因为这是人们精确估测地日距离的一种手段。浓重的云雾让马斯基林的旅程不算成功，但是根据推算，1769年还有下一次金星凌日——再下次则在105年之后——纵贯整个18世纪60年代，皇家学会都在为观测两个半球的凌日现象游说奔波。通往大南海（South Seas）的航程看起来特别能出成果，因为它不仅带来了观测凌日的前景，也寄托着人们“在大太平洋打造定居点，或是……向南极发现大陆”的可能性。[5]1766年，学会

一部展示金星凌日的太阳系仪，1761年由伦敦测量员兼仪器制造商本杰明·科尔制作。

成立了一个委员会，“派遣天文学家前往世界各地观测金星凌日”。两年之后，皇家学会还向英王乔治三世递交了一份备忘录，呼吁国王为了英国的利益、荣誉和世界地位，派出舰船向北探索直至哈得孙湾和北角，同时也派出舰船一路向南。[6]费用预计在4000英镑左右，这还不算船只运载观察者来回的所需费用。为了到达观测在1769年6月3日发生的凌日现象的位置，这趟向南之行就得在1768年夏天启程。备忘录强调，“皇家学会没有任何条件支付这笔开销，他们的年收入甚至很难足够冲抵自身会务所需”。[7]

英王同意以个人名义捐出4000英镑，海军部也为这次远航购买了一艘368吨级的惠特比运煤船，“彭布罗克伯爵”号（*Earl of Pembroke*）。约瑟夫·班克斯看到了探索南太平洋自然志的大好机会，于是他提议资助一个附属团队随船远航。当1768年5月“彭布罗克伯爵”号下锚并改名为“奋进”号时，詹姆斯·库克也被任命为这艘船的船长。

库克船长和皇家学会任命的天文学家查尔斯·格林一起，按期完成了他们在塔希提岛的观测。不过，“奋进”号的航行还有另一重意义：金星凌日之后，库克船长依循所谓对他的“额外指示”一路向南航行，接着又掉头向西，搜寻南方大洋之中的那块大陆。库克勘察了新西兰的北岛和南岛、澳大利亚东海岸，并以英王乔治三世的名义占领了澳大利亚东海岸地区，将其命名为“新南威尔士”。“植物学湾”则是得名于约瑟夫·班克斯及其团队在那里发现的数量巨大的植物。“奋进”号也在1771年6月成功返航英格兰。

抛开库克船长的“额外指示”及其帝国主义潜台词不谈，“奋进”号之旅堪称皇家学会史上最伟大的科学探险行动。这次航行将皇家学会置于18世纪杰出的探索之旅的中心地位，班克斯本人在南太平洋植物学、动物学和人种学上的观察也因此具备了永恒价值。

19世纪的皇家学会仍然持续支持着各个会员在科学探险领域的工作，有时甚至会抢走会员的功劳。爱德华·萨宾（1788—1883）是探究地磁成因的先驱改革者，他做过皇家学会的秘书、外事秘书、司库、副会长，最终成为学会会长。萨宾对詹姆斯·克拉克·罗斯在1839—1843年间的伟大南极探索之旅贡献很大，他不但推动了两艘加固破冰船“黑暗界”号（*Erebus*）和“恐怖”号（*Terror*）的下水，也说服了皇家学会支持这次科考。同样，萨宾成功地借助皇家学会之力，在大英帝国境内建成了一系列地磁观测站。这些站点的运营人员虽是陆、海两军士兵，但实际上掌控他们的乃是萨宾本人。

1819年到1891年间，皇家学会支持了9次科学考察，北极、南极和非洲大陆各3次。这9次考察都带来了丰硕的科学成果，有几次堪称意义重大，比如蒸汽船“挑战者”号（*Challenger*）的那次。1872年，“挑战者”号带着探索海洋动物学和海洋学的使命起航，一路南行到开普敦，再进入南极圈内，旋即转向新西兰和太平洋，最后穿越麦哲伦海峡掉头返航。一路上“挑战者”号搜集海水样品，在深达3000英寻（约5487米）的海水中搜寻海洋生物。其丰硕的科考成果对现代海洋科学至关重要，以至于皇家学会还成立了一个专门的“挑战者号委员会”来督导相关论著的出版工作。这一进程一直延续了24年。

不过约瑟夫·班克斯的忧虑不无道理，那就是来自新成立的各学会的竞争。1874年观测金星凌日的远征，就是在皇家天文学会的庇荫下进行的；19世纪90年代推动国家南极考察的一项倡议，也是由皇家地理学会而非皇家学会提出的。尽管两家机构创立了联合组委会，但他们各自的代表还是彼此心生龃龉。皇家地理学会在1901年更进一步，他们的会员候选人、年轻的罗伯特·法尔考·斯科特就以一己之力承担起了闻名于世的“探索”号科考行动。皇家学会在斯科特及其团队出发前往南极之前，用一场丰盛的晚宴招待了他们。作为回报，斯科特在乘着“探索”号抵达麦克默多湾时，把他看到的高耸入云的西面山岭命名为“皇家学会山脉”。欧内斯特·沙克尔顿也是斯科特1901年探险队的一员，他本人于1907—1909年在进行英国南极探险的时候甚至懒得向皇家学会申领资金（他曾经询问皇家学会是不是可以借一件磁力仪，但皇家学会却驳回了他的请求，因为这件仪器已经送去别处了）。

以探索为主要目的的远征行动已经超出皇家学会的管辖范围，尽管学会常常在科学建议和精神支持上扮演着关键角色。这些科

下页图
斯蒂芬·皮尔斯1851年有关“北极委员会”的画作。北极委员会是一个就北极探险事宜向海军部提供建议的非正式专家群体。爱德华·萨宾爵士（右起第四人）是1861—1871年在任的皇家学会会长。

学考察牵涉的人员往往有皇家学会会员，或是即将成为会员的人。比如，沙克尔顿1907年的远征队里就有皇家学会会员T. W. 艾德杰沃斯·大卫教授，他不但抵达了南磁极，还登上了埃里伯斯山山顶。19世纪20年代一支探索马尔维纳斯群岛*周边滥渔区的远征队里，至少5人后来都当选为皇家学会会员。

更罕见的是，皇家学会也发动了一场场远征。1936年，学会发起的一支远征队花了4个月时间抵达蒙谢拉特岛进行一系列地震观测，以便在岛上的大火山发生任何重大变动的时候提供纵向比较的基准。20世纪50年代，皇家学会还在南极洲设立了一家地球物理天文台，这也是英国对国际地球物理年的献礼（这一物理年其实延续了18个月，从1957年7月1日到1958年12月31日），经费由英国财政部拨付。先遣队抵达的海湾被命名为哈雷湾，以纪念1956年刚刚度过300年诞辰的埃德蒙·哈雷。随后在1958年，皇家学会发动了战后的第二次远征，这次小型科考的目标是智利东南地区，旨在调查新西兰生物学和南美洲南端之间的关系。

发动两次考察行动给皇家学会带来了丰厚经验，理事会遂在1959年批准设立了科学考察咨询服务部和远征探险部。之后三四十年里，皇家学会进行了一系列海外项目，有时候独自进行，有时则与其他机构合作。1965年，学会向所罗门群岛派出了一支雄心勃勃的生物探险队；20世纪80年代，学会又在加里曼丹岛北

* 英方称“福克兰群岛”。——编者注

部雨林上马了一项长期研究计划。地质学家在特里斯坦·达库尼亚群岛研究火山活动；生物学家则在阿尔达布拉环礁设立一家考察站，研究印度洋巨海龟的交配场地。

17世纪的哈雷灵机一动，由此绽放的鲜艳之花一路流传，却在20世纪末放慢了绽放的步伐。远距探险变得前所未有的复杂，涉及的学科不断增加，在意识形态上也存在顾虑。虽然个别会员发起的研究性远征延续至今，皇家学会的远征还是在20世纪90年代悄悄地淡出了历史。

下页图

詹姆斯·威尔逊·卡尔米切尔1847年极具想象力的描绘，表现的是詹姆斯·克拉克·罗斯1839—1843年伟大的南极科考之旅期间，“黑暗界”号和“恐怖”号这两艘船只的形象。

位于南极洲哈雷湾的皇家学会地球物理天文台，1957年设立。

10
NVLL
IN
ERB

* * * * * *

美丽新世界

"他们希望看到科学家贡献更多力量，帮助世界攻坚克难"

20世纪像一记猛击来到了皇家学会的门前。1900年5月10日，理事会的会议记录记载说，自然学家玛丽安·法尔库哈森写信提议："充分适格的女性应当获得完全的会员资格。"[1]法尔库哈森是个为妇女在各色学会中争取完整席位的斗士。早在1885年，法尔库哈森就曾获允进入皇家显微学会，尽管这次的入会是一场鸡肋的胜利：之后她被拒绝列席任何一次会议。皇家学会做的甚至还不如显微学会多，它直接将法尔库哈森拒之门外，理由是允许女性入会与否要取决于对皇家特许状的解读。"在特许状的庇荫之下，皇家学会已经运转了300多年"，这件事情也就此罢休。[2]不过仅仅两年之后，学会就碰上了一次更为直接的挑战。1902年1月，工程师约翰·佩里提议授予赫尔莎·艾尔顿会员资格。他的提议还附上了一长串地位很高的联署人名单，从天文学家、物理学家、化学家到工程师不一而足，他们都与艾尔顿这位才华卓著的电气工程师有着很深的私交。

尽管从未有女性当选会员，大家还是在皇家学会的早期历史里找到了依据。1667年5月，纽卡斯尔公爵夫人、知识兴趣广博的作家玛格丽特·卡文迪许就和小姐夫人们一起在阿伦德尔府享受着各种科学实验的乐趣，其中就有称量空气的实验。当时与会的塞缪尔·皮普斯却不为所动，他对卡文迪许"古怪滑稽"的穿着颇有微词。照皮普斯的说法，卡文迪许事实上并没有说出什么"值得聆听的东西，不过她仍然备受赞誉，沉浸在一片赞誉之中"。1832年，皇家学会接纳了科学作家玛丽·萨默维尔，但只是以雕像的形式。她的半身像出自弗朗西斯·勒加特·尚特雷之手，这尊雕像也在萨姆塞特府的大厅现身。

女性在“畅谈会”中占据了更重要的角色。时至19世纪末，畅谈会已经成为皇家学会社交活动的关键一环。这些社交活动源自约瑟夫·班克斯自掏腰包在自家举行的非正式招待会，皇家学会从1871年开始正式负责筹办。为此，学会成立了一个社交晚会委员会，用拿到的一小笔经费筹办晚宴，准备红酒、冰块和音乐娱乐活动。畅谈会在一开始是仅限男性参加的活动，每年5月在皇家学会的各个房间进行。不过，至少有两名女性的作品得到了展览：考古学家玛格丽特·斯托克斯拍摄的爱尔兰早期基督教建筑照片；自然学家玛丽安妮·诺斯的珍奇植物志绘画作品。

1876年，社交晚会委员会举办了6月的第二次畅谈会。皇家学会会长邀请了男女两性的宾客。“6月招待会，”1899年的《泰晤士报》称赞道，“因另外一个性别而让会场增色不少，她们五花八门的装扮给这个英国科学总部的严肃环境带来了意想不到的快乐。”[3]夫人小姐之间的所谓“畅谈会”，常常重复展示一些上个月就在全男性观众场合亮相过的展品和实验；不过在1899年6月，与一堆巴塔哥尼亚照片、一尊水平钟摆地震仪和一场展现维苏威火山喷发的魔力灯光秀一同登场的，还有赫尔莎·艾尔顿，她亲自演示了自己的电弧实验。“艾尔顿夫人的实验，出于不止一条理由……引起了人们的极大兴趣。”《泰晤士报》如是说。第二年，约翰·佩里就在皇家学会全会上宣读了艾尔顿“电弧机制”的论文。

尽管赫尔莎·艾尔顿的工作在学会内部已经众人皆知，佩里提出授予她会员资格的这一建议还是让理事会一片哗然。理事会展开法律咨询。王室法律顾问的回馈意见是已婚女性不具竞选资格，因为普通法规定丈夫和妻子是同一法人，而其代表则是丈夫。妻子并没有独立的法律地位。赫尔莎·艾尔顿嫁给了物理学家、电气工程师、皇家学会会员威廉·艾尔顿，因此就自动被排除在了会员之外。

这次回绝并未切断赫尔莎·艾尔顿与皇家学会的关系。1904年6月她曾列席皇家学会，宣读了一篇有关波动的论文，成为第一名在学会宣读论文的女性。1906年，学会为表彰她在电弧学和砂波痕领域的贡献，将每年度颁发给物理学创新发现的休斯奖章颁给赫尔莎。强烈反对给艾尔顿颁发奖章的前会长、时任理事会成员威廉·哈金斯不无忧虑地问道："现在该怎么拒绝一名奖章得主的会员资格？"此人强烈反对给艾尔顿颁发奖章。*

至此，皇家学会分裂成了不同派系。一派人主张批准女性入会，另一派人针锋相对。除此之外还有庞大的中间群体，他们并不怎么清楚该如何是好。他们不是特例，英国许许多多的学会都将女性排除在外，要么是章程明文规定，要么就毫无理由地拒绝

---

* 在我写作本书的时候，艾尔顿是仅有的两位荣获休斯奖章的女性之一。另一位是米切尔·多赫蒂，2008年获奖。理由是"她对磁场数据的创新性运用，带来了对土星某卫星周边大气层的发现。这次发现也颠覆了我们对太阳系里行星卫星的看法"。

赫尔莎·艾尔顿，1906年因她在电弧学领域的贡献荣获休斯奖章。不过，身为女性的她还是被皇家学会拒之门外。

她们。比如说，皇家艺术学院1768年成立的时候就有两名女性画家（安杰丽卡·考芙曼和玛丽·莫瑟尔），严格来说该机构并没有将女性拒之门外的理由，但直到1936年劳拉·奈特入会，皇家艺术学院才又迎来了一位女性会员。不过，时代也在改变。林奈学会在1905年接纳了第一位女性，这很大程度上要归功于玛丽安·法尔库哈森的大力推动；皇家地质学会在1913年决定接纳女性，这也是激烈争吵了20年之后的结果；两年之后的1915年，皇家天文学会也迎来了自己的第一位女性成员，但之前也有人提出非议：1831年该会获颁的皇室特许状提到会员时用的是“他”，女人入会无异于抵触规则。

讽刺的是，身为艾尔顿夫妇密友的化学家亨利·阿姆斯特朗却是女性会员的大力反对者之一。阿姆斯特朗写道，维尔·艾尔顿“本应拥有一个平凡普通的妻子，在他回家的时候给他套上绒毯拖鞋，把他的饮食起居照顾得很好，免除他的后顾之忧……这样的话他就能活得更久、更幸福一些，做出更重要得多的贡献”。[4]有这样的态度存在，性别平等的进展缓慢也就毫不奇怪了——这一趋势蔓延到了整个科学界。赫尔莎·艾尔顿从未当选会员。她后来积极投身于女性参政事业，曾在1910年与艾米琳·潘克斯特一起到唐宁街发动示威游行。赫尔莎大力支持潘克斯特夫人等热诚的罢工者。女儿芭芭拉在1912年因砸窗入狱的时候，赫尔莎写道：“芭比正在霍洛威监狱……我非常以她为荣。”[5]

“一战”结束后，1919年《取消性别限制法》（Sex Removal

Act）的颁布宣告了普选的胜利。这部法案规定：

不得因为某人的性别或是婚姻状况而剥夺其公共参与权，或是剥夺其获任、出任一切公职和司法职务的资格，不得剥夺其进入、接任或是从事一切民间职业或工作的资格，也不得剥夺其入选一切法人团体的资格（不管这团体是否由皇家特许状授予成立）。[6]

这部法案于事无补，约翰·佩里等联署人到1919年的时候只剩下一人在世，赫尔莎·艾尔顿也在4年之后过世。

一直到了“二战”期间，皇家学会才迎来了下一批女性会员候选人，生物化学家马尔约里·史蒂芬逊和晶体学家凯瑟琳·伦斯代尔都得到了提名。会员们就修正章程进行了邮寄投票，结果是压倒多数的胜利：史蒂芬逊和伦斯代尔都在1945年3月22日当选，她们也是皇家学会的第一批女性会员。

如今的皇家学会，女性只占到会员和外籍会员总数的5%。不过，这种悬殊比例更多地要归咎于科学界持续失衡的性别比例，而不是皇家学会内部仍然残存着大男子主义。

* * *

尽管绝大多数会员在女权斗争上无动于衷，但还是有不少人在涉及皇家学会功能的问题上展开反思：尤其是在今天这个盘尼西林和毒气组成的美丽新世界里，科学既被期许为人类的仆人，也恐将成为人类的主宰。

这一集体反思的一大成果是，皇家学会作为经纪人、顾问和赞助人的功能得到了强化。1900年，皇家学会在国家物理学实验室的成立中发挥了关键作用，“使仪器达到标准，并对其进行了校验，测试了原料，还确定了物理常数”。[7]国家物理学实验室是世界上最早的标准化实验室之一，它在成立之初的18年里一直为皇家学会会长和理事会控制。皇家学会也代表英国列席于1919年新成立的国际科学理事会，意在促进国际间的科学合作。

1919年到1923年间，皇家学会吸引到了超过35万英镑的遗赠，这让学会得以设立4个教授席位，并在剑桥设立了一间重要的研究实验室。1925年到1930年出任学会会长的是欧内斯特·卢瑟福。身为诺贝尔奖得主和核物理之父，卢瑟福小心翼翼地主持会务，让学会与政府中枢的联系愈发紧密：两位首相（斯坦利·鲍德温和拉姆齐·麦克唐纳）都曾当选会员。这么做也是依据了一条章程：理事会有权推荐那些对科学事业做出重大贡献，“或者其当选将给学会带来立竿见影的好处”的人当选会员。”[8]卢瑟福也竭尽全力给学会例会注入新的活力。亨利·阿姆斯特朗全心全意支持卢瑟福的改革，他用自己习惯的方式半开玩笑地告诉卢瑟福：“你作为会长的姿态令人愉悦，拥有一名勤于发问而又促进讨论的会长，相比学会的常态来说实在令人震惊。”[9]

而在卢瑟福的继任者、诺贝尔奖得主的生物化学家弗雷德里克·哥兰·霍普金斯的治下，会员之间流传着各种愤愤之语，认为一个小圈子——根本上说就是会长、职员和理事会——的行事方式让学会和政府当权派走得太近，没有致力于领导、推进科学界的社会责任。异见派的领军人物是弗雷德里克·索蒂，他也是一位诺贝尔奖得主。自诺贝尔基金会1901年开始颁奖以来，皇家学会的会员和外籍会员一共出了280名诺贝尔奖得主，其中不乏阿尔伯特·爱因斯坦、马克斯·普朗克、弗朗西斯·克里克和詹姆斯·沃森这样的现代知识界泰斗，而正是沃森和克里克——还有罗莎琳·富兰克林等人——破译了DNA的结构。索蒂本人就是杰出的化学家，他也参与了不少次个人主义的经济边缘性运动。这股风潮在20世纪30年代之初经济大萧条的背景下应运而生，它同时拒绝资本主义和集体主义的两座大山，试图在两者之中开辟一条新路。索蒂希望，皇家学会的普通会员能够在决定学会战略定位的过程中发挥更积极的作用，也就是说，索蒂认定学会的小圈子压制着那些“官方并不喜欢或是对官方有危险的方面，无论是科学的还是公共的”。[10]问题在于，过去这些年来学会已经形成了由旧理事会提名会长、职员和新理事会的习惯，人选的确定并不会给会员辩论的机会。索蒂提出一种邮寄投票的办法，让更多的会员参与这项进程。91名会员都同意了他的提案。理事会听说索蒂的想法后回应说，事情一直都是按此方法进行的。理事会认为，异见者“并未认识到学会章程里的革命性改变，有些措辞已经点明了这些改变”。[11]

但事实上，异议者亲自实现了这些改变。1935年的周年纪念会上，霍普金斯卸下了5年的会长任期，索蒂及其支持者则推出了另一名候选人竞逐会长大位：免疫学家阿尔姆罗斯·莱特爵士。索蒂竞逐司库，理事会的其他8个空缺也都有改革者来竞争。包括卢瑟福和拉姆齐·麦克唐纳在内的一半会员都参加了1935年11月30日的投票——保守派在选举中大获全胜。不过正如之后《卫报》的报道所说，这场选战也昭示着，会员中的关键少数还是同情了改革者。尽管这些人并不准备将老派卫道士们驱逐出会，但他们还是希望皇家学会能够发挥“更加积极的领袖作用，因为那些当代社会难题的确都有着科学的面向。他们希望看到科学家付出更多，帮助这个困难重重的世界”。[12]

弗雷德里克·霍普金斯爵士的会长离任演说就是一份直接的证明。他在演说中谈到了科学家的社会责任，还有管控科学发现的社会效果面临的种种困难。霍普金斯也向会议厅里的异议者怀柔示意，他宣称，尽管过去的历届政府都屡屡向皇家学会寻求建议，但是今天的皇家学会“不应该再故步自封，仅仅提出建议，而是要在有确实且重要的观点时果断发挥主导作用”。[13]

* * *

今天，有关科学家扮演的道德角色的问题和1935年一样依然有其意义，也许还更为迫切。在近年的一篇周年演说中，时任皇家学会会长、生物学家文卡特拉曼·拉马克里希南认为，会员们“理当确保我们还是各种正确决策强有力的支持者，所谓正确不仅

诺贝尔奖得主弗雷德里克·索蒂，他曾在1930年竞选皇家学会要职，以便更积极地探究科学发展中的道德问题。

是指科学方面，也是广义上对国家而言的正确”。这份声明也许会让索蒂及其伙伴如沐阳光，并且让他在18世纪和19世纪的前辈们大为惊讶。[14]至此为实验哲学正名的战斗便获得了胜利，现在的皇家学会宣称自身为“致力于使科学日臻完善的英国以及英联邦的独立科学学院”。[15]除了在科学上精益求精之外，学会的使命还有“促使科学的应用与发展对人类有益”。[16]

时间来到21世纪，1660年聚集在劳伦斯·鲁克寓所里的12名实验哲学家成立的这家社团，如今已经演化成为一家更加面向公众、更具有反思精神的组织。皇家学会介入了从气候变化到胚胎研究，从转基因食品再到数据管控等一整套当代议题。伯灵顿府的容积已经愈发局促，学会也在1967年搬进了现在位于卡尔顿府联排的地址。皇家学会现在拥有41个常务委员会、6个工作群组，就网络安全、数学教育和文化多元的议题为政府提供调查和顾问服务。学会向初出茅庐的科学家授予奖助金，还运营着一个入驻企业家项目，并且引入大学教职工和学生开展前沿产业研究。就在本书写作的时候（2018年），皇家学会资助了1500名研究者，管理着29种奖章和荣誉。这些奖章的时间跨度甚广：从被认为是世界上最古老科学奖章的科普利奖——1731年被初次授予，旨在表彰科学研究杰出成就——到2016年设立，颁发给那些对科学、技术、工程和数学领域多样性的进步贡献最巨的个人或集体的雅

实验哲学的新老交替：2000—2005年担任皇家学会会长、牛津大学的罗伯特·梅勋爵，与万维网创始人蒂姆·伯纳斯·李在2002年伯纳斯·李入会时握手。

典娜奖章等。今天的皇家学会有大约1600名会员和外籍会员，一支160人组成的职员团队。《自然科学会报》《论文集》和《札记与纪事》也都一派兴旺。

在一个由政府、学术机构和私营企业决定科学研究进程并控制其产出利润的世界，伦敦皇家学会是否还能有其立足之地？答案当然是肯定的。准确来讲，正是因为太多的既得利益者一心一意想要按照他们的利益来操控科学的进步，科学界拥有一个独立声音，在今天比以往任何时候都更加重要。1660年，我们要学习的很多；今天，我们要学的东西更多。

Nullius in verba. 不人云亦云。

NVLLIVS
IN
VERB

* * * * * *

附录

附录 1 创始人

有12个人列席了1660年11月28日皇家学会在格雷沙姆学院的成立会议。他们拥有各不相同的背景和政治观点，有人是保皇党，有些人则是共和派。有人是职业科学家和学者，有人是业余票友。将他们联系到一起的，是对培根哲学通过实验来自己寻求答案，而不盲信古代权威来获取知识的信念。

威廉·鲍尔（约1631—1690），天文学家

鲍尔出身小乡绅家庭，在德文郡的曼海德有几块地产。1646年鲍尔进入中殿律师学院，不过并没有证据表明他做过执业律师。我们只知道，他对天文学的兴趣最早可以追溯到17世纪50年代中叶。与保罗·尼尔、克里斯托弗·雷恩等人一样，他也对土星进行了一连串观测，力图解释这颗行星表面变换的原因。17世纪50年代末，鲍尔已经是格雷沙姆学院的讲座常客。在新学院的第一次“为促进物理数学之实验学习”的会上，鲍尔获任司库。1663年第一年选举，鲍尔的位子落到了亚伯拉罕·希尔手中。不过，鲍尔还是当选进入了理事会。

1665年，鲍尔逃到他父亲在英格兰西南的住宅以躲避瘟疫。尽管他曾在伦敦大火之后短暂回到伦敦（1668年7月，鲍尔在科文特花园的圣保罗教堂与玛丽·博斯特胡娜结婚），但他最终还是在德文郡定居，和妻子养育了6名子女。鲍尔将人生的最后三分之一

时间都用在了打理家族地产上，这种营生也让他留给科学的时间变得少之又少。

罗伯特·玻意耳（1627—1691），自然哲学家

罗伯特·玻意耳是理查德·玻意耳（第一代科克伯爵）的幼子，曾就读于伊顿公学，1641年到欧陆壮游，曾到达意大利。父亲在多塞特郡的斯塔尔布里奇留给了玻意耳一块地产，他也于1645年移居这里。不过玻意耳还是会花工夫在伦敦逗留，并在那里开始与一个或多个实验哲学家群体交往，这帮人在17世纪40年代末格外活跃。1649年，玻意耳在斯塔尔布里奇建立了一家实验室，并在那里进行了一系列化学和炼金术实验。玻意耳对实验的兴趣无时无刻不在增长，1655年他移居牛津大学，加入了约翰·威尔金斯的瓦德汉学院团体，还雇用了年轻的罗伯特·胡克协助他的实验。17世纪60年代初期，玻意耳出版了一连串重要的科学著作。视力开始下降后，玻意耳的科学著作都是在一名书记员的协助下完成的：他口授，书记员写作。玻意耳的《关于空气的弹性及其物理力学的新实验》（1660）记述了他以一支真空泵完成的开创性实验；而他回击本书批评者的著作《捍卫有关空气弹性和重量之学说》（1662）则奠定了他为后世称颂的玻意耳定律：在恒温下，在密闭容器中的定量气体的压强和体积成反比关系。

玻意耳毫无疑问是学会创始12位成员里最为杰出的科学家。身为虔诚的新教徒（他回绝了学会会长职务，因为他认定立誓并

不符合《圣经》)，他也积极投入了向美洲原住民传播基督福音的各项动作之中。1670年中风之后，他与皇家学会的直接联系变得稀疏。不过，玻意耳与姐姐拉内拉夫夫人共用的那间在贝尔梅尔街的宅邸创立的实验室，自1668年以来都是前来访问的科学家的朝圣之地。1691年新年夜，玻意耳在姐姐逝世一周后去世，被安葬在圣马田教堂的高坛。

威廉·布朗克，第二代布朗克子爵（1620—1684），数学家

作为皇家学会的首任会长，威廉·布朗克出生于都柏林郡，是一名小廷臣之子。1647年在牛津获得医师资格之后，威廉·布朗克转而学习数学，翻译笛卡儿著作，与牛津的萨维尔几何学教授约翰·沃利斯交换意见。他是第一个提出“圆的面积和外切正方形之比是无限连续分数”的人；布朗克的各项研究也为他赢得了数学家的美名，与沃利斯的关系让他刚好得以在查理二世复辟之前进入格雷沙姆学院。无论是雷恩周三的天文学讲座，还是鲁克周四的几何学授课，布朗克都名列其中，他也成为1659年格雷沙姆聚会的一员。1660年11月28日，也就是皇家学会成立会议的两周之后，布朗克子爵与莫雷、戈达德、保罗·尼尔和雷恩一起成立了一个委员会，负责为新成立的学会找到便利的周会地点。布朗克成为一名定期出席者，也在头一年里担任了其他几个委员会的职务，其中就有一个职务具有相当古怪的二重职能，负责“建立一座图书馆，并检验各种昆虫的生长”。

布朗克子爵在1662年皇家学会获颁的第一份皇家特许状中被提名为会长，1663年的第二份特许状确认通过。之后他在每一年的选举里都不曾遇到竞争者，一直连选连任到1677年。到那个时候，布朗克子爵已经对学会兴趣索然，屡屡缺席会议。当学会之内出现了一个青睐约瑟夫·威廉森做候选人的派别，使得一场竞争性选举无可避免时，“布朗克子爵心情激动地大声咆哮，拂袖而去”。[1]布朗克子爵并未在圣安德鲁节当天露面，威廉森也如期当选皇家学会的第二任会长。1684年4月5日，布朗克子爵在威斯敏斯特区圣詹姆斯街的家中去世。

亚历山大·布鲁斯，第二代金卡丁伯爵（约1629—1681），地产主

亚历山大·布鲁斯是某苏格兰贵族之子，在卡尔罗斯拥有一块出产石材大理石和煤矿的家族地产。他于1657年离开苏格兰、流亡不来梅，大概是因为他与保皇党人的渊源。后来他从不来梅跑到汉堡，与克里斯蒂安·惠更斯合作，致力于发明一种可以在海上确定经度的摆钟。他也定期与当时正在马斯特里赫特流亡的苏格兰同胞罗伯特·莫雷爵士通信，两人之间往返的书信显示，他们对化学、物理和数学以及其他许多学科有着共同的兴趣。查理二世复辟后，布鲁斯回到了卡尔罗斯。不过和其他许多流亡的保皇党一样，他也不由自主地跑到查理二世的白厅御座那里，希望获得青睐。这段保皇党经历，和他与莫雷的旧交，也许可以解

释为什么他会出现在格雷沙姆学院的皇家学会成立会议上。

1662年，布鲁斯继承了金卡丁伯爵的头衔和家族地产，从此投身苏格兰政治。这也意味着之后他也只能在皇家学会的事务中扮演一些边缘角色。布鲁斯去世之后，基尔伯特·伯内特回忆说，布鲁斯“想法审慎迟缓，讲话甚至还要更加迟缓。不过，他无论说什么还是做什么都显示了他深邃的判断力”。[2]

乔纳森·戈达德（1617—1675），物理学家

在牛津和剑桥学医之后，出身于富有造船商人之家的乔纳森·戈达德于1646年当选英国皇家内科医生协会会员。戈达德逐渐成为一名成功的全科医生，同时也沉迷于他的科学爱好。戈达德参加了一些实验哲学家17世纪40年代中期在伦敦的松散聚会，其中不少人也是内科医生。根据约翰·沃利斯的说法，他们的一个集会地点就是戈达德的伍德街寓所，因为戈达德在那里放置了一台研磨镜片的设备。戈达德后来在爱尔兰和苏格兰逗留了一段时间，出任克伦威尔的主治医师。作为这段经历的回报，1651年他获任为牛津大学默顿学院的学监，4年之后又被任命为格雷沙姆学院的医学教授。如此一来，戈达德既是加入瓦德汉群体的理想成员，也是后来威尔金斯治下格雷沙姆雅集合适的座上客。

戈达德在皇家学会早期记录里定期出现，曾经出任多个委员会的职务。其中一个就是和佩蒂、雷恩一起从事“有关航运的实验”，另一个则是负责“思索适合在世界辽远各地询问的考察问

题”。[3]毫不意外的是，鉴于他的专业背景，戈达德尤其对解剖学和病理学感兴趣。他研究呼吸的本质，还与玻意耳合作在水中压缩空气。在某次会议上，他还宣读了一篇论文，报告了他“解剖一只蜥蜴”的发现。1675年3月24日，戈达德死在伍德街拐角。当时他刚刚参加完一场自然哲学家的会议，回家路上的一次中风夺走了他的生命。

亚伯拉罕·希尔（1633—1722），商人

亚伯拉罕·希尔是某个富裕伦敦市议员之子。他的首任妻子名叫安妮，乃是英国名律师兼政治家布林斯东·怀特洛克之女。希尔的父母都死于1660年，他给自己在肯特郡买了一栋乡间别墅，也在格雷沙姆学院占下了一席之地。希尔正是靠着这个结识了其他学会创始人，他是个业余爱好者，并非严肃的科学家。不过，希尔是一名称职的行政官员，半个多世纪以来一直在皇家学会发挥着积极作用。从1663年到1666年，希尔都是理事会成员；1672年到1721年（他去世前一年）这49年里，他也一直待在理事会。1673年到1675年间他曾出任学会书记官，并在1663年至1666年间和1677年至1699年间两度出任司库。希尔还在学会会议的实验日程规划上出力甚多，为学会准备那些通常呈送给航海船长等旅行者的长问卷。1722年2月5日，希尔在肯特郡的自家宅邸里去世。

罗伯特·莫雷爵士（约1608—1673），士兵兼廷臣

罗伯特·莫雷的父亲是珀斯郡克雷吉的蒙戈·莫雷爵士。和同时代许多苏格兰人一样，他早年的绝大多数时间都献给了军旅生涯，参与了欧洲大陆上的三十年战争。1643年1月的莫雷正在英格兰，对保皇党事业的忠诚为他赢得了查理一世颁发的爵士头衔。但没过多久，他又以陆军中校的身份重返法国，进入新成立的法国军团——苏格兰卫队。尽管如此，莫雷还是一心勤王，参与了争取苏格兰人重返英国内战、支持国王军的流产谈判。查理一世被处死后，莫雷继续为查理二世的复辟事业奋斗，直至1655年被迫流亡。他随着流亡朝廷先后逗留科隆和布鲁日，1657年迁往马斯特里赫特。只有一点点证据表明莫雷对科学事业有过浅尝辄止的兴趣，但这已经足够让他与格雷沙姆团体结交了。

查理二世复辟后，莫雷重返伦敦。他因自己对保皇党事业的贡献收获了一大批荣誉，也和亚历山大·布鲁斯一样出席了皇家学会的创始会议。事实证明，莫雷是学会的好朋友，不但推进了学会被授予皇家特许状的进程，也持之以恒地在查理二世面前为学会美言。约翰·奥布雷回忆说，莫雷“是个优秀的化学家，他在我的化学实验中鼎力相助”。[4]

保罗·尼尔爵士（1613—1686），廷臣

保罗·尼尔出自于一个英国国教背景深厚的家庭。他的父亲是林奇菲尔德主教，后来成为约克大主教，他的妻子伊丽莎白·克拉克是杜伦执事长之女。尼尔曾是个问题少年，失手杀死过马车夫，以至于父亲不得不插手，才让他免于起诉。虽然尼尔身上的保皇党色彩极为浓厚，但他在内战期间却是默默无闻。护国公统治期间，他与瓦德汉群体的一帮人打造了深厚的工作关系，后来他的儿子、成为杰出数学家的威廉·尼尔于1652年入读瓦德汉学院。尼尔最为人称道的乃是他对光学的兴趣，他出资建造了一系列威力强大的望远镜，其中一台望远镜后来在1657年送给了他的朋友克里斯托弗·雷恩，当时的雷恩刚刚被任命为格雷沙姆学院的天文学讲席教授。1660年10月，查理二世也领略了这台望远镜的威力，深受触动的国王要求尼尔在白厅也装上一台。

第一张皇家特许状提名尼尔进入学会理事会，第二张皇家特许状也确认了这项任命。1662年6月尼尔获任为查理二世枢密院的礼仪官，他也利用自己亲近君主的每一次机会，尽可能地为皇家学会谋利。尼尔是皇家学会周会的常客，他曾于1663年7月的一次会上宣读了有关苹果汁的论文，还在另一个场合报告说他曾在圣詹姆斯公园目睹一条鳝鱼口衔鸭子。我们对尼尔后来的人生知之甚少，不过17世纪80年代之初的时候，他似乎曾在德比郡的科德诺尔城堡居住了一段时间。

威廉·佩蒂爵士（1623—1687），政治经济学家兼医生

威廉·佩蒂自年少时就在海上漂泊，直到来到法国，在1637年左右进入卡昂的耶稣会学院，在那里学习数学。后来他回到英格兰继续学业，但是内战的爆发让他重返欧陆，辗转就学于阿姆斯特丹、莱顿、乌得勒支和巴黎，最后于1646年回到英国，进入牛津大学。当时他的志向是成为一名合格的医生，他也如期在1650年实现了这一愿望。牛津驱逐保皇党学人事件之后，政治原则应时而变的佩蒂获任为布拉赛诺思学院副院长、解剖学教授。时至1651年，专业化的缺失是早期实验哲学家们的普遍现象，佩蒂也获任格雷沙姆学院的音乐教授。后来他又加入克伦威尔的爱尔兰驻军，出任随军医生，并在那里着手对罚没的土地进行大规模调查。在此期间，佩蒂也为自己搞到了相当多的土地。

尽管在查理二世复辟之后，佩蒂被迫交出自己在爱尔兰的一些地产，但他还是在之后的25年里往返于英格兰和爱尔兰之间，介入了一系列投机冒险活动，从设计双体船到开创统计分析学都有。佩蒂拥有令人生畏的才智和对实验哲学深入骨髓的热爱。奥布雷称佩蒂为“一个拥有发明创造头脑的人，令人尊敬”，[5]皮普斯也认为，佩蒂“乃是我听说过最为理智的人”。[6]奥布雷认为，皇家学会应该庆祝圣乔治日而不是圣安德鲁这个苏格兰守护圣人的节日。佩蒂对此的回应是，他宁愿把一年一度的选举放在圣托马斯日，“因为他认为，除非他亲眼看到、并将他的手指放进钉孔

里，否则他决不相信”。*[7]

劳伦斯·鲁克（1622—1662），天文学家

劳伦斯·鲁克的早年生活波澜不惊。他曾在伊顿公学就读，1639年进入剑桥国王学院，并在那里就学8年之久。在肯特郡家中逗留一段时间后，鲁克于1650年进入牛津大学瓦德汉学院。显然，他也因此得以和约翰·威尔金斯和塞斯·沃德共事。鲁克随后出任牛津大学萨维尔天文学教授。1652年，鲁克出任格雷沙姆学院天文学讲座教授，1657年又换到几何学——据说是因为几何学教授的寓所更安静、也更舒适。正是在鲁克的寓所里，举行了后来成为皇家学会的创始会议。和同时代绝大多数天文学家一样，鲁克特别感兴趣于天文学对经度问题的解决方案，他曾在皇家学会的早期周会上宣读了一篇有关月食的论文。鲁克也致力于研究木星卫星的盈亏，以此确定当地时间、与伦敦时间相对应，顺理成章地发现经度差异。

鲁克的学术生涯在1662年6月，也就是皇家特许状颁给皇家学会之前，过早终止了（因此他实际上从未成为会员）。他在拜访自己的赞助人多尔切斯特侯爵之后，在从家到格雷沙姆学院的路上染上风寒。6月27日，40岁的鲁克英年早逝。弥留之际的鲁克说，他还有一项木星卫星的观测数据要做，请求同事帮他了结这

---

* 《圣经》中耶稣复活后，圣托马斯听到消息后不敢相信，便出此言。佩蒂认为这与皇家学会的宗旨相吻合。——编者注

一心愿。人们用这样的语言怀念鲁克："在植物学、音乐和晦涩深奥的神学之外的所有知识领域都技艺精熟,(此外)他总是避免给任何模棱两可的事物下断语。"[8]

约翰·威尔金斯(1614—1672),自然哲学家

如果说有什么人称得上是皇家学会成立背后的驱动力的话,这个人一定是约翰·威尔金斯。出身温和派清教徒之家的威尔金斯是个牧师,他在1638年和1648年间出版了一系列体大思精的科学著作:从《一个新世界的发现;又名一篇意在论证月球上(大概)会有另外一个宜居世界的论文》[*The discovery of a new world, or, A discourse tending to prove, that ('tis probable) there may be another habitable world in the moon*]到《数学魔法》(*Mathematical Magick*)和《机械几何学展现之诸奇迹》(*The Wonders that may be Performed by Mechanical Geometry*)。威尔金斯是17世纪40年代中期伦敦那个科学雅集圈子的中心人物。1648年,威尔金斯前往牛津出任瓦德汉学院的学监,一大批实验哲学家也随之前往。在威尔金斯的密切督导之下,这里举行了各种非正式的会议和演示活动。奥布雷称威尔金斯为"在牛津的……实验哲学复兴的主要推手"。[9]这个群体还包括后来成为萨维尔几何学教授的塞斯·沃德、劳伦斯·鲁克、乔纳森·戈达德、威廉·佩蒂和罗伯特·玻意耳。威尔金斯素以宽容见誉,身上毫无"当时牛津各学院高层与同僚间盛行的顽固不化、不恭无礼和吹毛求疵之风"。[10]威尔金斯广得天下英才

而教之，学生背景各异，其中就有克里斯托弗·雷恩、威廉·尼尔和托马斯·斯普拉特。1656年，威尔金斯与奥利弗·克伦威尔孀居的妹妹罗宾娜·克伦威尔结婚，但这丝毫无损于他在学界的大好前途。1659年，威尔金斯成为剑桥大学三一学院的院长。

查理二世的复辟让威尔金斯的大学生涯戛然而止，他重返伦敦并再度成为科学活动瞩目的中心人物。威尔金斯主持了皇家学会的成立会议，也成为理事会成员和两位秘书官之一（另一位是亨利·奥登伯格）。威尔金斯也和斯普拉特合作撰写了《皇家学会史》，确立并巩固了皇家学会对实验方法的强调。

威尔金斯在伦敦大火中失去了他的房屋和所有文件资料。1668年他被祝圣为切斯特主教。1672年11月19日，威尔金斯死于伦敦。据说在弥留之际，他还在“准备一个大型实验”。[11]

克里斯托弗·雷恩（1632—1723），天文学家兼建筑学家

克里斯托弗·雷恩堪称12位创始人里最出名的一位，但这并不是因为他在实验哲学和数学科学上的贡献。雷恩是圣保罗大教堂、56座伦敦城教堂、切尔西医院和汉普顿宫国王套房的建筑师。他出生在一个显赫的英国国教牧师之家，父亲是温莎主牧，叔叔是伊利主教。两人都是教会高层里的保皇党人，并在1642年内战爆发之际双双丢掉了位子。雷恩进入威斯敏斯特公学就读，但在1647年左右遭遇了一场疑难怪病。雷恩被送到保皇党医生查尔斯·斯卡伯格那里救治，正是这名医生将他介绍给了一个小型实

验哲学家群体。这个群体每星期都聚到一起讨论“物理学、解剖学、几何学、天文学、航海学、静力学……还有种种自然实验”。威尔金斯、约翰·沃利斯和乔纳森·戈达德都是其中一员。威尔金斯迁往瓦德汉学院之后，雷恩也被录取，并在那里获得了学士学位。自那以后，雷恩一直都在牛津哲学俱乐部里扮演重要角色，这个俱乐部正是围绕在威尔金斯左右的。1657年，雷恩年仅25岁便迁往格雷沙姆学院，接掌天文学教席。他的兴趣包含解剖学、天文学、镜片磨制、编码、防御工事和军事器械。他研究一种双重书写工具；“一种让同一团空气用于呼吸的呼吸过滤器”；一种“只需拨一下齿轮就可将许多条绶带一次性编织而成”的发明，还有编织窗帘、捕鲸、水泵的简便方法，“潜水航行的各种办法”，一种天气钟和天气叶轮，甚至还有新的乐器。[12]

1661年2月5日，也就是皇家学会成立会议的两个月后，雷恩从格雷沙姆学院辞职，接替塞斯·沃德的牛津大学萨维尔几何学教授之职。他与皇家学会的关系自然而然变得紧密难分。1666年伦敦大火带来的海量建筑机会帮他进一步通向了名闻于世之路。1669年，雷恩获任英王的工程测量师，不过他还是积极参加皇家学会的活动。1680年到1682年，雷恩出任皇家学会会长。他仍然维持了自己在几何学和数学科学上的兴趣，在他漫长一生的末期，雷恩依然致力于从天文学角度解决经度问题。

附录2 第一张皇家特许状，1662年7月15日

奉上帝之福，英格兰、苏格兰、法兰西、爱尔兰之王查理二世，信仰的捍卫者，向接读此文书之人致意。

朕素来全心抱定开拓帝国边界之余，亦应精进科学艺术疆土之信念。故，朕博览百学，然尤以哲学各科为要。因实验或可成哲学新知，或可臻旧学于化境，又特以等实行实验为重。因此学尚未于世人所明，为使其光热普照朕之子民，另使文明世界深知朕非但为信仰之捍卫者，亦乃普世学问之爱好者，各类真理之守护者，特谨告：

因朕所蒙之殊福、特享之知识、纯粹之动力，以此文件赐权、建立、授权并宣召朕、朕之子孙与后继者，赐权、建立、授权并宣召一家学会自此成立，以至永远。其由会长、理事会、会员组成，应得名为“皇家学会”。故朕、子孙与后继者，特此制作、授予、创造并构建该学会及会长、理事会和会员为一事实完整法人集体。此机构及此名应由会长、理事会、会员及其继承者们世世相承（彼等之研究势将借由科学实验、自然事物、实用文艺之实验而增）。会长、理事会及会员将以学会之名永远依法享有以付费或其他任何适宜方式永久，或一生，或片段，或在数年时间内获得、收受、占领以下事物：土地、房屋、草地、食物、牧场等，并获许可权、特权、特许权、司法权及财产继承权。后继

者同。商品、动产、其余诸物亦然，无论以何等种类、性质、分门抑或质量论之，亦可以前述会长、理事会及皇家学会会员之名，给予、赐予、终止、交派相同之土地、房屋、可继承财产、财物及动产，或可打理、处置、关切一切有必要之行为及事项。以前述会长、理事会及皇家学会会员之名，彼等亦将自此永久享有申诉及受理申诉、询问及答询、辩护及被控之权。上述之权适用一切法庭抑或地域，一切法官及裁判官，以及朕其他的个人及官吏，朕的子孙后代、继承者。上述之权亦适用于一切及单独之行动、申诉、诉讼、怨怼、起因、事项及要求。上述之权适用一切可能或应然之门类、性质抑或种类，与英格兰王国境内之一切臣民得享相似之方法及形式。英格兰王国境内一切法律上有能有行之人，抑或一切政治实体及团体，得享拥有、获得、收受、占有、给予、赠予、申诉及受理申诉，询问及答询，辩护及被控之权；以前述会长、理事会及皇家学会会员，以及他们继任者之名，彼等皆得永久持有一枚公章，为调理彼等及其继承人之一切事由事务之用。对于前述之会长、理事会及皇家学会会员及其继承者，若有对他们而言最称紧迫之事，他们在任期间一直合法合理享有中断、更改、更新公章之权。

皇室之愿，乃在于求得前述皇家学会之善治良治更臻完满。根据这封文书，朕及朕之子嗣、继承人，将授予前述之会长、理事会及皇家学会会员及彼等之继承者，前述之理事会应由21人组成（会长为其中一人），并自此永远存在。此外自本文书颁布之日起一个月内，其他所有会长及理事会接纳、准入之人，抑或在任何时候里由会长、理事会和会员延揽进入同一学会而得为前述之皇家学会成员者，一律应在登记簿里录其名札。他们一概将获得前述皇家学会之会员称号：他们乃是在一切学问门类和华美文辞上才智卓著、更是胜一筹者，更是热心地渴求提升名誉、研究，增进学会利益者，更因素行良善、品行端正、信仰虔敬、忠诚卓绝、心灵感召朕和皇室而留名者，朕尤为希望此等适合且值得被接纳的高贵之士成为这个皇家学会会员之列。

为更好执行朕筹建学会之意愿，基于此文书，朕之继承人与继任者亦需遵守，朕指派、提名、筹组、设立、任命备受热爱和广受信赖的布朗克子爵威廉，也就是朕亲爱的凯瑟琳王后的大臣，成为并出任第一任、即现任的皇家学会主席。朕切盼布朗克子爵威廉基于此文书得以于皇家学会会长任上至下个圣安德鲁日。直到彼时另一位皇家学会理事会成员就会当选、获任之前，他都根据本封文书下列之规章条款，以合适形式宣誓就职，并对外宣布、公之于众（如果前述的威廉·布朗克子爵活那么久的话）；会长应先立一圣誓，以示尽心尽忠之履职。根据这份文书之真义，他应以会长署理之万事为基，在朕极为敬爱且极受信赖之克拉伦东伯爵、上院议员、英格兰大法官、国王表兄爱德华面前宣誓：朕给予并颁授前述英格兰大法官、克拉伦东伯爵爱德华以全权职权，监督前述宣誓仪式，誓词如下：

我，布朗克子爵威廉，谨此承诺，受雇于皇家学会，出任会长之职，尽忠尽诚于皇家学会会长受托之万事万务。上帝保佑我！

基于这封文书，朕和朕的子嗣、继承者亦已指派、筹组、产生了皇家学会理事会的第一批也就是现任的会员，他们和会长一起组成了21人的理事会，他们是：罗伯特·莫雷骑士，苏格兰枢密院成员；罗伯特·玻意耳，绅士；威廉·布雷勒顿绅士，布雷勒顿男爵之长子；坎奈姆·迪格比绅士，朕亲爱的玛丽亚母后手下大臣；保罗·尼尔骑士，朕枢密院里的一位绅士；亨利·斯林杰斯比绅士，也是前述枢密院里的绅士；威廉·佩蒂，骑士；约翰·沃利斯，神学博士；蒂莫西·克拉克，医学博士、朕之医生之一；约翰·威尔金斯，神学博士；乔治·恩特，医学博士；威廉·阿尔斯金，朕之斟酒人之一；乔纳森·戈达德，医学博士、格雷沙姆学院教授；克里斯托弗·雷恩，医学教授、牛津大学萨维尔几何学教授；威廉·鲍尔，绅士；马修·雷恩，绅士；约翰·伊夫林，绅士；托马斯·亨肖，绅士；达德利·帕尔默，格雷律师学院、米德尔赛克斯郡绅士；还有亨利·奥登伯格，绅士；再加上前面提到的会长先生。根据本封文书确定的日期，他们会一直在任到下一个圣安德鲁节，直至人们选举、任命其他适任、有能力和充足的人手，再宣誓就职（如果他们活得足够长，并未因任何合理适当之理由去职的话）。第一步要在前述皇家学会会长面前立下圣誓，依据前述誓言的形式和效果（必要修正），恪尽职守、忠诚行事，处理他们在任的一切事务，接受前述皇家学会会长和英格兰大法官之管理（依据本封文书，朕和朕的子嗣、继承者也会授予同一位会长以全权职权执行前述誓言）。同样，这批当选、任命、宣誓就职的人，以及之后当选、任命、宣誓就职成为皇家学会理事会成员的人，亦当在一切事关或是相关更佳规章、更佳治理和前述皇家学会大方向的一切事务、公务和情事上提供资助、咨询和协助，对所有皇家学会成员亦然。

进一步说，基于本封文书，朕和子嗣、继承者也愿授予前述皇家学会会长、理事会和会员及其继承者们此时（朕希望会长是一个人）合理拥有至未来不间断的权力和职权，提名并选举。他们也应该并拥有权限，在每一年的圣安德鲁节那天选举、提名皇家学会的会长（暂时也是理事会成员），当选者直至下一个圣安德鲁节都仍将是皇家学会会长（如果他活得够长并且未因任何适当合理之理由去职的话），并如此这般连选连任，直至另有一人当选、任命并提名为前述皇家学会的会长。如前所述，此人在当选、提名为皇家学会会长之前，亦将在皇家学会理事会前发一圣誓，出席的理事会成员应至少有7人。他应恰如其分、忠于职守、勤于任事，依据前述誓言（必要修正）处理所有会长之职涉及的事务（对于领受誓言的7名或以上理事会成员，朕和朕的子嗣、继任者依据本封文书赐予并授权他们全权职权永久监视，尽其必要）。履行这番誓言之后，如前所述，他应取得权力履行皇家学会会长之职，直至下一个圣安德鲁节。前述的皇家学会会长如果在同一职务上能够待上足够长时间的话，那么一旦发生死亡或是去职之事，那么前述皇家学会的理事会和会员就当妥善合法地出来履职，或是任何7名及以上人数的成员（朕愿理事会会长总在其中，参与选举），选举并任命理事会之中的某人为前述皇家学会的会长；胜选获任的此人也将在这一年的剩余时间里上任履职，直至下一次选举。下一任会长也将以适当方式当选、宣誓就职、按照前述方式立下圣誓。类似办法也将一体适用、反复进行。

进一步说，朕谨愿，任何时候里，前述皇家学会理事会的成员若有任何人等死亡、去职或是退休的话［就前述皇家学会会员的理事会（成员）而言，若是有人因品行不端或其他正当理由而有去职之虞的话，朕谨愿当依前述之会长和理事会其他在世在职成员之意，或依同一批人之重要成员之意——朕谨愿前述之皇家学会会长是这个人］，提名、选举并任命一位或多位前述的皇家学会会员，填补那些死去、退休或是去位的理事会成员，补足前述皇家学会会员的21名会员之足额；那些胜选并获任的理事会成员也当一直履职，直至下一个圣安德鲁节到来，一位或是多位其他会员也依照此例当选、获任并提名；新当选的理事会成员先要在会长和前述理事会（或是7人及以上的成员）的面前立下圣誓，勤于职守、竭智尽忠，处理任内的一切繁剧事务，不负本封文书之真义。

进一步说，朕和朕的子嗣、继承人谨愿，授予前述之会长、理事会和皇家学会会员及他们的继承者，每年在前述的圣安德鲁节，他们都有全权职权选举、提名、任命并撤换10名前述皇家学会会员，并让他们填补前述21名皇家学会理事会成员中的10个空缺；基于这封文书，朕和朕的子嗣、继承者将之引为朕的皇室喜悦，朕授予会长、理事会和前述皇家学会会员以权力，每年撤换并免去前述理事会中的10个人（不能更多）。

朕还将以朕、朕的子嗣和继承人的名义授予前述会长、理事会和皇家学会会员（及其继任者）如下权力：如果皇家学会会长有因疾病或是体弱，或是因为出仕受禄等其他尘务而无法履职、不能料理皇家学会会长分内之事的话，那么学会就将妥善合法地从理事会中提名、任命一人，成为代理会长，取代那位倦勤、出仕或是忙于旁务的会长；同样是这位被任命为代理会长的代理人，也将在前述会长缺席的时候一直出任代理会长，这段时间他也将一直待在会长办公室里；除非在同一时间里，前述皇家学会会长恰好指定、任命了另一位理事会成员做他的代理。每一名指定并任命的前述会长的代理人，如前所述，亦当依据朕签发之文书，一直享有职权处理一切与前述皇家学会会长之职有关或是应为之事，或是那些仅限于、委任给前述会长处理解决之事。如果前述会长一直不克履职的话，这段时间代理会长也将一直出任前述代理会长之职。依据朕签发之文书，他当完全、自由、全部地在任，以前述会长之完全方式及形式，拥有职权处理完成那些相应事务，这位代理会长亦将首先手按神圣的福音书、以最后指定之仪节立下圣誓，竭智尽忠，处理一切会长分内之事，在前述皇家学会理事会或是在7名或以上成员之前立誓；又及，每当类似情形出现之时；对于同一个理事会，或是对任何7人及以上理事会成员而言，朕都依据这封文书权且给予他们职权和权威，在类似情形出现之时履行他们的誓言，而不需获取或是拿到任何令状、委任，或是任何出自朕和朕子嗣、继任者之手的特许状。

进一步说，朕谨愿，基于本封文书，朕和朕的子嗣、继承者也授予前述会长、理事会和皇家学会会员（以及他们的继承者），他们和继承者自今而后也将一直拥有一名司库、两名秘书官，常任秘书、文员以及执仗官，这些人也将常伴会长左右。前述司库、秘书官、文员和执仗官也当在皇家学会会长和理事会面前，或是至少7名理事会成员面前，以最后指定之仪节立下圣誓，竭智尽忠、应接各自分内之务。又及，立下圣誓之后，如前所述，他们就当各自就职行使权力；对于前述会长及理事会或是任何7人及以上理事会成员而言，朕依据本封文书给予他们全权职权，永续监督上述各职官员及其继承者履行誓言。朕也依据本封文书，以朕和朕子嗣、继承者之名义，指派、提名、选拔、创设、任命、安排朕敬爱的臣民威廉·鲍尔出任第一任、即现任司库，前述的约翰·威尔金斯和亨利·奥登伯格成为第一任、即现任皇家学会书记官。他们都将一直待在任上，直至下一年的圣安德鲁节来临之日。此外，从今往后（除周日，如遇周日则顺延至下一日），每逢圣安德鲁日，前述的会长、理事会和皇家学会会员，或是同一批人里的头面人物（朕谨愿，会长可以权且成为这个人），亦将一直拥有职权选举、提名并任命其他正直谨慎之人，担任前述皇家学会的司库、秘书官、文员和执仗官。又及，如前所述，那些理当当选、获任并向前述各机构宣誓的人，也当享有职权署理各自机构分内公务，直至下一个圣安德鲁节。如前所述，他们也将首先立下那些誓言；如果以下状况发生的话，那么一律如此处理：如果出现有任何皇家学会前述官员死亡、各自去职的情形的话，那么前述皇家学会的会长、理事会、会员或是其中的头面人物（朕谨愿，会长可以权且成为这个人）就得以妥善合法地选举并任命其他人，递补那些死亡或是去职的各机构人员。当选获任的人也当拥有履行前述各机构职权的资格，在本年剩余时间内履职，除非其他人员另以合理方式当选并在各对应机构宣誓就职。类似情况如有发生，一律依此办理。

进一步说，朕谨以所蒙之殊福、特享之知识、纯粹之动力，授予前述皇家学会会长、理事会和会员（及其继承者）以如下权利：前述之皇家学会会长、理事会或是其中之头面人物（朕谨愿，会长可以权且成为这个人）亦将拥有职权在朕伦敦城的某个学院、某个公共地带、某间大厅，或是其他伦敦城10英里范围内的方便地带集会。他们的集会也将一直享有全权职权，会聚全体人员拟定、起草、通过、创制、确立这些法律、法典、法案、法令和章程。依据他们的明智睿断，这些书面文件应当在他们或是他们之中的头面人物看来是良善、有益、荣誉、必要的，他们也将依次料理和交办一切属于前述皇家学会的其他事务和事项。朕谨愿，依据本封文书，对前述出炉的一切法律、法典、法案、法令和章程，朕和朕的子嗣、继承者都将坚定地命令、下令并指令，这些文书理当始终不渝地、依据其要旨和实效而一体遵守。然而，前述法律、法典、法案、法令和章程皆应合理施行，需与朕英格兰王国之法律、习惯、法案或是法典并不抵触。

进一步说，朕谨以所蒙之殊福、特享之知识、纯粹之动力，朕和朕的子嗣、继承者依据本封文书赐予、授予前述皇家学会理事会和会员及其继承者以永远之全权职权，选举、提名并任命一名及以上之印刷工及排字工人、雕版工人及铜版工人，以前述皇家学会之名义授予他们公章，由会长亲手签名，全体工人印刷与前述（皇家）学会相关相应的事务、公务之文书。奉前述皇家学会会长、理事会，或是7名及以上理事会成员（朕谨愿前述之皇家学会会长是这个人）之命，将这些事务一直交办于前述之印刷工及排字工人、雕版工人及铜版工人，他们到任履职之前先要立下圣誓，宣誓之时面对会长和理事会，或是7人及以上之理事会成员，依据前述誓言之形式和效果而行；对于相同之会长和理事会或是对7人及以上之理事会成员，朕依据本封文书，谨此授予并给他们以全职全权监督前述誓言。

进一步说，为求前述会长、理事会和皇家学会会员在他们之哲学研究上获致更佳成果，朕谨以所蒙之殊福、特享之知识、纯粹之动力，朕和朕的子嗣、继承者依据本封文书赐予、授予前述皇家学会理事会和会员及其继承者如下权利：他们也将永远享有全权职权在适当时候、根据他们之意见需求，博取、得到、接受那些刽子手处决之死囚尸体，并以妥适之仪节方式解剖之，一如朕伦敦城内科医生学院和外科医生协会行使并享有的权利一样，他们也将得以有权接受并使用这些尸体。

进一步说，为求前述皇家学会实验、艺术和科学事业之推进，朕谨以所蒙之殊福、特享之知识、纯粹之动力，朕和朕的子嗣、继承者依据本封文书赐予、颁授前述皇家学会会长、理事会及会员（及其继任者）永续的全权职权，前述会长、理事会或是任何7人及以上成员得以皇家学会的名义、盖上前述的公章，与所有来头的外国人和外乡人书信函札相往来。通信对象无分私人或是学院，也无关社团或是法人，都不应受到任何干扰、中断或是阻挠。然而，需保证，朕如前所述首肯之纵容，尚不至于使其逸出前述皇家学会未来在哲学、数学或是机械学的特定利益和实利之外。

进一步说，朕和朕的子嗣、继承人也根据本封文书给予并授予前述皇家学会会长、理事会和会员（及其继承者）在伦敦城内或是10英里范围之内以全权职权竖起、修建、修筑一座或是多座建筑物，或是以全权职权决策竖起、修建、修筑之（任一种类及特性），以为前述皇家学会会长、理事会和会员居住、集会或开会之用，也为料理、分派皇家学会之公务及杂务之用。

进一步说，朕谨愿，依据本封文书，倘若前述皇家学会之会务或是行政出现、发生任何弊案或是龃龉，以至于皇家学会的事务、会务、研究进程、章程、稳定遭遇伤害或阻碍之时，朕和朕的子嗣、继承者也将进行授命、组织和任命之事。一旦类似情形持续的话，朕和朕的子嗣、继承者亦将依据本封文书授权（授命）、提名、分派和任命前述朕极为敬爱且极受信赖之克拉伦东伯爵、上院议员、英格兰大法官、国王表兄爱德华，以他的名义在他在世时与两名主秘书官，或是其他4人及以上的人，负责排解、弥合、调和这些龃龉和弊案。若爱德华不在人世，依次顺位则是坎特伯雷大主教、英格兰大法官、财务大臣、伦敦主教和掌玺大臣。

进一步说，依据本封文书，朕和朕的子嗣、继承者都将坚定地命令、下令并指令，所有法官、市长、市议员、市司法官、法警、治安官等官员、大臣，还有朕和朕的子嗣、继承者治下的臣民，基于朕特许状文书之真义，他们都将一直资助、协助前述皇家学会会长、理事会和会员（及其继承者）的工作。

朕与先王先族曾对前述皇家学会会长、理事会和会员年年表达真挚关切，认可其价值，或以其他礼物和授权之形式照拂学会，并未体现在本封文书；抑或其他任何法典、法案、法规、条例、宣言或是其他任何事项、事务和事由，无论此前以何种方式出台、草拟、颁布、授权或是规定，本封文书如非明示即予排除。

据此，朕已将这些文书制成特许状。朕于御统第14年的7月15日于威斯敏斯特宫亲证。

国王御立

霍华德

附录3 实验和观察数据

I

一份某人在伦敦完成的输血实验的记录

该实验演示于1667年11月23日，地点是阿伦德尔府，被试人是亚瑟·科加先生。有不少地位显赫或是才智过人之士在场。主持实验的是两位博学多能的物理学家兼解剖学家，理查德·洛威尔医生和埃德蒙·金医生。金医生负责将实验过程记述如下：

我们以如下方式进行将血液注入人体静脉的输血实验。我们先准备好了一只小绵羊的颈动脉，再将一支银质管子嵌入羽毛管，以便让血液从管子流进一只浅碗。就在几乎一分度的空间里，大约12盎司的羊血从管子进到了浅碗里，这就是我们输入人体的羊血的定量。一切就绪后，我们遂在这个人的手臂上确定静脉的位置。他的静脉似乎在我们准备插进的管子面前显得太小，于是我们就换了另一支管子，尾端大概比之前的管子细了三分之一。紧接着我们就在静脉上开了个口子，照着既定的方案输血，这套方案曾以“第28号”为名发表，我们对这套方案，除了其中一条管子的形状之外，并未有任何其他的改动。我们发现，这番改动对我们的实验目的更加便利。一俟打开此人手腕的静脉，我们按照通常静脉切割术娴熟地放出了6到7盎司的血。紧接着，我们将上述的银质管子接进上述切口，并将羽毛管嵌进这两根已经嵌入人和羊体内的银质管子，将绵羊的颈血输入人体的静脉。但在开始经由羽毛管和银质管子进入人的手臂之前，羊血已经放出了1分度之多。随后，羊血不受阻碍地进入人体静脉，至少输入了2分度体量。因此，我们可以在银质管子末端的人体静脉那里感受到一股脉动，这位病人说他并没有感觉到血液的热（这与之前法国实验里的主角一样），不过这也许要归咎于管子的长度。血液流经管子的过程之中丢失了大部分热量，因此才得以以非常适合静脉血液的样态输入人体。经我们判断，人体静脉接受的血量在9到10盎司之间：这是因为，我们让管子比之前1分钟输入12盎司的时候细了三分之一，我们可以非常有把握地推测，2分钟内输入静脉的血液其实与另一支输入浅碗的管子1分钟的量相等。考虑到所有因素，血液在第2分钟输入的量并不如第1分钟和第3分钟那么多。不过，血液在这两分钟内一直畅通无阻地输出。我们得出这个结论的原因如下：首先，我们在那时候感受到了一次脉动；其次，被试人表示他认为够多了，于是我们从静脉中拔掉了管子，羊血也如一股射流一般喷涌而出；如果在前两分钟之内有任何阻碍的话，这种情况就不会发生；血液本就非常易于在管子中凝结，至少是有所滞碍，特别是考虑到管子加在一起三倍于羽毛管的长度。

被试人无论是在实验中还是实验之后都感觉身体良好，他本人也亲自执笔撰写了实验记录。他认为，他从实验中得到的收益要远远大于我们认为他理当拥有的酬金。他还敦促我们三四天后在他身上重做这个实验，不过我们认为这个间隔时间要再拉长一些会比较好。到下一次的时候，我们希望能更精确一些，特别是要在实验前后称量一下供血动物的重量，就可能丢失的血量有着更精准的测算。

[《自然科学会报》Ⅱ卷第30期，1667年。埃德蒙·金于当年12月做了第二次将羊血输入亚瑟·科加体内的实验。科加在12月19日的皇家学会一次会议上现身发言，“发现他自己现在健康状况极为良好，尽管第一次输血的时候有些发热，但那要归罪于他自己实验后的饮酒过量”。（伯奇，《皇家学会史》，Ⅱ卷，227页）输血实验的热潮在1668年后消退，因为那一年法国外科医生让-巴普蒂斯特·丹尼斯做了与洛威尔和金两人一模一样的实验，然而却杀死了被试人。]

Ⅱ
备受敬重的罗伯特·玻意耳对于发光之肉的一些观测，出自1671/72年，2月15日给出版商的一封信，并在皇家学会上宣读

昨天晚上我正要就寝时，我的某个长于观测的书记员告诉我，家里某个仆人在处理牛肉片的时候出了点状况：她（尽管是在暗处）看到了某些闪闪发光的东西，吓了一跳。发光地点正是肉片之前悬挂的地方，于是我让肉放在那里，先休息了一会儿，随后把肉带进了我的卧室，放在室内的一处足以看起来漆黑一片的角落里。于是我满怀惊喜之情地看到，这块肉的关节处在不同地方

各自呈现出腐烂木头或是臭鱼的色泽，这光景是如此的不同寻常，因此我在之后就想到请您一起来见证看到它的欣悦。但深夜不但让我不敢给您带来过分的麻烦，还因为我在多风环境试制新望远镜而患了重感冒（如您所见）。考虑到这一时机，我不敢起身用足够长的时间去做所有那些我构思的试验。不过正因为我已下定决心抽出一点我必须匀出来的时间进行这种观察和试验、适应环境，所以我才能在如此不甚方便的1小时内获得成果。这段观察让我得以在这里向您提交一份简要的记录，记载我寻机注意到的主要情势和现象。

1.我必须告诉您，我们讨论的这件物事是小牛犊脖颈肉。经我询问，这块肉是在周二之前从一名乡下肉贩那里买来的。

2.就这块肉而言，我敢确定无疑地说，肉上面有20多处不同地方都在闪闪发光。不过它们并非一体发光，有些地方也发光但是非常之暗。

3.这些发光肉块的大小各异，有些肉块大得像人的中指指甲一样，有些比这还大，但绝大多数都要更小。这些肉块的图案放在一起也并不统一，有些像是一个圆圈，有些几乎是椭圆状，但是其中最大的都是非常不规则的形状。

4.那些最亮的肉块，其实在黑暗中不是那么容易识别，乃是骨头上的软骨或是软组织，屠户切肉刀所过之处。不过它们并非仅有的发光部分，我们在脊髓附近来回摸索，其中一部分并不发光；我在肌腱找到一处隐隐发光的地方；最后，距离骨头甚远的肉块部分，尚有三四处斑点靠的是它们自身的光亮而瞩目。尽管这些斑斑点点要比之前提到的那些发光处黯淡得多了。

5.上述所有发光体都得到一一审视之时，它们构建出一幅极为绚烂之景。不过这并不是那么容易，考虑到这块肉的褶皱之象，要检视它们的亮度无异于估测萤火虫的光亮——萤火虫那小而干燥的躯体也许恰巧待在一本书上，一步步地从一个单词或是字母挪向另一个字词。不过我真是天赋嘉运，得到求知若渴的本月《自然科学会报》青睐，得以呈递这篇灵活有度的论文，奉献一些更加光亮的斑点，我也可以简单直接地阅读标题上不同但连续的字母。

……

18.至于今天早晨又会有什么进一步的现象留待我发现，我没法说了。因为天亮之前我就被急匆匆地叫去照顾一个侄女，她是我非常在乎也非常应该照顾的侄女。她被认为正在生死关头，几乎喘不上气的状况也让我心急火燎，迫使我抽出时间去照顾她，从而几乎不再有任何时间从事哲学“娱乐”。哲学活动至少需要的是冷静，如果不是自得其乐的心态的话。我只能注意一下这块肉，因为观察它不会浪费我哪怕一小时中的一分钟时间。就在他们给我蜡烛帮我上楼的时候，我注意到一个小玻璃瓶，我正是之前将一小块发光的肉盛了进去，放在床头。我发现当时这个玻璃瓶明亮异常，此时也是早晨四点到五点之间。从那之后，我就没再做任何观察或是试验。

（《自然科学会报》，VII卷第89期，1672年。玻意耳的侄女后来恢复如初，他也邀请了亨利·奥登伯格——这封信的收信人——还有皇家学会的其他几名会员到他家里观察这块发光的牛肉。在最初发现过了六天之后，这块肉还在发光。不过到了第七天，光亮就全然消失了。）

Ⅲ
皇家学会会员安东尼·范·列文虎克的两封书信节选，讨论了那些好像是从牙齿长出来的蠕虫。荷兰德尔夫，1700年7月27日。

先生：

您最称亲切的书信（日期为旧历7月4日）已于7月19日（新历）收悉：我在收信封里随即打开了一块黑色丝绸，发现了两只死去的蠕虫和一只活的蠕虫。您寄来这封信是告诉我，这些虫子是从一枚烟熏蛀齿里取出来的。

当即我就自己动手，弄清楚它们是哪一种蛀虫，以及是怎么长出来的。

我没花多少时间考虑那条活着的蠕虫，这条蠕虫正在长成完全态的一半大小。我得出结论，这条虫子是从一只小苍蝇的卵长出来的。那种苍蝇就是绝大多数干酪店里常见的，它们有特殊的分泌物将虫卵产在奶酪上。现在，这些蠕虫从虫卵里孵化而出，钻透干酪，从中吸取营养而生长，之后，虫子会再次变成苍蝇。

而当小虫子长成了我们肉眼可见的一坨的时候，我们就叫它们蠕虫。

我取来一根一端有虫卵附着的玻璃管子，这根管子大概比一根手指要长，大概半英寸宽；我将那条活的蠕虫放进管子，还有几团特别老肥的奶酪，意在做一个观察如果蠕虫吃奶酪的话能否生长完全的实验。

我用一根软木塞堵住玻璃管，我有把握认为，这条蠕虫也许会在玻璃管里活下来且长大，与一块硬干酪覆盖的环境并无不同。

我非常有信心地说，无论是死蠕虫还是活蠕虫都是之前提到的这些种类。我去到干酪店找到了那种老干酪，并将其中一些小蠕虫拿到了我家。

我将其中最大的6到8只蠕虫装进了两根各不相同的玻璃管，还把您给我的死蠕虫装进了另一根管子，意在用放大镜比较活蠕虫和死蠕虫：这样可以辨认出最细微的差别，无论是头部还是整个躯体。

这些蠕虫关了整整5天没有食物，我观察到它们在咬玻璃瓶口的软木塞。于是我放进了一点干酪。如果它们没有完全生长的话，也许就会为了长成苍蝇而不再想要食物。

我也尽力将其中一只蠕虫摆成体态伸展的平静姿态，以便观察其内部构造，我这么做还成功了几次：于是我满怀敬意地看到了蠕虫体内所有蠕动着的东西，一千个人里怕是都不会有一个人相信，就是这么一只卑劣渺小的蠕虫体内，却能看到这么多东西：

在某个地方我认为我看到了心脏的跳动，而在不远处则是胃部的蠕动，但即便在所有这些窄而又窄的观察之后，我也不能形容上述组织里有过的任何血液流动，那种我认为人类静脉似的流动。如果切开其中一只蠕虫，并将其血管放大检视的话，它们就将呈现出令人惊叹的管道，在我看来像是血管。

我会乐意知道这些生物是靠着干酪以外的什么食物生活。首先，因为我从未在干酪以外的地方看到过它们；其次，因为它们不会从肉里长出来。对于那些从肉上蝇卵里长出来的蠕虫，我们叫它们螨虫或是飞弓虫，这些在9天之内就完全长成，而对那些在干酪里长出来的蠕虫而言，它们的生长需要更长时间。还有，肉类没有盐分或是烟熏的话，不会保留这么长时间。

事情至此我们必须得出结论：这些小苍蝇总是自然而然地将虫卵产在不轻易腐败的物质上；现在我们必须合理推测，干酪正是这种物质。

让我们想象一下这位因为吞云吐雾从牙齿送出蠕虫的病人。之前一些时候，他先是吃下了那些装满小蠕虫或是前文所述的苍蝇卵的干酪。这些蠕虫或是蝇卵并未在咀嚼干酪的过程中被触碰或是咬坏，而是进入了蛀齿，并最终深深钻进了牙齿之中。它们噬咬着可感的部位，并因此带来极大疼痛。

口中或是牙齿吸入的烟雾竟会有将蠕虫送出蛀齿之效果，这对我而言显得颇为古怪。因为我没法想象，这些小蠕虫是如何有呼吸的，又是如何被烟雾伤害得这么重，以至于它们不得不离开。

为了能在这一点上自圆其说，我找来了一枚玻璃球，直径几乎有3英寸。球体有个小小孔洞，和鹅毛管的粗细同等。我接着将最大体态的干酪蠕虫放进玻璃球，再将玻璃球放到燃烧的硫黄里两到三次（硫黄有一把刀刀背那么宽，置于细长烟卷里），我发现，燃烧的硫黄几乎完全没有伤到蠕虫，我看了很久都是如此；硫黄燃烧约一个小时之后，我将玻璃球拿到鼻子面前，仍然可以清楚地感觉到硫黄的味道。

众所周知，我们点着硫黄的时候，硫黄并未泯灭，而只是化作一些我们看不到的细小颗粒罢了。据此，在这个实验里我看到了无限之多、非常微小的硫黄质颗粒，它们附着在玻璃球内部，在我面前呈现圆圈状。

我一次又一次地往玻璃球里加水，并将玻璃球放置在阳光射线之下（而没有将玻璃放在地上），这样的话聚起光来，可以烧掉纸张。

我还要感谢有关这些蠕虫的通信，特别是因为有不少人都希望从我这里知道它们的来历。大家还说，这些虫子并不是生殖出来的，而是自己凭空生出来的，现在我们必须考虑恰恰相反的结论，那才应当被视为真相。

您满怀善意寄给我的那只活虫，我还让它活着。我想我只能认为，这只虫子比我刚拿到的时候长大了许多。我会试着让它继续生长，直至成蝇。

这些蠕虫有着非常坚硬致密的外皮，也许这些外皮势将存留很久。

我还记得几年之前，我的亡妻曾经备受蛀齿之苦。她抱怨说疼得要命，就像是牙龈肉被噬咬似的。

我们不止一次叫了内科医生来，许多药物我们都试过了却无济于事，最后他发现，往蛀齿里灌进硫酸盐油的话最有效果。我使用玻璃器皿，将硫酸盐油灌进蛀齿而不伤肌肉。

现在看来有可能的是，她也许是在大嚼干酪的时候带进了一只或是多只这一类的小蠕虫，正是这些小蠕虫弄得牙齿发白霉烂，也生出了一大群小蠕虫。她没有观察到这一点，遂大为烦恼。根据我们的假定，疼痛也许正是这些蠕虫所致，后来它们被硫酸盐油杀死了，我们却对此一无所知。

[《自然科学会报》，XXII卷，第265期（1701年）。荷兰人安东尼·范·列文虎克常常以“显微镜学之父”闻名，他也定期与皇家学会通信。1680年，列文虎克当选为皇家学会会员。皇家学会每两年一次颁发列文虎克奖章，并随之进行列文虎克讲座，意在纪念他与学会的联系。]

注释

引子

1 Joshua 10:13; Martin Luther, *Tablebook (Tischreden)*; John Calvin, *Commentary on Genesis.*

2 B. A., *Sick-man's Jewel*, p. 14.

3 Ibid., p. 13.

4 University of Oxford, *Statutes*, vol. 1, p. 31.

5 Carlo, *The Sidereal Messenger*, p. 10.

6 Ibid., pp. 42–3.

7 Waters, *The Art of Navigation*, p. 299.

8 Bacon, *Francisci de Verulamio*, p. 19.

9 Clark, '*Brief Lives*' , vol. I, p. 75.

第一章 奠基

1 Anon., *News from the Dead, or a True and Exact Narration of the Miraculous Deliverance of Anne Greene* (1651).

2 Birch, *History of the Royal Society*, vol. I, p. 3.

3 Ibid., p. 4.

4 Pope, *Life of Seth*, pp. 20–1.

5 Wallis, *A Defence of the Royal Society*, p. 7.

6 Ibid., p. 8.

7 Pope, *Life of Seth*, p. 29.

8 Robinson, pp. 69, 70.

9 Turnbull, 'Samuel Hartlib' s Influence' , p. 114.

10 Evelyn, *Diary*, vol. I, p. 295.

11 Clark, '*Brief Lives*' , vol. I, p. 276.

12 J. Ward, *Lives of the Professors*, p. 241.

13 Copeman, 'Dr Jonathan Goddard' , p. 72.

第二章 章程

1 Birch, *History of the Royal Society*, vol. I, p. 4.

2 Ibid., p. 5.

3 Ibid.

4 Hunter, 'Social Basis' , p. 14.

5 Birch, *History of the Royal Society*, vol. I, p. 7.

6 Ibid., 6.

7 Lyons, *The Royal Society*, p. 27.

8 Evelyn, *Diary*, vol. I, p. 365.

9 Birch, *History of the Royal Society*, vol. I, p. 50.

10 Ibid., p. 85.

11 Ibid., p. 107.

12 Ibid., p. 104.

13 The First Charter. See p. 177–90.

14 Birch, *History of the Royal Society*, vol. IV, p. 144.

第三章 实验

1 Birch, *History of the Royal Society*, vol. IV, p. 138.

2 Sprat, *History of the Royal-Society*, p. 61.

3 Hunter, *Establishing the New Science*, pp. 223, 224.

4 Birch, *History of the Royal Society*, vol. I, p. 5.

5 Ibid., p. 7.

6 Ibid., pp. 9–10.

7 Ibid., p. 8.

8 Ibid., p. 17.

9 Ibid., vol. IV, p. 101.

10 Ibid., vol. I, p. 83.

11 Ibid., p. 66.

12 Ibid., p. 35.

13 Ibid., p. 10.

14 Hall, *Promoting Experimental Learning*, p. 31.

15 Birch, *History of the Royal Society*, vol. I, p. 124.

16 J. Ward, *Lives of the Professors*, p. 187.

17 Birch, *History of the Royal Society*, vol. I, p. 125.

18 Ibid., p. 179.

19 Hooke, *Micrographia*, Dedication.

20 Oldenburg, *Correspondence*, vol. III, pp. 230–1.

21 Birch, *History of the Royal Society*, vol. II, pp. 214–15.

22 *Philosophical Transactions, 9 December* 1667, p. 1.

23 Ibid., p. 2.

24 Birch, *History of the Royal Society*, vol. II, p. 216.

25 ‘Espinasse, *Robert Hooke*, p. 52.

26 Birch, *History of the Royal Society*, vol. IV, p. 518.

第四章 自然科学会报

1 *Philosophical Transactions*, I, title page.

2 Ibid., vol. I, no. 1 (6 March 1665), p. 15.

3 Andrade, ‘Birth and Early Days’, pp.

26–7.

4 First Charter. See p. XX.

5 Kronick, ‘Notes on the Printing History’, p. 244.

6 Ibid., p. 245.

7 *Philosophical Transactions*, vol. I (6 March 1665), p. 2.

8 Ibid., vol. III (1 January 1668), no pagination.

9 *Philosophical Collections*, vol. I (1679), p. 1.

10 Ibid., vol. II (1681), p. 10.

11 *Philosophical Transactions*, vol. XIII (1683), p. 2.

12 Ibid.

第五章 储藏室和实验室

1 Sprat, *History of the Royal-Society*, p. 434.

2 Royal Society MS ED W 3, 7: Wren to Oldenburg, 7 June 1668.

3 Martin, ‘Former Homes’, p. 14.

4 Ibid.

5 *Macky, A Journey Through England*, p. 165.

6 Martin, ‘Former Homes’, p. 16.

7 Birch, *History of the Royal Society*, vol. I, p. 321.

8 Hubert, A *Catalogue of Many Natural Rarities*, title page.

9 Ibid., p. 1.

10 Ibid., p. 10.

11 Ibid., p. 50.

12 Ibid., pp. 66, 67.

13 Hunter, *Establishing the New Science*, p. 136.

14 Grew, *Musæum Regalis Societatis*, title page.

15 Ibid., p. 83.

16 Ibid., p. 2.

17 Hatton, A New View of London, vol. II, p. 666.

18 Anon., *British Curiosities*, p. 44.

19 E. Ward, *London-Spy Compleat*, p. 59.

20 Thomas, ‘A “philosophical storehouse”’, p. 26.

21 Ibid., p. 32.

22 Anon., *Country Spy*, p. 43.

23 Thomas, ‘A “philosophical storehouse”’, p. 38.

24 RS Original Journal Book, 25, 17 November 1763, p. 138.

25 Thomas, ‘A “philosophical

storehouse"', p. 121.

第六章 伟大人物

1 Sorbière, *Voyage To England*, p. 36.

2 Ibid.

3 Ibid., p. 37.

4 Evelyn, *Diary*, vol. II, p. 154.

5 Birch, *History of the Royal Society*, vol. IV, p. 92.

6 Ibid., p. 158.

7 Andrade, *Brief History*, p. 6.

8 Birch, *History of the Royal Society*, vol. III, p. 269.

9 BL Add MS 4241.

10 Andrade, *Brief History*, p. 8.

11 Lyons, *The Royal Society*, p. 218.

第七章 手杖和石头

1 Evelyn, *Silva*, 'To the Reader' [no pagination].

2 Ibid.

3 Ibid.

4 Sprat, *History of the Royal-Society*, 'Epistle Dedicatory'.

5 Ibid., p. 249.

6 Ibid., p. 438.

7 South, *Sermons*, vol. I, pp. 220–1.

8 Ibid., p. 222.

9 South, *Discourses*, p. 323.

10 Glanvill, *Plus Ultra*, p. 7.

11 Sprat, *History of the Royal-Society*, p. 417.

12 Pepys, *Diary*, vol. V, p. 33.

13 Shadwell, *Virtuoso*, act II, scene 2, ll. 190–4.

14 Ibid., act V, scene 2, ll. 82–8.

15 Hooke, *Diary*, 2 June 1676.

16 Wotton, *Reflections upon Ancient and Modern Learning*, pp. 393–4.

17 H. K. Miller, 'Henry Fielding's Satire', p. 73.

18 Hill, *Dissertation*, p. 35.

19 Ibid., p. 24.

20 Ibid., pp. 32–3.

21 Hill, *Review of the Works*, pp. 18, 42, 95.

第八章 改革

1 Foster, 'A Note on the History', p. 509.

2 Granville, *Science Without a Head*, p. 81.

3 Ibid., p. 82.

4 Babbage, *Reflections on the Decline*, p. 53.

5 Ibid., p. 141.

6 Sir J. South, *Charges Against the President* , p. 13.

7 Granville, *Science Without a Head*, p. 37.

8 Ibid., p. 49.

9 Ibid., p. 84.

10 *The Times*, 27 October 1830, p. 5.

11 Ibid., 29 October 1830, p. 2.

12 Ibid., 25 November 1830, p. 2.

13 Ibid., 1 December 1830, p. 2.

14 Lyons, *The Royal Society*, p. 272.

第九章 异域

1 Birch, *History of the Royal Society*, vol. II, pp. 418–20.

2 Ibid., vol. III, p. 46.

3 Carter, 'The Royal Society' , p. 246.

4 Ibid.

5 Hornsby, 'On the Transit of Venus' , p. 344.

6 Carter, 'The Royal Society' , p. 249.

7 Ibid., p. 251.

第十章 美丽新世界

1 Mason, 'Women Fellows' , p. 126.

2 Ibid.

3 *The Times*, 22 June 1899, p. 12.

4 Mason, 'Hertha Ayrton' , p. 213.

5 Ibid., p. 211.

6 www.legislation.gov.uk/ukpga/Geo5/9-10/71/section/1/enacted.

7 www.npl.co.uk/about/history/.

8 Hughes, 'Divine Right or Democracy?' , S115, n. 14.

9 Ibid., p. 104.

10 Ibid., p. 102.

11 Ibid., p. 108.

12 *Manchester Guardian*, 2 December 1935, p. 12.

13 Ibid.

14 www.royalsociety.org/news/2017/11/president-anniversaryaddress/.

15 www.royalsociety.org/.

16 www.royalsociety.org/about-us/missionpriorities/.

附录

1 Hooke, *Diary*, p. 321.

2 Youngson, 'Alexander Bruce' , p. 257.

3 Birch, *History of the Royal Society*, vol. I, pp. 15, 8.

4 Clark, '*Brief Lives*' , vol. II, p. 82.

5 Ibid., p. 144.

6 Pepys, *Diary*, vol. V, p. 27.

7 Clark, '*Brief Lives*' , vol. II, p. 144.

8 Birch, *History of the Royal Society*, vol. I, p. 98.

9 Clark, '*Brief Lives*' , vol. II, 301.

10 Pope, *Life of Seth*, p. 29.

11 Henry, 'Wilkins, John' .

12 Wren, *Parentalia*, pp. 198–9.

参考文献

Andrade, E. N. da C., *A Brief History of the Royal Society*, London, 1960.

_______ 'The Birth and Early Days of the Philosophical Transactions' , *Notes and Records of the Royal Society of London*, 20:1, Jun 1965, 9–27.

Anon., *British Curiosities in Nature and Art, London*, 1713.

Anon., *The Country Spy, or a Ramble through London*, London, 1730.

B. A., *The Sick-man's Rare Jewel*, London, 1674.

Babbage, Charles, *Reflections on the Decline of Science in England and on Some of its Causes*, London, 1830.

Bacon, Francis, *Francisci de Verulamio, Summi Angliae Cancellarii, Instauratio Magna*, London, 1620.

Bennett, J. A., 'Wren' s Last Building?' , *Notes and Records of the Royal Society of London*, 27:1, Aug 1972, 107–18.

Birch, Thomas, *The History of the Royal Society of London, 4 vols*, London, 1756–7.

Carlo, E. S. (ed. and trans.) *The Sidereal Messenger of Galileo Galilei and a Part of the Preface to Kepler's Dioptrics*, London, 1880.

Carter, Harold B., '*The Royal Society and the Voyage of HMS "Endeavour" 1768–71', Notes and Records of the Royal Society of London*, 49:2, Jul 1995, 245–60.

Chico, Tita, 'Gimcrack' s Legacy: Sex, Wealth and the Theater of Experimental Philosophy' , *Comparative Drama*, 42:1, Spring 2008, 29–49.

Clark, Andrew (ed.) '*Brief Lives,' chiefly of Contemporaries, Set Down by John Aubrey*, 2 vols, Oxford, 1898.

Copeman, W. S. C., 'Dr Jonathan Goddard, F.R.S. (1617–1675)' , *Notes and Records of the Royal Society of London*, 15, Jul 1960, 69–77.

Derham, W., *Philosophical Experiments*

and Observations of the Late Eminent Dr. Robert Hooke, London, 1706.

'Espinasse, Margaret, *Robert Hooke*, London, 1956.

Evelyn, John, *A Panegyric to Charles the Second*, London, 1661.

______*Silva, Or a Discourse of ForestTrees*, 4th ed., London, 1706.

______*The Diary of John Evelyn*, ed. William Bray, 2 vols, London, 1950.

Fogg, G. E., 'The Royal Society and the Antarctic' , *Notes and Records of the Royal Society of London*, 54:1, Jan 2000, 85–98.

Foster, M., 'A Note on the History of the Statutes of the Society' , *Proceedings of the Royal Society of London*, 50, 1891–2, 501–15.

Glanvill, Joseph, *Plus Ultra: Or, the Progress and Advancement of Knowledge Since the Days of Aristotle*, London, 1668.

Granville, Augustus Bozzi, ['One of the 687 F.R.S.sss'], *Science Without a Head; or, The Royal Society Dissected*, London, 1830.

Grew, Nehemiah, *Musaeum Regalis Societatis*, London, 1681.

Hall, Marie Boas, *Promoting Experimental Learning: Experiment and the Royal Society 1660–1727*, Cambridge, 1991.

Hatton, Edward, *A New View of London*, 2 vols, London, 1708.

Hemmen, George E., 'Royal Society Expeditions in the Second Half of the Twentieth Century' , *Notes and Records of the Royal Society of London*, 54, Supplement 1, 20 September 2010, S89– S99.

Henry, John, 'Wilkins, John (1614–1672)' , *Oxford Dictionary of National Biography*, 2004, online edition, available at www.oxforddnb.com.

Hill, Sir John, *A Dissertation on Royal Societies*, London, 1750.

______*A Review of the Works of the Royal Society of London*, 2nd ed., London, 1780.

Hooke, Robert, *Micrographia: Or Some Physiological Descriptions of Minute*

Bodies, London, 1665.

______ *The Diary of Robert Hooke*, ed. by Henry W. Robinson and Walter Adams, London, 1935.

Hornsby, Thomas, 'On the Transit of Venus in 1769', *Philosophical Transactions*, 55, 1765, 326–44.

Hubert, Robert, *A Catalogue of Many Natural Rarities*, London, 1665.

Hughes, J., 'Divine Right or Democracy? The Royal Society "Revolt" of 1935', *Notes and Records of the Royal Society of London*, 64, Supplement 1, 20 September 2010, S101–S117.

Hunter, Michael, 'The Social Basis and Changing Fortunes of an Early Scientific Institution: An Analysis of the Membership of the Royal Society, 1660–1685', *Notes and Records of the Royal Society of London*, 31:1, Jul 1976, 9–114.

______ *Establishing the New Science: The Experience of the Early Royal Society*, Woodbridge, 1989.

Kronick, David A., 'Notes on the Printing History of the Early "Philosophical Transactions"', *Libraries & Culture*, 25:2, Spring 1990, 243–68.

Lloyd, Claude, 'Shadwell and the Virtuosi', *PMLA*, 44:2, Jun 1929, 472–94.

Lyons, Sir Henry, *The Royal Society 1660–1940: A History of its Administration under its Charters*, Cambridge, 1944.

Macky, John, *A Journey Through England, in Familiar Letters from a Gentleman Here*, to His Friend Abroad, London, 1714.

Martin, D. C., 'Former Homes of the Royal Society', *Notes and Records of the Royal Society of London*, 22:1–2, Sep. 1967, 12–19.

Mason, Joan, 'Hertha Ayrton (1854–1923) and the Admission of Women to the Royal Society of London', *Notes and Records of the Royal Society of London*, 45:2, Jul 1991, 201–20.

______ 'The Women Fellows' Jubilee', *Notes and Records of the Royal Society of London*, 49:1, Jan 1995, 125–40.

Miller, David Philip, 'The Usefulness of Natural Philosophy: The Royal Society and the Culture of Practical Utility in the Later Eighteenth Century', *British Journal for the History of Science*, 32:2, Jun 1999, 185–201.

Miller, Henry Knight, 'Henry Fielding's Satire on the Royal Society', *Studies in Philology*, 57:1, Jan 1960, 72–86.

Oldenburg, Henry, *Correspondence*, ed. and trans. A. Rupert Hall and Marie Boas Hall, 13 vols, London, 1965–86.

Olson, R. C., 'Swift's Use of the "Philosophical Transactions" in Section V of "A Tale of a Tub"', *Studies in Philology*, 49:3, Jul. 1952, 459–67.

Pepys, Samuel, *The Diary of Samuel Pepys*, ed. by Robert Latham and William Matthews, 11 vols, London, 2000.

Philosophical Collections, 7 vols (London, 1679-82). Philosophical Transactions, online, available at http://rstl.royalsocietypublishing.org/

Pope, Walter, *The Life of Seth, Lord Bishop of Salisbury*, Oxford, 1961.

Robinson, H. W., 'An Unpublished Letter of Dr Seth Ward Relating to the Early Meetings of the Oxford Philosophical Society', *Notes and Records of the Royal Society of London*, 7:1, Dec 1949, 68–70.

Shadwell, Thomas, *The Virtuoso*, ed. by Marjorie Hope Nicolson and David Stuart Rodes, Lincoln, NE, 1966.

Sorbière, Samuel de, *A Voyage To England, Containing Many Thinks Relating to the State of Learning, Religion, and other Curiosities of that Kingdom*, London, 1709.

South, Sir James, *Charges Against the President and Councils of the Royal Society*, 2nd ed., London, 1830.

South, Robert, *Discourses on Various Subjects and Occasions*, Boston, 1827.

______*Sermons Preached Upon Several Occasions*, 4 vols, Philadelphia, 1844.

Sprat, Thomas, *The History of the RoyalSociety of London*, London, 1667.

Stewart, Larry, 'Other Centres of Calculation, or, Where the Royal Society Didn't Count: Commerce,

Coffee-Houses and Natural Philosophy in Early Modern London', *British Journal for the History of Science*, 32:2, Jun 1999, 133–53.

Syfret, R. H., 'Some Early Critics of the Royal Society', *Notes and Records of the Royal Society of London*, 8:1, Oct 1950, 20–64.

Thomas, Jennifer M., 'A "philosophical storehouse": the life and afterlife of the Royal Society's repository', unpublished PhD thesis, Queen Mary University of London, 2009.

Tinniswood, Adrian, *His Invention So Fertile: A Life of Christopher Wren, London*, 2001.

Turnbull, G. H., 'Samuel Hartlib's Influence on the Early History of the Royal Society', *Notes and Records of the Royal Society of London*, 10:2, Apr 1953, 101–30.

University of Oxford, *Oxford University Statutes*, trans. G. R. M. Ward, 2 vols, London, 1845–51.

Wallis, John, *A Defence of the Royal Society*, London, 1678. Ward, Edward, The London Spy Compleat, London, 1703.

Ward, John, *The Lives of the Professors of Gresham College*, London, 1740.

Waters, David W., *The Art of Navigation in England in Elizabethan and Early Stuart Times*, London, 1958.

Wotton, William, *Reflections upon Ancient and Modern Learning*, 3rd ed., London, 1705.

Wren, Christopher, *Parentalia: or, Memoirs of the Family of the Wrens*, London, 1750. Youngson, A. J., 'Alexander Bruce, F.R.S., Second Earl of Kincardine (1629–1681)', *Notes and Records of the Royal Society of London*, 15, Jul 1960, 251–8.

图片来源

扉页后 The Wellcome Trust;

pp. 9, 15, 23 © National Portrait Gallery, London;

pp. 26-27 Guildhall Library & Art Gallery / Heritage Images / Getty Images;

pp. 29 Netherlands Institute for Art History, The Hague;

pp. 37 © Philip Mould Ltd, London / Bridgeman Images;

pp. 40 © National Portrait Gallery, London;

pp. 51, 57, 58 Science Photo Library;

pp. 66 Philosophical Transactions;

pp. 68, 73 © The Royal Society;

pp. 80–81 The Wellcome Trust;

pp. 83, 88 © The Royal Society;

pp. 99, 100 © National Portrait Gallery, London;

pp. 102-103 Principia Mathematica;

pp. 105, 107 © National Portrait Gallery, London;

pp. 108 Science Photo Library;

pp. 118 The Wellcome Trust;

pp. 124, 130-131 © The Royal Society;

pp. 134 Chronicle / Alamy Stock Photo;

pp. 137 © National Portrait Gallery, London;

pp. 140 © The Royal Society;

pp. 142-143 Getty Images;

pp.150 © The Royal Society;

pp. 154–155 Alamy Stock Photo;

pp. 158–159 National Maritime Museum, Greenwich;

pp. 160 © The Royal Society;

pp. 167 Library of Congress;

pp. 173 Granger / Bridgeman Images;

pp. 175 © The Royal Society.

译名对照表

人名

A

阿德里安·奥祖 Auzout, Adrian
阿尔伯特·爱因斯坦 Einstein, Albert
阿尔姆罗斯·莱特爵士 Wright, Sir Almroth
阿基米德 Archimedes
阿利斯塔克 Aristarchus
埃德蒙·甘特 Gunter, Edmund
埃德蒙·哈雷 Halley, Edmund
埃德蒙·金 King, Edmund
埃德蒙·沃勒 Waller, Edmund
埃弗拉德·霍姆爵士 Home, Sir Everard
艾萨克·巴罗 Barrow, Isaac
艾萨克·牛顿 Newton, Isaac
爱德华·萨宾 Sabine, Edward
爱德华·泰森 Tyson, Edward
爱德华·詹纳 Jenner, Edward
安东尼·范·列文虎克 Leeuwenhoek, Antonie van
安杰丽卡·考芙曼 Kaufmann, Angelica
安妮·格林 Greene, Anne
奥古斯都·博奇·格兰维尔 Granville, Augustus Bozzi
奥古斯都·弗雷德里克亲王，苏塞克斯公爵 Augustus Frederick, Prince, Duke of Sussex

B

白金汉公爵 Buckingham, Duke of
保罗·尼尔爵士 Neile, Sir Paul
本杰明·富兰克林 Franklin, Benjamin
布拉干萨的凯瑟琳王后 Catherine of Braganza, Queen

C

查尔斯·巴贝奇 Babbage, Charles
查尔斯·达尔文 Darwin, Charles
查尔斯王储 Charles, Prince
查尔斯·斯卡伯格 Scarburgh, Charles

D

戴维斯·基尔伯特 Gilbert, Davies
丹尼尔·科尔沃尔 Colwall, Daniel
第谷·布拉赫 Brahe, Tycho

F

弗朗西斯·阿什顿 Aston, Francis

弗朗西斯·克里克 Crick, Francis

弗朗西斯·培根，圣阿尔本子爵 Bacon, Francis, Viscount St Alban

弗雷德里克·哥兰·霍普金斯爵士 Hopkins, Sir Frederick Gowland

弗雷德里克·索蒂 Soddy, Frederick

G

戈特弗里德·莱布尼茨 Leibniz, Gottfried

格奥尔格·斯蒂恩海姆 Stiernhelm, Georg

国王查理二世 Charles II, King

国王查理一世 Charles I, King

国王乔治二世 George II, King

国王乔治三世 George III, King

国王詹姆斯一世 James I, King

H

汉弗莱·戴维爵士 Davy, Sir Humphry

汉斯·斯隆爵士 Sloane, Sir Hans

赫尔莎·艾尔顿 Ayrton, Hertha

亨利·阿姆斯特朗 Armstrong, Henry

亨利·奥登伯格 Oldenburg, Henry

亨利·布里格斯 Briggs, Henry

亨利·菲尔丁 Fielding, Henry

亨利·霍华德 Howard, Henry

亨利·里昂斯爵士 Lyons, Sir Henry

亨利·萨维尔爵士 Savile, Sir Henry

亨利·沃顿爵士 Wotton, Sir Henry

J

伽利略·伽利雷 Galileo, Galilei

基尔伯特·伯内特 Burnet, Gilbert

吉奥瓦尼·卡西尼 Cassini, Giovanni

K

凯瑟琳·伦斯代尔 Lonsdale, Kathleen

克里斯蒂安·惠更斯 Huygens, Christiaan

克里斯托弗·雷恩 Wren, Christopher

克里斯托弗·梅雷特 Merrett, Christopher

克伦威尔·莫蒂默 Mortimer, Cromwell

L

拉尔夫·巴瑟斯特 Bathurst, Ralph

拉姆齐·麦克唐纳 MacDonald, Ramsay

劳拉·奈特 Knight, Laura

劳伦斯・鲁克 Rooke, Lawrence
理查德・霍兹沃斯 Holdsworth, Richard
理查德・罗尔 Lower, Richard
理查德・琼斯 Jones, Richard
鲁珀特亲王 Rupert, Prince
罗伯特・玻意耳 Boyle, Robert
罗伯特・法尔考・斯科特 Scott, Robert Falcon
罗伯特・胡伯特 Hubert, Robert
罗伯特・胡克 Hooke, Robert
罗伯特・莫雷爵士 Moray, Sir Robert
罗伯特・普洛特 Plot, Robert
罗伯特・索斯 South, Robert
罗伯特・索斯维尔爵士 Southwell, Sir Robert
罗德里克・默奇森爵士 Murchison, Sir Roderick
罗莎琳・富兰克林 Franklin, Rosalind

M

马丁・福尔克斯 Folkes, Martin
马丁・路德 Luther, Martin
马尔约里・史蒂芬逊 Stephenson, Marjory
马格斯菲特子爵 Macclesfield, Earl of
马克斯・普朗克 Planck, Max
玛格丽特・卡文迪许，纽卡斯尔公爵夫人 Cavendish, Margaret, duchess of Newcastle
玛格丽特・斯托克斯 Stokes, Margaret
玛丽・莫瑟尔 Moser, Mary
玛丽・萨默维尔 Somerville, Mary
玛丽安・法尔库哈森 Farquharson, Marian
玛丽安妮・诺斯 North, Marianne
迈克尔・法拉第 Faraday, Michael
米切尔・多赫蒂 Dougherty, Michele
穆罕默德・本・哈杜 Mohammed ben Hadou

N

内维尔・马斯基林 Maskelyne, Nevil
尼古拉・哥白尼 Copernicus, Nicolaus
尼古拉斯・斯图尔德爵士 Steward, Sir Nicholas
尼希米・格鲁 Grew, Nehemiah
女王伊丽莎白二世 Elizabeth II, Queen

O

欧内斯特・卢瑟福 Rutherford, Ernest
欧内斯特・沙克尔顿 Shackleton, Ernest

P
帕加马的盖伦 Galen of Pergamon
皮埃尔・佩蒂特 Petit, Pierre

Q
乔尔丹诺・布鲁诺 Bruno, Giordano
乔纳森・戈达德 Goddard, Jonathan
乔纳森・斯威夫特 Swift, Jonathan

S
扎哈里亚斯・康拉德・冯・乌芬巴赫 Uffenbach, Zacharias Conrad von
塞缪尔・德・索尔比埃尔 Sorbière, Samuel de
塞缪尔・哈特利布 Hartlib, Samuel
塞缪尔・皮普斯 Pepys, Samuel
塞斯・沃德 Ward, Seth
斯坦利・鲍德温 Baldwin, Stanley
索梅尔斯勋爵 Somers, Lord

T
T. W. 艾德杰沃斯・大卫教授 Edgeworth David, Professor T. W.
托勒密 Ptolemy
托马斯・艾登 Eden, Thomas
托马斯・伯奇 Birch, Thomas
托马斯・格雷沙姆爵士 Gresham, Sir Thomas
托马斯・赫胥黎 Huxley, T. H.
托马斯・霍布斯 Hobbes, Thomas
托马斯・考克斯 Coxe, Thomas
托马斯・佩蒂格鲁 Pettigrew, Thomas
托马斯・沙德维尔 Shadwell, Thomas
托马斯・斯普拉特 Sprat, Thomas
托马斯・威利斯 Willis, Thomas

W
威廉・艾尔顿 Ayrton, William
威廉・鲍尔 Balle, William
威廉・布朗克，第二代布朗克子爵 Brouncker, William, 2nd Viscount Brouncker
威廉・哈金斯 Huggins, William
威廉・哈维 Harvey, William
威廉・赫歇尔 Herschel, William
威廉・克鲁恩 Croone, William
威廉・尼尔 Neile, William
威廉・佩蒂 Petty, William
威廉・钱伯斯爵士 Chambers, Sir William
威廉・沃顿 Wotton, William
文卡特拉曼・拉马克里希南

Ramakrishnan, Venki

沃尔特・波普 Pope, Walter

沃尔特・查尔顿 Charlton, Walter

X

希波克拉底 Hippocrates

Y

亚伯拉罕・特伦布利 Trembley, Abraham

亚伯拉罕・希尔 Hill, Abraham

亚里士多德 Aristotle

亚历山大・布鲁斯，第二代金卡丁伯爵 Bruce, Alexander, 2nd Earl of Kincardine

亚瑟・戴克 Dacres, Arthur

亚瑟・科加 Coga, Arthur

伊曼纽尔・门德斯・达科斯塔 da Costa, Emmanuel Mendes

约翰・奥布雷 Aubrey, John

约翰・格里弗斯 Greaves, John

约翰・赫维留 Hevelius, Johannes

约翰・赫歇尔 Herschel, John

约翰・亨特 Hunter, John

约翰・霍顿 Houghton, John

约翰・霍斯金斯 Hoskins, John

约翰・加尔文 Calvin, John

约翰・库特勒爵士 Cutler, Sir John

约翰・欧文 Owen, John

约翰・佩里 Perry, John

约翰・普林格爵士 Pringle, Sir John

约翰・威尔金斯 Wilkins, John

约翰・温斯洛普 Winthrop, John

约翰・沃利斯 Wallis, John

约翰・希尔爵士 Hill, Sir John

约翰・伊夫林 Evelyn, John

约翰尼斯・开普勒 Kepler, Johannes

约克公爵詹姆斯 James, duke of York

约瑟夫・班克斯爵士 Banks, Sir Joseph

约瑟夫・格兰维尔 Glanvill, Joseph

约瑟夫・威廉森爵士 Williamson, Sir Joseph

约瑟夫・道尔顿・胡克爵士 Hooker, Sir Joseph Dalton

Z

扎卡里亚・吉拉姆 Gillam, Zachariah

詹姆斯・克拉克・罗斯 Ross, James Clark

詹姆斯・库克 Cook, James

詹姆斯・索斯爵士 South, Sir James

詹姆斯・沃森 Watson, James

地名、建筑物名称

阿伦德尔府 Arundel House

白金汉府（宫）Buckingham House (Palace)

伯灵顿府 Burlington House

大英博物馆 British Museum

鹤苑 Crane Court

卡尔顿府联排 Carlton House Terrace

牛津大学谢尔登剧院 Oxford, Sheldonian Theatre

切尔西学院 Chelsea College

萨姆塞特府 Somerset House

瓦德汉学院 Wadham College

温彻斯特王宫 Winchester, King's House

专有名词、机构名称

大社团 Great Club

地质学会 Geological Society

格雷沙姆学院 Gresham College

国际科学理事会 International Research Council

国家南极考察 National Antarctic Expedition

国家物理学实验室 National Physical Laboratory

皇家地理学会 Royal Geological Society

皇家地质学会 Royal Geographical Society

皇家化学学会 Royal Chemical Society

皇家科学研究所 Royal Institution

皇家天文学会 Royal Astronomical Society

皇家显微学会 Royal Microscopical Society

皇家艺术学院 Royal Academy (of Arts)

林奈学会 Linnaean Society

蒙特摩学院 Académie Montmor

牛津大学 Oxford, University of

牛津实验哲学社团 Oxford Experimental Philosophical Club

牛津哲学俱乐部 Oxford Philosophical Club

所罗门宫 Solomon's House

无形学院 the invisible college

里程碑文库

The Landmark Library

“里程碑文库”是由英国知名独立出版社宙斯之首（Head of Zeus）于2014年发起的大型出版项目，邀请全球人文社科领域的顶尖学者创作，撷取人类文明长河中的一项项不朽成就，以“大家小书”的形式，深挖其背后的社会、人文、历史背景，并串联起影响、造就其里程碑地位的人物与事件。

2018年，中国新生代出版品牌“未读”（UnRead）成为该项目的“东方合伙人”。除独家全系引进外，“未读”还与亚洲知名出版机构、中国国内原创作者合作，策划出版了一系列东方文明主题的图书加入文库，并同时向海外推广，使“里程碑文库”更具全球视野，成为一个真正意义上的开放互动性出版项目。

在打造这套文库的过程中，我们刻意打破了时空的限制，把古今中外不同领域、不同方向、不同主题的图书放到了一起。在兼顾知识性与趣味性的同时，也为喜欢此类图书的读者提供了一份“按图索骥”的指南。

作为读者，你可以把每一本书看作一个人类文明之旅的坐标点，每一个目的地，都有一位博学多才的讲述者在等你一起畅谈。

如果你愿意，也可以将它们视为被打乱的拼图。随着每一辑新书的推出，你将获得越来越多的拼图块，最终根据自身的阅读喜好，拼合出一幅完全属于自己的知识版图。

我们也很希望获得来自你的兴趣主题的建议，说不定它们正在或将在我们的出版计划之中。

里程碑文库编委会

大英博物馆

第一座公众博物馆的诞生

THE BRITISH MUSEUM

STOREHOUSE OF CIVILIZATIONS

BY JAMES HAMILTON

[英] 詹姆斯 · 汉密尔顿 ▸ 著

王兢 ▸ 译

北京燕山出版社
BEIJING YANSHAN PRESS

人类文明的高光时刻
跨越时空的探索之旅

大英博物馆：
第一座公众博物馆的诞生

[英] 詹姆斯·汉密尔顿 著
王兢 译

图书在版编目（CIP）数据

大英博物馆：第一座公众博物馆的诞生 / (英) 詹姆斯·汉密尔顿著；王兢译. — 北京：北京燕山出版社，2020.5（2021.11 重印）
（里程碑文库）
ISBN 978-7-5402-5623-4

Ⅰ．①大… Ⅱ．①詹… ②王… Ⅲ．①博物馆—介绍—英国 Ⅳ．①G269.561

中国版本图书馆 CIP 数据核字 (2020) 第 006363 号

The British Museum

by James Hamilton

First published in the UK in 2018 by Head of Zeus Ltd

北京市版权局著作权合同登记号 图字：01-2019-7435 号

选题策划	联合天际	特约编辑	麦　娄
版权统筹	李晓苏	版权运营	郝　佳
编辑统筹	李鹏程　边建强	营销统筹	绳　珺　邹德怀　钟建雄
视觉统筹	艾　藤	美术编辑	程　阁　刘彭新

责任编辑　郭　悦　李瑞芳
出　　版　北京燕山出版社有限公司
社　　址　北京市丰台区东铁匠营苇子坑 138 号嘉城商务中心 C 座
邮　　编　100079
电话传真　86-10-65240430（总编室）
发　　行　未读（天津）文化传媒有限公司
印　　刷　北京雅图新世纪印刷科技有限公司
开　　本　889 毫米 ×1194 毫米　1/32
字　　数　150 千字
印　　张　7.25 印张
版　　次　2020 年 5 月第 1 版
印　　次　2021 年 11 月第 3 次印刷
I S B N　978-7-5402-5623-4
定　　价　68.00 元

关注未读好书

未读 CLUB
会员服务平台

本书若有质量问题，请与本公司图书销售中心联系调换
电话：(010) 5243 5752

献给凯特，我在一切事务上的联合策展人。

目录

* * * * * *

开场白

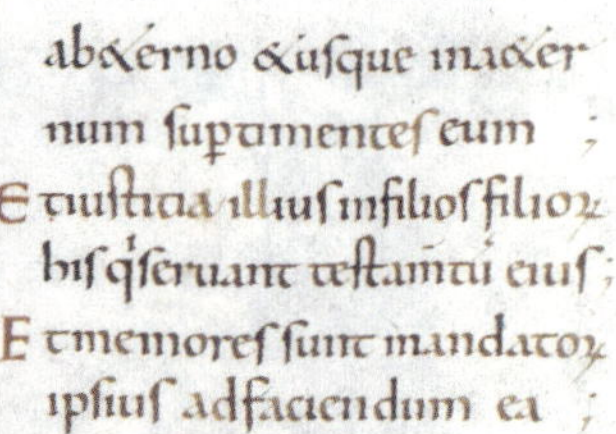

ab &erno & usque in &er
num sup timentes eum ;
E t iustitia illius in filios filiorum
his qui seruant testamentum eius ;
E t memores sunt mandatorum
ipsius ad faciendum ea ;

D ns in caelo parauit sedē suam :
& regnū ipsius omnium dominabitur ;
B enedicite dno angeli eius
potentes uirtute facien
tes uerbū illius ad audien
dā uocē sermonum eius ;

B enedicite dno omnes uirtu
eius ministri eius qui fa
tis uoluntatem eius
B enedicite dno omnia opa e
in omni loco dominationi
ei benedic anima mea d

CIII. IPSI DAVID.

BENEDIC ANIMA
mea dno. dne ds meus
magnificatus es uehementer ;
C onfessionem & decorem
induisti : amictus lumine
sicut uestimento ;
E xtendens caelum sicut
pellem : qui tegis aquis
superiora eius
Q ui ponis nubem ascensum
tuum : qui ambulas super
pennas uentorum ;
Q ui facis angelos tuos spc
& ministros tuos ignem
urentem ;
Q ui fundasti terram super
stabilitatem suā non incli
nabitur in saeculum saeculi ;
A byssus sicut uestimentū
amictus eius sup montes
stabunt aquae
A b increpatione tua fugi
ent : a uoce tonitrui tui
formidabunt
A scendunt montes & de
scendunt campi : in locum
quem fundasti eis ;
T erminum posuisti quem no
transgredientur neque con
uertentur operire terra

大英博物馆的影响是方方面面的。20世纪70年代初，当还是个年轻学生读者的我第一次走进连接博物馆入口大厅和圆顶阅览室的窄窄走廊（现已拆除）时，大英博物馆就融入了我的血脉。我已记不起自己来这里读什么东西，可那依然是一种新生。

那时还在入口大厅右侧的西方手稿部，给我留下了深刻的印象，我仍能清晰地回忆起那里的一间间阅览室。1970年，我正是在那里获允独自取阅中世纪泥金装饰绘本杰作《603号哈雷手稿》（*MS Harley 603*），这是9世纪《乌得勒支诗篇》（*Utrecht Psalter*）的盎格鲁–撒克逊版复本。普林斯顿大学艺术史教授罗莎莉·格林前一年时在乌得勒支发表的演讲以及和她一起现身的《乌得勒支诗篇》原件，让我兴奋不已，于是我便写信给大英博物馆，询问是否可以看看《603号哈雷手稿》。他们给了我一双白手套，将手稿安放在我面前的一方垫子上。当时一定有位管理员来来回回地监看，但我只觉得自己是在与这卷杰作单独相处。我无拘无束地翻动厚重的书页，观赏一堆堆墨绘人物，看着他们往返流连，与书法缠绕交织。手稿的彩绘极其惊艳，人物动感十足，落落大方地在字里行间翩翩起舞。他们有着惊艳绝伦，乃至做作夸张的姿态；长而纤瘦的身躯，常常连脖子也难觅踪迹。观赏、把玩和翻阅这些千年之久的书页，这种特权及其背后的信任本身就是一盏明灯，为我打开了爬梳、浸淫于幻灯片和书刊的世界之门。无

《603号哈雷手稿》（《哈雷诗篇》）的一页。
这是《乌得勒支诗篇》的11世纪盎格鲁–撒克逊抄本，
描绘了《诗篇》第103节，“上帝的创造物”。

论如何，这次经历直到今天都还在我心头萦绕，堪称是博物馆用途的一大存证。

就在同一时期，我访问了大英博物馆的版画与素描部，观赏了18世纪业余画家托马斯·桑德兰的水彩画。他们给了我一间包厢，这让我颇为开心。视线沿着书桌往后，便是版画与素描部的管理员爱德华·克罗夫特-穆雷，还有他那挺拔伟岸的身躯。穆雷快速地走过另一间包厢，翻阅着裱好的素描画，以他声若洪钟的嗓音开怀畅谈作者的生平和时代。我对此有些不适，但或许我理当更仔细地听他讲话，解答我胸中的疑惑：博物馆将如何自我呈现?

时值1972年，图坦卡蒙法老特展前大排长龙，我就是排队等待的数千人之一。为此我还特地坐上了从德比出发前往伦敦的火车。人们耐性十足地组成列列蛇形长队，在博物馆前院设置的金属栅栏间蜿蜒蠕行。我们等了一个小时（也许是两个小时），慢慢移步走上台阶。那里有一辆配备圆锥形纸袋的冰激凌贩卖车，还有一座移动咖啡馆，但给人印象最深的莫过于一起站立静候的人们：男士西装革履，头戴圆形礼帽；学生穿着牛仔裤；孩子们在栅栏之间晃荡，家人陪同在侧；还有我。

最后，我在昏暗的展览室与图坦卡蒙幼王本人四目相对。他全身闪耀着反射的光芒，置身于其间的玻璃橱柜也恰好合身：这是一座小型坟墓，也是他在沙中长墓沉睡之后的长居之所。自许多个世纪之前在帝王谷下葬以来，幼王就一刻不停地向外凝望；

三千年，在黑暗中。幼王的求恳者和仰慕者的体重，压得临时阅览室的地板咯吱作响。身为他们的一员，我也向幼王默告一番，然后起身离开。

* * *

博物馆并非凭空出现，像其他所有生命形态一样，它们也会演化，哪怕是一家貌似已然完备的博物馆也是如此。比如伦敦的华莱士典藏馆，一开始是以私人收藏室之姿发展起来的，之后随着时间的变迁，遂成了国家财产。

大英博物馆就像“一块坚实的巨大土堆，遇雨苍白黯淡、光滑有致”（弗吉尼亚·伍尔夫语）[1]，曾经也是一团或多或少有些条理的杂乱物资，储藏在一座岩块剥落的伦敦别墅里那空旷阔大的潮湿密室之中，等待一货车一货车的物资添砖加瓦。建馆之初力求条理的努力很快归于失败，但显而易见的是，历任馆长从一开始就对管理各式各样的藏品有着强烈的责任心。尽管这份责任心饱受资金短缺和意志薄弱的威胁，但这正是一家博物馆的任务所在，也是历任馆长的职责所系：从杂乱无章中创造井然有序，从井然有序里诞育知识见闻，从知识见闻里获取对世界的理解，领悟人文、人性在大千世界的位置。大英博物馆正是履行上述价值理念的杰出典范。

各式各样的博物馆——包括美术馆，博物馆主要形式的一个变种——乃是高水准文明的标志，是公民良善的公开宣示。它认

正在排队等候参观1972年大英博物馆特展《图坦卡蒙宝藏特展》的人群队列。

定，“关于过去”的知识、对人类愿景和人类成就的理解，都是良善政府的先决条件。一旦我们开始损蚀博物馆，就是在损蚀我们的文明基点。我们何以能从一片杂乱无章的混沌中，获致了映照人类愿景的“一块坚实巨大的土堆”？讲述这一过程，便是本书的重任。

* * * * * *

开端

“我去看了斯隆医生的奇珍异宝”

大英博物馆是英式创造性思维的独特产物。其他欧洲国家当然也有富丽迷人的收藏品，但它们大多是王族、公爵或教会的私产，哪怕是允许进入参观的地方，公众也要经过严苛的条件筛选。18世纪中叶，世界上还没有一座属于民众的博物馆。然而就在英法七年战争之前，在法国大革命之前，在英国“失去”北美殖民地之前，在《改革法案》通过的八年之前，尽管有点小心翼翼，但不列颠岛的博物馆最终走出了一条“非英国典型”的革命性路径。而这种变化的催化剂，便是汉斯·斯隆爵士那充满了仁慈和思虑的遗嘱，以及英国议会之后开明且务实的决策。

1660年生于爱尔兰基利莱的汉斯·斯隆爵士，凭借其医生和企业家身份积攒了一笔财富。他年轻时对植物学和自然科学的特别兴趣，促使他前往伦敦、巴黎和蒙彼利埃，攻读了医学学位。旅行和从医则将他带到了更远的牙买加，担任总督大人阿尔伯马尔公爵的医生。斯隆手头拥有的大把时间，让他得以研究牙买加的自然志，特别是当地的植物状况。斯隆的研究成果丰硕，其中包括奎宁药用价值的发现；对当地可可豆健生饮料的改进：他收集了这些饮料的配方，并以牛奶巧克力的专利持有者身份适时赚了一笔。斯隆的巨额财富不仅仅包括上述来源，还包括房地产开发和租赁，以及他妻子在西印度群岛继承的种植园，后者使他凭借奴隶劳动赚取了大把收入。

斯隆激情满怀地收集和整理了所见所得，大胆地踏上危险至

汉斯·斯隆爵士半身像，1756年，米切尔·莱斯布拉克制作。

极的旅程，而这激情的表现方式则多种多样。其中一大例证，就是他描写自己在西印度群岛及沿途见闻的两卷本著作：分别于1707年和1725年出版的《马德拉群岛、巴巴多斯、尼维斯岛、圣克里斯托弗岛和牙买加岛旅行记；及上述岛屿中最后一个岛的草木、四脚野兽、鱼、鸟、昆虫、爬行动物等等的自然志，前附一段序言，介绍当地的居民、空气、饮水、疾病、贸易等；以及与邻近大陆和美洲诸岛的关系》（*A Voyage to the Islands Madera, Barbadoes, Nieves, St Christophers, and Jamaica; with the Natural History of the Herbs and Trees, Four-Footed Beasts, Fishes, Birds, Insects, Reptiles, &c of the last of those Islands, to which is prefix'd, An Introduction, wherein is an Account of the Inhabitants, Air, Waters, Diseases, Trade &c of that place; with some Relations concerning the Neighbouring Continent, and Islands of America*）。光是从冗长烦琐的书名就可见一斑：书名已经告诉我们自然界诸多的彼此关联，清楚地阐明了斯隆医生毕生的雄心壮志、博学多闻的求知兴致，还有他对通信交流之必要的理解。正是在如此一片得天独厚而又富饶多产的沃土上，大英博物馆的种子才得以生息繁育。单单是这个书名就已经是一家伟大博物馆创始的伟大开端，其所追求的境界亦将长久不息地考验管理者和理事们。

斯隆日益丰富的藏品，吸引了最初一批的同道中人。日记作家约翰·伊夫林曾于1691年拜访斯隆，鼓励这位当时31岁的医生撰写这本“诸岛旅行记”：

我去看了斯隆医生的奇珍异宝，它们堪称牙买加天然物产的集大成：植物、水果、珊瑚、矿物、石头、泥土、贝壳、动物、昆虫等。他还以超卓的判断力收集了几对开本的干植物标本，其中一本中大约有八十种植物，包括多种蕨类植物和禾本植物；此外，还有牙买加胡椒的枝、叶、花、果等；斯隆的日记，其他哲学和自然科学论文、观察数据，也都出类拔萃、丰富多产，足以提供一份该岛的优秀志书。有鉴于此，我对他极表勉励之意，对他的勤奋不吝溢美之词。[1]

从一开始，斯隆做事就尽显“有序”和“齐全”的意识。德国学者兼旅者扎卡利亚斯·冯·乌芬巴赫曾于1710年到访，斯隆带领他参观藏品。扎卡利亚斯写道，斯隆医生的每个小时都价值一个基尼：“确实，我们认为他把两点半到七点钟的时间都给了我们，让我们倍感荣幸。身为资深旅行者，他可以说是和蔼备至，尤其是对待德国人以及那些对他的珍宝有所认知的人。”[2]

这些藏品一开始放置在布鲁姆斯伯里的斯隆别墅——这里与今天不少藏品的家（大英博物馆）相去不远——后在1742年移往了切尔西庄园。斯隆的仆人埃德蒙·霍华德记述说，42000册藏书被“零散地装入运货马车，然后从车上扔给一个梯子上的人。此人再把书册从窗户扔进去，由站在楼梯顶部的人接住，就像人们

下页图

1746年的《伦敦和威斯敏斯特，都市圈规划》，约翰·罗克绘。蒙太古府位于牛津街和托特纳姆宫路交叉口的东北向，位于本图左上角。

CONDUIT FIELDS
OXFORD
GROSVENOR SQUARE
PALL MALL
GREEN PARK
ST JAMES'S PARK
FIELDS

A PLAN of
the CITIES of
LONDON AND WESTMINSTER,
and BOROUGH of
SOUTHWARK;
with the
CONTIGUOUS BUILDINGS;
THE RIVER TH
GEORGES
FIELDS
PART OF

递砖那样”。[3]这就是18世纪图书馆的搬迁法。

如此说来，在《伦敦杂志》（*London Magazine*）中读到1748年威尔士亲王弗里德里克携妻子奥古斯塔访问了切尔西庄园的消息，也就不那么让人意外了。虽然此时距斯隆去世尚有五年，但这个庞大而又凌乱、俯视着河流的建筑群，已经成为一处藏宝宫殿，收罗了世界各地的珍品：

> 在那110英尺之长的走廊里……美到极致的珊瑚、水晶和奇石；最为绚烂的蝴蝶，及其他昆虫；品类繁盛、堪比名贵石头的各种彩绘贝壳，以及可与宝石争荣的鸟类羽毛……接着是一幅宏伟的图景：一间间堆满书籍的屋子，其中有数百册干植物标本；一间屋子里尽是精心采择而又极为珍贵的手稿……而在楼下，有些屋子摆满了稀奇珍贵的古物，分别来自埃及、希腊、希特鲁里亚（原文如此）、罗马、英国，甚至美洲……好几种动物头角的装饰让门廊大厅熠熠生辉。[4]

多年以来，吁请将斯隆藏品收归国有、善加保管的呼声就一直零零散散，有时半心半意。王室的访问无疑是这股外交和政治压力的高潮之举。斯隆早在九年之前就立下了遗嘱（见附录1和附录3），希望英王以20000英镑买下他的藏品。如果英王不愿购买的话，就卖给皇家学会，再不然就是牛津大学或爱丁堡皇家内科医学院，如果还是拒绝的话，那就再逐次降序卖给巴黎、圣彼得堡、柏林和马德里的皇家科学院。倘若还是无人购买的话，藏品就将折价出售。斯隆的这份名单没有提到英国议会。

乔治二世的长子、颇具修养而又深谋远虑的威尔士亲王（未等到登基就去世了）一语中的：

（威尔士亲王）对于自己受邀得以见到英格兰如此富丽的藏品极表欣悦之意，他将其褒美为国家的盛饰；亲王也表达了他的意见：藏品必将何等地助益于学问；若将其建作公共设施遗之子孙后世的话，那将多么有益于不列颠的荣光。[5]

亲王的意见也许触动了斯隆。当然了，与他人的交谈，他本人在自己那些蝴蝶标本、古董文物和璀璨宝石之间的深思熟虑，或许也起到了作用，促使他考量一个更有创见的方案：这便是1749年7月10日出炉的遗嘱附件。这份附件让他的藏品得以成为公共之用，就此奠立了后来成为大英博物馆的各项基础。斯隆的想法经历了演化；他听取了皇家学会和古董学会的建议，他改变了主意。

这个附件改变了一切。斯隆指定提名了48名独立理事，另外还提名了34名公职人员负责照看他的藏品，上到英王下到各级贵族，“名单内人选极其多样，难以摘出个别重点”（见附录4）。出现在斯隆名单上的任何人都非泛泛之辈，如果你是位达官显贵却落选这份名单的话，你可能会气得七窍生烟。斯隆在附件中特别指出：

《威尔士亲王弗里德里克》，雅科博·阿米戈尼绘，约1735—1736年。图中的威尔士亲王正拿着一本蒲柏译本的《荷马史诗》。

我的意思是，我名下图书馆里的全部古今藏书、绘画、手稿、版画、奖章和硬币，古董、图章（等），浮雕和凹雕（等），宝石、玛瑙和碧玉（等），嵌有玛瑙和碧玉的容器（等），水晶、数学仪器、图纸和图画，还有其他所有归入这座收藏室/博物馆的藏品。它们都有尤其详尽的记述、题跋和编号，也有短篇的小传或说明、我制作的带有相应编号的特定编目：38册对开本和8册四开本。除此之外还有一些并未加上“藏品”戳记的框饰画，理事及其继任者负责持有和保管这些藏品，直到永远。

斯隆接着拿出了他的撒手锏：

我要在这里宣布……我所说的这座博物馆或收藏室……或将不时欢迎一切具有相同参观和浏览渴望的人到访参观……这渴望可以是“尽可能有用”，或是努力满足好奇求知之欲，或是增进所有人的学识和新知。

这番文字没给那48名外加34名“人质”留下任何含糊其词或逃脱责任的空间。斯隆最后用一句话将他们全部约束了起来，要求他们必须是勤勉而活跃的藏品访客，“一视同仁地细审、监管和检核藏品并管理之，一有机会就要适时访查、纠正并改进”。斯隆还坚持要理事向英王或议会提出，支付20000英镑给他活着的子孙——他不无机智地补充说，藏品的价值至少要四倍于这个数字。理事们——斯隆允许他们将核心团队缩减到六至七人，将有职责定期开会，创设“章程、规则和条例，设立并任命官员和职员，负责出席、管理、保有和永久传承我所说的博物馆（或收藏室）及其附属建筑，分别支付给他们理当令他们满意且必要的薪金、报酬或是津贴”。斯隆相信，如此一来就将保有并传承“我所提及的收藏室或博物馆，以一种他们认为最有可能遂我之意照顾公众利益的方式”。

其他利益方也开始积极参与进来。古物收藏家兼政治家罗伯特·科顿爵士（1571—1631）的后人数十年来都忧心于家族那些独特而又尤为重要的藏品的状况，这些前宗教改革时代的手稿、国家文件和古物，正堆在威斯敏斯特宫附近的科顿府里日渐朽坏。路易十四曾为这些藏品开出六万英镑的高价，并附赠科顿的孙子一个法国贵族头衔。其中的手稿包括8世纪的《贝奥武甫》（*Beowulf*）、《林迪斯法恩福音书》（*Lindisfarne Gospels*），以及《大宪章》四份抄本中的两份。曾经受命在威斯敏斯特筹设一座新图书馆的克里斯托弗·雷恩爵士，曾警告首席财政大臣格多尔芬勋爵说，科顿府内保管藏品的那间屋子“已是破烂不堪，没法再进行大修了”。[6]而1731年的一场大火造成部分手稿受损乃至烧毁，也引起了骑兵卫队官阿瑟·爱德华兹（死于1748年）的注意。爱德华兹本人拥有一座图书馆，藏有两千种英语、法语和意大利语书籍。他将这些藏书捐给了科顿后人，出资七千英镑建了一座新图书馆，来永久保存科顿和爱德华兹两家的藏书：“这么一座大房子或将尽其最大可能，最大限度地保护图书馆免于一切意外事故。”[7]斯隆非常清楚科顿手稿的毁坏情况，他不想让这一幕在自己的藏品上重演。

1748年12月，这幅精绘挂毯的第三要素出现了。波特兰公爵夫人玛格丽特·卡文迪许·本廷克（哈利小姐）得到报告，保管她祖父和父亲两代牛津伯爵（罗伯特·哈利和爱德华·哈利）八千册藏书的图书馆正饱受房间潮湿之苦。这座图书馆位处梅菲尔区的多佛尔街，在总共97个书架里，绝大多数放在较低架子上的书，都出现了“底部发霉”的状况。

到18世纪50年代初，斯隆、科顿和哈利藏品的命运已经到了临界点，英国最高决策层对此也心知肚明。常常被人忽视的爱德华兹图书馆再一次寻觅新址。对于官员的仕途而言，丢掉一处藏品也许还能应付；两处可能也是勉强能行；三处那就不可想象了；四处全失堪称匪夷所思。于是官家就将它们合为一处，以一个问题解决另一个，并迅速付诸实施。斯隆将整个英国缚手封口了。

斯隆在1753年1月11日去世后，积极活跃的理事就发表了一份面向国家的意向声明，希望能博得一份议会法案的加持。这份声明于6月7日得到了王室御准，此时距离斯隆去世仅六个月：

> 此法案允许购置汉斯·斯隆爵士博物馆或收藏室，及哈利父子手稿集收藏室，为之提供一座总储藏处，以便更好保有且更便于利用前述藏书、科顿藏书和其他。[8]

这项法案干脆利索地将斯隆、哈利、科顿和爱德华兹的藏品合为一处，而且最重要的是还给未来的扩张留出了余地——“和其他”。这个国家一下子拿到了规模庞大的一捆捆文献，类型涵盖了未曾辑录的文献、王室文件、政治文献、教会文献、文学和历史文件，它们都适时得以免于腐烂和啮齿动物的利嘴。

英国议会别无选择，只得批准这一工程的两万英镑预算，即“大不列颠的法定货币”，但这其实有一定的误导性，因为这笔钱并非政府拨款，而是发行彩票募集的资金，用作支付给斯隆家人的象征性报酬。这笔钱“补偿并全数付清”了这些藏品之价，以及借用斯隆“庄园宅邸和花园，及其附属建筑……以及水源，直至前述收藏室或博物馆找到更方便存放、更耐火、更安全、临近主要公众度假胜地的地点迁入之前”的租金。

如此一来，借由斯隆的遗愿和议会的行动，藏品的所有权就授予了信托。理事的职责乃是保有、增长、展览、研究、解读这些藏品，俾能传之子孙。实际上没有人拥有这些藏品，但所有人也都拥有它们。现在，议会已经好整以暇地接管这些藏品了。斯隆的理事们先要自我解散，使王国的三大社会阶层——教士阶层、统治阶层和平民百姓介入，其中特别排除了王室。这么一来，大英博物馆的三大领衔理事便是坎特伯雷大主教、上议院大法官和下议院议长。除此之外还有17名供职的官方理事，主要包括财政大臣、皇家首席大法官与斯隆、科顿和哈利三家的代表理事，每个家族两人。自此，这种“家族理事”也在后来大宗私人藏品进驻的时候，成为大英博物馆的一项理事门类。公允地说，大英博

罗伯特·布鲁斯·科顿爵士，1629年。科内利乌斯·约翰逊绘。

物馆从一开始就积累了浓厚的官僚作风。

管理藏品的诸“基本原则”指引着斯隆起初的理事，也导引着作为一个整体的大英博物馆：

1. 藏品必须通盘保留，不做一分一毫之缩减或分割。

2. 藏品之一体保存，以为公共用途和公共利益之用。本于立遗嘱人之意愿和目的，公众应被一视同仁，当在规定及方便之时，依照议会认定之合理约束，自由浏览并详察藏品。

上述两条乃是通用原则。第三条也很快出炉了：

3. 情势若有需要，理当做出最为裨益和最有利于公共需要之决定：将藏品从当前暂厝之切尔西庄园宅邸一体迁出，妥置于伦敦城或威斯敏斯特或市郊之新觅基址。[9]

议会展现的雄心和行政能量，让波特兰公爵夫人格外愉悦，因为她十分关心哈利藏品的未来。公爵夫人告诉下议院议长：“您的主意真是又恰当又喜人，据我所知，正符合我父亲的意愿。我对此格外满意，愿意尽我所能地做出贡献，俾能便于博物馆的成功。”[10]波特兰夫人堪称大英博物馆的助产婆，她的价值极大。而且她也是同时代的女中翘楚，行事利落、聪慧无比、交游广阔，不但控制着多笔地产和财富，也是博物学珍品的重要收藏者，更是在全世界范围内都具有影响力。从孩提时代开始，波特兰夫人的成长就服膺约翰·洛克的诸原则。[11]有这么一位仙材卓荦的公爵夫人在座，其他理事几乎都可以坐享其成了。

至此，大英博物馆的组织架构和法律基础皆已完备，且完全遵从斯隆医生的遗嘱。后者曾经强调，他的藏品或需“有益于人类，一体保管，不被分割……它们或可服务最大规模的人群，物尽其用……努力满足好奇求知之欲，或是增进所有人的学识和新知”。正如斯隆医生在别处写的那样，“人越探索便越懂得欣赏”。

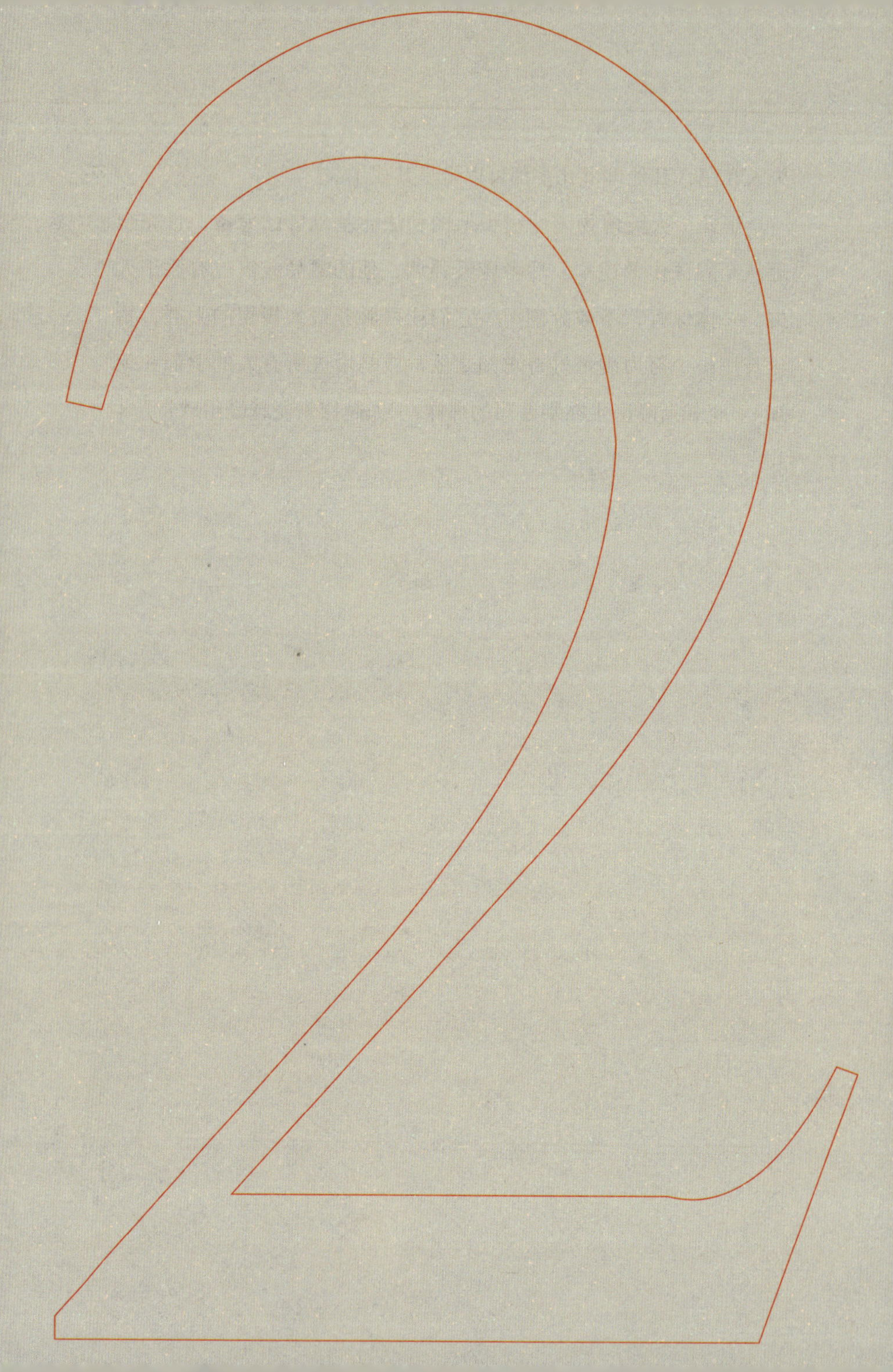

* * * * * *

18世纪的大英博物馆

"展室繁如星汉"

理事拿到了斯隆、哈利、科顿和爱德华兹的藏品后，下一个任务就是为所有藏品寻觅一个“总储藏处”。他们考虑过白金汉府，但否决掉了，原因是不菲的花费与“房屋状况和周边环境的不便”。白金汉府后来成了白金汉宫。最后，博物馆的落脚点选在了布鲁姆斯伯里空空荡荡而又四壁倾圮的蒙太古府。这座17世纪的法式庄园位处伦敦城和威斯敏斯特之间，位置便利，但已经被蒙太古公爵弃之多时，状况堪忧。伦敦育婴院*也拒绝了在该处选址，理由是排水不良。但这对一家博物馆而言没什么——这是一种新型机构，之前很少有建筑物用作此途——在1753年，它似乎挺合适。

蒙太古府亟待维修，“屋顶下沿的水槽和檐口情况糟糕，加上原本修建得也不是很好，所以要是恢复此前建筑样式的话，房屋还是容易朽坏”。[1]因此，更为昂贵的建筑方案立即得到通过：使用石料，而非原来的木料。这座建筑物也需要大量新式书架，存放卷帙浩繁的书籍：1755年7月，一位测量员的报告提议，立即安装8160英尺之长（约2490米）的书架。他们选用了绿棉墙纸，并在“所有展室都推而广之”。[2]凭着一份遗嘱和一笔预算，建馆工作逐步推进。1754到1758年间，蒙太古府渐渐达到了今天的标准，从切尔西庄园、多佛尔街、科顿府和威斯敏斯特运来的一车车文物抵达了大罗素街。1757年，英王乔治二世从英格兰历代君

* 1739年由托马斯·克兰上尉创立的这座孤儿院起初位于哈顿公园，后来迁到布鲁姆斯伯里，旨在为伦敦“曝于街头的遗弃幼儿提供教育和抚养”。

主的旧皇室图书馆中抽出一份礼物赠予博物馆，其中就有《亚历山大古抄本》（*Codex Alexandrinus*），马修·帕里斯的《英国史》（*Historia Anglorum*），还有英王授予的特权：不列颠境内出版的每本书的缴交本。

蒙太古府里的花园立即清扫干净了。布鲁姆斯伯里是个颇具盛名的去处，从1757年起人们就获允在花园里自由地散步。正如本书第14~15页的地图显示，花园背靠一片开阔宽敞的空地，一直延伸到汉普斯特德和伊斯灵顿区。如果你知道该向谁打听的话，便有可能快速预览花园里都有什么。诗人凯瑟琳·塔尔伯特（1721—1770）曾经描写了她于1756年在蒙太古府的一晚：

从今以后这里得名"大英博物馆"。我高兴地看到，科学在这片街区里如此壮丽而又如此优雅地扎下了根……（我）觉得我现在比之前要更加热爱（蒙太古府）了，这里藏有极具价值的手稿、寂静无声的图片和远古久远的木乃伊。之前我来的时候，这里挤满了悲惨兮兮的人们，里面则是一处休闲取乐之所，也是一处决斗仇杀之地，没什么文物……除了三间手稿室之中的两间之外，一切都还没什么条理。它们和三十间展览室都亟待一切类型的珍奇之物入藏。[3]

1759年1月15日，大英博物馆（British Museum）面向公众

下页图

一幅蒙太古府南面及其门前庭院、大罗素街的版画。

萨顿·尼科尔斯绘，选自《斯托伦敦纵览》，1728年。

MOUNT
In G

HOUSE
Street.

开放。人们容易忽视这个名字背后的革命性含义，以及为什么该博物馆以“不列颠”（大英）之名在英国高层赢得了不可磨灭的名声。将英格兰和苏格兰两国合二为一的《联合法案》（*Act of Union*）52年前才得到批准，作为单一实体的不列颠岛尚处在幼年期。因此，“大英”博物馆的概念就借由议会，认可了一个“不列颠国家”的承诺，以一家机构的命名从实际上接纳了英格兰和苏格兰未来合并的前景，这家机构旨在保管、呈现并研究那些培育并支撑这幅前景的文化根源和智力产品。诚然，这座博物馆本可以以其最初大捐助人汉斯·斯隆爵士之名命名为“斯隆博物馆”，就像牛津阿什莫林博物馆那样。但问题是，斯隆只是“同僚中的首席”（primus inter pares）而已：哈利、科顿、爱德华兹和皇家图书馆的藏品，都在大英博物馆的奠基中扮演了重要角色。因此，如果用“斯隆博物馆”这个名字的话，藏品就将立即变得排他，也不甚充足。另外，讨好王室的人可能也提出过将其命名为“皇家博物馆”，但鉴于提出建馆建议的是议会，因此这个名字可以说是胎死腹中了。而“自然历史博物馆”和“古文物博物馆”的名号都只能涵盖置换藏品的其中一部分。斯隆的遗嘱要求，他留在伦敦的藏品“通盘保留，不做一分一毫之缩减或分割……以为公共用途和公共利益之用……理事及其继任者负责持有和保管这些藏品，直到永远”。这段话与英国国教的婚礼仪式遥相呼应，呼唤的是政府与公众之间的相互责任，以及一条普救主义的路径。因此，理事们还是选择了“大英博物馆”，而且这个名字也从《大英博物馆法案》(*British Museum Act*, 1753, 乔治二世第26年, 第22项法案)颁布的第一天起就载入了史册。它在英国官僚主义命名术的演进中几乎是独一无二的现象，未经挑战且一成不变地留存了下来，与博物馆的圆柱柱廊一样傲立于世，屹立不摇，并像柱廊一样得到全世界的认可和尊重。大英博物馆并没有追逐一时流行的简化风潮(比如泰特美术馆于2000年将名字简化为了“泰特”，而英国各地的诸多大型城市艺术馆和博物馆则把馆名中的“城市”二字去掉了)。

公众要想进入大英博物馆看展览的话，需要提前提出书面申请，才能获取每天发放的诸多门票之一：一开始每天是十张票，后来增加到二十五张。因此，尽管理事们坚称博物馆是“以为公共用途和公共利益之用”，但在一开始确实只有非常少的民众能前来参观。事实上，只有那些“热心用功而又满腹好奇的人”，才有足够的学识和动力申请入馆，而且还需要是(之后的一项条款所说)那些拥有“体面外表”的人。大英博物馆由“首席图书馆员”戈文·奈特(1713—1772)执掌。考虑到早期藏品中书籍的绝对占比，这一情况不可避免; 18世纪50年代之时，“馆长”这个职业尚不存在。独一无二的是，大英博物馆的“首席图书馆员”之职乃是由王室任命。那里没有喧闹的开场仪式，没有媒体版面的广为报道，也没有聚会派对或珠光宝气的私人预展，这些都是当今新博物馆开张时候的惯常情形。大英博物馆宣称是“每天”开业，冬天从上午9点到下午3点，夏天则延迟到下午4点。“每天”当然是排除了周六、周日、圣诞假期、耶稣受难节和复活节假期、圣灵降临节及之后一周，以及所有官方和教会的感恩节和禁食节之后的结果。同样，整个8月和9月也都闭馆。不过，“为了抽出几个月照顾中低阶层的人”，博物馆也会适时于周一和周五的下午4点到晚上8点延迟开放。这些延长时间只能是在夏天白昼较长的时候，尽管必然不是放在8月或9月。总计而言，大英博物馆的开放日只有不到一半——全年365天约有170天开放——不过，至少这已经是个开始。

预约参观者在申请信里必须写清姓名、住址、“健康状况”及希望进馆的日期和时间，并于头一天的上午9点之前或下午4点到8点之间，交给大罗素街沿街那堵令人生畏的墙内的守门人。戈文·奈特将一一检查登记的姓名，如果他说“好”的话，你（或是你的仆人）就可以回到大罗素街，领取门票，准备在预定时间现身参观。你将与其他人组成4到10人的小队，在导览员的指引之下迅速走过一间间展室。每天有五组访客前来参观——儿童不允许进入——也没有可以停留凝望的时间：门票只是给了你“一瞥大英博物馆”的资格。参观完全免费，收受小费的导览员会被开除。

这些束手束脚的参观时间和参观规程，也许在今天看来荒唐可笑，但我们别忘了，那会儿是1759年，社会上才刚刚开始探索“公共博物馆”这个新奇观念。这是一项颇为大胆的社会实验和教

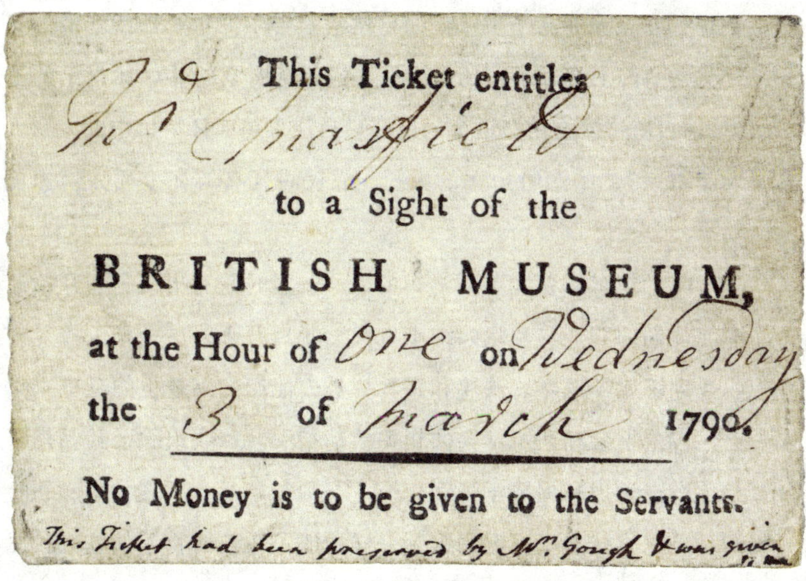

This Ticket entitles

[illegible]

to a Sight of the

BRITISH MUSEUM,

at the Hour of One on Wednesday

the 3 of March 1790.

No Money is to be given to the Servants.

This Ticket had been preserved by Mr. Gough & was given

一位访客的大英博物馆入场门票，1790年。

育实验，其引领者是牛津城的阿什莫林博物馆*。该馆也是当时唯一被视为大英博物馆竞争对手的机构。在伦敦市内，大英博物馆的开馆也仅仅略微早于伦敦育婴院的改革之前——后者举行了艺术作品的公开展览，不过相较而言，那里的藏品少之又少。后来英国逐次出现了一些同态博物馆，它们都是一些所有者允许访客参观的大型别墅或教堂：自一百年前英国内战造成大破坏以来，艺术品、祭品、文书、符记和饰品慢慢地物归原主。在伦敦就偶尔

* 阿什莫林博物馆于1683年在牛津城的宽街开放，它位于一座旨在保有、展示和研究藏品而建成的建筑物，地下室里有一个化学实验室。今天，这座建筑物里还有牛津大学的科学史博物馆。

会有私人收藏展露于世，比如自然学家吉尔伯特·怀特就曾提到过“春园街上举办了一场鸟类标本的新奇展览”。[4]对18世纪的不少人而言，“博物馆”这个词也许只会让人想起怀特口中的“乡下人储藏屋”：一扇牲口棚的大门，农民将死鸟钉在上面吓唬掠食动物。

18世纪末运营大英博物馆的人——当时只有男人——开始逐渐使他们的职业与“玩票绅士世代”脱离开来，这批绅士接受的职业训练属于医学、法律和宗教一类，他们的兴趣也颇受皇家学会、古董学会和艺术学会的相关活动指引。这些组织及其勃勃野心（增进学识和促成学者间交流）与最初藏品（斯隆、科顿、哈利、爱德华兹和皇家图书馆）一样构成了大英博物馆的基础。戈文·奈特是一名医生，也是理解和使用磁学的先驱。作为皇家学会的一员，他不但通过发表多篇论文，对他自己分支领域的自然哲学之进展有所贡献，而且因为改进了商船罗盘上的磁铁而对商业安全裨益良多。1756年获任时，奈特并无担任图书馆员的显著经历，也没有今天所谓“馆长”的经验。他像一位藏品看门人一样住在馆内，一直任职到去世。奈特也是理事会的首席雇员。正是在奈特的管理和权威之下，早期的藏品才有了后来的展出形式。奈特的早期同人包括：古币收藏家兼浸礼会在任牧师安德鲁·吉福尔德（1700—1784），此君也是古董学会会员；马修·马蒂（1718—1776），一名最终在博物馆内死于贫穷困苦的医生；数学家兼德国新教牧师安德鲁·普兰塔（1717—1773），他的儿子约瑟夫也将子承父业进入博物馆工作；查尔斯·默顿（1716—1799），另一位医生；还有詹姆斯·爱普森（死于1765年），此人曾在斯隆医生在世期间照看他的藏品。还有其他一些馆员，他们轮流陪同访客走进博物馆各展室。无疑，每名馆员都各有其参观节奏，也有各自偏爱的速度。

大英博物馆的成立，适逢启蒙运动时期，博物馆也在外观、社交和行政管理上，多方贴近启蒙运动的理念，对从英王到平民的整个国家敞开了大门。启蒙运动高擎“理性”的大旗，认定理性乃是知识权威的主要来源。这场运动在18世纪传播到了整个欧洲：在法国，启蒙借由卢梭和孟德斯鸠的哲学著作自我弘扬，此外，狄德罗和达朗贝尔还编纂了一部有28卷之多的大型书籍——插图版《百科全书》，旨在收纳一切人类知识，俾便检核；在苏格兰，启蒙运动则促成了爱丁堡新城的修建、经济学家亚当·斯密和哲学家大卫·休谟的著作；在瑞典，卡尔·林奈的生物分类学堪称启蒙运动之果；在英格兰，启蒙运动的典型象征便是约翰·洛克的人性哲学、塞缪尔·约翰逊的《英语词典》——还有大英博物馆。在这里，富家子弟在“环欧旅行”（Grand Tour）中能获得的见闻与学识，被提炼出来，供所有人了解。启蒙运动服膺“秩序”和“组织”的观念，还有对“理智”的追求。这些旨趣和原则从一开始就嵌入了大英博物馆的立馆之基。

不过，启蒙运动（及其穿透圆柱柱廊的理性之光）并不能被视为大英博物馆的唯一源泉，其他思想根源也混杂其间。博物馆的建立者承接了更早的英伦世代，弗兰西斯·培根（1561—1626）的经验哲学是指引他们的知性之光。培根力倡通过科学实验来增进人类理解，皇家学会的会员们也是如此。正是对培根式求知精神的追求让阿什莫林博物馆得以在其地下室建立了一间化学实验室。蒙太古府并没有设立这样的设施。从这一点我们或可得出结论：大英博物馆和阿什莫林博物馆尽管有着共同的起源，却选择了不同的前进方向。一家博物馆成为百科全书，另一家却成了实验室。

五人或更多人一队的访客快步行经1759年的蒙太古府诸展室时，可以匆匆浏览一排排架子上的书籍和手稿、一枚枚金币和奖章，以及一盘盘闪闪发光的矿物、另一边的鱼类标本和麋鹿角。这些走马观花式的观览，或许不足以构成对那场横扫欧洲的思想运动的重大贡献，但也在潜移默化之间产生了累积效应。比如说阅览室的开放，就是更为直接明确的效应。阅览室一开始位于博物馆第一层的西北角，后来适时扩展到了上面的楼层。得到阅读许可要比获允进入博物馆参观难多了：读者需要凭借私人推荐才可进入，“来自颇具名望、品格正直者的推荐。因为在伦敦这样人口众多的大都会，允许所有陌生人进来读书可是件危险的事”。诗人托马斯·格雷（1716—1771）是早期到访阅览室的一名读者，他曾写道：

大英博物馆是我最爱的领地。我常常在白天时分花四个小时待在这里，享受阅览室的静谧和独处。这里几乎没人打扰，除了来这里清谈一番的古物学家斯图科里医生，他有时也会谈论一些咖啡馆新闻；（我预计）至少除了两个普鲁士人，还有一个负责为罗伊斯顿勋爵执笔的人之外，这个国家的其他饱学之士还没有来过这里。

格雷还补写了一段评论，暗示了阅览室的平静表面之下，也潜藏着汹涌情绪之源。大英博物馆并非航行在一片平静海面之上：

我说“平静”的时候你要懂得，这种“平静”只是对我们访客而言的“平静”。对博物馆社群自身和全体理事而言，他们就像一家学院里的研究员一样彼此剑拔弩张。博物馆保管人之间已经绝交，他们打照面的时候只会有一番更加潜隐的无声对抗。奈特医生已经堵住了通往那间小屋子的通道，因为有些同事去那儿时会经过他的某扇窗户。更有甚者，理事们每年投入的费用要比收入多500镑，因此你不由得担心，所有书籍和鳄鱼皮都将很快挂牌拍卖，（我们希望）大学买下它们。[5]

大英博物馆的早期馆员都认为阅览室乃是博物馆的心脏，甚至就是其存在的理由（raison d'être）。《博物馆的主要用途》这本1808年出版的官方初版博物馆导览“概要”如是说：

毫无疑问，（博物馆）存于它给予文人学士和艺术家的精神财富之中。他们可在其中采集那些或可用于研究劳作的材料。（阅览

Vterpendragon

Æthelbertus

Arthurus

Scs Oswaldus

室是腾出来）……用于详加检视的，比那些普通访客获允得行的粗率观览要详密得多。

其他任何人都只能忍受观展的次等体验，用“概要”的话说就是“颇为流行的博物馆用途，尽管用处要逊色得多”。

＊＊＊

大英博物馆要在院墙之内建立必不可少的次序，初步工作就是将其本身分门别类。1756年，博物馆开始任命一批馆员，他们是“一群事理通达而又学识渊博的人，彼此之间的雇佣关系平等”，有三年的时间适应环境并整理展品。他们最紧迫的任务除了修整蒙太古府，还有建立一列列长书架和展示柜，这些天可谓木匠们的大日子。整个第一层有12间彼此相连的展室，它们留作了印刷书籍之用。结果，这层的布局就不再是博物馆，而是成了一座图书馆：几万册书一排连着一排。“陌生人（换言之，访客）在这些展室之间有些无所适从，那里单调一致的曝书之景没法给他们任何教益或愉悦”——这也是博物馆“概要”表达的内容。

不过，“概要”并非第一份面世的博物馆导览。第一份导览是个匿名的口袋本（1760）。一年之后，埃德蒙·鲍勒特出版了一份独立、独创的详尽概述，介绍了蒙太古府的藏品，这就是《大英博物馆概览及评论，以为观览该华贵阁间的目录》（*The General Contents of the British Museum: with Remarks Serving as a Directory*

亚瑟王及其他早期英格兰王，1255年，出自马修·帕里斯的“编年史缩影”。

in Viewing that Noble Cabinet)。“这本小书的买家一定不能期待过高，”鲍勒特在其中谦逊地写道，“本书并不打算对这一华贵陈列室的所有藏品来一番特别评述。正如我被告知的那样，这项工作要留给其他如椽巨笔完成，并由博物馆的馆员们于适当时间出版发行之。”

鲍勒特有些乐观了。即便是“概要”的出版也得到多年之后，更不必说他心心念念的百科全书式著作了。鲍勒特本人做了一把博物馆访客，他在撰写这本“方便口袋携带”的小书时也回应了访客的需求：

> 可以参观的时间实在太短，展室又太多。如果没有某种目录辅助的话，是不可能对这些奇珍异品建立相应观念的：尽管在这些藏品成为公共财产之前，我还远远称不上对它们一无所知，但我本人必须承认的是，我在这方面经受了一些损失。

值得注意的是，鲍勒特依旧称呼大英博物馆为“华贵阁间”，并且指出了一个新颖想法：将博物馆藏品称为“公共财产”，而非某个富人或带头衔人物名下紧握在手或严密看护的财产。

博物馆藏品一开始分为三部。鲍勒特分别称之为手稿、硬币奖章部，自然和人造艺术品部，出版书籍部。这是一种极为粗暴和现成的分类法。很明显，考虑到它们的绝对大小，硬币、奖章便和手稿归到了一个部门，而非与艺术品放在一起。除此之外，尚有“许多门类的藏品堆在大厅和楼上的第一间展室，但没有被归入任何一种门类”。其中包括笨重的石头制品，比如从爱尔兰巨人堤道搬来的玄武岩柱，从维苏威火山运来的大块熔岩，以及“一只短吻鼻鱼的细长骨架”，一头独角鲸，还有一只水牛的头。每个分部都有“下级馆员”向戈文·奈特供职。1761年还出现了我们今天称之为“新藏品展室”的展览室，鲍勒特称之为“一间屋子……单独留给新获的赠品”：一尊埃及木乃伊、“几块大珊瑚礁”，还有一座“精细的黄蜂巢”。鲍勒特笔下的博物馆之游是，每一队幸运的访客都被驱赶着从玄武岩跑到木乃伊，又从木乃伊跑到手稿和黄蜂巢，再匆匆赶场去看海胆和帽贝壳，他们自己好像是华贵阁间里的蚂蚁。大英博物馆的第一份插图手册是1778年付梓的对开本《不列颠尼亚博物馆》，饰有约翰·范·里姆斯戴克和安德鲁·范·里姆斯戴克兄弟俩所作的版画。这份手册的前言还用了“遵从自然！”的名言，这是西塞罗在阿波罗神庙求问“如何度过一生”时得到的神谕。

访客参观大英博物馆的体验各有不同。托马斯·格雷喜爱阅览室的阒静。1765年到访的法国人P. J. 格罗斯利则写道：这里在同类建筑物里“最为高大雄伟，分类最佳，装饰最为富丽”，有着彬彬有礼而又敬业投入的职员。然而，1784年到访的古物学家、伯明翰人威廉·赫顿却不以为然。他在一名“身材高大的上流社会少年”的带领之下，几人一队迅速完成了参观，似乎这个场景

下页图

蒙太古府的钢笔画插图，右侧有一堵高墙，前面街道上有一辆双马大车。1800—1826年绘，出自大英博物馆的古物部馆员泰勒·库姆之手。

The British

seum
Combe del

逼得大家不敢出声：

除了窃窃私语以外你听不到任何声音。如果某人花两分钟待在一间展览室里，却有上千件东西吸引他注意力的话，他根本就找不到时间抽出一丁点注意力对它们匆匆一瞥……我不禁悲从中来，思忖我究竟错过了多少哪怕是一丁点信息也不可得的东西。大概只用了30分钟，我们就匆匆结束了这座华贵宅邸的静默之旅，要想好好观赏一遍恐怕要花30天。我走出博物馆的时候，智慧和我进去的时候没差多少。[6]

托比亚斯·斯莫莱特（1721—1771）似乎写下了最早与大英博物馆有关的虚构作品，他笔下的主人公汉弗莱·科林克在1771年的同名小说中详述了蒙太古府最初的展览方式。以下文字大可被视为斯莫莱特本人深思熟虑之后的观点：

是的，博士，我已看到了大英博物馆；这是一批豪华尊贵乃至气势磅礴的藏品，如果我们考虑到这些藏品乃是出自一名医生的私人之手的话。这名医生还在同一时间尽职尽责地赚到了他本人的财富：但即便伟大如这批藏品，它也可以做到更加震撼，如果它们可以逐次布列于一间宽敞无边的庭院，而不是像现在这样支离破碎地分别放在不同厅堂的话。实际上，这些厅堂根本没有装满。[7]

斯莫莱特的评述相当真实，不过也有人意识到这里的矛盾之处：照他的说法，展览室并没有完全装满，但其他人的报告则显示，蒙太古府在一开始就已塞得满满当当。真相大概是，两种说法都只是第一感觉，所以他们的说法都有其真实性：周期性的藏品流动让有些展室相较之下更满一些。生于大英博物馆开馆十六年后的简·奥斯汀，本可能诱使笔下的一两名角色进入蒙太古府，但她似乎没有这么做。

从建成的第一天起，大英博物馆就没打算成为一部什么样的史志，而是要做成一部大百科全书，让事关人类利益的各门类知识都得以增长。分成各部的博物馆架构映照着这一雄心壮志。因此，大英博物馆并不像是一座铺陈艺术史的美术馆，也不是一次社会史的操演，让芸芸众生的线头编织成一幅挂毯。大英博物馆是一部卷帙浩繁的巨著，一张张书页都可分割开来、各自辨识、彼此勾连而又错落有序。尽管如此，只要访客还是飞奔疾行而过——除非他们获允驻足观看思索——大英博物馆就仍是它本来希冀避免的那种事物：一团乱麻似的珍品稀物阁间。

* * * * * *

19 世纪初博物馆的运营

“理事在任何时候都当享有全权”

博物馆就像是一台台吸力机，从生活的方方面面抓取原料填入其中：从帕特农石雕，到某间阁楼里现身的花瓶，不一而足。一俟开业运营，大英博物馆就在最初数十年里目睹了自身的吸力效应是如何马力全开的。

尽管如此，大英博物馆为迎纳新世界所做的改变还是着实太慢了。库克船长的船队于1771年从南太平洋航行归来，随行自然学家带来的珍品稀物无不昭示着一个个纷至沓来的新世界：约瑟夫·班克斯（1743—1820）出航之前，就已是大英博物馆阅览室里年轻勤奋的常客；瑞典人丹尼尔·索兰德（1733—1782）是大英博物馆天然和人工制品部的助手。他们给大英博物馆带来的是新颖怪奇的珍品，一个远比斯隆的蝴蝶标本或科顿的《林迪斯法恩福音书》更远的世界。“奋进”号三桅帆船甲板之下舶来的可是塔希提的玛瑙珠、新西兰的武器、澳大利亚的服装。探险家乔治·温哥华上校在北太平洋的各项发现，也为博物馆捐出了一些藏品。虽然斯隆藏品包括了一尊产自西非的阿坎鼓（是他在弗吉尼亚时从一艘奴隶船上得到的），但库克和温哥华两位船长在远航途中收集的珍品无疑将来自各民族的藏品送上了一段新的旅程——虽然这严重挑战了大英博物馆自斯隆医生以来的“保有”原则，因为博物馆里要处理的东西实在太多了。

而在大英博物馆纳入库克船长舶来的大批原料之时，同样有大批量未予注册的被排除、迁出、交易、以其他方式捐出，或是因为缺少馆员的关注和兴趣而消失无存。库克船长口中的“南太平洋群岛人造珍品收藏”[1]也是得到温哥华上校增补的收藏，到了1816年已经整理成了第一层某间展览室里的15座展柜，并在同年出版的“概要”里得到了如此贬词：“并非绝对具备科学性，这里对其内容细节不予详述。”[2]不过，1808年版的“概要”又把这些藏品描述为了“博物馆里光耀夺目的藏品”。“概要”版本的前后差异堪称一个标志信号：在大英博物馆发展初期，访客心驰神往的兴趣与馆员的研究癖好之间已经产生了“矛盾”。

理事会议的备忘录清楚地展现了大英博物馆成立之后日渐增长的痛苦。一开始困扰博物馆的是文物放置问题。奈特之后继任的首席馆员查尔斯·默顿应人们之请，将他的轿子从石柱廊下取走：毫无疑问，轿子放在那里有碍访客走动（1779年8月13日）。读者的破坏也时有发生：手稿部馆员约瑟夫·普兰塔（1744—1827）报告说，哈利父子手稿的几张书页惨遭割取。馆方追回了这几页纸并粘了上去（1779年8月27日）。健康和安全问题也很早浮现：有名访客的四轮马车被石柱廊掉下的石头花瓶砸毁。这次事件估计造成了死亡，因此勘察员“建议将（花瓶）彻底移除”（1780年1月7日）。普兰塔比同事们更早照顾这些藏品，他和手下的职员已经出版了一本哈利手稿目录。到1780年2月25日时，这份目录已经卖出了124本。从中我们可以看到不少自此传扬几个世纪的博物馆管理议题，这些议题在今天遍布全球的市镇博物馆那

下页图
蒙太古府之外扎营的约克郡军团，1780年，塞缪尔·希罗尼穆斯·格里姆绘。

里都一再浮现。

一次意外事件严重损毁了博物馆。1780年6月爆发的反天主教戈登骚乱（Gordon Riots）期间，大英博物馆的花园和一些展室都被征作军营之用，600名从约克郡来的官兵驻扎在这里保护伦敦。正如塞缪尔·希罗尼穆斯·格里姆描绘这一场景的水彩画显示，他们的露天扎营整洁干净。但被刺痛的是理事而非政府，他们得支付军队短期驻扎所需的住宿和供应之费。就在斯坦霍普·哈维上校统率的约克军团在两个月后离开并“以反复欢呼表达他们的谢意”（1780年8月18日）时，大英博物馆只得收拾残局、清点损失。

现在新的藏品犹如一股春潮一样涌入，它们的压力和广度都反映了博物馆体系和物质结构的脆弱。三间展室必须清空藏书、重新整理，以便在皇家学会从舰队街的鹤苑（Crane Court）迁往萨姆塞特府（1781年5月18日）之前，先容纳皇家学会博物馆的藏品。克雷顿·莫当特·克拉切罗德牧师向大英博物馆捐出了奢丽而迷人的遗赠，理事在1799年的欢迎词中评价它们是“最具价值的遗产……书籍、绘画、版画、金币、奖章、宝石、矿物和贝壳，它们以最大的细致和技巧被收集到了一起”。人们发现这些藏品有纳税义务，于是理事必须设法解决这个问题（1799年5月21日）。就好像麻烦还不够多一样，就在蒙太古府开放四十年后，这座以娱乐消遣、引发反思、激发兴趣和提供愉悦之姿吸引数千名访客的去处开始倾圮剥落，报道再度指出，“亟待全面翻修”

（1799年5月11日）。

在降临世间的半个世纪里，大英博物馆一直持续着吸引藏品和淘汰藏品的过程。出售和交换藏品可能会残酷非凡。斯隆医生要求其藏品“一体保管，不被分割”的严苛准则也要在艰苦的现实面前有所低头。班克斯监理了一些动物废品的焚烧和填埋，但当地人对此叫苦不迭，抱怨气味太难闻。19世纪30年代，画家理查德·雷纳格尔在细审一堆动物毛皮的时候发现了一只渡渡鸟的头、嘴和脚。当时的一本杂志评论说：“雷纳格尔从来都未能知晓这些碎片后来去哪儿了，但是它们理当继续待在大英博物馆的某个地方。”[3]

就在克拉切罗德藏品抵达前后，大英博物馆还接收了威廉·汉密尔顿爵士的希腊、罗马和那不勒斯藏品（1772），大卫·加立克的戏剧、书籍和小册子藏书（1779），以及查尔斯·哈切特的矿物集萃（1799）。罗塞塔石碑于1802年运抵博物馆，之后英国又从亚历山大里亚的法国人那里取得了一大批埃及文物，其中就有查尔斯·汤利的古典雕塑收藏（1805）、格伦维尔的20000件矿物标本收藏（1810），还有今天博物馆称之为“帕特农石雕”的“埃尔金石雕”（1816）、伯蒂奇的非洲收藏品（1818）、约瑟夫·班克斯爵士的民族志和自然志藏品（直至班克斯1820年去世为止都在添加）、英王乔治三世藏书（1823），以及理查德·佩恩·奈特的绘画、宝石和青铜器藏品（1824）。这么一大批藏品当然是对之前小门小类寄存品的得力补充，那些出自访客和热心

人士的寄存品更多地意味着捐献，但却得不到公众的掌声。其中就有一块13盎司（约370克）的铁片，取自萨姆·斯蒂尔的头颅。此君是西印度群岛客轮“格伦维尔”号的大副，也参加过前一年9月10日的一次战斗。这枚铁片击穿了他的眼睛，嵌入了头颅之内的不可见区域。受到铁片伤害的这位斯蒂尔先生现在已经康复（1779年12月17日）。这件物品别具一格，不是因为它“是什么”，而是因为它“没做成什么”。不过，其他物件可就无关紧要，也让人摸不着头脑了，比如“巴斯绅士菲利普·西克尼斯的方形烟斗里形成的一个结块”（1792年6月1日）。然而，理事们还是一以贯之、无偏无私地记下了他们对“这些馈赠”的感谢之意。

新的难题在捐助人试图继续掌控藏品时出现了。即便是约瑟夫·班克斯这般头面人物，也不免在与同侪理事的讨价还价中败下阵来。班克斯提议设立一项“交换制度”，即他“获允在大英博物馆寄存一些理事首肯的物品……以及……在他需要这些物品的时候，可以申请用一模一样的复制品来取代它们，入藏博物馆”。理事们牢牢地掌握着博物馆的管理权，干脆利落地做出了回应：

约瑟夫·班克斯将要寄存的所有类似物品……理当被视为藏品的一部分。事实上，从这些物品转交给蒙太古府馆员的那一刻起，它们就是理事们的财产了；理事在任何时候都当享有全权，只要他们认定不合情理的话，就应拒绝约瑟夫·班克斯爵士提出

罗塞塔石碑，公元前196年。石碑刻上了托勒密五世以三种文字——象形文字圣书体、世俗体和古希腊语写成的法令，因而成为学者破译古埃及象形文字的得力工具。

以复制品置换它们的所有请求。（1802年4月9日）

大英博物馆的存在，给了收藏家一条通向某种不朽的明路，方式是一笔重大捐献、一桩金钱来源（尤其是对收藏者的家人而言）、一处藏品之家。公众或将公正无私地认定，这处藏品之家势将成为更广受众的兴趣所在。登记参观的票务制度于1810年废弃不用，结果就是访客人数的急剧上升：1809到1810年还只有15000多人，第二年这个数字就几乎涨了一倍，而到1822—1823年已经达到了每年10万人。数不胜数、或大或小的藏品源源不断地抵达这里，它们的储藏和展览都需要空间，由此带来的现实压力成为制造政治压力——也就是扩建和修正建筑物的那股政治压力——的必备要件。

早在1802年，理事们就讨论了分阶段扩建博物馆的需要。汤利藏品的到来（以2万英镑的价格购自汤利家族）推动了乔治·桑德斯设计的新展厅的建设。1808年开幕的新展厅不但藏入了查尔斯·汤利的大理石系列，还顺势放进了一部分克拉切罗德、斯隆、科顿和汉密尔顿的藏品。这么一来，凭借高超的外交手段、灵活应变的能力、机会主义和不失时机的实用主义，理事们得以将政治、文化、行政和个人的压力统合起来，创造了不可或缺的舆论气候，达成了一系列在事实上改变世界的里程碑式成果。

这些成果中居于核心地位的乃是1814年拍卖会以1.5万英镑拍得的希腊“菲加勒伊安石雕”，其浮雕图案是巴赛的阿波罗神庙。两年后，英国议会历经大量运作和斗争，从埃尔金勋爵那里以3.5

描绘大英博物馆汤利展厅的画作，托马斯·普拉滕特绘。汤利展厅由乔治·桑德斯设计，本图出自《绅士杂志》，1810年9月号。

万英镑的高价买到了帕特农石雕，并永久地存放在大英博物馆。这些雕塑后来一直成为英国和希腊之间纷争的一大来由：自1832年从奥斯曼帝国那里赢得独立以来，希腊就屡屡向英国提出归还这些文物的请求。上述大理石浮雕和幸存于世的三角楣饰，曾于1801到1812年间经由经纪人之手，从雅典的帕特农神庙移转到了第七代埃尔金伯爵托马斯·布鲁斯之手。埃尔金伯爵的行动得到了当时奥斯曼帝国希腊总督表见代理的两道许可证，不过这些许可证今已不存。第一批大理石于1802年抵达伦敦，随着数量渐长，它们也间或在埃尔金的帕克巷住所展出。这批文物立即就成了一轮聚讼的焦点，至今依旧争辩不休。大英博物馆的捐助人兼赞助人理查德·佩恩·奈特质疑文物的真实性，对它们大加斥责。浪漫派亲希腊诗人拜伦勋爵在《恰尔德·哈罗尔德游记》（*Childe Harold's Pilgrimage*，1812—1818）一书中出言谴责，这批文物运出希腊就是一场公开破坏：

麻木不仁的是那些不掉泪的眼睛，
看着英国人的手破坏你的城墙，
搬走你残破的圣坛；
英国人本来应当
保护你的古迹——一旦残破，永难恢复；
应诅咒他们离开岛国来到这地方，
又一次刺痛了你忧郁苦闷的心窝，
硬把你那些衰老神明送到不相称的北方岛国！[4]

尽管存在种种反对声浪，但这批雕塑的庞大体量和重要性使之急需妥适的存放之地，于是人们就营建了一座新展厅。这座新展厅于1817年开馆，出自罗伯特·斯莫克（1780—1867）的设计。斯莫克乃是英国工务部的建筑师，受政府分派负责大英博物馆。新展厅堪称博物馆迈出的一大步，馆员人数也随之增加：

展厅开放之后，大家发现有必要雇用一位体力工人，负责点燃并照看炉火、清洁大理石等不甚体面的杂务；大理石在运送的途中，一个名叫约翰·加雷特的人已经完成了相似的职事……他

用行动证明，自己是个正派得体、才智具足的人。（1817年3月8日）

凡此种种缘由让约翰·加雷特得到了“临时雇用”。但就在加雷特得到工作的同时，理事们却驳回了给博物馆大厅额外值勤人员涨薪的请求。这些执勤人员负责照看人数激增的游客随身携带的雨伞和手杖，他们可都是因为新进希腊古物慕名而来的（1817年3月12日）。艺术家兼日记作者本杰明·罗伯特·海顿（1786—1846）在新开展的埃尔金大理石前听到了如下的游客对话：“它们是多么残破啊！难道不是吗？”“是的，”此君的朋友说，“但人生也是如此残破不堪。”

和所有现代博物馆与图书馆一样，大英博物馆也面临着被窃的风险。获得克拉切罗德的藏品之后的三年中（1804—1806），博物馆接连遭到了罗伯特·戴顿有条不紊的盗窃——不过，这只是此君卓尔不群的人生的一部分内容。身为流行歌手的戴顿，也是悦人耳目的讽刺漫画作家，但他的第三个身份是偷窃成性的艺术商人。戴顿结交了基层图书馆员威廉·贝洛，并以鹅、鸡、鱼和豌豆惑其心智。戴顿拥有轻而易举接触博物馆版画收藏夹的渠道，因此得以将其中一些精品“收入囊中……揣进衣袋……据为己有”，并拿去贩售。戴顿后来被抓个正着，但却被免于起诉：原因

下页图

油画：1819年的临时埃尔金展室。

罗伯特·斯莫克设计，阿奇巴尔德·阿切尔绘。

是针对他的证据不甚充足，而他也配合馆方尽可能地追回了失窃版画。这桩离奇窃案的结果是，贝洛因玩忽职守而遭到解雇，博物馆失去了不少最为珍贵的版画，迫于形势，理事们从根本上加强了安保工作。[5]事件过后的大英博物馆，推出了对版画和绘画藏品的“严格登记”制度。

* * *

大英博物馆为全体访客发行的第一本出版物《大英博物馆藏品概要》（*Synopsis of the Contents of the British Museum*，1808）是一部了不起的文件。这本概要既是蒙太古府诸藏品的一份导览，同时也是议会法案和投票记录的全部实录，而正是这些法案和投票，促成了大英博物馆的奠基和开放。不过这份文件的阅读体验却并不好。除了《议会下院议事录》（*Journal of the House of Commons*）的种种摘编和补遗之外，尚有更多的章程条例、馆员职责、43名理事名单，以及博物馆成立之初的全体馆员清单。整整184页之后，我们最终才读到这份出版物的主旨，也是其绝大多数读者渴盼的信息——我们能在博物馆门墙内看到什么。理事们在“概要”里搞这么一堆佶屈聱牙的东西，正是要借此将他们的机构与国家机器牢牢地绑在一起。大英博物馆不能被认定为——如果曾经是的话——前途不定。议会的意愿、英王的批准，都要写在“概要”的前面，供所有人阅读。

如前所述，博物馆安保饱受戴顿窃案破坏。在看守不严事件发生四年之后，新出版的“概要”显示，官方已有新政。“无论任何时候”，博物馆的主体建筑和周遭空地，都得有资深馆员在场看守；门窗应当“在旅行团离开博物馆”之后关闭；火炉里的火焰在夜间应当小心翼翼地保留；信使及其助手也应密切留意“大厅、过道（尤其是地下室那层的过道），以及其他可能发生危险的地方”，力保安全无虞，“检视并无旁人躲在里面”；点燃的蜡烛应当放在灯笼里，“绝不允许以其他任何方式……将蜡烛带入博物馆”。一旦火情发生，立即鸣响警钟，通知“住在合理距离之内的理事”。首席图书馆员必须确保灭火器布置得井井有条，蓄水池“理当始终装满水，或是接近装满水”。的确，比起盗窃，失火才是主要顾虑——1731年科顿图书馆火灾的前车之鉴，让防火显得更为紧迫。

“概要”一书最有趣之处在于，其作者确认了运营一家博物馆的主要职责，这可能是现存最早的博物馆管理指南。随着时间演进，这些“馆员职责”在随后的几百年里成为标准的操作规程，仅在优先级上有所重调，或是在内容上有所增补。

1. 首席馆员应“有必要且经常”待在博物馆里；
2. 他理当允许“显赫人物……尤其是外籍名人……额外准入”；
3. 若有某件藏品遗失或毁坏，他必须知情；
4. 各馆员“均应各展其长，科学安排藏品，适时为自己受命照看的新添藏品撰写名录；也要在有需要的时候负责重排旧的名录”，并注记藏品放置的地点；

5. 一份下级馆员或助理馆员的轮值表，保证博物馆总有一人待命；

6. 应向读者提供所需的书籍和手稿，保证他们不会损害书籍和手稿，或是打扰其他读者；

7. 馆员各自履行职责之时，理当勤奋供职，以荣崇、正直、慷慨之人自命自任，心中诚怀大英博物馆之效益声誉。

除了巴赛遗址和帕特农石雕这些声名卓著的入藏文物之外，大英博物馆的日常工作也在继续：保存、注册并增加其他更为现代的文物，丰富其藏品规模。1816年5月11日的一次会议上，理事委托雕塑家理查德·维斯特马克特修复菲加勒伊安石雕。他们也花费15英镑，从诺维奇的西姆斯先生那里买来了3187份昆虫标本。6月15日，他们又以1100英镑的价格买到了蒙太古上校的英国动物标本藏品。这是一座明白无误的“万物博物馆”了——希腊的大理石、诺福克郡的昆虫，还有西印度群岛那块嵌在水手眼睛后面的大铁块。

大英博物馆确有收集版画和素描作品，但在那个历史阶段里，博物馆也负责收罗聚拢英国的绘画藏品。19世纪20年代初，博物馆开诚布公地说，一座满是书架、展示柜和动物标本摆台的建筑物，已经无法满足古代大师绘画的空间要求。人们也在尽力设法使博物馆免除储藏这些绘画作品的职责。英国拥有自身国家美术馆的渴求日甚一日，声望卓著的艺术品收藏家乔治·博蒙特不免也受其感召。1826年，博蒙特爵士将他的藏品捐给了大英博物馆，同时还与博物馆理事联合，玩了一把机巧的政治游戏。博蒙特本来的打算是要促成政府拨款，为博物馆建立一间肖像展厅。结果到头来，除博物馆创始人肖像之外的油画藏品，都于1828年悉数转移到了新建成的国家美术馆。本来按计划要存放古代大师绘画的博物馆画廊空间却改作了他用：这里摆放着一堆堆矿物标本，高悬其上的则是博物馆收藏的肖像画。

1823年，蒙太古府东面和背后的土地已是一派热火朝天的建筑工地气象，罗伯特·斯莫克得到理事的确认，获任官方建筑师。西面的汤利展厅尚称人意，但仅仅过了10年，其时存放帕特农石雕的临时建筑就已堕入“不安全状态”（1826年1月4日）。斯莫克向理事报告了他的扩建建议，他们将这些建议写成了九点主张，并呈递给财政部。这些主张势将打造一个与时俱进、再度合用的大英博物馆。理事在此设立了新的标准，并且展望未来：大英博物馆乃是稀世奇珍，其规模、雄心、世界观，甚至其自身的存在就足够独特。它为未来的公共博物馆开拓了发展方向。为了因应起伏不定的空间压力和大众压力，理事也要求便于行事之权，俾能迁移博物馆内的藏品。

下页图

《埃尔金大理石！或名：约翰·布尔购买奇石的同时，他的一家老小却在渴求面包！！》

1816年，乔治·克鲁克香克绘。

Here's a Bargain for
for you! Never think
I dont think somehow that
Trade is very Bad and
it will cost £40 000 to
in his Official capacity
should not charge such an
Ministerial Economy a Farce 1816
The Elgin Marbles! or John Bull buy

Only £35 000!! I have bought them on purpose
en you can have Stones so wonderous cheap!!
Just Publish'd
Speculation!!
or Travels in the East
in search of ruinous
fragments of Stone
for John Bull
by Lord Elgin
are perfect! and had rather not buy them at present
Dear and my Family cant Eat Stones! Besides they say
put them in — As the Turks gave them to our Ambassador
ng & solely out of compliment to the British Nation — I think he
ce for Packing & Carriage.
Dont buy them Daddy! we dont want them
Stones give us Bread! give us Bread!
give us Bread!
Let him take his Stones back again
to the Turks we dont want them
in this Country!!
The Grand National Stone Build.g of
the Strand or Waterloo Bridge impeded
& delay'd by an Enormous & illiberal
Demand for the purchase of the Crown
land in the Savoy
sold in future
for One Shilling
Sixpence.
es at the time his numerous Family want Bread!!

要想明确地告诉政治家，免费的博物馆和美术馆，乃是一个先进文明渴望了解自身的符记，那么一家博物馆对其政治领导人的要求，就必须一以贯之、持续不断。早在1784年，身为理事的约瑟夫·班克斯爵士提出的收取入场费的请求，便遭到了驳回。理事们认为，“即便能获得（入场费）收入……这对博物馆日常经费的短缺而言，也只不过是杯水车薪”。于是，大英博物馆依旧或者说从来都是一家免费的博物馆。未来二百年间的诸位馆长，无论是弗里德里克·凯尼恩爵士、大卫·威尔逊爵士，还是尼尔·麦克格雷格，都将激情洋溢地捍卫这条免费参观背后的原则（见第七章）。

同样，既然博物馆给公众带来了学问和知识，那么上层官员也必须予博物馆以支持。1826年6月，大英博物馆的理事便如此向政治家们表达了诉求：

1.（面对刊行书籍的持续增长）18万册藏书至少需要用到两倍于今天东楼国王图书馆的存储空间，那里只能存下6万册书。
2.（肖像藏品移走之后）矿物标本将占据东楼的上层楼面；动物标本和植物标本或将合理存放于西楼的楼上展厅（汤利展厅）。
3. 对馆员和访客而言，上层楼面之间的便捷交通将是当务之急。
4. 必须盖一间空间足够的印刷室，并优先满足自北向南的照明需要。

5. 修建一间安保齐全的荣誉室。

6. 伊特鲁里亚古物需要一间比当前更好的展厅，方能配得上这些文物的质量。

7. 一间专为理事准备的会议室，需要前厅和内室。

8. 一间小型的休息室，专为每个部会的主任馆员准备，以为学习和工作之用。

9. 博物馆书籍装订商和雕刻工所需的作坊。

理事的要求可能还包括：开辟更多空间以容纳雨伞和手杖；为博物馆的石膏匠扩展工作空间。其他博物馆、学院和私人收藏者对古物石膏模型的需求源源不绝，石膏匠的工作给大英博物馆带来了不少收入。就以希腊古物为例，1838年的一份价目表显示，菲加勒伊安石雕之“命运三女神”其中之一的石膏铸像就要花22英镑，一尊马头也报价1英镑5先令。理事的会议记录显示，1829年，大英博物馆收到了纽约哥伦比亚大学图书馆馆长和博物馆馆长铸造罗塞塔石碑石膏模型的请求（1829年4月11日）。

理事的会议记录也持续不断地报告着他们对今天被归于“策展事务”的事项的支持。比如说，佩恩·奈特藏品中的伦勃朗素描总是备受临摹者青睐，于是理事们就在1825年规定，在所有作品都被镌版之前，禁止一切对伦勃朗画作的临摹行为。不过，禁令并未波及17世纪成就稍逊的荷兰画家阿德里安·范奥斯塔德的作品，这反映了理事们对两位艺术家的相对重要性已经有所认知（1825年2月12日）。不仅如此，会议记录还显示，填充动物标本——一条北极狗、一只尼泊尔山羊、一只小海豹和一只水獭——曾于“自然志楼层的第11展室”公开展览，却惨遭破坏。未来需要为这些藏品配备玻璃橱柜（1824年7月10日）。

于是理事们便想了一个法子：要求他们新雇的馆员购买债券，以此确保他们的忠诚。1827年，已是印本书保管人（后来也是手稿保管人）的亨利·埃利斯（1777—1869）出任首席馆员。他不得不认缴价值2000英镑的债券，“俾使他忠实履行首席馆员之职责”；还有另加的2000英镑，“因为他独立担任的信托接管人和催交人两个职位”。这是一招反腐败策略，意在迫使在其位者忠诚履职，以免法律诉讼找上门来时赔钱又蚀本（1828年1月12日）。新任下级馆员也被要求认缴数额较小的债券。这项政策意味着，要想获任为大英博物馆的专职人员，你就得事先有一定数额的金钱。

这时的大英博物馆已经风靡于世、活力十足、喧闹嘈杂、引人入胜，一如既往的迷人。记者兼喜剧作家皮尔斯·伊根（1772—1849）在他的《伦敦生活指南》（*Life in London*，1821）一书中虚构了一对名为“汤姆和杰瑞”的小镇纨绔子弟形象，两人在某“向导”的指引下绕着大英博物馆转了一圈。这则故事表明，早期形态的义务伴游已经演化为一种非官方的公共服务。来自四面八方和各类人群的礼物纷纷涌入博物馆，不少送礼物的人差不多都是所谓的“知识分子”。纷涌而来的赠礼热潮足以证明，大英博物馆已经多么深入人心，如今已是国家意识的一部分。自然哲学家、研究恐龙的先驱人物基甸·曼特尔就是一位大捐赠人，其他捐赠者还包括诗人兼收藏家塞缪尔·罗杰斯，艺术家、作家、旅行者、博学多闻的威廉·布洛克东，还有画家本杰明·罗伯特·海顿。1830年6月，海顿捐出了“他本人撰写的几本艺术小册子”（1830年6月12日）。收藏名家理查德·佩恩·奈特捐出了他的1000幅素描画、800尊青铜文物、几十颗宝石，条件是佩恩·奈特家族的成员永久占据理事委员会的一个名额。这项条款一直忠实地履行到了1963年。当其终止之时，大英博物馆举办了佩恩·奈特藏品特展。展览上引人注目者，便是标记其素描画而特别发行的邮票。设计这款邮票的重责大任落到了理事兼皇家艺术学院院长托马斯·劳伦斯爵士和超迈杰出的奖牌设计家贝内德托·皮斯特鲁奇的头上，后者的说法是“邮票的四周将铸上‘大英博物馆’的字眼，词首大写字母‘R P K’也将刻在中心”（1824年7月10日）。

博物馆满腔热忱地礼聘自然哲学家——也就是今天的“科学家”——全情投入馆务。1808年的“概要”一书也表明了馆方对于科学知识前沿进展的清晰理解：

可以预料的是，随着近年来自然博物科学的重大进步，虽然汉斯·斯隆爵士的藏品在购进的时候还称得上是一等一的宝藏，但它们也将不知不觉地在相对价值上有所退步：事实上，这一点在鸟类学和矿物学的分科那里展现得最为淋漓尽致。相应地……后来的不少新添藏品都是自购买和捐赠而来，藏品总数一下子就多起来了……其数量和稀奇程度在当今时代都罕有及者。

接过约瑟夫·班克斯那一代人衣钵的是化学家兼教师汉弗莱·戴维爵士（1778—1829），此君在接掌理事的同时，也给博物馆带来了不少新观念。汉弗莱提出，设计并供应一种玻璃橱，俾能“密不透风，材质永固，以为保存自然志标本之用”（1824年11月13日）。保存有机物质的科学开始急起直追地研究这些物质，我们能有博物馆还是要感谢这些科学。戴维及其同事威廉·沃拉斯通都受邀，“以实验之目的”研核1731年大火中劫后余生的科顿手稿余烬和残渣。戴维向来谙熟火损手稿，亲手检核过赫库兰尼姆古城出土的羊皮纸——这座古城正是毁于公元79年的维苏威火山大爆发。

事态变得愈加明显起来：书籍数量的增加和博物馆新收藏品规模不可逆的扩大之间终将产生冲突。冲突既已无法避免，那么现状也就如人公认一样难以为继。尽管如此，大英博物馆也随着19世纪的深入而继续前行：访客增加、建筑倾圮、预算萎缩（或者至少是无法跟上预期）。博物馆于1840年拒绝了一批为数50只、包括“23或24个品种”的袋鼠的报价，因为卖家索价100英镑，而动物收藏部的预算只剩下68英镑（1840年9月26日）。另一方面，亨利·埃利斯在一年之后不无欣喜地向理事们报告了他的好

旧大英博物馆，即蒙太古府的楼梯。长颈鹿、犀牛和访客。1845年，乔治·约哈恩·沙夫绘。

消息，那就是“A”字首的《新印书籍名录》预计于本月末出版完毕（1841年7月10日）。这番宣示对书籍编者而言堪称迈出了一大步，现在只剩25个字首要完成了。

相较于考古学、民族志、古代史、钱币奖牌和版画素描，19世纪40年代的大英博物馆仍旧更重视自然志、版画和手稿。所有藏品的规模飞速增长，所需的储藏空间和展示空间也在同步增长。其中，到21世纪还留存在大罗素街的那些藏品仅仅占到了总数的一小部分。

* * * * * * *

1821—1846年间的重建

“安居的渴求”

皇家建筑师罗伯特·斯莫克举止优雅、精力充沛、平易近人，堪称是一等一的托利党建筑师。受命任职于大英博物馆之前，他已经设计建造了（或者说正在建造）如下作品：为朗斯代尔伯爵修建位于威斯特摩兰郡的劳瑟城堡，为剧团经理约翰·菲利普·肯布尔修建的新皇家剧院“科芬特花园”，此外还有遍布英国各地的桥梁、市政厅、教堂、兵营、医院、法院、绅士俱乐部和乡间别墅。斯莫克还曾成为应召入宫的皇家建筑师。他与心思机敏的承包商塞缪尔·巴克三世（1761—1836）一起主持了不少濒危建筑物和失败工程的抢救工作，其中就有海关大楼和米尔班克监狱。

滑铁卢之役（1815）之后的几年时间里，人们见证了公共建筑的复兴，斯莫克本人的建筑事业也正是在这段时间开始腾飞。公共建筑的复兴与斯莫克的事业珠联璧合。斯莫克采用的建筑风格乃是希腊复兴式和帕拉迪奥式，这正是一个年轻人经年累月走访意大利和希腊采风素描的产物；他也目睹了埃尔金勋爵手下士兵搬取帕特农石雕的全过程。斯莫克的建筑拥有诸多工艺特点，他对铸铁廊柱、凿空铸铁横梁、混凝土地基、中央供暖系统的运用，堪称繁复精巧，板岩地板、铜皮屋顶这种内部防火设施的使用也臻于化境。普鲁士大使兼建筑师卡尔·弗里德里希·欣克尔（1781—1841）曾于1826年访问伦敦，并详细审看了在建的大英博物馆，然后写成报告呈交给了本国政府。[1]普鲁士和英国一样，深知博物馆“展示软实力”的潜在价值。大英博物馆堪称是现代建筑材料和建筑工艺的试验台，正是现代建筑材料和塞缪尔·巴克的天纵奇才的合二为一造就了斯莫克的建筑作品，而不是裹在表面的古典样式。

斯莫克获任博物馆建筑师的时候，理事并不知道他们即将与斯莫克本人及其家族开启一段至关重要而又持久深远的合作关系。相较于留守蒙太古府，理事们曾在短时间里起心动念，将所有藏品一股脑儿地挪到蓓尔美尔街东端的卡尔顿府里去，当时这所房子刚刚由威尔士亲王清空。但最后还是理性思考占了上风，斯莫克也于1821年呈交了修建东西两楼的计划。1823年，英国议会票决通过了修建一座东楼的4万英镑预算。东楼将作为国王图书馆，用来存放王室藏书，同时也将存放斯隆、哈利和科顿三人收藏的手稿。斯莫克的建筑才华得以借着这栋建筑物极致展现，无论是唤起庄重，还是打造空间。塞缪尔·巴克的工程艺术和人事管理长才也至关重要，因为这处选址渐渐地展露出了其所特有的困难，比如他必须得想办法克服的水浸问题。博物馆馆员骨干约翰·康拉特写过一本留存至今的简明日记。1823年9月8日星期一，他记载说："大英博物馆新楼地基的第一批砖块放了下去，基址临近旧楼的东端。地面颇具弹性，我看到了泡在水里的砖块和灰泥，地基约有12英尺之深。"[2]

巴克正是那个将建筑师"给予国王图书馆宽阔空间"的蓝图

下页图

罗伯特·斯莫克爵士半身像，1845年，
托马斯·坎贝尔作。

付诸实践的人，同时也提出了他本人的要求，那就是让混凝土地基发挥效用。他勤勉任事，对眼前的任务料敌机先。1828年7月，艺术家老乔治·约哈恩·沙夫（1788—1860）在伦敦城周边做长期巡游，其间造访大英博物馆基址，与巴克有所交谈，后者向他提及修筑大英博物馆所需石料的工程量的相关信息。沙夫还在他手绘的“欧洲其时最大的建筑物基址”的素描边栏上写道：“建筑师巴克先生告诉我，其立面将有44根廊柱，主体建筑也将用掉10000吨石料。”建筑立面确有44根廊柱，斯莫克的设计骨架显然早早就完成了。为一栋公共建筑耗费如此巨大的工程量，在当时的英国是前所未有的。巴克显然有意给沙夫留下深刻印象，他既精准而又自豪地向沙夫表达了理事在他们这项大工程之中展现的雄心和魄力。[3]

沙夫的素描画展现了热火朝天的建筑景象：国王图书馆已经竣工，远在视野之外；汤利展厅距离适中，略显荒凉寂寥，时日无多；一侧的西楼正在拔地而起；查尔斯·兰姆口中“天谴穷途”的蒙太古府露出了一角，等待着它的终结。博物馆诸建筑吞噬了它们自己：十年之内尚称上佳新潮的住所，也许到了下一个十年就会以不敷使用之名惨遭淘汰。这堪称史上辛酸动人的一笔：1799年上任负责修建汤利展厅的首席馆员约瑟夫·普兰塔，也是负责下令拆毁这座建筑的人。大英博物馆档案里的拍卖公告无声地诉

下页图

汤利展厅，以及斯莫克正在修建的新西楼。

1818年，乔治·约哈恩·沙夫绘。

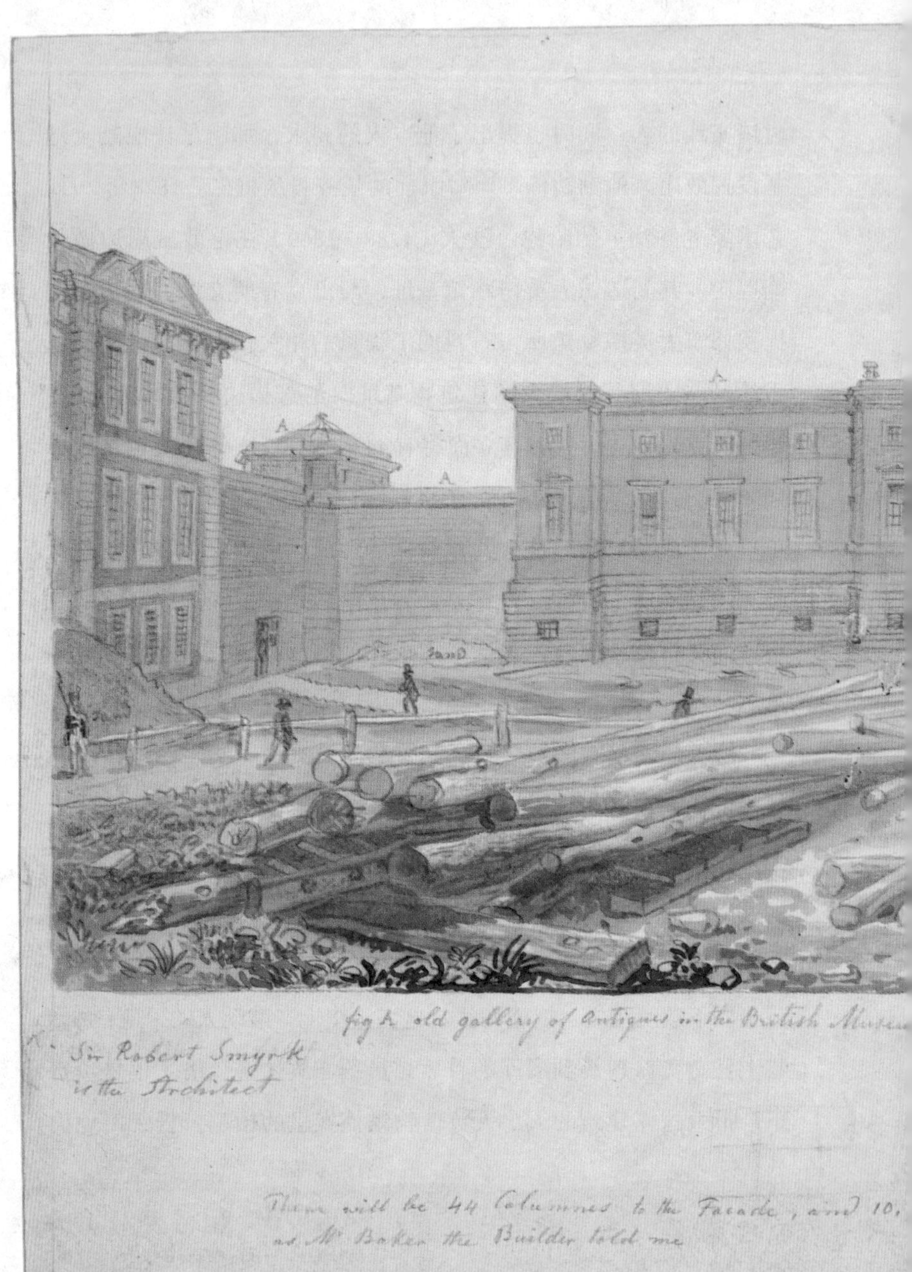
Sand
fig A old gallery of Antiques in the British
A - Sir Robert Smyrk
is the Architect
There will be 44 Columnes to the Facade, and 10,
as Mr Baker the Builder told me

B
B
New gallery erecting July 1828
London G. Scharf
Stones used
N. B.
The winding jack +
is too large

说着这段修建、拆毁、拍卖而又重建的残酷历史。不过，沙夫也描绘了一幅着眼未来的图景：料石石块和木料准备就绪，建筑基址上满是工人及其工具。沙夫的素描乃是一系列详尽其事的铅笔水彩研究作品之一，生动地展现了理事们已经生成的动力，正是这股动力推动了博物馆的发展。

显然，这项工程涉及的规模一定会让某个不情不愿的财政部官员觉得“没法通过”。不过，博物馆的扩张确实有一股无可阻挡的动力。这里不但是欧洲最大的建筑基址，大概也是最为吵闹的建筑基址，喧嚣的噪声也将一直进入19世纪50年代，1854到1857年间的圆顶阅览室也在修筑之中。布鲁姆斯伯里居民“深受其害”的证据，至今仍有留存。博物馆手稿管理人弗里德里克·马登当时就住在基址，他也抱怨了“泥瓦匠砍凿石块带来的极度困扰、匮乏和不适……他们就在紧挨窗外的下方工作……难以容忍的肮脏和噪声……”还有“工人们的粗俗无礼”。对那些坐困阅览室的人而言，生活肯定也极端困难：适合用功的僻静势将被建筑工人的噪声打扰。

* * *

早期馆长（奈特、马蒂和默顿）都去世很久了。他们不仅是在任时去世，事实上还是在馆内离世——对馆长而言，死在蒙太古府并非稀奇之事。馆长没有退休金，只能住在馆内并一直住下去，直至去世。1799年，约瑟夫·普兰塔荣升首席馆员之时，已在博物馆工作了26个年头。彼时的大英博物馆仍然只是斯隆医生名下藏书和稀世珍品的聚合；而在1827年普兰塔去世的时候（当然，也是死在馆内），他已成为大英博物馆供职最久的雇员。普兰塔主持收藏了汤利藏品、佩恩·奈特藏品、克拉切罗德藏品、菲加勒伊安和帕特农石雕，以及包括罗塞塔石碑在内的埃及古物。大英博物馆的蝶变虽说成功于19世纪，但在18世纪就拉开序幕了。正如J. 莫当特·克鲁克颇具才情的说法，“大英博物馆造就这座建筑物，有如海龟造就了它的甲壳”。

大英博物馆这段时期的新获藏品，也反映了英国基于海上霸权获致的日新月异的帝国势力。埃及古物之始入英国正是在1798年尼罗河之战后，那一役也让拿破仑在东地中海的雄心壮志受挫泄气。亚述古物也开始进入博物馆展厅，这一切都发生在约瑟夫·普兰塔的首席馆员任期之内。莫当特·克鲁克后来的评论，“一家博物馆只懂一条法则：扩容”，在此期间变得清楚显白。[4]面对“藏品扩容”这一无可回避的事实，普兰塔不但推动和主持了名目繁多的建设，还见证并促成了博物馆的第一批藏品交割。斯隆藏品中的“怪物”（也就是瓶装的那些怪奇生物）于19世纪初送予了伦敦皇家外科医学院的亨特里安博物馆，古典名画也于1828年转给了新成立的国家美术馆。[5]除诸创始人肖像画之外的所有肖像画也在19世纪90年代转给了国家肖像美术馆。

普兰塔任职期间的馆务工作堪称现代博物馆的先声。在此期间，理事的会议记录更为连贯有序，博物馆成立了次级委员会，开放时间也有所延长。理事对馆务的掌控也逐渐放松。义务伴游中止，普惠访客的免票制度得到确认，基于学术目的的谈话会和物品法医鉴定也开始了。艺术家和艺术生获允入馆作画，与国内外其他机构的公共关系也得以培育：不仅仅透过学术交流，也经由获利丰厚的石膏模型售卖生意。游客指南一本本出版，足以满足所有类型的观光者；学术研究继续进行，以为藏品目录之用；馆员薪水也有所增长。1818年，蒙太古府的庭院还用上了煤气灯（1818年2月14日）。

普兰塔在藏品保养问题上的管理思路多有转变，当时古物部馆员泰勒·库姆（1774—1826）的说法堪称其中一大例证。在古物部出版的《大英博物馆古大理石藏品概述》（*A Description of the Collection of Ancient Marbles in the British Museum*，1812）一书中，库姆表示：

> 我们不由得要表达我们对于过度频繁地修复古代大理石毁损部分这种行为的强烈反对；这些修复就算技法精熟、巧夺天工，通常情况下也根本谈不上是复原。在古典文献研究领域，学者永远不会容许在某个古代作家的文本里窜入臆测的增补文字；想必，同样的正确情感也当一体适用于古代雕塑的遗存，如此一来方能保护它们免于“臆测复原”的种种伤害。

库姆所提及的这种做法，在罗马雕塑家、修补者巴托洛梅·卡瓦切皮（1716—1799）的工作坊中颇为普遍。他们对待考古遗存有

旧蒙太古府庭院掠影，画面中有馆员们的住所。19世纪40年代，约翰·维克汉姆·阿切尔绘。

如卖给藏家的出土艺术品，而非古代历史的见证。如此一来，“古代”雕塑便连同那些不甚明智或颇为有害的“修复”和“重建”一起，既深且广地传布到了壮游欧陆的英国访客行囊里。库姆认定自己有责任保证大英博物馆对这类做法敬而远之。

* * *

斯莫克寄予大英博物馆的宏图壮志，无论在雄心还是在程度上都推动了有关伦敦基建扩大的讨论。尽管蒙太古府恰到好处地位于威斯敏斯特和伦敦城之间，现存的街道布局却并没有给博物馆配备最便捷的通道。斯莫克新楼的诞生缓慢不堪而又充满波折，与之相伴的还有未来数十年间一批又一批悬而未决、争辩不休而又束之高阁的改善街道提案。1825年，约翰·纳什提出了一个以“七面钟”（Seven Dials）*将查令十字街与大英博物馆联结起来的方案。与纳什已经完成的摄政街规划相比，这一方案将打造一条更为平缓的弯道。有关这一方案，年轻建筑师托马斯·L. 唐纳尔森写道：

现在尚未定案的诸计划里，开辟新街道成了最受欢迎的那个……西区的头面人物怒气冲冲，只因如此之多的好东西竟然放到了遥远的东边，于是他们在议会里大声吵嚷。政府部门焦头烂额地在议会里论证他们的方案，希能聘用纳什先生，在那里打造一条尊贵宽敞的通道。西区大人物们满腹怨言，只因他们根本没法去到大英博物馆。[6]

五年之后，英国议会讨论了另一个方案：修建一条连接滑铁卢桥和高霍尔本的新路。[7]恰巧有一条始自滑铁卢桥的直线，沿着北—西北方向直接通向大英博物馆柱廊的中心。这样就将有一条妙不可言的康庄大道，堪称“斯隆教区教堂”的布鲁姆斯伯里圣乔治座堂也将位于一个新交通岛的突出部。这条修长笔直的林荫大道令人想起巴黎和柏林的城市规划。但是，土地所有者反对这个计划；

---

* 一种城市规划方案，即七条街道的交叉口。

无论如何，这种规划也与伦敦的城市性格不符。

好奇心使然，我们不免做一番简单畅想：如果当初的理事在18世纪50年代将白金汉府选为大英博物馆新家的话，伦敦的城市发展又将有何不同。是的，他们本可以那么做。相比于爱德华·布洛尔1830年的原始立面和1913年阿什顿·韦伯的重新设计，我们势将看到一个焕然一新的白金汉宫，一个有如斯莫克那个“布鲁姆斯伯里方案”的白金汉宫。不过，较之蒙太古府更为宽阔的白金汉宫也将衍生出一个样式截然不同的博物馆，理论上它足以向三个方向延伸，通往圣詹姆斯公园、格林公园和今天的肯辛顿宫花园。当时的林荫路（The Mall）还只是一条花木扶疏的公共人行道，若大英博物馆搬入白金汉宫，也许它终将成为纳什等人于19世纪二三十年代为布鲁姆斯伯里预先规划的宽敞大道，20世纪初的阿什顿·韦伯也意识到了这一点。但若是圣詹姆斯宫变得“实质上不宜居”的话，那么乔治三世和夏洛特王后又将选哪里住呢？理事弃用白金汉府仅仅是一念之决，却悄无声息地给伦敦的未来规划带来了深远影响。一处生长在首都别处的王室宫殿，势将带给伦敦截然不同的另一种风貌。

* * *

经由19世纪上半叶的种种产业、商业和社会革命，斯莫克对大英博物馆的构想演化为了最终形态。从规划到建筑这段时期里，掩映在廊柱雏形背后的博物馆本身也在进化，从一个庞大、笨重且罕有人懂的珍品宝阁，演化为一家古物古董逐渐彰显其优先度的机构。大英博物馆乃是聚拢万物的媒介、经验主义的原料，包罗万象的智力实验得以在此进行。旧蒙太古府的碎石瓦砾于19世纪40年代一车车运出、建筑配件拍卖处理，博物馆藏品之中的希腊元素便在同一时期生根发芽，长成了里面的一根根廊柱，为馆内的希腊世界打造了一副张扬于外的面孔。大英博物馆规模巨大，同等规模的建筑在意大利、法国、德国和俄国那里也许就成了王宫禁苑。然而这里是英国。就在伦敦拥挤不堪的心脏地带，就在居民建筑和商业楼宇环绕之中，大英博物馆成了一座公众自得其乐的宫殿，而且配备的东西都属公众所有，因为这是国家的藏品。

遗赠、馈赠和意料之外的藏品，它们可能的不期而至让任何博物馆都难以规划扩建。有的时候博物馆馆长会对大宗馈赠和大笔遗赠翘首以盼，他们的算盘是以此推动博物馆的扩张或改建；有的馆长可能会无动于衷，导致馆内的藏品满到快要爆炸的程度。谈到“利用政治杠杆以实现扩容”这一点，大英博物馆的理事堪称全世界博物馆的先驱。全球政治、欧洲冲突和帝国雄心都是他们的驱动之力。

至此，大英博物馆的职责所系已经大白于世了：扩容乃是这家博物馆知晓的唯一法则。理事和馆长心知肚明，普通访客也心知其意。时至1832年，哪怕是英国财政部必定也对这条普世法则一清二楚了。理事在那一年起草了一封重要信件，催促财政部重新考虑其在博物馆扩容过程中的意见（见附录5）。就在蒙太古府后面的建筑工程依照斯莫克的设计继续进行之时，理事面临的问题是“保证现金流”和“左右政治高层”。财政部深知博物馆的野心，但又不想在西楼完工之前向议会申请资金修建北楼。博物馆便换了一套说辞：

理事深感，在博物馆内继续建设新楼的法子既能大大提升文人学士的便捷和兴趣，也可大大利于珍本文献的安全。这正是理事的职责所系，他们认为自己有责任唤起阁下们的注意力：有些更为重大的事态让理事们相信，争取北楼开工的优先级已经高过了西楼的最终竣工。

注意这里的关键词“文学”（literary）。古典学教育出身的理事在这里颇为巧妙地强调了博物馆诸藏品中的一大类型，因为他们深知，财政部那些古典学教育出道的官员对此势将感同身受。陈说一只受伤的蝴蝶标本或是一条北极狗标本的困境，这在19世纪30年代的效果可没法与21世纪初一样。理事陈述方案时坚称，博物馆正处于变动之中，空间必会增长，就算接近完工的东西两楼暂且够用，现在仍有必要以一座新的北楼存放过剩多余的藏品。主要问题乃是书籍数量和读者压力：

读者人数增加，接待空间匮乏。阁下可以轻易从以下事实中得出结论：现在出于研究目的造访大英博物馆图书馆的人数每年

下页图

《国王图书馆》，1875年。弗里德里克·约克拍摄。

什么是「未读之书」？

从2020年7月起，未读君每月都从当月「未读」新书中精选出一本**最能代表「未读」气质和调性的好书**（定价不低于58元且为首发）作为「未读之书」推荐给大家，与大家一起换个姿势看世界。

「未读」共读Plus会员无需下单就能直接获得这本「未读之书」，还可以参加它的线上共读会，并享受更多独家权益。

如何成为「未读」共读Plus会员？

「未读」共读Plus会员卡，分成体验月卡、半年卡和年卡，分别为59/月、299元/半年、549元/年。

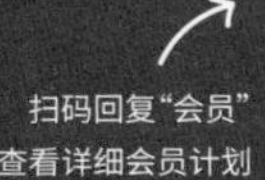

扫码回复“会员”
查看详细会员计划

未读共读Plus会员卡

	档位	单月体验卡（限购一次）	半年卡	年卡
	价格（元）	59	299	549
	图书折扣（特殊商品除外）	5.5折	5.5折	5折
	文创折扣		8折	
共读包	会员福利包：每月一本首发新书（定价58元-98元）+1份会员专属文创		✓	
	每月一次共读活动（价值29.9元）		✓	
专属权益	每月一张6元优惠券		✓	
	每月会员专区专属优惠（低至四折）		✓	
	赠送首年12本「未读之书」共读素材包（共计价值118.8元）		✓	
	专属会员群，每月一次新书讲书活动		✓	
特殊权益	新品首发购买权		✓	
	部分特殊版本/独家产品购买权（非会员不享有）		✓	

19

《给忙碌青少年讲科学》（全9册）

[美] 尼尔·德格拉斯·泰森
[英]《新科学家》杂志 著
阳曦 等译

—

霍金科学传播奖得主携 50 位牛津、剑桥等世界名校专家，写给孩子的科学通识教育读本。

20

《欢乐数学》

[美] 本·奥尔林 著
唐燕池 译

—

数学版 What if？400 幅漫画笑爆课堂，让数学从可怕变可爱，从枯燥变有趣！

21

《把宇宙作为方法》

[美]尼尔·德格拉斯·泰森 著
阳曦 译

—

天体物理学家谈宇宙法则、未来、生死、开放的心态与精神的高处。

22

《生命大趋势》

[美]威廉·C.伯格 著
吴劼 译

—

40 亿年复杂生命演化全程，了解《生物多样性公约》缔约方大会主题参考读物。

23

《美国自然历史博物馆终极恐龙大百科》

[美] 马克·A.诺雷尔著
黎茵，李凤阳 译

—

2.35 亿年 44 个恐龙大家族，一次看完世界知名恐龙博物馆 125 年积淀。邢立达隆重推荐！

24

《终极观星指南》

[美]鲍勃·金 著
王晨 译

—

天文观测全实践，星空爱好者的终极资源包。

07

《博斯：人类之恶》

[法]纪尧姆·卡塞格兰 著 王烈 译

—

斯收藏级精品画册，
憾呈现博斯宇宙。

08

《拉下百叶窗的午后》

[英]布雷特·安德森 著
王知夏 译

—

英伦传奇乐队 Suede 主唱布雷特·安德森回忆录。从山羊皮乐队生涯到音乐存在的意义，一次诚挚而沉入的反思。

09

《DK英国皇家园艺学会家居植物实用百科》

[英] 弗兰·贝利
[英] 齐娅·奥拉维 著
王晨 译

—

硬技能 + 植物陈设的软技巧。
本通，在屋中实现花园梦。

10

《口袋美术馆：街头艺术》

[英]西蒙·阿姆斯特朗 著
陈梦佳 译

—

Thames&Hudson 明星套系全新出品，
潮流青年不可错过的街头文化史。

11

《给智人的极简人类进化史》

[法] 希尔瓦娜·孔戴米 等著
李鹏程 译

—

你真的了解自己吗?
三百万年。

12

《无隐私时代》

[美] 阿奇科·布希 著
郑澜 译

—

你的隐私已经成为你最昂贵的奢侈品，
你该如何看待它。

13

里程碑文库·第三辑

唐克扬 等著
李凤阳 等译

—

聚焦人类文明的高光时刻，
拼合属于你自己的知识版图。

14

《考古通史》

[英]保罗·巴恩 等著
杨佳慧 译

—

15 位一线考古专家联袂编写，
见证世界考古学的伟大成就。

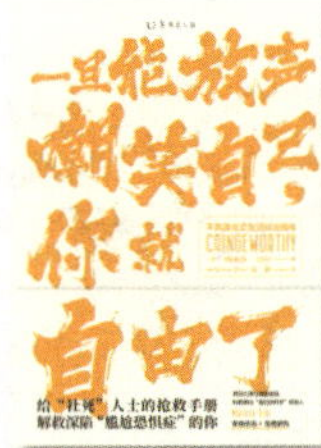

15

《一旦能放声嘲笑自己，你就自由了》

[美] 梅丽莎·达尔 著
秦鹏 译

—

给“社死”人士的抢救手册，
解救深陷“尴尬恐惧症”的你。

16

《数据如何误导了我们：普通人的统计学思维启蒙书》

[荷]桑内·布劳 著
冯皓珺 译

—

大数据时代的避坑指南。

17

《如何破解爱因斯坦的谜题：挑战智商的29个推理难题》

[英] 杰里米·斯特朗姆 著
王岑卉 译

—

从常识开始，真正建立逻辑思维；
用哲学概念，提升思辨力。

18

《如何证明你不是僵尸：拓宽思维的28个哲学难题》

[英] 杰里米·斯特朗姆 著
王岑卉 译

—

摆脱浅层次思考，看问题不再“想当然”，
学会在两难困境中做出聪明的抉择。

-经典畅销-

01 门罗脑洞科普系列：What if/ How to/ 万物解释者

[美] 兰道尔·门罗 著

比尔·盖茨推荐他的每一本书。美国国宝级科普作家带你学知识、开脑洞

02 迷人的材料/迷人的液体

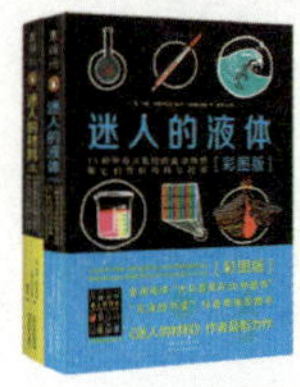

[英] 马克·米奥多尼克 著
赖盈满、孙亚飞 译

像小说一样精彩的科普故事。“大众喜爱的50种图书”“英国皇家学会科学图书奖”

03 给忙碌者的天体物理学

[美] 尼尔·德格拉斯·泰森 著
孙正凡 译

一年全球畅销百万，售出40国版权。万维钢、李淼等大咖作序推荐

04 1分钟物理（第一辑+第二辑）

中科院物理所 编

物理所学霸专答“老师不教、爸妈不会、不问憋得慌”的问题。院士推荐，荣获文津奖

05 存在主义咖啡馆

[英] 莎拉·贝克韦尔 著
沈敏一 译

多家媒体年度好书，以史为经、以人为纬，织就20世纪最华丽的思想壁毯

06 本书书名无法描述本书内容

[美] 埃里克·卡普兰 著
袁婧 译

《生活大爆炸》编剧“不务正业”之作，一场通俗欢脱的思维探险

07 天生有罪

[南非]特雷弗·诺亚 著
董帅 译

人见人笑花见花笑的崔娃爆笑回忆录，但看完你会被他的妈妈圈粉

08 睡眠革命（新版）

[英]尼克·利特尔黑尔斯 著
王敏 译

樊登推荐！
告别“睡够8小时”误区，R90睡眠法让你的睡眠更高效！

09 收纳全书（新版）

[日]日本文化出版局 著
游韵馨 译

完整的居家整理术，诚品书店畅销排行NO.1！好生活是整理出来的

10 叶怡兰生活家的模样/

11 子弹笔记

[美]赖德·卡罗尔 著
陈鑫媛 译

INS爆红，YouTube千万点赞的超级笔记术，用子弹笔记找回人生主动权

12 梵高手稿

13 醒来的女性

[美] 玛丽莲·弗伦奇 著
余莉 译

一部小说版的《第二性》，一部女性的心灵史，全球销量2000万册，豆瓣8.8高分

14 葡萄牙的高山

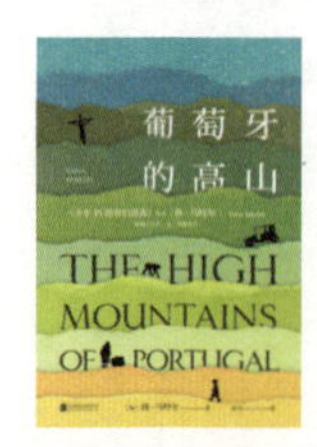

15 和孩子一起读的艺术史

[英] 迈克尔·伯德 著
凯特·埃文斯 绘
何雨珈 译

故事中流淌的艺术史
一家人都爱读的艺术启蒙书

16 「艺术家鲍勃」

—
艺术大师博
超大开本

—
日常养护
家庭园艺-

—
作为智人
两小时读

-新鲜上市-

01

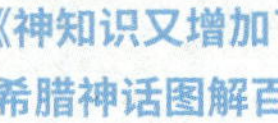

《神知识又增加了：希腊神话图解百科》

[法] 奥德·戈埃米纳 著
[法] 安娜-洛尔·瓦鲁特斯科斯 绘
都文 译

—

一本书读懂希腊神话。69 位神、英雄和妖怪，关联 130 余件世界名画、雕塑，解读无处不在的“希腊神话梗”。

02

《四月樱，九月萩：花的日本美学探源》

[日]栗田勇 著
徐菁菁 译

—

读懂“花”，也就读懂了日本文化。每月选取一种代表性花卉，讲解其在日本历史文化中的独特意义。紫绶褒章获得者栗田勇作品。

03

《口红：潮流、历史与时尚偶像》

[美] 雷切尔·费尔德 著
山山 译

—

口红的秘密，远不止色号！90 余幅珍贵的口红元素绘画、插图、照片，讲述历史与时尚中的口红往事。

04

《重新发现日本：500件日本怀旧器物图鉴》

[日]岩井宏实 著
[日]中林启治 绘
沈于晨 译

—

走进《樱桃小丸子》《龙猫》《哆啦 A 梦》的世界，昭和时代衣食住行全图解！

05

《真相漂流计划》

[英] 克莱尔·普利 著
姚瑶 译

—

企鹅兰登 2020 年年度重磅好书，《纽约时报》畅销书，感动 30 国读者。在生命的洪流里，我们都是彼此的诺亚方舟。

06

《佐野洋子作品集》

[日] 佐野洋子 著
吕灵芝 等译

—

从“顽皮少女”到“睿智老太”，记录一位女性平凡而潇洒的一生。毛丹青、黎戈等大咖联袂推荐。

都在4万以上，学生人数的上升尤其迅速——1830年3月的某周，有564名学生到访；1831年4月的某周，这个数字则是650；当年12月的某周里，至少839名学生到访。

理事心急火燎地请愿财政部，这是19世纪以来出版物激增、识字率上升、人们对大千世界兴致勃发等多重因素的产物。印本抄本的需求加快了大英博物馆空间扩容的进度，其他各部门也在1834年西楼竣工之后应声搬进了这栋新楼。西楼楼上存放着部分自然志藏品，旁边则是伊特鲁里亚的花瓶、佩恩·奈特的青铜器，以及更小更轻的藏品，比如埃及木乃伊和随葬品。第一层放着大块笨重的埃及雕塑，其中最重要的是阿孟和蒂三世那庞大的头颅和手臂，他统治时期的一对红色花岗岩狮子，以及罗塞塔石碑。紧挨着的则是帕特农石雕、巴赛的大理石，以及更晚近的希腊罗马古物杂烩。然而，这些体态庞大而又范围广阔的展品也制造了混乱。数千名访客借由大英博物馆这一入口开启了他们通往奇异新世界的美妙旅程，不过对那些更爱沉思静观的访客而言，如此杂乱无章的布置明显让人如鲠在喉。1838年有作者在《泰晤士报》上写道：

如果这些希腊人物雕像以恰到好处的三角墙布置，而不是以现在这种窄小的木质框架呈现出一派逼仄之感的话，那的确将是检视这些流光溢彩的（希腊）雕塑的绝佳机会。不幸得很，这些雕塑还放到了博物馆大埃及展室的入口处，几乎是直接被花岗岩狮子罩住了观看的视线。建筑物内的这块区域在高度和空间上本来都适合进行这一展览的，但是现在它们却挤作一团，一堆彩绘玩意儿构成了一个拙劣的钝角。它们堪称馆方木匠的“杰作”，也是所有具备共同品位和判断力的人们的笑柄！[8]

取悦所有人当然是不可能的。大英博物馆新增展区的原初展览还促成了博物馆的推广，也为公众的鉴赏打开了方便之门。

* * * * * * *

19 世纪中叶

“费用势将浩繁，但也止是这个国家方能负担”

依照斯莫克的大英博物馆建筑规划，拆除蒙太古府乃是必要手段。运货马车在1842年进进出出，不仅运出碎石瓦砾，也带走了化为碎屑的“战车阿波罗”湿壁画，以及出自查理·德拉弗斯之手、画在前厅天花板上的其他古典神祇造像。这么一来，旧博物馆作为“华贵阁间”的全部痕迹就都消失无存了，17世纪法国艺术家俊逸流畅的想象藻饰也换成了斯莫克厚重合适的方格天花板。大英博物馆立馆之道的根本重塑，正是借由10年之后竣工的建筑表而出之：彼时博物馆朝向大罗素街的立面镶上了铸铁栅栏，人们可以借此凭栏向内眺望。这些栏杆取代了密不透风、足足12英尺（约3.6米）之高的花岗岩围墙，这片围墙自17世纪以来就将蒙太古府掩映在大罗素街之后。至此，大英博物馆本身已成为一件公开免费展览、包装入柜的藏品。

但哪怕是在1846年完工之前，斯莫克的建筑物都太小了，根本不敷使用。包括埃及、亚述和利西亚（今天南土耳其的一部分）诸遥远文明瑰宝在内的藏品陆续入藏，大英博物馆也以人们从未预料到，或是并未完全准备好的速度扩容，哪怕以普兰塔和诸位理事在19世纪30年代的先见之明也始料未及。不少新展品都体量庞大、笨重不已。考古学家以他们超迈绝伦的体力、脑力和情感能量，持续为雕塑史注入新的洞见，赋予诸文明以新的诠释。他们远溯公元前5世纪的希腊，直追新发现的公元前三千年至前两千年的片片沃土。英国陆军再也不是那支靠着征服埃及为博物馆输送文物的主力军了，现在担纲这一任务的乃是一支由外交官和业余考古学家组成的小型生力军。其中19世纪一二十年代在埃及投入工作的由亨利·萨尔特（1780—1827）和吉奥瓦尼·贝尔佐尼（1778—1823）带头，19世纪40年代在亚述奋战的则是由亨利·拉亚尔德（1817—1894）和霍尔木兹德·拉萨姆（1826—1910）带头，19世纪50年代在哈利卡纳索斯（位于今天土耳其西南的博德鲁姆）则是由查尔斯·牛顿（1816—1894）负责。他们的大发现之所以可能，乃是凭借体力、生存能力、勇气和外交长才的各显神通。古代近东多姿多彩的文明底色至此显影着光，其豪奢富丽也持续冲击着欧洲人的思维世界。

他们都是才华非凡之人：萨尔特既是外交官也是修理工；贝尔佐尼之前则在帕多瓦做过马戏团大力士；拉亚尔德则是被考古和政治耽误的艺术家；出生在摩苏尔的拉萨姆则是一名后来成为外交官的考古学家；牛顿乃是博物馆里的受薪馆员。远徼之行的需求，将已灭绝文明遗存之物起于地下的兴奋，以及探寻上述古代文化，为蒸蒸日上的大英帝国寻找种种意义和目的的知性悸动，凡此种种都诱使他们投身于冒险事业。爱德华·吉本的《罗马帝国衰亡史》（1776—1789）一书则以编年形式记述了西罗马文明的倾覆；雪莱诗中“一名来自古老国度的旅者”在沙漠中觅得“两条没有躯干的庞大石腿”[1]，昭示着可能出土的文物；其他考古学家，尤其是萨尔特、贝尔佐尼、拉亚尔德、拉萨姆和牛顿亲往丘

下页图
拆毁重建期间的蒙太古府门口，1846年，约翰·维克汉姆·阿切尔绘。
背景处可见，斯莫克的新建筑物正在拔地而起。

墟，寻得文物并携回英国。我们很容易忘记博物馆的历任馆长，他们距离“栖身于落满灰尘、挤得满满当当的地下室”和“高踞于诸象牙塔之上”的神话都很远。事实上他们身在前线，那是史上诸文明与我们自身文明相遇的地方。

贝尔佐尼记述了1817年他沿尼罗河泛舟而下，将阿孟和蒂三世的巨大头像从底比斯卸下，运往亚历山大里亚的这段经历。记者布兰查德·杰罗尔德则在《如何四次逛完大英博物馆》（*How to See the British Museum in Four Visits*，1852）一书里，以妙趣横生的笔触重述了这个故事。这本小书堪称博物馆对其职责的崭新诠释：确保访客逛得开心，学到趣闻。杰罗尔德的著作也反映了人们对“间接快感”的普遍热衷。19世纪稍晚时候，莱特·哈葛德和柯南·道尔的故事将进一步满足人们的胃口。哈葛德笔下的阿兰·库特曼和柯南·道尔塑造的查林杰教授都渴求考古学带来的兴奋之感，这正是萨尔特、贝尔佐尼、拉亚尔德、拉萨姆和牛顿在现实中的勇猛坚毅和精神之力：

> 要想动手将一块如此体量和重量的花岗岩运上船去并非易事：如果石头偏向一边的话，就会立刻翻船；更重要的是，全过程都没有借助任何哪怕是最为微小的机械设备，甚至一辆滑轮车都没有。他们只用了四根支杆和四根绳索，而这尊头像要下到距离河岸有18英尺的水面上。[2]

* * *

1833年的大英博物馆遭遇了“裙带关系”和“精英主义”的多项指控，身兼旅行家和辩士的政治家威廉·柯贝特议员（1763—1835）是始作俑者。英国政府顺势成立了一个特别委员会调查。争论的焦点是，柯贝特反对议会票决用于维护大英博物馆的16000英镑预算案。有议员认为，所有“衣着体面”的人都应获允进入博物馆。这番言论激怒了柯贝特。他评论说：

那些衣着不整的人却被要求出钱维护博物馆。乡间陋拙之人和市井筑路贫工都必须出钱支持这里；如果他们不能因此得利的话，他们就不应当被迫为之付费。

柯贝特接着指责说，博物馆的开放时间不大公允：

博物馆的开放时间正好处在劳工和匠人最不方便的时间段……从早晨10点到午后4点；这个时段的人们正好忙于生计，他们的工作强度也是最大。不管怎样博物馆都应在夏天开放，从早上6点到晚上10点……现在的博物馆每年都要闭馆两个月，这还不算其他节假日。这又是哪两个月？9月和10月。这可是段长假；这段时间里，所有律师、牧师和领主闲汉都跑到乡间享受射击之乐了。不巧得很，那段时间的博物馆却关门大吉；然而人们却被告知，博物馆的宗旨乃是让人们都能从中受益。[3]

时任印本部馆员助手的安东尼·潘尼兹（1797—1879）慷慨陈词，为博物馆和馆务辩护。潘尼兹表示，他与柯贝特事实上颇有共通之处：

我想让一名穷学生也同样拥有沉溺于求知热忱的手段，一逞理性追求之心，求咨于相同的权威，与联合王国最富有的人一样探寻最为错综复杂的难题，读书范围无远弗届。因此我力主，政府在这一方面一定要给予他最为慷慨而又无边无际的协助。

潘尼兹的想法也与已故的前理事汉弗莱·戴维爵士不谋而合。戴维本人曾是康奈尔郡西部的一名穷学生，这里远离英国的文化中心。就在去世之前不久，戴维还曾撰文讨论，博物馆何以能是文明对抗野蛮的堡垒。在1830年出版的遗作《旅行的慰藉》（*Consolations in Travel*）中，戴维写道：

我目睹一群又一群的人远涉重洋，建立殖民地，建造城市。他们每到一处新成立的殖民地，都会带上他们独具特色的艺术品。城镇拔地而起，神庙纷纷建立，学校点缀其间，图书馆藏满了莎草书卷……我一看再看，见证了罗马世界里这么一块光耀夺目的版图，竟而通盘骤变；征服者和英雄的人群再也不那么清晰可辨；城市充斥着一堆游手好闲而又奢华无度的人……我亲见四处皆是残暴之徒逞凶肆虐，袭击这个强而有力的帝国，洗劫城市、摧毁艺术和文学的纪念碑座。他们就像一群野兽吞食一只神兽，将其撕成碎片的同时也摧毁着罗马帝国。[4]

潘尼兹的使命乃是创设一个不但可以保护和阐扬文明，也能弘扬文明价值观的机构。博物馆手稿部前任馆员、牧师约西亚·福歇尔此时已经晋升为博物馆秘书，他的观点甚至要更进一步。福歇尔呼吁建立一个专长和兴趣互有平衡的理事会。他告诉理事会："就我本人经验而言，最好的大英博物馆理事会乃是一群一同至诚至坚推动文学、艺术和科学的人，他们并没有对这三大门类之中任何一类的偏私专爱。"

特别委员会的报告于1836年出炉。这份报告里的诸项建议都将助力大英博物馆沿着专业化和现代化的路途走得更远，当然也包括了柯贝特倡议的更长开放时间：

1. 改组博物馆机构，使其更好地适应当下状况，为未来愿景奠定基础；
2. 减少理事人数，寻觅那些文学、科学和艺术上的杰出人士做理事；
3. 创设更多的部门，每个部门都配备专职馆员；
4. 将秘书之职与馆员之职分开；
5. 创设更为透明的工资标准，馆员不再被允许在他处兼职；
6. 更长的开放时间；
7. 出版更为清楚明了的"概要"，由馆员结合自身经验撰写；
8. 完成藏品名录的出版工作，淡化从中牟利的色彩；

9. 所有藏品都应造册登记；

10. 建造一间工作室，用来浇铸藏品的石膏像；

11. 所有上述事项，都应由议会拨款。

简言之，这份报告敦促大英博物馆将馆务工作提升为一项职业；付给馆员更高的报酬；厘清各项门类之间的分野，以便更清楚地展现它们之间的联结；增加公众开放度；收集并分享知识；鼓励馆员们彼此交流。最后的愿景则是，大英博物馆收取充足的公共资金，以便为这些公共利益埋单。

这份报告发表之后的一大直接产物，便是一个独立的版画素描部，年轻的新任馆员亨利·约西（1802—1845）受命掌管该部。约西后来把原本存放在汤利展厅图书阅览室的相关展品抽取出来，转存于新成立的版画素描部。另一项直接产物则是塞缪尔·伯奇（1813—1885）到任古物部，此人继续专攻东方藏品。爱德华·霍金斯（1780—1867）获任古物部馆员，他的尽职尽责让人们对英国本土古物的理解得以增进，1851年其助手奥古斯都·沃拉斯通·弗兰克斯的到任也就顺理成章，后者的履职将给大英博物馆带来深远影响。不过，1836年报告的后续状况却与“鼓励馆员彼此交流”的旨趣相去甚远，各部门更倾向于各自为政。最为深入的机构改革，要数博物馆为藏品引入了独特的“日历注册法”，这开启了馆藏扩容的正规化进程。比如说，一件标着“1837，4—24·3”的藏品意即：入藏时间（1837年）；向理事登记造册月份（4月）；当月的日期（4月24日）；还有该藏品在某组内的编号（3）。*

19世纪中叶，博物馆经历了一次重大跃迁，这无论对当时还是未来的公众而言都善莫大焉。查尔斯·牛顿于1849年在牛津艺术学会发言，强调了观看和深度接触博物馆藏品对他的深远作用。牛顿以他本人欣赏“埃尔金大理石”为例，现身说法：

> 就让菲迪亚斯的雕塑成为你的亲密朋友吧。共学之，适道之，熟悉每一个褶皱的合拢处，结交肌肉曲线的每一处腾涌，像山民了解山峰的轮廓一样知晓雕像躯干的英逸线条，学习识别建筑腰线那团杂乱无章中的每一匹马，就像一位牧羊人熟知他的羊群一样。

此时的大英博物馆完全懂得自己的重责大任，也尽职尽责于增进人类的理解能力：订购、归类、展览、研究藏品；借助科技保存藏品；为观众提供便利，扩大公众参与。简言之，大英博物馆为访客带来了寓教于乐的双重体验。19世纪中叶，博物馆官方和出版商们出版的藏品导览堪称优秀之范例，详细备至的知识性内容放到今天就是一本流行刊物。一个随手可得的例子是1832年面世的单卷《埃及文物》，这卷内容登载在两卷系列的八开本†大英博物馆古物期刊上，出版方是有用知识传播协会。数十名学者都对这一系列有所贡献，有些人是博物馆馆员，有些则来自馆

---

* 这套注册系统的标号方式依据各部门之状况有所变化，但大体上仍在投入使用，直至2007年方止。那一年博物馆为各部门推出了一套新的在线协调系统“藏品在线”。

† 换言之，略小于现代标准平装本。

安东尼·潘尼兹，拍摄日期不明。潘尼兹是因意大利内战而流落英格兰的逃难移民，他让大英博物馆的财富大为改观，并指引了博物馆的未来方向。

外的大学和学院，负责编辑工作的是古典学者乔治·朗（1800—1879）。埃及卷的内容取精用宏，多达400页的文本穿插着木版绘画和地图。一份公开声明阐述了该系列的勃勃雄心：

藏品无论古代还是现代都必须从最好的权威专家那里收集信息，这些信息势将引发读者了解“博物馆有什么”的兴趣；还要向大众读者提供更为准确的信息，要比他能在最流行的埃及主题图书那里找到的信息更准确……（此外）还要向古典学学生输入额外动力，驱策他们对那些古代著作进行更为主动勤奋的学习。要知道，很不幸的是，他们的学习通常都是不情不愿的强制劳动。

正如这些书卷所示，大英博物馆在19世纪30年代就已成为所有人从好奇心出发，通往知识殿堂路上的同行益友——甚至是引路人了。

* * *

斯莫克设计的博物馆门廊大厅背后，有一扇不大不小的后门与主前门恰好对齐。这扇门少有使用，公众肯定从未踏足。打开这扇门移步向前，一个巨大的内部庭院迎面而来，左右两翼分别是博物馆的西东延伸：右边是国王图书馆，左边则是斯莫克取代汤利展厅（于1841年拆除）的新建筑，以及临时性的埃尔金展厅。园丁们曾尝试搞一批草种植，甚至尝试着种了一些别的植物。不过，环绕空地四周的高耸建筑、夏天投下的深深影子、冬天浓重的阴郁晦暝，凡此种种都在排斥一切喜悦快乐的情绪表达。恰恰相反，这里成了一处囚徒体验的对应场地：穿行其中的是神色匆匆的馆员，只不过包裹这块监狱的不再是一面面铁窗，而是换成了柱廊和三角墙。不过，这块黯淡阴郁的矩形空间也在安东尼·潘尼兹革命开创、大刀阔斧的划时代馆务管理之下，为大英博物馆通向未来提供了关键要素。

潘尼兹出生在意大利北部的布雷切洛，本名是安东尼奥·吉纳西奥·玛丽亚，早年做过街头混混儿，也曾经与加里波第在意大利并肩作战。在自己的祖国经历多次政治困顿和挫折之后，潘尼兹以百战磨炼的难民之姿，于1823年抵达伦敦。他在意大利已经成了“不受欢迎之人”，那一年还被缺席审判定了死罪，罪名是一系列革命活动。1828年，凭着天资禀赋和人情练达，潘尼兹成为新成立的伦敦大学学院首名意大利语教授；1831年，获聘大英博物馆印本部助理馆员；1837年，成为该部馆员，他那好勇斗狠的革命天性在这里得到了充分施展；1856年，他升任博物馆首席馆员。

靠着无穷无尽的精力、对事实细节的牢牢把控和强有力的内部权术，潘尼兹赢得了1836年特别委员会的一席之地，他也得以在1838年运用权力，将阅览室挪到了新建成的北楼东隅。1842年，英国议会通过《版权法》(*Copyright Act*)，强制出版商每出一本新书，就要向大英博物馆送交一部副本。身为博物馆帝国建造者，潘尼兹足以意识到馆藏扩容的潜能：不但出自这纸法案，也来自其他源头的大量书本涌入，后者就包括了托马斯·格伦维尔1847年遗赠的

20000卷藏书以及潘尼兹成功地争取到了足够的议会补助金，填补了图书馆里的可见空白的那部分藏书。“费用势将浩繁，”潘尼兹向财政部坦承，“但也正是这个国家方能负担。”虽然潘尼兹早在1832年就已归化为英国人，但一名外国血统官员的甜言蜜语和谄谀之意加在一起还是威力巨大、难以抗拒，潘尼兹拿到了钱。

罗伯特·斯莫克的弟弟西德尼·斯莫克（1798—1877）在1846年接掌了哥哥的大英博物馆建筑师之职，使得工程进度变得更快了。就在人们认为建筑工程、建筑噪声和扩容行动告一段落的时候，一切又重新启动了。重启可不只是某边某角，而是在建筑的矩形心脏进行：博物馆的中央庭院即将建起一座焕然一新的阅览室。从1854年破土动工到1857年揭幕落成，阅览室前前后后建了三年。这座“圆顶阅览室”依托一座浇铸完成的铁架构件而建，赋予博物馆中空地带以全新用途，也标志着印本部在博物馆内部的支配地位。

圆顶阅览室钢砖结构的建筑工作，在紧闭的门内清楚可见。《泰晤士报》写道：“从公众的视角来看……参观这座富丽堂皇建筑的时候会不禁觉得，它就是出自魔术师的一根手杖。除了少数热心的访客之外，无人知晓圆顶阅览室的存在，也无人一睹芳容。”这种说法无疑有些天马行空；实际上，建筑材料和工人都从大罗素街之外的一条特殊通道进入博物馆，再从西南角落进入中央空地。《泰晤士报》全盘接受了最好的统计数据：根据他们的报道，1759年7月还只有5名读者使用阅览室，而到了1856年这个数字已经达到了每月5000人，那年图书馆新入了10434卷书籍。《泰晤士报》还刊登了一篇新奇的评论，指出圆顶阅览室和周边四方院子之间留有27~50英尺（约8~15米）的空隙。留出的这段空隙“可在博物馆外部空间起火之时充作可能的防护，守卫阅览室免于可能的火劫”。这么一来，就算博物馆自身付之一炬，至少阅览室及其25英里（约40千米）长的书架也能幸免于难。

圆顶阅览室内服务读者的设备堪称无微不至，其中就有每张书桌下方的热水水管（为冬季的足部保暖而设），还有足够300名读者读书的空间：每名读者都有一方高至4英尺3英寸（约1.3米）、宽可容纳墨水台和笔架的桌子。毫不奇怪的是，卡尔·马克思、阿蒂尔·兰波、阿瑟·柯南·道尔、乔治·奥威尔和弗吉尼亚·伍尔夫都对阅览室一往情深：这是全球图书馆里的“至善至美”（beau ide’al）之作，也是其他任何一个国家都应看齐的图书馆。卡尔·马克思于1850年拿到了他的第一张读者卡，此后的三十年里他几乎每天都泡在阅览室，每年都更新这张读者卡。作家威廉·梅克比斯·萨克雷（1811—1863）也曾沉思阅览室的魔力，“布鲁姆斯伯里那包罗万象的穹顶之下，储藏着我们浩如烟海的数百万卷书籍”。萨克雷也发自肺腑地表达了对阅览室的感激之情：“我得诚挚表达我在这里伏案所得的恩典，感谢上苍让我拥有生为英国人的天赋权利：无拘无束地分享如山如海的书籍，将我在那里发现的真理表述出来。”[5]

正在修筑的圆顶阅览室西侧，1855年。威廉·莱克·普莱斯摄。

书籍及其读者对空间的渴求不言自明。阅览室的选址是博物馆里的萧索庭院，这可以作为填充建造的一个早期案例：这一代馆员的建筑，需要建立在上一代馆员的基础之上。就大英博物馆而言，两个世代之间仅有10年的代差而已。满足印本书籍需求的压力巨大，本身也恶化了馆员之间的人际关系。这并不是什么新鲜事。18世纪50年代末，第一任首席馆员戈文·奈特就曾在他办公室的前方筑起了一道墙，将他的职员隔离在视线之外，他那一

代馆员之间的紧张关系也愈演愈烈。时至19世纪三四十年代，手稿部馆员弗里德里克·马登也让后来的两任首席馆员（亨利·埃利斯和安东尼·潘尼兹）嫌恶不已。不但如此，用大卫·威尔逊（1977—1991年间的馆长）的话说，马登也与古物部馆员爱德华·霍金斯、地质部馆员约翰·爱德华·格雷之间形成了“女巫汤剂”酿就的“混战格局”，这种格局“在博物馆史上可能是见所未见——也许从那之后也从未得见”。[6]

若隐若现的阅览室乃是这么一种存在：它开始渐渐地偏转博物馆的宗旨。潘尼兹的宏大计划（将全世界的物质文化、动物、矿物、蔬菜和印本书籍纳入同一个屋顶之下）注定会招致一系列即便是“大潘神”也无法阻止的后续效应，这一点潘尼兹本人也心知肚明。圆顶阅览室正是他试图将大英博物馆限于一地的努力。印本书籍还在呈指数级增长，任何进一步的大型扩建显然都是泡影，危机在1860年迫在眉睫。随着亨利·克里斯蒂*10000份之多的民族志藏品和史前文物亟待入藏，以及重要印度雕塑藏品的到来，重复一遍莫当特·克鲁克的比喻就是，“这头大海龟迟早得再度撑开自己的龟壳”。下一批迁出的乃是自然志藏品，这次迁离在1860年提出，1873年得到确认。正是在那一年，阿尔弗雷德·沃特豪斯在南肯辛顿设计的自然志博物馆开始动工。最终在1881年和1883年之间，

* 亨利·克里斯蒂（1810—1865）是个商人，频繁来往于欧洲大陆、美洲和北非，积攒了大约2万件史前文物和民族志藏品，这些藏品在他1865年去世之后捐给了大英博物馆。

自然志藏品完全迁出。自然志博物馆本身也开启了“阿尔伯特城”*里一系列“新行星带博物馆”的兴建，这块土地也正是凭借1851年“帝国工业博览会”上赚取的高额利润买下来的。大英博物馆的另一个直系后代，即地质学博物馆，也将在适当时候在那里拔地而起，邻接的乃是科学博物馆、南肯辛顿博物馆（后来冠以维多利亚和阿尔伯特博物馆之名）。不过这些都是后话了。

不无讽刺的是，造成博物馆无节制扩张的首要因素，也就是印本和手稿部，反倒成了最后一个搬离博物馆的机构。即便如此，它们一开始也只是名义上抽离了：1973年人们重新组建了“大英图书馆”，依旧位居布鲁姆斯伯里的柱廊之下。直到科林·圣·约翰·威尔逊设计的新楼（临近圣潘克拉斯站）于1998年落成，大英图书馆才完全迁出。随着大英图书馆迁出的还有西方手稿部、邮票部、地图和音乐藏书部，以及印度官方档案部。图书馆的分离始自一股强劲的国际力量，至早于200年前就已不可避免了。正是这股相同的力量驱动了19世纪本身——印刷术、阅读、学习、娱乐和探索世界的勃兴，它们本身就是工业革命和启蒙运动爆炸性压力之下的产物。“只做连接”，E. M. 福斯特在《霍华德庄园》（*Howards End*，1910）中写道；这是个好主意，但是有些连接必须断开。

* 据说这个名字反映了其来历。正是在阿尔伯特亲王的建议之下，人们在南肯辛顿买下这块土地，以供新的教育和文化机构之用。

* * * * * *

从维多利亚时代到20世纪

"我想象不出比这更愉悦的一份工作"

1857年圆顶阅览室的开放似乎告诉世人，大英博物馆的扩容告一段落。1857年5月堪称是英国维多利亚时代的文化高光时刻。在当月的数周里，曼彻斯特艺术珍品博览会在老特拉福德开幕，这件大事也改变了公众接触艺术的方式。整整六年之前的1851年，万国工业博览会（首届世博会）在伦敦海德公园揭幕。也正是在那一年，大英博物馆登记的访客人数达到了2527216人。回到1857年，人们对圆顶阅览室不吝夸赞之情，公众反响也同样热烈。阅览室在限制读者资格之前，设立了为期一周的公众自由开放时间。据1857年5月的《泰晤士报》，单单这一周时间里，仅仅是为了看一眼新建筑长什么样的好奇访客就达到了162489人之多。

不过，博物馆内更像是一个藏品之家，而非书籍之家。弗里德里克·马登听任个人敌意阻碍了自己的理性思考。对潘尼兹的成功，马登回应说，阅览室“完完全全悖离了它的宗旨，这也是一名外国人奢靡逾矩的绝好例证”。展品仍在源源不断地涌入博物馆：1852年由查尔斯·牛顿发掘的摩索拉斯王陵的雕塑和壁画，只得临时存放于柱廊下方的木棚里。正如《标准》（*The Standard*）1860年的说法：

如果《拥挤公寓法案》也适用于无生命物体的话，那么大英博物馆的诸位理事先生可就得等着警察来关照了：博物馆持续招来新的房客，然而它只能给房客提供门阶，或是临时棚子下面的便床这样的住所。

大英博物馆的圆顶阅览室。

如山如海的人们涌进来欣赏如山如海的藏品，规模大到了连他们带来的灰尘本身都能造成损坏的地步。1857年，科学家迈克尔·法拉第（1791—1867）曾就这一事态接受理事的咨询，理事请他就保养帕特农石雕一事指点良策。这些雕塑招来了不少表尘，在清洁测试中，法拉第试用了稀硝酸、“既含碳又具腐蚀性”的碱、水，并用海绵、手指、软木和刷子研磨。法拉第表示悲观：

但愿我能写下稍孚人望的话……这批大理石总体而言都非常脏……它们的表层粗糙不平，就像遭受腐蚀了一样……不少雕像已成“死面”；还有不少雕像或多或少演化成了某种程度的“蜂窝结构”；又或者，有的雕像表面出现了裂纹，正好给灰尘提供了方便……这次检查让我绝望，我深感，在大英博物馆内呈现它们原本拥有的洁白纯净之状，这种可能已是微乎其微。又或者……让它们像今天在希腊和意大利见到的那些大理石雕像一样，这种可能也小得可怜。[1]

博物馆读到这些的时候可能不会好受。不过法拉第也讲了他发现的真相：雕像日渐毁坏，成因是“时常往来门廊的汹涌人潮”带来的灰尘，还有伦敦受污染的空气。博物馆对伦敦受污染的空气无能为力，但法拉第的建议还是起到了效果：理事会经过充分讨论，决定使用富勒士清洁粉（Fuller's earth）*给雕像做表面清洁。[2]

新一批藏品在19世纪50年代疯狂地涌入博物馆。对博物馆新的入藏模式而言，一位馆长尤其特殊，举足轻重，他就是奥古斯都·沃拉斯通·弗兰克斯（1826—1897）。用大卫·威尔逊的话说，“就许多方面来讲，他都是博物馆的第二名创始人”。弗兰克斯有着敏锐的鉴赏力，渊博的英国考古学养和丰厚的个人财富。他有效整合了这些资产，在从助理升为馆员的任职期间，将英国和中世纪古文物部的藏品扩展到了惊人的规模。用他自己的话说，“154英尺长的墙柜，三四件桌柜……（增长到了）2250英尺之长的墙柜，90尊桌柜，还有31尊立柜”。大英博物馆买不起14世纪法兰西瓦鲁瓦王朝的皇家金杯这样的贵重藏品，他就慷慨解囊借给博物馆5000英镑。弗兰克斯也是博物馆的英国和欧陆考古珍品得以增长的幕后推手。他公开为博物馆背书取得藏品，也通过代理打造自己的私人收藏，再在合适时机赠予博物馆。这批文物包括7000件左右的中古藏品，其中就有饮誉于世的7世纪鲸须雕刻盒——后作为“弗兰克斯盒”闻名于世。

弗兰克斯在博物馆事务上忙个不停：年复一年他都在引进新的奇美藏品，有一些通过直接购买，另外的则是藏家的馈赠以及他所争取的遗赠。1865年博物馆成功取得克里斯蒂藏品，幕后英雄正是弗兰克斯。就随便举个连续三年的成功事例好了：1855年，

* 一种吸收性强的良性清洁物质，常用于清洗大理石。成分包括含水硅酸铝。

INTER REGES
IOAN. VELASQ
PACIFICATORI DD

佳士得举办了为期32天的政治家拉尔夫·伯纳尔藏品拍卖会，弗兰克斯在会上买下了9世纪的洛泰尔水晶，也是靠着这件藏品，弗兰克斯重塑了大英博物馆的意大利锡釉陶器和玻璃文物收藏格局；1856年，弗兰克斯出手拿下了查尔斯·罗奇·史密斯收藏的5000件英国考古材料；1857年，弗兰克斯又以40英镑买下了“巴特西盾”，这尊青铜瓷釉盾牌出土于泰晤士河，产自公元前2世纪或公元前1世纪。凭着他的持之以恒、明达果决和灵活手腕，弗兰克斯拿下了这批既不属于古埃及和古希腊，也不归属罗马帝国时期的藏品。他将收藏策略重新聚焦于文艺复兴时期和北欧地带，也借此改变了大英博物馆的藏品生态。不过这还不算完：弗兰克斯仍然拥有足够的精力、手腕和运气，开启大英博物馆吸纳中国、日本、美洲、印度和伊斯兰世界文物的进程。经由上述种种开创之举，他也成功地奠立了大英博物馆的今日图景。斯隆及其后继捐赠者为“努力满足好奇求知之欲”而捐赠的藏品，普兰塔主持收藏的影响深远的古典文物和埃及古董，弗兰克斯正是在他们的基础之上，以毕生之力创设了足以让布鲁姆斯伯里成为世界博物馆之家的藏品规模。

这一批藏品包括：菲利克斯·斯雷德于1868年遗赠的1000件古代玻璃文物；荷亚·哈卡纳奈——一尊复活节岛石像，由皇家海军“托巴兹”号（HMS *Topaze*）船员带回英国，并于1869年

皇家金杯，约1360—1370年间。该杯以纯金制成，饰有釉瓷彩漆，描绘了圣阿格尼丝的生活场景。

成为维多利亚女王赠予大英博物馆的厚礼；从艾菲索斯、昔兰尼加和罗得岛发掘的古物；还有1872年，博物馆从卡斯特拉尼那里买下的2000多件黄金与青铜古董藏品。人们对博物馆内所藏文物进行了深入研究，获致了一些颇不寻常的发现。1872年，馆员乔治·史密斯（1840—1876）破译了亚述泥板上刻写的楔形文字，这些泥板正是他和拉萨姆在尼尼微遗址的亚述巴尼拔图书馆找到的。史密斯发现，其中一块残片记述了一场堪比《圣经·创世纪》里那场诺亚洪水的大洪水。正是靠着史密斯在楔形文字上的发现，今天所知的最早长篇叙事作品、公元前三千年的《吉尔伽美什史诗》才得以逐渐展其真容。

* * *

成千上万的访客在大众文学和传媒的激励之下来到博物馆参观。为了应对商业压力，博物馆的第一家餐厅于1865年开业，位置在一间地下室。不过公众也对这家餐厅日甚一日的弊病怨声载道：供应的土豆分量从两个减到一个，嗜酒如命的饮者也让那些滴酒不沾的顾客惊愕不已。[3]餐厅只开了5年就匆匆收摊。1887年，埃及分馆那边一家全新且面积更大的餐厅取代了它。

电灯于1879年和1890年进入博物馆，主事的是法国和德国公司（通用电力公司，西门子和哈尔斯克）。它们分别在圆顶阅览

上页图

一面旧巴比伦泥板，约公元前1740年。翻译过来就是：纳尼向埃亚–纳西尔抱怨说，一场海上航行之后，运送的铜矿品相却是错的，这趟运输还得继续延期。

室、西面展厅和入口大厅进行了亮灯实验。到1890年为止，整个博物馆都已经用上了英式天鹅头电灯。第一次电灯齐亮则选在一场庆祝晚宴上，共有3000人躬逢其盛。

当然了，在阅览室完全占据中央庭院之后，有些东西只能舍弃。首先，就在自然志藏品于1880年开始迁往南肯辛顿的时候，博物馆内的空间就开始一点一滴而又不可逆地释放出来。1861年，迁出的主意才刚刚付诸争论，《笨拙》杂志对此这样评论道：

自然母亲啊，你谓拌而退也，
出局，母亲，退出大罗素街。
这里，在未来，人们但能浏览
那些留下的人造之物而已。

《笨拙》所作的区分简练干脆，一目了然。将自然界标本从人造之物中区分出来，这是所有综合性博物馆在执行“藏品分拣”时的第一项重要步骤，也是生物分类学的起码要求。考虑到空间上的压力如此之大，大英博物馆花很长的时间才“分拣”完毕，可以说是极不寻常；不过，历任馆长大体上都喜欢把藏品放到一块儿。1895年，依据先前议会通过的一部法案，大英博物馆取得了毗邻馆址北界的一块5.5英亩的土地，以及地上的69栋建筑。这么一来，留待20世纪扩张的地盘就有了。正如《泰晤士报》1895年8月报道

下页图

大英博物馆内的新式电灯，《伦敦插图新闻》，1890年2月8日。

RAMESES II

的那样，这是“在布鲁姆斯伯里扩张可用空间的绝佳时机……新购置的5.5英亩土地对于日益扩容的大英博物馆而言并不嫌多，安置那些理当妥置于大英博物馆的珍宝，所需的空间似乎无穷无尽”。伦敦的公共交通也预先抱以厚望：伦敦中央铁路公司于1900年在高霍尔本开设了一个新地铁站，并命名为“大英博物馆”。*

以威廉·怀特和文森特·斯塔基·利恩为首，慷慨大度的捐赠者给大英博物馆留下了用于扩建的大笔资金，可是钱从来都不够用。19世纪80年代建于国王图书馆之东的“白翼”楼，起初用于收藏哈利卡纳索斯陵墓藏品；不过，建筑师J. J. 博内特（1859—1938）一开始拿出来的北区方案，可就有些野心过量了。按照这个计划，大英博物馆将拥有一条北向大道，差可比肩那条早在1820年便有规划，或许已经修成的南向大道。虽然建成的建筑有着爱德华七世时代的可观派头，长长的柱廊间距气势逼人，博内特的方案还是遭到了严格削减。尽管如此，1914年揭幕的爱德华七世楼还是为北图书馆留出了空间，并且建成了一座很有必要的宽大楼梯。这座楼梯高得足以容纳40英尺（约12米）之长、从夏洛特皇后群岛转舶而来、紧挨着天花板和地板的图腾柱；楼梯也将绘本素描部的新展厅和学习室连接到了一起，地图陈列室和欧亚陶瓷展品室亦然。

这些新展厅还储藏了所谓的“沃德斯登遗赠”。这批光耀夺目

* 该站于1933年关闭，现在已是霍尔本站的一部分。

的藏品包括250多件盘子、瓷釉，以及镶在黄杨木、武器和盔甲上的珠宝雕饰。它们原本存放在白金汉郡沃德斯登庄园的吸烟室里，1898年由费迪南·德·罗斯柴尔德遗赠给大英博物馆。捐赠者列出的一个条件是，它们必须在博物馆里单独陈列，与其他藏品分开。这条遗令也总能恰到好处地得到遵行。大英博物馆鼓励并期许这种藏品的到来。不过，有些进来的藏品也许本来不受馆员注意，就这么出乎意料地跑进来了。一个例证便是萨福克郡医生威廉·艾伦·斯特奇，此君和妻子收藏了海量的打火石：86000片，重达25吨，1918年斯特奇去世后遗赠给博物馆。藏品毫无征兆从天而降，这种可能性点亮了馆员们的早晨，带来了希望和期许兼具的一刻。不论这种时刻多么稀少，彼此相隔多远，它都将引发博物馆立馆旨趣的脉动，指示或指引立馆之道的变迁。因此，《泰晤士报》"安置那些理当妥置于大英博物馆的珍宝"这句话只讲出了故事的一部分，其所认肯的博物馆职责也只占小部分。大英博物馆可不只与"珍宝"相关，那里还有小之又小的打火石、面值最小的硬币、最不重要的版画。总而言之，它们可以统称为"人文"。珍奇宝物和庸常之物之间有一道鸿沟，每名馆员都必须应对之、表述之。

如果就争夺空间、竞逐资金、争取馆内自身领域的认同等方面而言，博物馆馆员这项职业的竞争之惨烈，堪称现代各职业之最。人们常常认定馆员热爱他们的工作；这种田园牧歌式的想象在19世纪90年代风行一时（直至今日也是如此），以至于催动了

1929年拍摄的博物馆入口大厅照片，拍摄者可能是博物馆的摄影师唐纳德·里昂。

当时英国首相格莱斯顿。格莱斯顿不禁对着大英博物馆绘本素描部馆员西德尼·科尔文发出了如下感慨：“就我个人而言，我永远不会站在给你们大英博物馆这些绅士加薪的那个阵营，因为我想象不出比这更愉悦的一份工作了。”

* * * * * *

20 世纪

“新获知识理当传播分享”

1914到1918年间的第一次世界大战，中断了大英博物馆的馆务。退休专家得到召唤，替换那些应征入伍的馆内职员。在英国和中世纪古文物部，收藏家们自发地继续着策展工作。就连馆长弗里德里克·凯尼恩（1863—1952）也缺勤赴法，虽然他很快就被召回博物馆履职。特别珍贵和便携的藏品在战争一开始就转移到了安全之地，1915年伦敦面临空袭威胁的时候，藏品迁出的比例更高。基于安全考量，版画、素描、手稿等文献珍品都转移到了位于阿伯里斯特威斯市的国立威尔士图书馆，小型藏品挪到了霍尔本地下新修

“一战”期间大英博物馆的内部留影，1918年。

的邮政铁路站里，包括帕特农石雕在内的大型笨重藏品则被放到了地下室内。至于大英博物馆建筑本身，英国空军部曾于1916年将这里拟定为战时所在地。首席理事坎特伯雷大主教和弗里德里克·凯尼恩两人联手阻止了这一提案。他们找到大卫·劳合·乔治首相，清楚明了地告知首相大人：这个极不负责的主意势必会在顷刻之间将大英博物馆变成合法合理的打击目标。

在战争岁月里，某些藏品因为地处卑湿或仓储不善而遭损坏。如果说这有什么好处的话，那就是亚历山大·斯科特博士在1920年年初成立了大英博物馆科学研究实验室。这家机构负责研发文物保养技术，提出保养规程和优先事项的相关建议。因这家实验室的开创之功，今天大英博物馆文物保养和科学研究部的根基也得以逐渐筑成。大战的结束也给了人们机会，重新思考国家博物馆和国家美术馆在英国的角色，尤其是大英博物馆在战后的世界应当扮演何种角色。1927年，国家博物馆和画廊皇家委员会发现，大英博物馆的机构重组“将（不能）带来任何有用功能”。委员会认为，博物馆应当在英国考古学的进步中发挥领衔作用。同时在大门之内，博物馆也当改进标识、标签和照明，并考虑夜间开放。委员会还提议将南肯辛顿的自然志博物馆变为独立机构，在行政管理上与大英博物馆脱钩，另外修建一家专门的新图书馆以容纳大英博物馆不停扩张的报纸和杂志藏品，选址拟在北伦敦的科林达尔。

自20世纪20年代到40年代，大型新藏品仍在涌入。1933年馆方应公众呼吁，以10万英镑的价格从苏联政府那里买下了最早的

萨顿胡的钱包盖，7世纪初。

希腊语新约圣经《西奈抄本》(*Codex Sinaiticus*);博物馆还从伦纳德·伍利在美索不达米亚乌尔城的发掘物中有所发现,那里挖掘而出的珍宝得以入藏,其中就有一尊铜牛,以及金铜文物"灌木丛中的公羊"。*这段时间堪称东方考古学的丰收季,但大英博物馆也响应1927年皇家委员会的鼓励,开始从英国本土的发掘中发现更多。萨顿胡庄园随葬品的发现恰在"二战"之前,米尔登霍尔珍宝的入藏也紧随其后。这些藏品可都离不开它们的离奇来历:萨顿胡遗址临近萨福克郡的伍德布里奇,据说是一名巫师介入才找到了这儿,米尔登霍尔发掘的公元4世纪罗马银器也不遑多让。1942年,一杆耕犁掘出了这些银器,但在此后数年里农民都将它们当成家庭餐具使用,直到1946年这些银器的真实价值才得以披露,并随后入藏博物馆。还有公元1世纪的罗马宝石玻璃文物"波特兰花瓶",从18世纪以来这尊花瓶就借存在大英博物馆,馆方也在1945年正式买下了它。这尊花瓶的所有者正是在博物馆草创期间慷慨出手赠予他们哈利藏品的同一个公爵家族(波特兰公爵)。

* * *

第二次世界大战期间,博物馆藏品的大部都疏散到了维尔特郡的埃文河畔布拉德福德、北安普敦郡的鲍顿府、斯特拉福德郡

---

* 这尊铜牛位于约公元前2600年落成的宁胡尔萨格(生育女神)庙遗址之下,发掘之时已被压碎。"灌木丛中的公羊"则是一对守护山羊中的一只,出土于乌尔城的皇家陵墓,另一只现存于宾夕法尼亚大学。

的德莱顿庄园，以及奥德维奇地铁站的深凹处。博物馆本身在1940年和1941年德国的战略轰炸中遭受了严重毁坏，疏散后的建筑活像一枚回音炮弹，挤满了警卫、沙袋和某些最为庞大笨重的藏品，这些没法移动的落单藏品只能留守原址。罗马不列颠展室和硬币展室都遭摧毁。战前完工、尚无藏品的杜维恩展厅本来是为帕特农石雕而建的，炸弹直接将其房顶掀了个底朝天。

“二战”后，遍及英国全境的“社会流入”（social flux）*也在大英博物馆那里有所反映：各馆藏部门的排序、再排序和重组，对博物馆教育和设计重要性的新理解，以及任命女性为馆务人员——但事实上直到20世纪60年代为止，女性工作人员都相当有限。而因为有格莱斯顿的訾议在先，职员们的薪资水平也有所增长。1759年立馆之初的三大部门历经岁月淘洗，到19世纪为止已经淹没在了新组织结构里，到20世纪初的时候事实上已是面目全非。自然志藏品早已脱钩而去，1945年的馆务部门共有八个：印本部；手稿部；埃及和亚述古物部；希腊罗马古物部；英国和中世纪古文物部；东方古物和民族志部；硬币和奖章部；绘本素描部。变革仍在持续，直到今天的部门格局（化为十个部分，当然这不是最后一次变革）出现。[1]博物馆内诸部门不但为诸多形形色色的藏品提供了合适的家园，也成为全世界收藏家和学者心之所向的灯塔。

托马斯·肯德里克（1895—1979；1950—1959年间在任）和

* 指英国战后社会阶层自下而上的流动。——译者注

弗兰克·弗兰西斯（1901—1988；1959—1968年间在任）两任馆长在位的20世纪50年代和60年代，博物馆内诸建筑经历了一段重建岁月，包括展品翻新再造的推展项目、公共利益的全面复苏，以及学术活动的增进。杜维恩展厅之内的大片空间得到修复，并于1962年和新入藏的帕特农石雕群一起重新开放。这里干净透明，环境甚至像是医院诊所一般，访客得以亲密接触大理石展品。木乃伊展厅现在熠熠生辉，装满了木乃伊箱和裹尸布，还有各式各样的随葬品，吸引着访客尤其是兴致盎然的年轻访客。他们摩肩接踵，与古埃及的死亡实例待在一起，穿插其间的则是随处可见的象形文字。不过，博物馆现代化的进展依旧缓慢得令人沮丧。大卫·威尔逊曾经回忆他1955年第一天到博物馆上班的情形，彼时的他还只是英国和中世纪古文物部一名年轻的助理馆员：

> 当时的博物馆一片黯淡，晦暝之气经久不息。百年的煤烟熏得柱廊发黑。那些开放的展厅灯光微暗，但还是有些展厅酷似轰炸现场，有的展厅仍然大门紧闭，还有的展厅干脆挪作储藏室之用……这里没有公共餐厅，没有信息咨询台；前门大厅只有一座柜台出售着寥寥可数的印刷品和黑白色的明信片……而在幕后，污垢和尘土累积，野猫之味相继。这些野猫生在这里——也死在这里——死在地板下面入土半截的中央供暖系统管道里。[2]

曾经做过印本部馆员的弗兰克·弗兰西斯于1959年接任馆长，

波特兰花瓶，约公元1到25年。这尊暗蓝色的双耳瓶饰有白色宝石玻璃，1845年被一名醉酒的访客敲碎，后来得到了修复。

他也是最后一位掌控圆顶阅览室的大英博物馆馆长。在他任期之内，将图书馆留在原址的尝试达到了最高潮。20世纪60年代初的书刊列出了一番方案：拆掉大罗素街对面的建筑群。这会造就一座大型广场，广场两翼建起圆顶阅览室进阶版本的新图书馆，同时在地理上让图书馆与博物馆依旧相邻。如此一来，圣乔治座堂（“斯隆教堂”）就将成为该地南缘引人注目的地标，伦敦也将多出一座堪比特拉法尔加广场的新聚集地。下院议员莱娜·耶格尔女士一直都是该方案的反对者，身为霍尔本和圣潘克拉斯南选区的代议员，她引领了这波反对浪潮。早在1956年，耶格尔就在议会做证说，这个方案将造成数千户家庭和商铺的关闭。[3]这场“布鲁姆斯伯里之

战”前前后后打了十年之久，战场既在议会内外，也在伦敦卡姆登区的一处处会议室，更在数不胜数的私人住宅里。大英博物馆一派的人看到，如果新图书馆不能照此方案建起来的话，那么等待博物馆的将是灾难。议会上院的安南爵士就认为，那样的话大英博物馆将“一步步走向解体”。[4]不过，结果却是保护原有环境一派占了上风：街道得以保留，博物馆不得不另想他法。

肯德里克和弗兰西斯也许是大英博物馆最后两位老派馆长，他们可以端坐于办公桌前，一边叼着烟斗一边端详燃烧的煤火。肯德里克是个亦庄亦谐、睿智温和的学者，与约翰·派普、约翰·克拉克斯顿、约翰·贝杰曼这样的艺术家和学者均是好友。1968年弗兰西斯退休之时，面对一位不苟言笑的馆长职位候选人，肯德里克轻松自若地阐述了他在馆长职位上的愉悦欣慰，语调满是讽喻之意：

> 这份工作堪称一件厚礼，根本没什么职责。你只需要偶尔签署已经有人为你拟好的信件即可，他们可以写出比你漂亮的信件。你可以和诸位亲爱友善的理事保持甜蜜腻人的关系，在惠特利委员会*和劳方温言软语。尤为重要的是，你还有大把机会干你自己的事，不需要在有客来访的时候将私事藏到油墨纸下面。任何图书馆的书只需几分钟就能到你手上，你甚至能把罗塞塔石碑装上轮子运进来。还有，当然了，最后你可以合理期待一个终身贵族

---

* 英国协调雇主、雇员之间关系的常设委员会，成立于1918年。——译者注

大英博物馆的屋顶，显示其在纳粹闪电战轰炸之下的毁损状况。

的头衔，还有大英嘉德勋章。这份工作简直超值。[5]

在肯德里克幽默谐谑的语言之下，乃是大英博物馆馆长的现实生活：无尽无止的委员会讨论、纷至沓来的财政缺口、接踵而至的政治要求、暗流涌动的“职员造反”，还有经久不息的新获藏品项目、展品翻新和展览管理工作带来的沮丧失落（以及多种多样的开心愉悦）。21世纪初，有媒体挖出肯德里克的讣告，对大英博物馆极尽冷嘲热讽之能事。但他们误解了前面引述那封信的语气，一字一句地信以为真了。*

约翰·沃尔芬登爵士（1906—1985；1969—1973年在任）是个改革派馆长，焕然一新的果决风格成为他任职的一大特色。许许多多新的分馆机构得以上马，民族志分馆外迁到了伯灵顿公园地带的人类学分馆，大英博物馆史上第一遭“重磅”展览也应运而生：《泰晤士报》和《星期日泰晤士报》力推的《图坦卡蒙宝藏特展》（1972）吸引了160多万人参观，这个惊人的数字在大英博物馆的展览史上无出其右。《图坦卡蒙宝藏特展》既是一场文化事业盛宴，也是一次地缘政治投资。结果就是，这批藏品在整个20世纪70年代都在苏联、美国、加拿大和德国的各大博物馆巡展。

第二位锐意革新的馆长是约翰·波普-亨尼西爵士（1913—

* 2000年大英博物馆爆出“错误石种”事件后备受媒体攻击。换言之，大英博物馆中庭（Great Court）之内的南侧柱廊在建造中用了波纹奶色石灰石（Caen Stone），而非波特兰石灰石（Portland limestone）。波纹奶色石灰石要比波特兰石灰石更亮，有官员被其亮度闪到了眼。不过，今天不大可能真的还有人抱怨这个石头问题。“抓到了！错误石种”，《每日电讯报》2000年8月25日。

1994；1974—1976年间在任）。犹犹豫豫之间从维多利亚和阿尔伯特博物馆转投而来的他，立即就面临设立入场费的可能，但这又颇与大英博物馆的原先旨趣和立馆之道相悖。收取入场费的政策，乃是爱德华·希思首相保守党政府最后数月里的财政节省之举。1974年1月2日上任第一天波普-亨尼西就发现，"斯莫克柱廊"下方、安装于圣诞节前的验票机遇湿瘫痪。人均入场费定在10便士——目的是要在七八月涨到20便士之前先留住游客——这项方案在大英博物馆不可避免地只能搁置，并在三个月后哈罗德·威尔逊的工党政府上台时收回成命。负责执行这项国家博物馆和国家美术馆通行费争议政策的政府大臣，正是当时的艺术大臣埃克尔斯勋爵。巧合的是，此君也是大英博物馆理事会主席。显然，勋爵大人对自己负责的那座博物馆的历史并没有太过上心。博物馆入场费的议题在党派政治中总是往来不休，正如前任馆长弗里德里克·凯尼恩的文章所写的那样：

> 这个争论不休的问题其实非常简单。该政策究竟是要鼓励人们利用博物馆，还是反之？毋庸置疑的是，强收通行费是在阻碍人们参观博物馆……这个国家已向大英博物馆投入了大笔资金，我们考虑博物馆回报的时候应当优先考虑它给公众带来的教育红利，而非入口闸机收取的那点微不足道的现金。[6]

埃克尔斯勋爵显然是对凯尼恩的论点视而不见了。其实，凯尼恩所论在本质上与1784年理事会顶住政治压力拒设通行费的论点如出一辙，他的论点直至今天依然有效，与18世纪80年代和20世纪70年代并无不同。

此时的大卫·威尔逊早已不是大英博物馆的助理馆员。时任伦敦大学学院中世纪考古学教授的他于1977年接任波普-亨尼西，成为大英博物馆新任馆长。《观察家》（*The Spectator*）是这么描写他的：

> 好勇斗狠，易怒暴躁，急不可耐，魅力动人。大英博物馆馆长就像蓬蓬头彼得一样大步流星地在办公室里踱步，脸上挂着谑而不虐又恰如其分的微笑。就在博物馆业界一派衰颓气象之际，大卫爵士脱颖而出，成为学者型馆长的代言人。原因很简单：他既是学者也是馆长。[7]

威尔逊以历史学家的方式履行馆长之职，他预见到了将民族志藏品从人类学分馆取回到大英博物馆的需求。这在经济上也有不得不然之处：伯灵顿公园的租金费用高昂。本项动议践行了支撑大英博物馆根基的中立原则，也强调了“各藏品要聚在一处彼此呼应”的重要性。虽然在事实上这项动议与博物馆的内部空间压力背道而驰（正是空间压力迫使藏品重组、迁出），但它还是在1997年付诸实施了，人类学分馆也在同一年关门大吉。

至此，大英图书馆的迁出就已不可避免了：位于圣潘克拉斯的新址奠基石也于1982年由查尔斯王储亲手打下。十年之后书籍和手稿的迁出给大英博物馆带来了深远影响，永久地改变了博物

伊丽莎白二世于1972年参观《图坦卡蒙宝藏特展》。

馆的重心所系。在此之前——每天、每周、每月、每年——一群群的读者都是冲着阅览室去的，他们要到那里用功学习：这是清楚明白而又直截了当的无声意图。自1998年6月以来，这批人就离开了这里。现在，大英博物馆来访者的意图也许就更加散漫、难以确定了。他们依旧真诚，但肯定在种类上截然不同了。大英图书馆奠基石的铺下也标志着大英博物馆“重加校准”的开端，馆方面临新的挑战：重新思考该馆的未来。

身为馆长的大卫·威尔逊撰写了一篇关键文献，那就是引发争议的《大英博物馆：立馆之道与政治纷扰》（*The British Museum: Purpose and Politics*，1989）。退休之后，威尔逊还写了一本《大英博物馆——一部历史》（*The British Museum: A History*，2002）。两本书可谓标志着他馆长任内的两极角色：一极是善用政治手腕，清楚明白地确立大英博物馆的宗旨所在；另一极则是秉承学者的中立品格，描绘了一幅“大英博物馆从何而来，向何而去”的图景。在罗伯特·安德森和尼尔·麦克格雷格两任馆长治下，大英博物馆继续着其深入万千人心人意、赢得众人认可的旅程。在罗伯特·安德森任内（1992—2002），中央的矩形庭院得到了重点开发：诺曼·福斯特设计的这座“伊丽莎白二世女王中庭”（Queen Elizabeth II Great Court）筹划并兴建了。在博物馆的中庭等地，公共教育和启迪活动得以以更快的步伐和想象力开展。大英博物馆成为更显眼的公共教育媒介。

大英博物馆在这段岁月里的外观变换只有“斯莫克年代”方

能比拟。尼尔·麦克格雷格馆长在任内（2002—2015）目睹了藏品范围的拓展、藏品热点的聚焦和大众号召力的提升。《秦始皇：中国兵马俑》（2007）及其后续特展将学术性和观赏性合二为一了：《莎士比亚：世界在此上演》（*Shakespeare Staging the World*，2012）、《冰河期艺术》（*Ice Age Art*，2013）、《德国——一个国家的记忆》（*Germany - Memories of a Nation*，2014）、《定义美丽——古希腊艺术中的身体》（*Defining Beauty - The Body in Ancient Greek Art*，2015），以及《沉没城市》（*Sunken Cities*，2016）。[8]自然而然的结果是，借展和联展也有所增长。罗伯特·安德森任内策划的"启蒙展厅"于2003年揭幕，意在庆祝第一部《大英博物馆法案》颁布250周年。2015年，"沃德斯登遗赠"也面向21世纪观众再次展出，地点选在了曾经的西方手稿部研究室。[9]博物馆的受众面也在麦克格雷格的第一套系列电台节目《100件文物中的世界史》（*A History of the World in 100 Objects*，2010）中得到拓展，并在与展览相关的系列电台节目《莎士比亚永不止歇的戏剧世界》（*Shakespeare's Restless World*，2012）、《德国——一个国家的记忆》（2014），还有《与众神共处》（*Living with Gods*，2017）中再度拓展。总而言之，这些清楚直白而又主题鲜明的节目展现了大英博物馆影响深远的哲学根基，以及馆方经由文化交流（藏品、知识和建议）逐步演化而成的"策展外交"。2005年，麦克格雷格接受《卫报》采访时提醒读者，大英博物馆的立馆之道正是17世纪哲学家约翰·洛克诸理念的展现：一切知识都应抵达公民，新获知识理当传播分享。

* * * * * *

进入 21 世纪

“大英博物馆，天堂般的存在”

大英博物馆的收藏之道存有一种内在矛盾。馆方收罗蝴蝶标本和独角鲸长牙的职责早已不存，他们为国家收集印本手稿的重要角色也已消退，不过，大英博物馆依然是英国的文物宝库，聚拢了世界各地的奇珍异宝。大英博物馆既是保有考古记录、维持考古安全的国际网络关键一环，也是参与“以文物保有人类历史证据”这项任务的全球诸多机构之一。“关注过去”仍是博物馆的重大职责，在全球范围内收集当代藏品的工作也不遑多让。类似的藏品每天都在涌入大英博物馆：从硬币和徽章，到木质或纸质模型的打字机、电话机、盒式收录机和摩托车（均产自20世纪80年代的槟榔屿），再到加纳产的奔驰车形棺木都有。[1]后面这些藏品反映了当地围绕死亡而生的礼仪，其所蕴含的人类习俗可以追溯到大冰期。收集当代版画素描作品的传统也源自博物馆甫建的数十年，彼时的大英博物馆就开始接受版画和素描的馈赠，有些来自当世艺术家，有些则来自理查德·佩恩和克雷顿·克拉切罗德这样的收藏家。这在当时本来没什么争议。但时至20世纪，一场生根的“传袭偏见”开始针对使用公共资金购买当代艺术品的行为。尽管可以用馈赠的方式绕开这项非议，但直至1967年大英博物馆才通过了一次数额不大的当代艺术品购买案。[2]纵观英国全境，其他国家艺术机构都已各自独立履行了它们收藏当代图形艺术品的使命，其中最重要的要数泰特美术馆、维多利亚和阿尔伯特美术馆。此外从苏格兰北端的奥克尼到英格兰西南角的圣艾夫

马来西亚槟榔屿出产的纸像。这些标志世俗成功的符记将被焚烧，祭献给新近去世的亲人。

PPA1988
地府護照
HELL
PASSPORT
HELL BANK

斯，英国各地区域性的博物馆和美术馆也在20世纪最后四五十年里遍地开花，至少是代表各自地域收集了当代的艺术品。

因此，提出如下疑问显得合情合理：考虑到已有如此之多别的机构在走这条路，大英博物馆是否还需要继续收藏今天的艺术品？答案必须总是肯定的。原因在于，无论是探研图形技法的演化史，还是追踪人类表达方式里不断改变的优先选择，博物馆的视角都堪称独特，其所关涉的范围也是放眼全球而非局限一国之内。博物馆的首要旨趣乃是彰显人类实践（human practice）而非美学评鉴（aesthetic judgements），这或许让我们有理由深思，那44根裹在博物馆入口之外的柱廊堪称我们认知的过滤器：它们乃是一头鲸鱼口中的鲸须，掠取丰富的磷虾作为食物。它们标志着一条新鲜路径，从每一位个体那里求取新的思维：泰特美术馆与维多利亚和阿尔伯特美术馆呈现艺术品，大英博物馆则表彰人类产品。唯有（在英国的）大英博物馆才有这么一种综合性的展览，足以展现蚀刻版画（etching）在国际上的变迁，从伦勃朗（17世纪荷兰人）到吉姆·戴恩（一位当代美国流行艺术家）；或是平版印刷从塞尼菲尔德到杰里柯，再到内文森的演化；再是墨水画从波提切利到克劳德，从惠斯勒再到阮秋。*我们称这些人为“艺术家”；他们当然是艺术家，但他们也是机巧杰出的人类：正是出于

* 阿罗斯·塞尼菲尔德（1771—1834），德国人，平版印刷术发明者；西奥多·杰里柯（1791—1824），法国艺术家；克里斯托弗·内文森（1889—1946），英国艺术家；桑德罗·波提切利（1445—1510），意大利艺术家；克劳德·洛林（1604/05—1682），旅居意大利的法国艺术家；詹姆斯·麦克尼尔·惠斯勒（1834—1903），旅居英格兰的美国艺术家；阮秋（1930年生），越南艺术家。

这个原因，他们的作品才会入藏大英博物馆。就在古物以其“来自过去”的本质脱颖而出的同时，大英博物馆也自我施加了一项职责：引导公众对图形艺术的进步有所认知和理解，方式是获得藏品、藏品编目、出版和布展。在某种意义上，这必须及时展望未来而又不失时机地回顾过去。

内在的悖论至此显现：1975年弗兰西斯·卡莉获任印本素描部助理馆员，她的特殊职责是建立大英博物馆的20世纪素描收藏，使之“与时更新”。在众多素描作品中，卡莉推荐购买的乃是雕刻家威廉·塔克[3]的作品《1975素描1号》：这是一组平行线条的几何图案密码，由马克笔画在碎报纸上，而报纸文本栏则是颠倒过来的。*在1975年9月的会议上，这件藏品在诸位理事观看新获藏品的时候引发了他们的关注；据说，其中一名理事也就是杰出的艺术史家克拉克勋爵在看到塔克这幅素描的时候说了一句，“这够了吧！”这句评论其来有自：彼时他的暴怒是冲着泰特美术馆去了，该馆新收的藏品是卡尔·安德烈的《第八等式》(*Equivalent VIII*，1966)，即所谓的“泰特砖”(Tate Bricks)。克拉克在这里下的是本能的美学判断，而非出自一个旨在保有人类创造力成果的机构的视角。会议记录记载了当时绘本素描部馆员约翰·盖尔听闻的会议情况，“卡莉小姐一直在自信满满地提出计划，盖尔先生并不认为应当这么早就试图指引她的兴趣”。在后面的一次会

* 藏品购入后在展示衬垫上加了一个方向朝上的箭头，表示阅读方向。

议上，塔克素描作品那股宁折不弯而又简约还原的本性遭遇了某种程度的纷争和不快。全体理事就像克拉克一样做出了一个美学判断：

馆长（波普－亨尼西）报告说，他与许多理事一样颇受困扰，来源是上次会议向理事会展示的那幅威廉·塔克的素描作品。结果，他要求绘本素描部编纂两份名单，一份列出最近50到75年里享有稳定声誉的高水平当代艺术家，另一份则列出这些艺术家在各地馆藏中的作品。馆长打算推出一项政策：当代艺术作品的收藏必须基于这两份名单。（1975年10月25日）

这反映了大英博物馆在两种需求之间游走时的某些不适：一边是讲述本质完整的故事（比如说古埃及）的种种需求；另一边则是展现版画复制和素描术演化的那些需求，它们的演化永无尽头。大英博物馆在擘画图形学的前方路径之时，发现自己必然要做与美学甄别背道而驰的前瞻预言工作。甄别工作可是博物馆职权范围之内的关键一环，人们也信赖博物馆身为真货宝库的地位：所谓“黄金标准”对付的就是那些相对而言可以甄别而出的人工制品。甚至于，赝品也可以成为真正的博物馆藏品，它们是自身意义上的“真货”。2017年，大英博物馆用数月时间举办了一场“1英镑假币”的小型展览。这既是警示也是样板：皇家铸币厂正是在这一年发行了“无法制假”的新版1英镑硬币。

出于对绘本素描部在当代图形艺术上直面传统、勇于创新政

《1975素描1号》，威廉·塔克作品。

策的回应，大英博物馆硬币奖章部也在2009年组织了一场“屈辱奖章”（Medals of Dishonour）展，回顾了一段另类奖章史。这些奖章意在纪念和讽刺在16世纪和20世纪之间，那些被认为是不甚光彩的事件和行径。展品还包括了英国艺术奖章学会（British Art Medal Trust）制作的当代奖章，标记和纪念相应的人和事，其中就有托尼·布莱尔和伊拉克战争。制作奖章的艺术家包括杰克·查普曼、迪诺斯·查普曼、格雷森·佩里和理查德·汉密尔顿。这些呈送给大英博物馆的奖章样品，表明博物馆把过去那些奖章制作者的作品所具有的讽刺与政治影响带入了当今世界。这次创新之举严格来说也与驱动博物馆藏入当代绘本素描作品的那股推力属于同一类型，它们背后也都有故事可讲。无论是绘本素描还是硬币奖章，它们收集的眼光都同时包括了过去和未来；古埃及部仅仅放眼过去。大英博物馆扮演了双面神亚努斯的角色：博物馆并非戳在原地一成不变，它在任何时候都应该采行360度全视角。

* * *

从一开始大家就心知肚明（如果不是不言自明的话）：艺术家和艺术生乃是大英博物馆访客拼图里最为重要的有生力量。早期几个版本的“概要”都特别提到了艺术家和艺术生，他们对博物馆的立馆旨趣是如此重要，以至于馆方为了方便他们而设立了特别开放日和延长开放时间。

不过，1832年1月却发生了一件糟心事：一名学生在移动画架的时候粗枝大叶，不慎敲掉了“汤利维纳斯”雕像的两根手指。事故引发了人们对博物馆优先使用权的一次紧急重估。独立艺术家们素有泡在博物馆及其藏品之间的癖好；本杰明·罗伯特·海顿堪称个中翘楚：自帕特农石雕入藏之后不久，他就泡在馆内画它们的素描；J. M. W. 特纳则是19世纪20年代版画室的快乐访客，他在仔细观看一幅版画并临摹的时候，恰好被当时的绘本素描部馆员J. T. 史密斯撞个正着。后来的几任该部馆员西德尼·科尔文（1845—1927）、坎贝尔·道奇森（1867—1948）都拥有博雅的当代图形学知识，他们也得以运筹帷幄，巧妙对抗那些反对博物馆入藏当世艺术家作品的偏见。那些也许不能动用公共资金购买的藏品，却可以用支持者礼物的名义收藏。当然，“支持者”（well-wishers）也可包括艺术家和馆员本人。科尔文和道奇森也利用当代艺术学会这扇后门，以该会礼品的名义为藏品添砖加瓦。

大英博物馆的立馆之道是“公民中心”（civic centrality），艺术家们乃是传扬这一旨趣的最明确载体：博物馆一直都是艺术家、艺术生和收藏家们至关重要的会议地点，方便公众访问是它的优先要务。20世纪法国收藏家塞萨尔·曼日·德豪克就将他所收藏的大量19世纪法国素描作品捐给了大英博物馆，其中不乏雷诺阿、秀拉、凡·高这样的名家之作。原因在于，德豪克小时候在英格兰上学的时候曾经获允进入版画室，尽情观赏他喜欢的画作。据他自己的说法，他认为自己到了卢浮宫就不会如此畅通无阻。[4]

到了20世纪，我们可以引用的例子就更多了，包括雅各布·爱泼斯坦、亨利·摩尔、大卫·史密斯、爱德华多·帕奥洛齐和格雷森·佩里，这些艺术家对大英博物馆藏品均有着创造性利用，他们的艺术类型和艺术方法都随着时间变迁各显神通。

雕塑家亨利·摩尔在他还是皇家艺术学院学生的时候，就充分利用了伦敦此处的风水宝地。1920年，他在家书中写道：

我连着两天把下午花在了大英博物馆的埃及亚述雕像那里——离闭馆还有一小时的时候我强迫自己离开这些雕像，前去做一些新探索，于是发现了……民族志展厅——那令人心醉神迷的上佳黑人雕塑……待在伦敦是多么美妙啊（乡下长大的哈利如是说）！[5]

在这次和其他多次造访博物馆期间，摩尔创作了《手臂上扬的女人》（*Woman with Upraised Arms*，1924—1925年间完成；亨利·摩尔基金会），埃及展厅里阿孟和蒂的巨手启发了他。1925年摩尔在意大利参加某学术项目时对此也有所反思，他写道："如果这次学术活动对我一无所用的话，那么或许也将让我明白我们在英格兰拥有的宝藏——大英博物馆，天堂般的存在。"[6]

而就在同一年，正如他后来反思的那样，他"重回大英博物馆观赏古墨西哥艺术"。角落里有埃尔金和菲加勒伊安石雕，古典时代的希腊罗马元素不可磨灭地渗入博物馆的建筑纹理，不过，还是埃及、亚述、非洲和墨西哥雕像的威力影响了早年仍处于发展期的摩尔。穿过44根柱廊组成的过滤器，摩尔探骊得珠，发现了另一番奇思妙想。他在给朋友的那些深思熟虑的信件中强调，大英博物馆取精用宏的藏品深厚博大，点燃了这位好学深思而又果决坚定的艺术家的激情，重新定位了他的艺术之路。六十年后，时值职业生涯末期的摩尔在他《亨利·摩尔在大英博物馆》（*Henry Moore at the British Museum*，1981）一书的导论部分写道："在我最具可塑性的那些年里，我对雕像十分之九的理解和学习所得都源自大英博物馆。"

摩尔的经历让人心有戚戚，尤其是当我们回顾19世纪，对照彼时馆员和访客对大英博物馆的反应，再历数二百年来的种种变迁的时候。1808年版的"概要"里写道，蒙太古府二楼I号展厅里的展品就包括了来自亚洲、非洲、美洲和南太平洋群岛的"他处"（inter alia）藏品，这些藏品都被列为"现代艺术品"。这次展览的介绍语如下：

> 这里选择陈列的藏品来自一大批相似的原料，它们储藏在这儿较不显眼的地方。拣选这些物品看的是，它们或能最好地展现一些当地风俗、艺术、制造业或历史亮点；不过即便如此，其中大多数都将被放到一边，给其他更有内在价值的藏品留出位置。

这里的否定语气颇为温和：不承认这部分藏品有多大的重要性。但尽管如此，大英博物馆还是以一种适当的方式，从一开始就践行了或可称之为"博物馆运动"的方略：哪怕只是放在"这儿较不显眼的地方”，这些藏品也得到了保留，并会在未来存放一段时间。时至20世纪20年代初，亨利·摩尔来到大英博物馆，看到了民族志诸展厅里这些“自命名”（self-name）的藏品：

这些展览对我而言堪称梦幻；展品都打包装在玻璃橱柜里，常常混在一起。这样一来，每次到访似乎总能发现新的东西。我对非洲和太平洋的雕塑尤其感兴趣，深深觉得“原始”一词用来形容它们实在是个误导，因为这个词语暗指“粗陋”和“不完备”。在我看来显而易见的是，这些艺术家并不是在尝试——他们未能——以自然主义的方式表现人类形态，但他们有着自身的明确传统。欧洲艺术之外尚有如此多姿多彩的传统，它们是极大的启示和激励。我曾经手绘过许多这类雕刻品，有时就在手头的随意几张碎纸上，有时是在素描簿上。当然了，其中好几尊雕刻品都影响了我后来的工作。[7]

博物馆的一大根本目的就是保有藏品，等待属于它们的时刻到来。尽管在大英博物馆的早期岁月里有些藏品遭到冷遇甚至是白眼，但对民族志藏品而言，属于它们的时刻还是在19世纪末20世纪初到来了，这多亏包括雅各布·爱泼斯坦和亨利·摩尔在内的艺术家的到来。而在20世纪70年代和80年代，爱德华多·帕奥洛齐（1924—2005）在大英博物馆人类学分馆里的民族志部展开了一番探寻，并策划了《纳瓦特：失落的魔法王国和六个纸月亮》（*Lost Magic Kingdoms and Six Paper Moons from Nahuatl*，1985）。

格雷森·佩里（1960年生）将他本人的作品和入藏博物馆的藏品拿到一起作为例证，举办了一场名为《未知匠人之墓》（*The Tomb of the Unknown Craftsman*，2012）的联展："这是给制作者和建造者的一座纪念碑，那数不胜数、姓名不详而又技艺工熟的个体，正是他们打造了史上这些绚丽的人工奇迹。"佩里的展览翻转了当代艺术家回应博物馆藏品的惯例。正如硬币奖章部馆员菲利普·阿特伍德当时的评论："佩里选取和展览藏品的方式，我们这些在此工作的人无人可以想出。这场展览势将大大异于大英博物馆过去曾经办过的任何展览。"

* * *

大英博物馆是如此宏富而受人景仰，这样的机构势必和其内的藏品一样成为众所倾心之物。当然了，这也反映了一个问题：正如你我所见，大英博物馆成为日记作家、纯文学作家甚至是卡通画家早期作品的母题。爱德华·F. 埃利斯1981年编纂的《小说中的大英博物馆：一份清单》（*The British Museum in Fiction: A Check-List*），就给出了1300多名英语作者的作品书目，他们的故事都与大英博物馆难解难分。他们的著作一再展示了这个机构如何给他们的文学作品以及文学作品背后的生活留下了不可磨灭的影响。在狄更斯的《博兹札记》（1836）里我们看到，大英博物馆

下页图

阿瑟·柯南·道尔申请大英博物馆阅览室读者卡的表格，1891年。

43168

No. 1659 (6 months.) Apr 7-10-91

BRITISH MUSEUM, April 2nd 1891.

The Principal Librarian of the British Museum begs to inform Dr. A. C. Doyle (Arthur Conan) that a Reading Ticket will be delivered to him on presenting this Note to the Clerk in the Reading-room, within Six Months from the above date.

N.B.—Persons under twenty-one years of age are not admissible.

W B & L (66P)—2789—5000-1-90

READING ROOM.

TO THE PRINCIPAL LIBRARIAN OF THE BRITISH MUSEUM.

SIR,

I hereby make application to you for admission to the Reading Room of the British Museum, and I append the particulars required by the regulations of the Trustees.

I AM ABOVE TWENTY ONE YEARS OF AGE.

Purpose for which admission is required: Information on subject of 30 years War & Puritan movement

Name: A Conan Doyle. MD.

Address: 23 Montague Place.

Profession or Occupation: Physician

Date: April 1st 1891.

Admission is not given to persons under twenty-one years of age unless it can be shown that they are engaged in literary work requiring research. Study for examinations is not considered to give a claim for relaxation of the rule of exclusion.

R & S (38,662a) 2000 1—89

[TURN OVER.

成了那些“死要面子者”的流连之地；而在本杰明·狄累斯利的小说《恩底弥翁》（1880）里，出现了“大英博物馆的绅士以寥寥数语谈论了古埃及人挪动巨型花岗岩的方式”。这位绅士一定就是拉亚尔德或牛顿。托马斯·哈代深情回顾了大英博物馆的服务，其中尤为著者便是《德伯家的苔丝》（1891）一书：大英博物馆阅览室成了极具社交雄心的西蒙·斯托克斯查找信息时的天然来源，所谓“绝后的、半绝后的、隐晦不明的和消亡的家族”。

自19世纪末以至20世纪，大英博物馆还成了一家文学社区，E. 奈斯比特《护身符的故事》（*Story of the Amulet*，1906），乔治·吉辛、阿瑟·柯南·道尔、亨利·莱特·哈葛德、弗吉尼亚·伍尔夫、保罗·加里科、安古斯·威尔逊（阅览室主管）和大卫·洛奇 [他在《大英博物馆在坠落中》（*The British Museum is Falling Down*）的人物亚当·阿普比差点把博物馆点着了] 都曾驻足于此。洛奇用了大量大英博物馆的元素以打动读者：阿普比端坐在阅览室的桌子上畅想英国文学、天主教教义和计划生育。从20世纪60年代到90年代，一条封闭式走廊将大英博物馆阅览室与入口大厅隔离开来，这样一来读者就看不到之前位于另一边的庭院了，那里在此时成了一处书堆聚集之地，“他穿越窄窄的阴道走廊，进入了阅览室的巨大子宫之内”——洛奇如是写道。

* * *

纵观大英博物馆诸藏品，帕特农石雕引发了较多的笔墨关注。

身具“反响无穷的历史文物”和“政治辩论标的物”这两重属性，帕特农石雕恐怕要比博物馆其他任何组别的藏品都更惹议，尽管这两重属性互为表里。这批雕像不仅代表了人类集体成就的巅峰（正是他们缔造了公元前5世纪的雅典文明），它们本身也是造福一个国家的人文作品的最强宣示。一群尽善尽美的雕刻家在严密的文化、宗教和管理统辖之下完成了这些作品，它们是无愧于定义一个时代的杰作。雕塑巨匠们不但发出了他们主君要求的宗教政治强音，而且阐明了指引他们的神话和伦理规范。这些雕塑对世界文化的重要性毋庸置疑，大英博物馆取得它们的机缘境遇都将作为火热的政治话题持续延烧，直至它们的所有权归属到各方皆大欢喜的状况。当然，“各方”也包括人类政体。这里存在一个争论，因为在帕特农石雕那里同时存有两种合情合理而又彼此不可调和的硬碰硬立场：基于情感和记忆的国家遗产所有权（希腊），植根于全球性文化反响，并掺有某种持久看护职责的理念（大英博物馆）。讽刺或者说机运在于，这些立场没法互换。两造阵营都呈现了某种权利意识，这个争论唯有等到双方都能承认这一镜像，并且克服深植其中的不对称时方能解决：一个国家在和一家机构谈判。息讼解纷的关键所在，也许是需要我们挹注我们自身的资源，同心协力打造一个统一、繁荣、和平的欧洲。帕特农石雕堪称一个混杂了“统一、繁荣、和平”的复杂符记，亟须

下页图
帕特农石雕，自20世纪中叶以来持续展出。

在理解的基础上达成协议。

理事们发布的这段平淡无奇的文字，描述了帕特农石雕在大英博物馆展览工作中扮演的角色所在：

> 大英博物馆讲述世界范围内人文成就的故事，从二百多万年前人类历史的拂晓以迄今日，帕特农石雕乃是这个故事里的关键一环。大英博物馆对这个世界而言堪称是别具一格的资源：其藏品的精深博雅也让全球公众得以检视各自文化认同，探索人类文化互联互通的复杂网络……帕特农石雕正是这个互联互通的世界藏品大家庭里的关键成分。它们都是世界共享遗产的一分子，超出了政治的此疆彼界。

帕特农石雕入藏大英博物馆几乎整二百年之际，一件无论在原材料、重量还是在规模上都大为廉价的文物也穿过44根柱廊进入了博物馆。这只是一尊简简单单的基督十字架，架身带有一道可称优雅的曲线。如果观察大致不差的话，这尊十字架制自一艘破船上的木头。制作者是弗朗西斯科·图齐奥，意大利南海岸外兰佩杜萨小岛上的木匠。2013年正值移民年代，图齐奥和岛民同胞一起目睹了数千名厄立特里亚和索马里移民试图从利比亚穿越地中海的景象。兰佩杜萨十字架[8]的木料来源是一艘沉船，该船在2013年10月11日沉没，311人丧生，150多人获救。图齐奥受这次事件感召，决定用这艘船的残骸木料制作十字架，纪念每一名遇难者，作为救赎的标志和未来的希望。应“英国欧洲和史前部”

馆员吉尔·库克之请，图齐奥专门为大英博物馆制作了这尊十字架。2015年，图齐奥呈送了他的作品。这尊十字架位居大英博物馆精神特质和立馆之道的核心位置。下面这段文字就是博物馆在网站上对它的介绍：

拉丁形制的十字架，原料制自2013年10月11日在意大利兰佩杜萨岛海岸失事沉没的船只碎片。横木和竖木以十字形状搭接。十字架正面、下方和上方表面的蓝色印记依旧磨损漫灭。竖木正面遍布油漆损层。底漆呈现暗绿色，上覆一层刷成了橙色的米黄颜料。十字架的两侧和背面都已剥落到木质表面。竖木背面近顶处有一孔小洞悬置其上，而在十字架顶部右侧，一枚铁钉的碎片依然存留着。十字架的背面签有“F. 图齐奥，兰佩杜萨”的姓字。

这段说明文字不带感情而又干脆利落，创造了描述物质状态之时所需的距离感，像极了一名医生在诊断病症或外伤时或可采纳的做法。从这段文字中你完全看不出来大英博物馆取得藏品的曲折经历或兴奋之情。吉尔·库克既是馆员，搜寻那些能讲故事的藏品是分内之职。藏品展出收获的反响也提升其价值。库克听说了兰佩杜萨人对2013年那场悲剧的反应，她深感自己的部门应当收集一些足以反映这段移民史和人道主义灾难的藏品，毕竟这场悲剧给欧洲政治和欧洲社会冲击甚大。纵观二百年来的历史，大英博物馆应当收藏什么，才配得上这段重大时期？库克意识到，弗朗西斯科·图齐奥的人文创举就是关键。她如此描述事情的来龙去脉：

兰佩杜萨十字架，2015年，弗朗西斯科·图齐奥摄

当时我们必须找到他。我们翻阅电话号码簿，给他打了几通电话。我开门见山问他的是：能不能为我们制作一尊十字架？需要多少费用？他的答案是“可以；不要钱”。接下来的事就世人皆知了。我询问某位正在西西里岛参会的同事，是否可以会一会从兰佩杜萨岛而来的渡船，取得这尊十字架。不过，如此复杂的安排根本就不必要，因为图齐奥先生已经将他的作品寄出了。十字架寄到之后我就拿给尼尔·麦克格雷格看，他在第一时间就想将之公之于众，作为他馆长任上所获的最后一件藏品——否则的话这尊十字架可就不会有人注意了。馆长先生还加了一句，他说兰佩杜萨十字架是一件让这家大博物馆谦卑的藏品。[9]

帕特农石雕代表着一个正处于巅峰文明的文化表征，它们深知文明深处的重压和不谐；兰佩杜萨十字架则是小得出奇的东西，所费极少而又工艺极简，它也是某发达文明的文化表征——我们自己的文明——十字架直面了21世纪的重压和不谐。尽管就材质、影响力和市场价值而言两者之间存在巨大鸿沟（如果可以估测两者之中任何一者的数字的话），但帕特农石雕和兰佩杜萨十字架在大英博物馆的故事里拥有同等的重要性和情感能量。

* * *

大英博物馆直接是从18世纪两大交叠而行的潮流演化而来：培根的经验论和洛克的人性论，两者都对欧洲的启蒙运动颇有贡

“沃伦杯”，公元前15年至公元15年。大英博物馆于1999年斥资180万英镑购入。

献。启蒙运动乃是我们着手观察和考量过去时的一面透镜，它不仅孕育了20世纪的一本本百科全书，还催生了21世纪的维基百科。它们都发轫自狄德罗的《百科全书》，但一切的一切还是要归功于从小学到大学的各级学校、诸研究机构、多家智库，还有自由的新闻界。反之，总体而言博物馆在极权社会都要面临风险。18世纪末19世纪初拿破仑对博物馆和艺术品的劫掠、纳粹在20世纪的劫夺，都已展现了这一点。博物馆既是启蒙运动的产物，它们也必须自我演化，在社会变迁的同时既引领社会也反映社会现实。

同样地，博物馆既然可以成为极权摧残的目标，它们也就成为自由表达和抗议的天然舞台。2016年，大英博物馆就成了抗议英国石油公司的场地，只因这家公司乃是展览《沉没城市》的赞助商。绿色和平组织的抗议者身着美人鱼服饰占据了中庭，其他抗议者则在立面廊柱之间挥舞着旗帜，上面写着那些即将因为气候变化而遭淹没的大小城市——新奥尔良、博斯卡斯尔、马尼拉、马尔代夫、赫布登布里奇。不管你喜欢与否，大英博物馆都是那范围广阔的政治和环境争论的一分子。相形之下，帕特农石雕的相关争吵就像是游乐场里的玩具争夺战。

从帕特农石雕进入大英博物馆这座各路文化齐聚之地的那一天起，有关它们未来的政治争吵就不可避免地会在某天酿就一场危机。同时，呼吁女性投票权或同性恋权利的便士翻领徽章堪称

下页图

大英博物馆鸟瞰图。

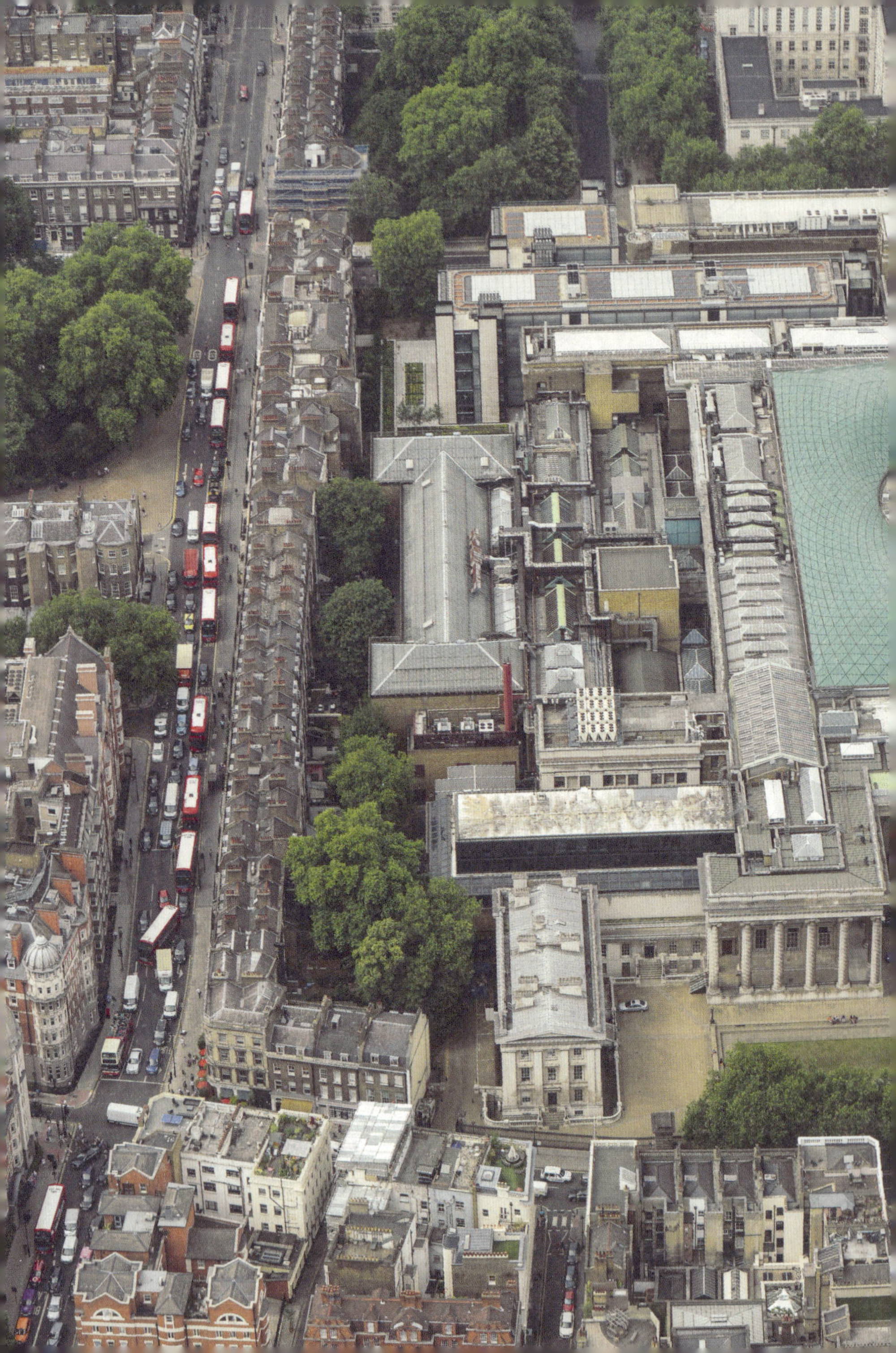

公共意见的彰显，它们与兰佩杜萨十字架一样标记着人类对自身理解的高低起伏。1999年，大英博物馆购买并展出了“沃伦杯”，一尊描绘色情行为的公元1世纪古罗马银质水杯。这在当时并未引发多少公众不满（甚至可说是几近于无），意味着博物馆至少已经安然度过了一场危机。仅仅在50年前也就是大英博物馆自身时程的五分之一之前，“沃伦杯”受到的待遇恐怕都将大为不同。1991年的《收藏20世纪》特展标志着大卫·威尔逊馆长任内的收山之作，这次展览也在史上第一次对博物馆“回顾展望，守先待后”的职责做了清楚明了的评估。展览不仅展出了民族志分馆收藏的现代物品纸雕（比如电话、打字机和摩托车，通常会在中国式葬礼上烧掉的那种），也呈现了赫尔·格伦迪夫人（教授）捐赠的珠宝，更有20世纪产自全球的银器、玻璃制品和陶瓷制品。中世纪与后期古文物部收入的这些新藏品可以回溯到过去数百年，它们反映了设计实践的连贯性，还有应用、形制和样式的时下潮流。

自空中——在夜间，若是你身处于伦敦眼上，或是一架盘桓伦敦上空、即将着陆希思罗机场的飞机上——那么环绕中庭的穹顶新景就是身处于伦敦屋顶群像之中一块闪烁明亮的天空之环。而在白天，阅览室的圆顶之巅则走入了一片纯净的蓝色海洋，像是潟湖之中发现的一叶慵懒浮标。在阳光明媚的日子里站在室内仰望，目之所及并非飞机，而是飞来的群群伦敦鸽子栖息在玻璃三角网格结构之上。有些鸟儿会不时振翅起飞，给它们变换之中的种群性质加上了行动轻快的亮色。翻修之后的大英博物馆焕然一新，宏伟的中庭与经久不息的喧哗和数百人的旋绕人流桴鼓相应，丝毫没有丢掉博物馆带给第一批访客的震撼效应。当时的人们就像雪莱口中留待探索的“古代沃土的旅行者”一样纷纷来到这里，正如尼尔·麦克格雷格250年后的说法，(大英博物馆)有着“人类彼此交缠的一篇篇故事”。[10]

大英博物馆中庭自19世纪50年代以来首次揭幕的14年后，世界保护与展览中心也于2014年揭幕。这座新建筑不偏不倚地放在了博物馆西北角的空地里，位居18世纪蒙太古府阳台和杜维恩美术馆之间。勾画出大英博物馆矩形格局的这批建筑群最早完工于19世纪40年代，博物馆一层层的扩容就像一株生长年轮的大树一样：数十年的时间里这个有机体经历了转换和变迁，它本身保护、储藏和展览的功能却在始终如一地更新再造。

大英博物馆的藏品数量——约800万件——直逼伦敦的人口数；大英博物馆与它一条条涓涓不壅的捐助之河一样，映照着英国身为一个整体的立国之道。汉斯·斯隆给他藏品的指导是“通盘保留，不做一分一毫之缩减或分割……以为公共用途和公共利益之用”。二百五十多年的时间里有无数新的藏品加盟了斯隆，大英博物馆也以此致敬了创建者的谆谆告诫。同样地，大英博物馆也追随了诗人T. S. 艾略特在《干涸拯救》(*The Dry Salvages*)里的拳拳之意：“以平等之心对待过去和未来。”

下页图

圆顶阅览室和大中庭，2011年。

QUEEN ELIZABETH
Shopping
Eating

FRA·ANGELICO TO LEONARDO
ITALIAN·RENAISSANCE
DRAWINGS
A HISTORY OF THE WORLD
IN 100 OBJECTS
Eating
Shopping
and let thy feet

附录

附录1

汉斯·斯隆爵士之临终遗嘱，1739年10月9日订立生效

转写自约翰·维特鲁索之版本，临近舰队街鹤苑，1753年。

我，汉斯·斯隆爵士，来自米德尔赛克斯郡的布鲁姆斯伯里，圣乔治教区。我是医学博士，男爵，身心健康（这要感谢上帝）……谨此立下我的临终遗嘱……自我青年以来，我便是全能上帝那威力、智慧和造物的一大仰慕者和观察者，他的威力、智慧和造物正是在创始作品中显露无遗；我在我的历次旅行和远航中聚集了许多物品，得之他人的也不在少数，特别是我永远敬重的亡友威廉·库尔滕绅士；库尔滕将他生命财产的精华都用在了收集这些范围遍布地球绝大部分地区的物品之上，他也在死后将这些物品留给了我……而在近年来，我也增加了一大批新藏，那就是我的书籍（无论是印刷书还是手稿）、我的珍品稀藏（天然抑或人工）、宝石、图书、干植物标本、微缩肖像、素描画、版画、奖章等等，还有一些与之相关的油画。现在这些藏品就存放在我的宅邸和花园，其总量已经值一大笔钱了，我初步估计也至少有5万英镑。现在我至盼，这些物品可以在诸多方面得以彰显上帝的荣光……它们理当一体保管、不做分割，主要存放在伦敦城内——我绝大多数的地产正是在伦敦城内取得，那里也将会聚最多的人流，让藏品物尽其用。现在我谨授权、筹划……给予（我

的遗嘱执行人）以全权信托信赖，一俟我离开人世，他们就可立即出售、处理前述之物品，以为公共之用。这些物品依照大不列颠法定货币作价2万英镑……卖给国王陛下（乔治二世）……如果陛下在遗嘱订立之后的六个月内并不接受这一价钱的话，那么我谨愿将这批遗物以同样的价格卖给伦敦皇家学会的会长、理事会和诸会员……如果他们还是拒绝的话，那就依次卖给牛津大学的教授学者、爱丁堡大学的医生、巴黎/彼得堡/柏林/马德里的皇家科学院，正是他们让我得以荣居他们的院士之列。我的遗愿是，他们之中的所有人都应留有一个月的时间……用于接受这份采购。

附录2

《伦敦杂志》节选，1748年7月版，第317~319页

威尔士亲王在这期刊物中表达了自己的意见。

亲王拉来一把椅子，并在一名年老的绅士旁边坐了片刻。亲王表达了他个人对这名老绅士的极大尊敬和看重，以及知识界对他十足的感怀之情：这名老绅士聚起了一座庞大的图书馆，收藏了许多好学深思的书籍；他还有着规模庞大的奇珍异宝，其中不乏价值连城又给人教益的自然艺术作品。汉斯爵士的宅邸内部拥有一块方形空间，每条边都有100多英尺，等于围起了一块空地；三间前室的中央都摆上了一字排开的桌子，每张桌子的抽屉里都装满了种类齐全的宝石，这些宝石都出自地球上的天然河床，或是源自天然，唯有第一个抽屉例外：这个抽屉里的石头都出自动物身体，它们乃是动物身上诸多疾病的具形：比如说最漂亮的珍珠，它们其实就是贝类动物里的赘疣；还有马胃里的结石，以及人们痛感其效的肾脏膀胱结石物；而在大地中心则生长着翠绿的祖母绿、紫色的紫水晶、金色的黄晶、天蓝色的青玉、猩红的石榴石、暗红的红宝石、闪烁的钻石、发光的猫眼石，还有各式各样的染色品种，倾尽花之女神本人或许希望装饰的所有色块；这里有最为绚烂夺目的容器，盛放的红玉髓、缟玛瑙、缠丝玛瑙和碧玉无不悦人耳目、益人神智，出言礼赞世间万物的造物主。

亲王大人参观了一间展室，接着又去了另一间，移步换景；他们归来之时，同一批桌子已经二度摆上了擦拭一新、紧跟当代潮流的各种珠宝；或是那些雕琢抑或雕绘的宝石，高贵堂皇而又启人心智的古典遗存。而当亲王第三次迈步至此的时候，这些桌子则都摆上了金银矿石，还有最为珍贵夺目的装饰品。这些装饰品遍及人类的各个栖息地：从西伯利亚到好望角，从日本到秘鲁，古代当代所在皆有，金质银质的硬币、奖章兼备，它们都是历史事实留存至今的见证，比如比提尼亚王普鲁西亚斯的那些遗物，此君背叛了自己的盟友；或是亚历山大大帝的东西，他是一个雄心勃勃的狂人，挥军入侵邻国，宛如犁庭扫穴；还有属于恺撒的物品，这位大帝制服了整个国家，用来满足他的一己荣耀；此外尚有提图斯皇帝的遗存，他是人类欢愉的所在；教皇格里高利十三世，一枚银质奖章记述了他对宗教事业的盲目狂热，以至于竟然痛下杀手加害法国的新教徒，导演了一场屠杀；当时统治法国的君主查理九世也留下了遗物：这里还能看到一名巴黎加冕的英格兰国王的硬币；一枚代表法国和西班牙的奖章，两国彼此争雄，攻击那个首先向不列颠尼亚示好的；其他遗物则展示了民众之怒的效应，尽管这些民变大多都被上位者镇压，比如荷兰的德维特之乱；威廉王到来，不列颠岛令人愉悦地得救；马尔伯罗公爵光耀夺目的功绩；还有我们当今卓越的王室家族的到达，令人高兴。

长达110英尺的画廊展现了一幅最令人惊异的景色；那里有最

漂亮的珊瑚、水晶、绚烂的石头；最为光耀善良的蝴蝶标本和其他昆虫标本；和宝石一样色泽绚丽、多姿多彩的贝壳，还有堪与宝石争光的鸟羽；这里甚至还有大洪水之前世界的遗存物，刺激着人们对这场巨大灾害的可怕想象，如此之多显而易见的证据足以证实摩西五经的真实性；还有形形色色的动物，告诉我们普天之下受造物那惊人的美丽。

紧接着，一幅华贵场景自我呈现出来：几间屋子装满了书籍；其中尚有数百册书帙是干燥的植物标本；一间装满了精品手稿和名贵手稿的屋子；还有时任法国国王送给汉斯爵士的国礼，用25大卷书册详列了国王名下的油画、奖章、雕塑和宫殿；除此之外，斯隆爵士尚有许许多多的藏品，族繁不及备载。

楼下的几间展室则配备了珍奇高贵的古董，分别来自埃及、希腊、伊特鲁里亚、罗马、不列颠，甚至是美洲；还有几间展室保管了大型动物的毛皮；大会客室则在每一边都排上了装满烈酒的瓶子，室内也有各式各样的动物标本。门厅饰以各种生物的角，比如非洲双角犀牛，爱尔兰9英尺宽的鹿角化石；还有不同国家的武器，其中就有刺刀。发明这件杀人武器的荣耀似乎并非属于来自我们最具基督信仰的近邻法国，而是来自马来西亚（Mayalise）。50卷对开本书籍也难以容纳这座巨大博物馆的全部细节，它包括20万以上条目。

王室贵胄们甚至难以表达他们看到这些收藏时的满足喜悦之情，因为这已经超越了他们即便能从最令人欣悦的记述中所能表达的全部观念和想法。亲王大人当场展示了他丰富的阅读量和最欢快的记忆；目睹如此多元丰富的收藏，形形色色的自然和艺术造物，还有那些他之前从未见过的珍物，亲王好整以暇地重新思考他读过的东西；参观古今奖章的时候，亲王说了不少睿智的评语，俨然一名谙熟历史精通年代的大师。亲王表达了他能在英格兰看到如此恢宏绚烂的藏品的极大喜悦，称颂其为一个国家的装饰品；亲王还发表了他的意见，那就是这些藏品必须在多大程度上有益于学问之便，以及多么有益于增进不列颠的荣耀，将之确立为一家公共机构，造福最近的子孙后代。

附录 3

汉斯·斯隆爵士之遗嘱附件，1749年7月10日盖章生效；

1751年12月26日重新盖章

汉斯·斯隆爵士在这封附件中改变了心意

从我青少年时代起，我就常怀一颗研究植物和其他所有自然造物的赤诚之心；多年以来，我付出极大心力和财费，聚集起了在我们本国和外国都堪称罕得难求的藏品；我也全身心相信，没有什么能比“我们自然知识的扩张”更能增进我们对神灵威力、智慧、善行、神恩和其他完美的认知，更能了解它的造物的舒适和安康，我谨立下遗嘱，愿以……如有可能，我各科各业的藏品应当一体完整地在我切尔西教区的宅邸里保管留存，那里位于药材园附近。（我将藏品遗赠）就像我把药材园交给药剂商公司一样，出于同样之目的……我谨给予、赠予、捐献（这里列出了48名理事的姓名，详见附录4）……我在前述切尔西宅邸的全部藏品（或博物馆），它们品类极其繁盛，没法一一描述。但我的意思是，我名下图书馆里的全部古今藏书、绘画、手稿、版画、奖章和硬币，古董、图章（等），浮雕和凹雕（等），宝石、玛瑙和碧玉（等），嵌有玛瑙和碧玉的容器（等），水晶，数学仪器，图纸和图画，还有其他所有归入这座收藏室/博物馆的藏品。它们都有尤其详尽的记述、题跋和编号，也有短篇的小传或说明、我制作的带有相应参考的特定编目：38册对开本和8册四开本。除此之外还有一些并未加上“藏品”戳记的框饰画，理事及其继任者负责持有和保管这些藏品，直到永远。我的意愿仅仅在于，我所说藏品（或博物馆）的每一件和每一部分都应授予前述绅士阁下和其他人来信托，既要秉承各项用途和旨趣，也要依循自今而后特为规定的那些限制和指示……前述藏品也当一直完好无损地保管下去，至臻至善……让同一批藏品在学识渊博、富有经验、明智果决之人的保管照料之下……我诚挚愿望（这里列出了34名公职人员，从国王以至英国贵族，附录4列出了名单）他们可以屈尊驾临，成为我前述博物馆或藏品的访客……一视同仁地细审、监管和检核藏品并管理之，一有机会就要适时访查、纠正并改进……我的愿望是……前述理事们……谦卑地请求国王陛下或是英国议会……俾得他们全款支付详明的2万英镑……给我的遗嘱执行人……考量到前述的藏品（或博物馆）：正如我之理解认定，这只是它们真实内在价值的四分之一而已……最后，（我在切尔西的宅邸）也将绝对授予前述的理事，以为保管存续我的前述藏品（或博物馆）之用，他们可以便宜行事，以最合乎公众利益的方式管理宅邸和藏品，一如我之夙愿。

前述理事……应当如此……在他们认为适当的情况下不时集会，创设、拟定、订立（之后则要得到访客的批准和认可）……这些章程、规则和法令，指派、任命这些官员和文职人员，永远照料、管理、保管、延续我所说的藏品、博物馆和基址。他们各自也当领有适宜必要的薪水、酬金和津贴。

我要在这里宣布……我所说的这座博物馆或收藏室……或将不时欢迎一切具有相同参观和浏览之渴望的人到访参观……这渴望可以是“尽可能有用”，或是努力满足好奇求知之欲，或是增进所有人的学识和新知。

附录 4

1751年在汉斯·斯隆遗嘱附件中被指定为博物馆理事与访客的个人和公职人员。

理事

尊敬的查尔斯·斯隆·卡多根；汉斯·斯坦利；威廉·斯隆；牧师斯隆·埃尔斯米尔，神学博士，切尔西教区牧师；马丁·福尔克斯，皇家学会会长；保罗·梅休因爵士；詹姆斯·威斯特，皇家学会司库；塞缪尔·克拉克；尊敬的理查德·阿伦戴尔；约瑟夫·安德鲁斯；约瑟夫·埃姆斯；亨利·贝克；詹姆斯·布拉德利牧师，神学博士，皇家天文学家；托马斯·本内特爵士；皮特·柯林松；约翰·伊夫林爵士；苏赛克斯郡的约翰·福勒；斯蒂文斯·海尔斯牧师，神学博士；西奥多·雅各布松；斯玛特·勒西耶乌利尔；詹姆斯·洛瑟爵士；乔治·李特尔顿；查尔斯·李特尔顿牧师，神学博士，埃克塞特主牧；亨利·米尔斯牧师，神学博士；大卫·帕皮龙；乔治·萨维尔爵士；休·史密斯松；托马斯·肖牧师，神学博士；查尔斯·斯坦霍普；威廉·斯图科里牧师；詹姆斯·西奥巴尔德；皮特·汤普森爵士；尊敬的小霍雷肖·沃波尔；尊敬的菲利普·约克；威廉·科德灵顿爵士；亨利·高夫；查尔斯·格雷；詹姆斯·奥格勒索尔佩将军；约翰·兰比；乔治·贝尔；尊敬的乔治·（拉文顿）牧师，埃克塞特主教；尊敬的扎查里·（皮尔斯）牧师，班戈尔主教；尊敬的爱德华·索斯维尔；威廉·希斯科特爵士；约翰·希斯科特爵士；约翰·米尔纳；詹姆斯·爱普森；威廉·沃特森。

公职人员访客

英国国王；威尔士亲王；坎伯兰公爵威廉；坎特伯雷大主教；英格兰大法官；枢密院议长；掌玺大臣；宫内大臣；宫务大臣；里奇蒙德公爵查尔斯；蒙太古公爵约翰；纽卡斯尔公爵霍勒斯；贝德福德公爵约翰；两名国务大臣；尊敬的三维治伯爵约翰；海军上将勋爵，或称海军大臣；财务大臣；财政大臣；国王法庭首席法官；皇家民事法庭大法官；财政部首席听讼法官；伦敦大主教；温彻斯特大主教；阿盖尔公爵；彭布罗克伯爵亨利；切斯特菲尔德伯爵菲利普；伯灵顿伯爵理查德；蒙特福德勋爵亨利；议会下院议长；查尔斯·卡文迪许勋爵；卡多根勋爵查尔斯；维尔尼伯爵约翰；安森勋爵乔治。

附录 5

大英博物馆理事致财政部信件，1832年

理事们在信中明言，他们需要更多的资金完成北楼、东楼和西楼的兴建，而且是立即需要。源自理事会的会议记录，1832年1月14日。

理事们深感，继续完成博物馆新建筑的修建工作，这将是一件既能深深影响文人学士的利益和便利，也可保障典册瑰宝安全（这正是理事的分内之责）的幸事。因此各理事认为这是他们的职责所系：再次吁请大臣阁下注意，有些更为重要的状况让理事们认为，应当优先实现北楼的揭幕，再徐图完善那些已经揭幕的翼楼。东楼就其质料而言现在的确已是完全竣工，只剩下最北边楼梯的栏杆需要补上。因此，现在的问题就是何者更为优先：是最终完成西楼竣工，还是先让新的北楼揭幕？为了思考这一问题，大臣阁下有必要清楚地理解这些新建筑楼的当前状况，还有各个旧楼新楼之特定部分应用设计的旨趣所在。

西楼或将被认为是分隔成三大部分：

1. 由两条长廊组成的完整群落，与翼楼主体相连。

2. 一部分穹顶建起的建筑。

3. 一部分尚未揭幕，并非当下急需，但已被认为是新楼群一分子的建筑。理事们目睹其早期兴建，但尚未安排其职能。

在第一部分里，为埃尔金和菲加勒伊安石雕而设的容器建成。理事们遂让这些大理石从存放数年的临时棚子里挪了出来。素来暴露于恶劣天气之外所造成的焦虑，现在已经得到大大减轻；人们对于保存这批珍贵的古代艺术遗存的一切焦虑，现在也已烟消云散。

而在新西楼第二部分（也就是北边部分）的问题上，一尊穹顶已经建立起来。理事们认为，应当尽可能地稍微拖延一点工期，因为他们希望，唯有先满足新的北楼的当务之急，才能转过头来完成西楼的建设。这部分建筑也正如他们所论，应当处于不受任何天气损伤的状态。

至于尚未揭幕的西楼第三部分也就是南边部分，这里在很大程度上被25年前拔地而起的那座主楼占据着，作用是存放大英博物馆的古董。要想让新的西楼南边部分顺利打下地基，占据这块基址的主楼就必须推倒。这座主楼结实防火，尽管没有足够空间用于妥当展览其藏品，但也足够安全保管它们了。楼宇里收藏了埃及大理石和埃及古董，汤利藏品和普通大理石馆藏，汉密尔顿的花瓶藏品，还有主要的青铜器和宝石。这座主楼如果先于新博物馆正立面完工的话，我们势必不可能找到适于这些重要馆藏的展览空间。

更严重的困难还在于那间存放硬币和奖章的展室，这间展室就在主楼之内。和奖章展室一样，若要给藏品安全提供充足空间条件的话，那么其展室就要以特殊形式建成。这么一来，如果现有的奖章室摧毁，而新的用于接收它们的陈列室又尚未完工的话，我们就不可能找到这部分博物馆藏品的保管之地。

基于这些理由，理事们的意见就很清楚了：西楼的南边部分必须推迟修建，直至博物馆的其他翼楼先能完工。

新的南楼才是当务之急。理事会于12月15日致阁下的信件中已经完全表明了这一点：急需新增空间为读者服务，急需更充足的空间摆放书籍、消除图书馆摆放在主楼里的安全风险。

读者人数激增带来的空间匮乏问题，想必阁下已经从一些事实中有所推知：现在的大英博物馆每年有5万多人到访研究，学生人数的增加尤其迅速。1830年3月的一周里，就有564名学生到访；而在1831年4月的一周里，这个数字是650；同年12月的一周里，则不少于839人。

理事会深信，阁下不可能靠着一封信件就熟悉大英博物馆扩建案的方方面面和细节。因此，理事会已经指示大英博物馆新楼群的建筑师斯莫克先生、首席馆员和博物馆秘书一同向您呈请。如果阁下认为合适的话，新楼群的各项计划书将会为阁下给出可能需要的所有解释。

纵观本信陈列的全部状况，我们深信阁下将批准大英博物馆新楼群北楼的立即揭幕，正如理事会在12月15日提请的那样。

倍感荣耀，呈信于此，（以理事身份）等等。

附录 6 时间表

1660

汉斯·斯隆出生于爱尔兰的基利莱。

1707

斯隆出版了《诸岛旅行记》。

1739

斯隆立下遗嘱。

1742

斯隆将他的藏品移到切尔西宅邸。

1748

威尔士亲王拜访斯隆及其藏品。

1749

斯隆签署了他的遗嘱附件。

1753

斯隆去世；王室颁布《大英博物馆法案》。

1754

蒙太古府被选为大英博物馆地址。

1756

戈文·奈特被任命为首席馆员，后续职员也得到任命。

1757

乔治二世捐赠了旧的皇家图书馆

1759

大英博物馆向公众开放

1761

埃德蒙·鲍勒特的《大英博物馆概览》出版。

1771

库克船长太平洋远航收集的民族志藏品入藏大英博物馆。

1772

博物馆购得威廉·汉密尔顿爵士的藏品。

1775

博物馆得到库克船长“太平洋人造奇珍”藏品。

1778

范·里姆斯戴克《不列颠尼亚博物馆》版画面世；南海展室开放。

1799

克拉切罗德捐赠；博物馆得到哈切特收藏的矿物；约瑟夫·普兰塔成为首

席馆员。

1802

罗塞塔石碑运抵博物馆。

1804

戴顿偷窃开始。

1805

购得汤利藏品。

1808

汤利展厅开放；大英博物馆《概览》首次出版。

1810

入馆售票制度撤销。

1814

购得菲加勒伊安石雕。

1815

滑铁卢之役。

1816

英国政府购得帕特农石雕，存放于大英博物馆。

1817

英国政府任命罗伯特·斯莫克为大英博物馆建筑师。他设计的第一座建筑就是帕特农石雕存放的展厅。阿孟和蒂三世的头像从底比斯拆下。

1818

煤气灯引入蒙太古府的庭院。

1821

罗伯特·斯莫克提出了他扩建博物馆的计划。

1823

乔治四世向博物馆捐出乔治三世藏书；国王图书馆的兴建开始；竣工于1827年。

1824

接受佩恩骑士的捐赠。

1826

西楼的兴建开始。

1828

油画转运到国家美术馆。

1831

购得刘易斯棋子。

1832

“汤利维纳斯”被一个粗心大意的学生毁坏。

1834

罗伯特·斯莫克设计的西楼完工。

1838

特别委员会有关大英博物馆的报告出版。

1838

新的北楼竣工。

1841

罗伯特·斯莫克的南立面建筑工作开始；汤利展厅被拆毁。

1842

蒙太古府的拆毁工作开始；《版权法》通过。

1845

蒙太古府拆毁完成；拉亚尔德的亚述发掘开始；波特兰花瓶被一名访客打碎，后来又得到修复。

1846

南立面完工。西德尼·斯莫克出任大英博物馆建筑师。

1847

托马斯·格伦维尔向博物馆捐赠他的20000册藏书。

1851

奥古斯都·沃拉斯通·弗兰克斯获任为古物部助理馆员。

1853

尼尼微和尼姆鲁德的发掘开始。

1854

圆顶阅览室的兴建开始。

1856

安东尼·潘尼兹成为首席馆员；查尔斯·罗奇·史密斯的英国考古藏品入藏。

1857

迈克尔·法拉第报告了帕特农石雕的保管问题；圆顶阅览室开放；“巴特西盾”入藏。

1865

第一家博物馆餐厅开业；亨利·克里斯蒂赠品入藏。

1873

南肯辛顿的自然志博物馆开始兴建。

1881

南肯辛顿的自然志博物馆开放。

1890

大英博物馆全部通了电灯。

1895

大英博物馆在布鲁姆斯伯里额外获得了 5.5 英亩的土地。

1897

A.W. 弗兰克斯去世；博物馆接受了他的遗赠。

1902

议会颁布法案，允许报纸和杂志移出布鲁姆斯伯里。

1904

爱德华七世楼开始兴建。

1914

爱德华七世楼开放。

1920

大英博物馆的研究实验室建成。

1922

乌尔城的发掘开始。

1926

坎贝尔·道奇森向大英博物馆捐出了他的 20 世纪素描版画藏品。

1933

《西奈抄本》从苏联政府购得。

1936

杜维恩展厅开始兴建。

1939

帕特农石雕的安装工作开始；杜维恩展厅的房顶被炮弹摧毁；萨顿胡船葬品被发现。预先将藏品入库的工作开始。

1941

博物馆受燃烧弹袭击。

1945

购入波特兰花瓶。之前近 200 年里，博物馆一直是租借该花瓶。

1956

大英博物馆在大罗素街的新址勘定。

1963

大英博物馆和自然志博物馆正式拆分。理事家族的世袭制取消。

1967

拟定中的大罗素街大英图书馆选址被放弃。

1970

人类学博物馆在伯灵顿公园开放。

1972

《图坦卡蒙宝藏特展》揭幕。

1973

大英图书馆在大英博物馆内组建。

1974

博物馆收取门票,但在四个月内即废止。

1982

新大英图书馆打下第一块奠基石，设计者是科林·圣·约翰·威尔逊。选址在圣潘克拉斯。

1987

特纳的画作捐赠给了塔特展厅。

1988

修复完成的波特兰花瓶拆开重组。

1994

福斯特和帕特内斯获任为伊丽莎白二世大中庭的建筑师。

1995

爱德华·沃顿－蒂加藏品，100 多万香烟卡捐给了大英博物馆。

1997

人类学博物馆关闭；圆顶阅览室由大英图书馆关闭。

1998

大英图书馆在圣潘克拉斯重新开放；大中庭的兴建开始。

1999

“沃伦杯”入藏。

2000

伊丽莎白二世大中庭开放。

2003

大英博物馆庆祝 250 岁生日。

2010

《100 件文物中的世界史》，系列电台节目开播。

2014

世界保护与展览中心揭幕。

2015

兰佩杜萨十字架入藏，以礼物形式。

致谢和许可

我要感谢如下诸君的建议、交谈和洞见：加埃塔诺·阿尔迪托、迈克尔·巴克、夏洛特·布里昂斯、弗朗西斯·卡利、马乔里·卡吉尔、吉尔·库克、凯特·尤斯塔切、弗朗西斯卡·西里尔、伊安·詹金斯、克莱尔·马约赫、林德赛·斯坦顿。我谨向如下机构致以无上谢意，感谢他们容许我引用他们的资料：大英博物馆理事会、亨利·摩尔基金会、牛津大学、博德利图书馆、大卫·洛奇、大卫·威尔逊爵士。我已尽了一切努力联系版权持有者，请求他们容许我在本书中再版他们的材料。如有任何粗心大意的失察之处，出版社将在本书的未来版本中加入适当的说明。

图片来源

除第2页（大英图书馆董事会提供）、第59页（Peter Barritt/Alamy Stock Photo提供）、第159页（艺术家本人/Pangolin London提供）以外，本书中的其他图片版权均归©大英博物馆董事会所有。

参考书目

Altick, Richard, *The Shows of London,* Cambridge, Mass, 1978.

Carey, Frances, *Collecting the Twentieth Century,* London, 1991.

Caygill, Marjorie, *The Story of the British Museum,* London, 1981 and 2002.

———— *British Museum A–Z Companion,* London, 1999.

———— The *British Museum Reading Room,* London, 2000.

———— *The British Museum: 250 Years,* London, 2003.

Caygill, Marjorie and Date, Christopher, *Building the British Museum,* London, 1999.

Cowtan, Robert, *Memories of the British Museum, London,* 1872.

Crook, J. Mordaunt, *The British Museum: A Case-Study in Architectural Politics,* Harmondsworth, 1972.

Delbourgo, James, *Collecting the World: The Life and Curiosity of Hans Sloane,* London, 2017.

Edwards, Edward, *Lives of the Founders, and Notes of some Chief Benefactors and Organisers of the British Museum,* London, 1870, reprinted 1969.

Ellis, Edward F., *The British Museum in Fiction – A Check-List,* Buffalo, NY, 1981.

Griffiths, Antony (ed.), *Landmarks in Print Collecting,* London, 1996.

Harris, P. R., *A History of the British Museum Library 1753–1973,* London, 1998.

Jenkins, Ian, *Archaeologists and Aesthetes in the Sculpture Galleries of the British Museum 1800–1939,* London, 1992.

Miller, Edward, *That Noble Cabinet: A History of the British Museum,* London, 1973.

Moore, Henry, *Henry Moore at the British Museum, London, 1981.*

Sloan, Kim and Burnett, Andrew (eds.), *Enlightenment: Discovering the World in the Eighteenth Century,* London, 2003.

Wilson, David M., *The British Museum: Purpose and Politics,* London, 1989.

——— *The British Museum – A History,* London, 2002.

注释

开场白

1 Virginia Woolf, Jacob's Room, 1922, ch. 9.

第一章 开端

1 16 April 1691. E. S. de Beer (ed.), *The Diary of John Evelyn*, Oxford, 1955, vol. 5, p. 48.

2 W. H. Quarrell and Margaret Mare (trans. and ed.), *The Travels of Zacharias Conrad von Uffenbach*, London, 1934, p. 188.

3 Quoted in J. Mordaunt Crook, *The British Museum: A Case-Study in Architectural Politics*, Harmondsworth, 1972, p. 47.

4 *London Magazine*, 1748, vol. 17, pp. 317–19.

5 Ibid.

6 BM Cuttings and Extracts, CE115/3, ex BL Harl. 6850, f. 343.

7 BM Original Letters and Papers, vol. 1, doc. no. 1.

8 'Draught of an Acquittance to be executed by H Sloane Execrs / Agreed on 17 December 1753'. BM Original Letters and Papers, vol. 1, doc. no. 3.

9 BM Cuttings and Extracts, CE115/3, f. 22.

10 3 April 1753. BM Cuttings and Extracts, CE115/3, f. 22.

11 Katharine Eustace, 'The Key is Locke: Hogarth, Rysbrack and the Foundling Hospital', *British Art Journal*, 7.2, pp. 34–49.

第二章 18 世纪的大英博物馆

1 BM Cuttings and Extracts, CE115/3, f. 30.

2 Surveyor's report, 3 July 1755. BM Original Letters and Papers, vol. 1. 'Green flock wallpaper': *Gentleman's Magazine*, June 1814. This might have been a later addition.

3 Quoted in Marjorie Caygill and Christopher Date, *Building the British Museum,* London, 1999, p. 13.

4 Gilbert White, *The Natural History of Selborne,* Letter 10, 4 August 1767.

5 Letter from Thomas Gray to Rev. James Brown, 8 Aug 1759, www.thomasgray.org/cgi-bin/display.cgi?text=tgal0344.

6 W. Hutton, *A Journey from Birmingham to London,* Birmingham, 1785.

7 Tobias Smollett, Humphry Clinker, 1771. Penguin Classics edition (ed. Jeremy Lewis), Harmondsworth, 2008, pp. 115–16.

第三章　19 世纪初博物馆的运营

1 Captain Cook's Journal, 1774.

2 10th edition, 1816, p. 3, listing Cases XI to XXVI (i.e. fifteen cases).

3 *Penny Magazine,* 4 January 1834, p. 4.

4 Second Canto, verse 15.

5 Antony Griffiths (ed.), *Landmarks in Print Collecting,* London, 1996, pp. 49–50, and Appendix E.

第四章　1821—1846 年间的重建

1 David Bindman and Gottfried Riemann (trans. and eds), *Karl Friedrich Schinkel 'The English Journey'. Journal of a Visit to France and Britain in 1826,* New Haven and London, 1993, pp. 74 and 76.

2 Caygill and Date, *Building the British Museum,* p. 21.

3 Michael Baker, *The Samuel Bakers–Tradesmen of Kent in the 18th and 19th centuries,* Bristol, 2009, pp. 17 ff.

4 J. Mordaunt Crook, *The British Museum: A Case-Study in Architectural Politics,* p. 210.

5 直到1866年，合法所有权才让给国家美术馆。

6 Letter from Thomas Donaldson to Robert Finch, 19 Aug 1825. Finch Papers, d. 5 ff. 160–1. Bodleian Library, University of Oxford.

7 www.british-history.ac.uk/commonsjrnl/vol85/pp376-386.

8 *The Times,* 13 April 1838.

第五章　19 世纪中叶

1 Ozymandias, 1818.

2 W. Blanchard Jerrold, *How to see the British Museum in Four Visits, London,* 1852, p. 143.

3 Hansard, 1 April 1833, vol. 16, col. 1341–2.

4 Humphry Davy, *Consolations in Travel,* London, 1830, pp. 24–7.

5 W. M. Thackeray, 'Nil nisi bonum', *Roundabout Papers; Works of Thackeray,* London, 1869, vol. 17, p. 364.

6 David M. Wilson, *The British Museum–A History,* London, 2002, p. 84.

第六章　从维多利亚时代到 20 世纪

1 Michael Faraday to Henry H. Milman, 30 April 1857. Parliamentary Papers, 1857, session 2, vol. 24, pp. 149ff. Frank A. J. L. James, *The Correspondence of Michael Faraday,* London, 2008, vol. 5, no. 3278.

2 See Ian Jenkins, 'Cleaning and Controversy – The Parthenon Sculptures 1811–1939', *British Museum Occasional Papers,* no. 146, London, 2001, www.britishmuseum.org/pdf/4.4.1.2%20The%20Parthenon%20Sculptures.pdf.

3 Marjorie Caygill, *The Story of the British Museum, London,* 1981, p. 48.

4 Quoted David M. Wilson, *The British Museum–A History,* p. 188.

第七章　20 世纪

1 2017年，这些分别是：非洲、大洋洲和美洲；古埃及和苏丹；亚洲；英国、欧洲和史前；硬币和奖章；古希腊和古罗马；中东；绘本素描；流动古物及宝藏；保养和科学研究。

2 David M. Wilson, *The British Museum–A History,* p. 265.

3 Hansard, 10 April 1956, vol. 551. cc166–76.

4 Hansard, 13 December 1967, vol. 287, cc1114–240.

5 托马斯 · 肯德里克致信斯图尔特 · 皮戈特，力劝他申请大英博物馆空缺的董事职位。Quoted in Rupert Bruce-Mitford, 'Sir Thomas Downing Kendrick 1895–1979', in Michael Lapidge (ed.), *Interpreters of Early Mediaeval Britain,* London, 2002, p. 423.

6 Sir Frederic Kenyon, memo to the Royal Commission on the National Museums and Galleries, 1929, quoted in David M. Wilson, *The British Museum: Purpose and Politics,* London, 1989, p. 99.

7 James Hamilton, 'The Anti-Marketeer', Spectator, 9 Feb 1991.

8 大英博物馆自 1838 年起举办的展览一览，请见 www.britishmuseum.org/pdf/RP_Exhibitions_Chronology.pdf。

9 Dora Thornton, *A Rothschild Renaissance: Treasures from the Waddesdon Bequest,* London, 2015.

第八章　进入 21 世纪

1 Typewriter: As1989,04.122; Car, Af2000,06.2.a-b.

2 Frances Carey, 'Curatorial Collecting in the Twentieth Century', essay in Antony Griffiths (ed.), *Landmarks in Print Collecting,* pp. 236–45.

3 1975.09.20.2.

4 这个观点要感谢弗兰西斯·卡莉。

5 Henry Moore to Jocelyn Horner, 26 Oct 1920. Henry Moore Institute, Leeds.

6 Henry Moore to William Rothenstein, 12 March 1925. Quoted Roger Berthoud, The Life of Henry Moore, London, 1987, p. 78.

7 Henry Moore, Henry Moore at the British Museum, London, 1981, p. 11.

8 2015.8039.1.

9 Email from Jill Cook to the author, December 2017.

10 Preface to Marjorie Caygill, *The British Museum – 250 Years,* London, 2003, p. 3.

译名对照表

人名

A

阿尔伯马尔公爵 Albemarle, duke of

阿德里安·范奥斯塔德 Adriaen van Ostade

阿蒂尔·兰波 Arthur Rimbaud

阿尔弗雷德·沃特豪斯 Alfred Waterhouse

阿兰·库特曼 Allan Quartermain

阿罗斯·塞尼菲尔德 Alois Senefeldr

阿孟和蒂三世 Amenhotep III

阿奇巴尔德·阿切尔 Archibald Archer

阿瑟·爱德华兹 Arthur Edwards

阿什顿·韦伯 Aston Webb

埃德蒙·鲍勒特 Edmund Powlett

埃德蒙·霍华德 Edmund Howard

埃克尔斯勋爵 Lord Eccles

爱德华·F. 埃利斯 Edward F. Ellis

爱德华·布洛尔 Edward Blore

爱德华·哈利 Edward Harley

爱德华·霍金斯 Edward Hawkins

爱德华·吉本 Edward Gibbon

爱德华·克罗夫特-穆雷 Edward Croft-Murray

爱德华·希思 Edward Heath

爱德华多·帕奥洛齐 Eduardo Paolozzi

安德鲁·范·里姆斯戴克 Andrew Van Rymsdyk

安德鲁·吉福尔德 Andrew Gifford

安德鲁·普兰塔 Andrew Planta

安东尼·潘尼兹 Anthony Panizzi

安东尼奥·热内西奥·玛丽亚 Antonio Genesio Maria

安古斯·威尔逊 Angus Wilson

安南勋爵 Lord Annan

奥古斯都·沃拉斯通·弗兰克斯 Augustus Wollaston Franks

B

巴托洛梅·卡瓦切皮 Bartolomeo Cavaceppi

保罗·加里科 Paul Gallico

贝内德托·皮斯特鲁奇 Benedetto Pistrucci

本杰明·狄累斯利 Benjamin Disraeli

本杰明·罗伯特·海顿 Benjamin Robert Haydon

布兰查德·杰罗尔德 Blanchard Jerrold

C
查尔斯·哈切特 Charles Hatchett
查尔斯·兰姆 Charles Lamb
查尔斯·罗奇·史密斯 Charles Roach Smith
查尔斯·默顿 Charles Morton
查尔斯·牛顿 Charles Newton
查尔斯·斯隆·卡多根 Charles Sloane Cadogan
查尔斯·汤利 Charles Townley
查理·德拉弗斯 Charles de Lafosse

D
大卫·加立克 David Garrick
大卫·洛奇 David Lodge
大卫·史密斯 David Smith
大卫·威尔逊 David Wilson
丹尼尔·索兰德 Daniel Solander
德里克·马登 Frederic Madden
迪诺斯·查普曼 Dinos Chapman

E
E. M. 福斯特 E. M. Forster
E. 奈斯比特 E. Nesbit

F
菲利克斯·斯雷德 Felix Slade
菲利普·阿特伍德 Philip Attwood
菲利普·西克尼斯 Philip Thicknesse
费迪南·德·罗斯柴尔德 Ferdinand de Rothschild
弗兰克·弗兰西斯 Frank Francis
弗兰克斯盒 Casket Franks
弗兰西斯·卡莉 Frances Carey
弗朗西斯卡·西里尔 Francesca Hillier
弗朗西斯科·图齐奥 Francesco Tuccio
弗里德里克·凯尼恩 Frederic Kenyon
弗里德里克·约克 Frederick York

G
戈文·奈特 Gowin Knight
格多尔芬勋爵 Lord Godolphin
格雷森·佩里 Grayson Perry

H
哈立德·阿萨德 Khaled al-Assad
哈罗德·威尔逊 Harold Wilson
汉弗莱·戴维 Humphry Davy
汉弗莱·科林克 Humphry Clinker
汉斯·斯隆 Hans Sloane
荷亚·哈卡纳奈 Hoa Hakananai’a

亨利·埃利斯 Henry Ellis

亨利·克里斯蒂 Henry Christy

亨利·拉亚尔德 Henry Layard

亨利·莱特·哈葛德 Henry Rider Haggard

亨利·摩尔 Henry Moore

亨利·萨尔特 Henry Salt

亨利·约西 Henry Josi

霍尔木兹德·拉萨姆 Hormuzd Rassam

J

J. J. 博内特 J. J. Burnet

J. T. 史密斯 J. T. Smith

J. 莫当特·克鲁克 J. Mordaunt Crook

基甸·曼特尔 Gideon Mantell

吉奥瓦尼·贝尔佐尼 Giovanni Belzoni

吉尔·库克 Jill Cook

凯特·尤斯塔切 Kate Eustace

吉尔伯特·怀特 Gilbert White

吉姆·戴恩 Jim Dine

加埃塔诺·阿尔迪托 Gaetano Ardito

杰克·查普曼 Jake Chapman

K

卡尔·安德烈 Carl Andre

卡尔·弗里德里希·欣克尔 Karl Friedrich Schinkel

凯瑟琳·塔尔伯特 Catherine Talbot

坎贝尔·道奇森 Campbell Dodgson

科林·圣·约翰·威尔逊 Colin St John Wilson

科内利乌斯·约翰逊 Cornelius Johnson

克拉克勋爵 Lord Clark

克莱尔·马约赫 Claire Mayoh

克劳德·洛林 Claude Lorrain

克雷顿·莫当特·克拉切罗德 Clayton Mordaunt Cracherode

克里斯托弗·雷恩 Christopher Wren

克里斯托弗·内文森 Christopher Nevinson

L

拉尔夫·伯纳尔 Ralph Bernal

莱娜·耶格尔 Lena Jeger

劳合·乔治 Lloyd George

理查德·汉密尔顿 Richard Hamilton

理查德·雷纳格尔 Richard Reinagle

理查德·佩恩·奈特 Richard Payne Knight

理查德·维斯特马克特 Richard

Westmacott

林德赛・斯坦顿 Lindsay Stainton

伦纳德・伍利 Leonard Woolley

罗伯特・安德森 Robert Anderson

罗伯特・布鲁斯・科顿 Robert Bruce Cotton

罗伯特・戴顿 Robert Dighton

罗伯特・哈利 Robert Harley

罗伯特・斯莫克 Robert Smirke

罗莎莉・格林 Rosalie Green

罗伊斯顿勋爵 Lord Royston

M

马乔里・卡吉尔 Marjorie Caygill

马斯・克兰 Thomas Coram

马修・帕里斯 Matthew Paris

马修・马蒂 Matthew Maty

玛格丽特・卡文迪许・本廷克 Margaret Cavendish Bentinck

迈克尔・巴克 Michael Baker

米切尔・莱斯布拉克 Michael Rysbrack

N

尼尔・麦克格雷格 Neil MacGregor

诺曼・福斯特 Norman Foster

P

P. J. 格罗斯利 P.J. Grosely

皮尔斯・伊根 Pierce Egan

Q

乔治・博蒙特 George Beaumont

乔治・吉辛 George Gissing

乔治・朗 George Long

乔治・桑德斯 George Saunders

乔治・史密斯 George Smith

乔治・温哥华 George Vancouver

乔治・约哈恩・沙夫 George Johann Scharf

R

让・勒朗・达朗贝尔 Jean Le Rond d'Alembert

阮秋 Nguyen Thu

S

萨顿・尼科尔斯 Sutton Nicholls

萨姆・斯蒂尔 Sam Steel

塞缪尔・巴克三世 Samuel Baker III

塞缪尔・伯奇 Samuel Birch

塞缪尔・罗杰斯 Samuel Rogers

塞缪尔・希罗尼穆斯・格里姆 Samuel

Hieronymus Grimm

塞萨尔·曼日·德豪克 César Mange de Hauke

桑德罗·波提切利 Sandro Botticelli

斯坦霍普·哈维 Stanhope Harvey

T

泰勒·库姆 Taylor Combe

唐纳德·里昂 Donald Lyon

托比亚斯·斯莫莱特 Tobias Smollett

托马斯·L. 唐纳尔森 Thomas L. Donaldson

托马斯·布鲁斯 Thomas Bruce

托马斯·格雷 Thomas Gray

托马斯·格伦维尔 Thomas Grenville

托马斯·坎贝尔 Thomas Campbell

托马斯·肯德里克 Thomas Kendrick

托马斯·劳伦斯 Thomas Lawrence

托马斯·普拉滕特 Thomas Prattent

托马斯·桑德兰 Thomas Sunderland

W

W. E. 格莱斯顿 W.E. Gladstone

W. 艾伦·斯特奇 W. Allen Sturge

威廉·贝洛 William Beloe

威廉·布洛克东 William Brockedon

威廉·汉密尔顿 William Hamilton

威廉·赫顿 William Hutton

威廉·怀特 William White

威廉·柯贝特 William Cobbett

威廉·莱克·普莱斯 William Lake Price

威廉·塔克 William Tucker

威廉·沃拉斯通 William Wollaston

文森特·斯塔基·利恩 Vincent Stuckey Lean

X

西奥多·杰里柯 Théodore Géricault

西德尼·科尔文 Sidney Colvin

西德尼·斯莫克 Sydney Smirke

夏洛特·布里昂斯 Charlotte Bullions

Y

雅各布·爱泼斯坦 Jacob Epstein

雅科博·阿米戈尼 Jacopo Amigoni

亚历山大·斯科特 Alexander Scott

伊安·詹金斯 Ian Jenkins

约翰·爱德华·格雷 John Edward Gray

约翰·贝杰曼 John Betjeman

约翰·范·里姆斯戴克 John Van Rymsdyk

约翰·菲利普·肯布尔 John Philip Kemble

约翰·盖尔 John Gere

约翰·加雷特 John Garrett

约翰·康拉特 John Conrath

约翰·克拉克斯顿 John Craxton

约翰·罗克 John Rocque

约翰·洛克 John Locke

约翰·纳什 John Nash

约翰·派普 John Piper

约翰·波普-亨尼西 John Pope-Hennessy

约翰·维克汉姆·阿切尔 John Wykeham Archer

约翰·沃尔芬登 John Wolfenden

约翰·伊夫林 John Evelyn

约瑟夫·普兰塔 Joseph Planta

约西亚·福歇尔 Josiah Forshall

Z

扎卡利亚斯·冯·乌芬巴赫 Zacharias von Uffenbach

詹姆斯·爱普森 James Empson

詹姆斯·麦克尼尔·惠斯勒 James McNeill Whistler

地名、机构名

爱尔兰巨人堤道 Ireland Giant' s Causeway

爱德华七世楼 Edward VII Building

鲍顿府 Boughton House

大罗素街 Great Russell Street

德莱顿庄园 Drayton Manor

多佛尔街 Dover Street

鹤苑 Crane Court

林荫路 The Mall

蒙太古府 Montagu House

卡尔顿府 Carlton House

切尔西庄园 Chelsea Manor

圣詹姆斯宫 St James' s Palace

阿什莫林博物馆 Ashmolean Museum

当代艺术学会 Contemporary Art Society

地质学博物馆 Geology Museum

国家美术馆 National Gallery

国家肖像美术馆 National Portrait Gallery

哈利卡纳索斯陵墓 Mausoleum of Halicarnassus

华莱士典藏馆 Wallace Collection

皇家外科医学院的亨特里安博物馆

Royal College of Surgeons Hunterian Museum

皇家学会博物馆　Museum of the Royal Society

皇家艺术学院　Royal College of Art

科学史博物馆　Museum of the History of Science

牛津艺术学会　Oxford Art Society

世界保护与展览中心　World Conservation and Exhibitions Centre

威尔士国家图书馆　National Library of Wales

维多利亚与阿尔伯特博物馆　V&A (Victoria and Albert) Museum

英国艺术奖章学会　British Art Medal Trust

自然历史博物馆　Natural History Museum

专有名词

阿尔伯特城　Albertopolis

埃及和亚述古物部　Egyptian and Assyrian Antiquities Department

爱德华兹藏品　Edwards collection

巴赛（菲加勒伊安）石雕　Bassae (Phigaleian) marbles

巴特西盾　Battersea shield

白翼　White Wing

北图书馆　North Library

波特兰花瓶　Portland Vase

伯蒂奇的非洲收藏品　Bowditch African collection

大中庭　Great Court

戴顿藏品　Dighton collection

帝国工业博览会　Great Exhibition

东方古物和民族志部　Oriental Antiquities and Ethnography Department

杜维恩展厅　Duveen Gallery

菲加勒伊安（巴赛）石雕　Phigaleian (Bassae) marbles

古文物部　Antiquities Department

国家博物馆和画廊皇家委员会　Royal Commission on National Museums and Galleries

哈利藏品　Harley collection

卡斯特拉尼藏品　Castellani collection

科顿藏品　Cotton collection

克拉切罗德藏品　Cracherode collection

克里斯蒂藏品　Christy Collection

洛泰尔水晶　Lothair Crystal

米尔登霍尔珍宝　Mildenhall treasure

“奋进”号三桅帆船　Endeavour HM

Bark

帕特农石雕 Parthenon Marbles

手稿、硬币奖章部 Manuscripts, Coins and Medals Department

汤利藏品 Townley Gallery

沃德斯登遗赠 Waddesdon Bequest

文物保养和科学研究部 Conservation and Scientific Research Department

沃伦杯 Warren Cup

西方手稿部 Western Manuscripts Department

印本部 Department of Printed Books

英国和中世纪古文物部 British and Medieval Antiquities Department

有用知识传播协会 Society for the Diffusion of Useful Knowledge

圆顶阅览室 Round Reading Room

中世纪与后期古文物部 Medieval and Later Antiquities Department

自然和人造艺术品部 Natural and Artificial Productions Department

里程碑文库

The Landmark Library

“里程碑文库”是由英国知名独立出版社宙斯之首（Head of Zeus）于2014年发起的大型出版项目，邀请全球人文社科领域的顶尖学者创作，撷取人类文明长河中的一项项不朽成就，以“大家小书”的形式，深挖其背后的社会、人文、历史背景，并串联起影响、造就其里程碑地位的人物与事件。

2018年，中国新生代出版品牌“未读”（UnRead）成为该项目的“东方合伙人”。除独家全系引进外，“未读”还与亚洲知名出版机构、中国国内原创作者合作，策划出版了一系列东方文明主题的图书加入文库，并同时向海外推广，使“里程碑文库”更具全球视野，成为一个真正意义上的开放互动性出版项目。

在打造这套文库的过程中，我们刻意打破了时空的限制，把古今中外不同领域、不同方向、不同主题的图书放到了一起。在兼顾知识性与趣味性的同时，也为喜欢此类图书的读者提供了一份“按图索骥”的指南。

作为读者，你可以把每一本书看作一个人类文明之旅的坐标点，每一个目的地，都有一位博学多才的讲述者在等你一起畅谈。

如果你愿意，也可以将它们视为被打乱的拼图。随着每一辑新书的推出，你将获得越来越多的拼图块，最终根据自身的阅读喜好，拼合出一幅完全属于自己的知识版图。

我们也很希望获得来自你的兴趣主题的建议，说不定它们正在或将在我们的出版计划之中。

里程碑文库编委会